Diogenes Taschenbuch 21463

de
te
be

Everett M. Rogers
Judith K. Larsen

# *Silicon Valley Fieber*

*An der Schwelle zur High-Tech-Zivilisation*

*Aus dem Amerikanischen von H. Boysen*

Diogenes

Die Originalausgabe erschien 1984
unter dem Titel ›Silicon Valley Fever‹ in New York
Das eigens für diese Taschenbuchausgabe
geschriebene Vorwort zur aktuellen Entwicklung
von Silicon Valley wurde von
Manfred Papst übersetzt
Umschlag: Philipp Keel

Veröffentlicht als Diogenes Taschenbuch 1986
Lizenzausgabe mit freundlicher Genehmigung des
Siedler Verlags

60/86/36/1
ISBN 3 257 21463 4

# *Inhalt*

# *Vorwort*

In den zwei Jahren seit der Fertigstellung des vorliegenden Buches erlebte Silicon Valley eine Achterbahnfahrt. Als unser Buch 1984 erschien, befand sich Silicon Valley mitten in einer Aufwärtsspirale. Aber die High-Tech-Industrie wurde ihrem Ruf als zyklische Industrie gerecht, und Ende 1985 erlebte sie die schlimmste ökonomische Talfahrt ihrer Geschichte. Die Belege für diesen Niedergang sind zahlreich:

Entlassungen wurden zu alltäglichen Ereignissen. Große Firmen wie Apple Computer Inc., Intel und Computerland, die von vielen für unerschütterlich gehalten worden waren, entließen Hunderte von Leuten. Selbst Hewlett-Packard mit seiner langen Tradition konstanter Beschäftigung führte Kurzarbeit ein.

Es kam zu wesentlichen personellen Veränderungen. Steven Jobs, Mitbegründer der Apple Computer Inc., wurde 1985 seiner regulären Führungsfunktionen enthoben. Wir hatten die Geschichte von Apple gewählt, um den Höhenflug von Silicon Valley zu illustrieren. Auch in den inzwischen vergangenen Jahren wies die Geschichte von Apple alle Merkmale einer klassischen Silicon Valley-Evolution auf. Die Wandlungen, die für schnell wachsende Unternehmen praktisch unausweichlich waren, stellten für Apple ein schwerwiegendes Problem dar. Als Reaktion auf die zunehmende Konkurrenz, besonders durch IBM, und die Notwendigkeit, dieser Herausforderung mit einer Restrukturierung der Produkte und des Managements zu begegnen, ging die Leitung des Unternehmens von Stephen Wozniak, dem technologischen Hexenmeister, und seinem Mitbegründer, Steven Jobs, auf John Sculley über, einen professionellen Manager. Wie auch bei vielen anderen Firmen in Silicon Valley stiegen die Begründer schließlich aus oder wurden hinausgedrängt, und die Firmenleitung wechselte vom Unternehmer zum Geschäftsführer über.

An den hohen Umsatzzahlen der Firmen und ihrer Produkte änderte sich nichts. Aber einige Firmen schafften es einfach nicht – Osborne Computer, Gavilan Computer, Synapse Computer; andere nahmen drastische Umstrukturierungen vor – Trilogy Systems, Atari, Victor Technologies, Televideo; und wieder andere, wie AMI, Gould und Intel, gaben wesentliche Teilbereiche ihres Produkteangebots auf.

Einige der Pionier-Unternehmer von Silicon Valley sind nicht mehr uneingeschränkt nur auf ihre Arbeit ausgerichtet, sondern widmen ihre Zeit neben den Firmenverpflichtungen anderen Interessen. Robert Noyce ist, obwohl er noch bei Intel mitmacht, Senior Statesman [politischer Berater ohne festes Amt] in Silicon Valley und setzt sich mit Energie für die politischen Probleme ein, die mit der amerikanischen Mikroelektronik-Industrie zusammenhängen. Les Hogan von Fairchild, ein weiterer Pionier, verbringt nun einen großen Teil seiner Zeit damit, Geld aufzutreiben für das College of Engineering der University of California in Berkeley.

Die ausländische Konkurrenz ist in Silicon Valley zu einem wesentlichen Einflußfaktor geworden. 1984 überstiegen die Elektronik-Importe Amerikas erstmals die Exporte. Das Handelsdefizit in der Elektronik-Industrie hat verschiedene Gründe, unter anderem die unerbittliche Konkurrenz Japans. Wie bedrohlich die ausländische Konkurrenz war, ließ sich auch an gerichtlichen Klagen gegen japanisches »Dumping« ablesen. Die ersten Klagen dieser Art überhaupt wurden 1985 von der Micron Technology Inc., einer amerikanischen Herstellerfirma von Halbleitern, gegen sieben japanische Lieferanten erhoben. Die amerikanischen Halbleiterfirmen haben den Speicherchips-Markt praktisch an Japan abgetreten und damit einen Trend zum Abschluß gebracht, den wir vor zwei Jahren in unserem Buch bereits erwähnt hatten.

High Tech-Aktien fielen rapide. Millionäre auf dem Papier mußten erkennen, daß sie tatsächlich nur Papier besaßen. Zahlreiche Institutionen machten die gleiche Erfahrung.

Auch das fluktuierende Kapital schien knapp zu werden. 1984 wurde in Firmen aus Silicon Valley weniger Geld investiert als in den vorangegangenen Jahren. Trotzdem empfahlen einige Börsenbeobachter, solange die High Tech-Aktien niedrig standen, weiterhin zu investieren, um damit Voraussetzungen für die unausweichliche Wende zu schaffen.

Nach typischer Silicon Valley-Art betrachtet man das Glas jedoch lieber als halbvoll denn als halbleer. Es gab zahlreichere Anzeichen für eine positive Zukunft als es Indikatoren für eine negative Gegenwart gab, selbst angesichts des geschäftlichen Abschwungs im Jahre 1985.

Die Zahl der Beschäftigten nahm weiter zu, und in Silicon Valley erreichte sie einen Höchststand. Das Stellenangebot wuchs zwar hauptsächlich auf anderen Gebieten als der Mikroelektronik-Herstellung, aber der Aufschwung in Silicon Valley durfte sich durchaus sehen lassen.

Weiterhin werden High-Tech-Firmen gegründet und expandieren. Seit Ende 1983 sind mehr neue Halbleiterfirmen eröffnet worden als in jedem andern vergleichbaren Zeitraum, sie basieren oft auf denjenigen neuesten Technologien, die das größte Wachstumspotential aufweisen.

Die weltweite Anerkennung der Bedeutung von Silicon Valley hat zugenommen. Die Beachtung in den Medien hat neue Höhepunkte erreicht; aus praktisch allen Ländern der Welt kommen Journalisten zu Besuch, um herauszufinden, »wie es hier wirklich aussieht«.

Delegationen von Politikern und Wirtschaftsführern aus anderen Ländern und aus anderen Teilen der Vereinigten Staaten reisen in einem endlosen Besucherstrom wie ein High-Tech-Pilgerzug nach Silicon Valley. Sie wollen mit den Unternehmern und Führungskräften sprechen, um zu erfahren, aufgrund welcher Geheimnisse Silicon Valley so erfolgreich ist, und um herauszufinden, wie man dieses Phänomen – und den dadurch erhofften Stellenüberfluß – zu Hause anwenden kann.

Die Zahl der »Horchposten« ist gestiegen. Sie sind ein Indikator für die Bedeutung von Silicon Valley: kleine Unternehmungen, die theoretisch in Silicon Valley ihr Geschäft betreiben, eigentlich aber als technische Informationsquelle für ihre Muttergesellschaften in Korea, Japan und Europa dienen.

Große Unternehmungen haben – oft im Kaufrausch – Silicon Valley überflutet. Eine Möglichkeit, an neueste Technologien heranzukommen, ist, sie zu kaufen, und genau das tun viele Riesenunternehmen. In den letzten Jahren sind die ganz Großen gekommen – IBM, AT & T, Kodak, Gould, 3M – und haben einen anderen Führungsstil und eine andere Haltung mitgebracht. Diese etablierten Konzerne erwerben High-Tech-Firmen, um an die Technologie und fähige Leute zu kommen, gleichzeitig aber auch, um einen Außenposten in Silicon Valley zu errichten.

Die Entwicklung in Richtung vertikale Integration war unauffällig, aber folgenreich. Die mikroelektronische Technologie verwischt ihre Grenzen. Es ist beispielsweise nicht mehr klar, wo das Gebiet der Computer aufhört und jenes der Kommunikation beginnt. Der Zusammenschluß von IBM, Intel und Rolm belegt diese Entwicklung.

Ableger von Silicon Valley breiten sich in anderen Teilen der Vereinigten Staaten und im Ausland weiterhin aus. In Austin, Colorado Springs, Research Triangle Park, Phoenix, Minneapolis, Portland und anderen Gegenden haben High-Tech-Unternehmen in den letzten Jahren expandiert. Auch in Europa sind High-Tech-Zentren entstanden – Cambridge, Mailand, München, Stockholm. In Berlin, Korea, Taiwan und anderswo werden erste Schritte in dieser Richtung unternommen.

Die Volksrepublik China hat begonnen, sich für High-Tech zu interessieren. Für eines der größten und ärmsten Länder der Welt ist das eine überaus unerwartete Entwicklung. China besitzt inzwischen eine High-Tech-Universität, die nach dem Muster einer amerikanischen Forschungsuniversität errichtet wurde. Man schätzt, daß auf mindestens 150 Fließbändern Chips produziert werden. Auch die Herstellung von High-Tech-Produkten ist vorangetrieben worden; eines der größten Produktionszentren befindet sich unweit von Hongkong.

Das Interesse, das ausländische Leser der High-Tech-Kultur von Silicon Valley entgegengebracht haben, hat uns angenehm überrascht. Übersetzungen unseres Buches sind in japanischer, koreanischer, chinesischer (drei Ausgaben in der Volksrepublik China), deutscher, französischer, schwedischer, italienischer und spanischer Sprache erschienen.

Vor zwei Jahren haben wir die Merkmale beschrieben, die unserer Meinung nach für den Erfolg von Silicon Valley entscheidend waren. Rückblickend können wir sagen, daß Silicon Valley diese Merkmale immer noch aufweist.

Die Zahl der zur Verfügung stehenden talentierten Leute, der Wissenschaftler und Ingenieure, ist noch gestiegen. Trotz der hohen Lebenskosten und der schlechten Konjunkturlage ziehen weiterhin Technokraten, die von der Aussicht auf ein High-Tech-Bonanza angelockt werden, nach Silicon Valley.

Die technologische Entwicklung geht unvermindert weiter. Es gibt keinerlei Anzeichen dafür, daß die Möglichkeiten der Mikroelektronik schon völlig erfaßt werden, geschweige denn als ausgeschöpft gelten können. Die Forschung eröffnet immer wieder neue Aussichten, und Einrichtungen für die Zukunft erweitern die Verständigung.

Die Anwendungsmöglichkeiten von Technologie wachsen weiterhin. Die Zukunft liegt in der Verwendung technologischer Komponenten in der Industrie und den Konsumgütern. Silicon Valley richtet seine Aufmerksamkeit mehr denn je darauf, die Technologie in die Produkte zu integrieren und sie benutzerfreundlich zu gestalten.

Die Kultur, die den Unternehmergeist fördert, breitet sich aus. Als wir dieses Buch schrieben, waren wir davon überzeugt, daß der Unternehmergeist mindestens ebenso wichtig sei wie die mikroelektronische Technologie, die er formte. Heute sind wir in diesem Punkt noch sicherer. Der unternehmerische Faktor ist der entscheidendste Aspekt von Silicon Valley. Die Rückschläge in letzter Zeit haben eine unerwartete Gelegenheit geboten, die Mißerfolge und Pleiten von High-Tech-Firmen zu studieren. Nur selten ist die Technologie der Hauptgrund für das Scheitern einer Unternehmung; eher ist es eine menschliche Komponente, die Frage der Einstellung zum Beispiel, die anfällig wird.

Silicon Valley hat bewegte Jahre hinter sich, aber es ist immer noch *der* Ort. Zentrum der High-Tech-Gesellschaft bleiben der Unternehmer und sein fieberhafter Eifer. Die Flexibilität von Silicon Valley bleibt bestehen. Es gedeiht.

Teil I

# *Die Anfänge*

*Die Geschichte von Silicon Valley ist kurz.
Sie umfaßt nicht mehr als drei Jahrzehnte.
Wir beginnen dieses Buch mit der wechselvollen
Story der Apple Computer Inc., weil sie alle
Elemente der typischen Silicon-Valley-Erfolgsstory
in sich vereint.*

# *Die Apple-Story*

»Jugendliche unter 18 haben keinen Zutritt«
*Schild an einem Computer-Shop in Mountain View, Kalifornien*

»Apple Computer - das ist die Erfolgsstory schlechthin«
*Die Illustrierte »Life«, Ausgabe März 1982*

Der Konferenzplaner muß einem sadistischen Impuls nachgegeben haben. Er hat die erste Sitzung der Nationalen Konferenz der US-Regional- und Gemeindebeamten im Ballsaal des Peachtree-Plaza-Hotels von Atlanta auf die unchristliche Zeit von 8 Uhr morgens anberaumt.

Das gedruckte Konferenzprogramm führt Ted Nelson als ersten Redner zu dem Thema »Freiheit für Computer« auf. Nelson hat bereits ein Buch mit diesem Titel veröffentlicht. Es ist mehr als fraglich, wie viele Gemeindebeamte dieses Thema wohl am frühen Morgen aus dem Hotelbett scheuchen wird.

Ted Nelson wirkt sehr jungenhaft und ein wenig etepetete in Blazer und Harvard-University-Krawatte. Zuerst dreht er sein Bandgerät voll auf, und die Filmmusik aus »2001: eine Odyssee im Weltraum« schlägt über den Zuhörern zusammen. Dann leuchtet das erste Vortragsdia von der Leinwand: Über einem riesigen Felsen geht die Sonne auf. Das zweite, eine Nahaufnahme, zeigt einen Altair-8800-Computer auf dem Felsen. Auf dem dritten Dia erscheint Ted Nelson selbst in der Maske eines Affen auf dem Felsen und schwenkt den kleinen Computer triumphierend über seinem Kopf.

Dann erst beginnt die eigentliche Präsentation. Nelson ruft den Konferenzteilnehmern zu, daß die Computer schon zu lange der eifersüchtig gehütete Besitz anmaßender Spezialisten in klimatisierten Computerzentren seien. Von jetzt an, sagt Nelson, sind Mikrocomputer schon im Einzelhandel erhältlich, zum Beispiel in der Kette der »Byte Shops«, die damals überall in den USA aus dem Boden schossen.

Er beendet seinen Vortrag mit der »2001«-Musik, dreht den Verstärker wieder auf Rock-Konzert-Lautstärke und brüllt: »Entzaubert die Computer! Computer gehören der gesamten Menschheit!« – wahrhaft revolutionäre Parolen über Computermacht in der Hand des Volkes! Die Zuhörer verharren einige Sekunden lang in betroffenem Schweigen.

Dann erheben sie sich von den Plätzen und applaudieren fünf Minuten lang.

## *Die »Computer Kids«*

Damals, im Jahre 1976, gehörte Ted Nelson zu der kleinen Gruppe frühreifer »Computer-Spinner«, die sich anschickten, das Computer-Etablishment zu erschüttern: Harry Garland und Roger Melen von Cromemco, Adam Osborne von Osborne Computer, Bill Gates von Microsoft, Ed Roberts von Altair und Nolan Bushnell von Atari. Steven P. Jobs und Stephan G. Wozniak wurden später die beiden berühmtesten; zu der Zeit gründeten sie gerade die Apple Computer Inc. in Silicon Valley.

Als Ted Nelson seine Präsentation in Atlanta gab, waren die Mikrocomputerspezialisten knapp über zwanzig, groß geworden in den radikalen Jahren nach 1960. Damals trugen die meisten lieber Jeans und grobgemusterte Hemden als Anzüge mit Weste. Heute, da sie Multimillionäre und ihre Firmen an der Wall Street notiert sind, zeigen sie sich in der Öffentlichkeit nur im Nadelstreifen von Brooks Brothers.

Bis Mitte der siebziger Jahre, als der Mikrocomputer in die amerikanische Computerlandschaft einschlug, befanden die Computer sich im alleinigen Besitz des Establishments, also der Behörden, Industrieunternehmen und anderer Großabnehmer. Die bei ihnen aufgestellten Großrechner heißen Mainframe Computer, weil infolge ihrer Größe alle elektronischen Komponenten in einer soliden Rahmenkonstruktion (Frame) montiert sind. Sie werden vornehmlich in Datenaufschlüsselung, Rechnungswesen, Archivierung, Forschung, Datenanalyse, Bankbetrieb und Flugticketreservierung eingesetzt.

Doch 1971 erfand Ted Hoff von Intel den Mikroprozessor, und nun konnte man einen sehr kleinen Computer zu einem Preis von wenigen tausend Dollar oder noch weniger herstellen. Ausgerüstet mit einem so preiswerten Gerät, so rechnete man, würden Millionen von Amerikanern schon herausfinden, wie viele nützliche Dinge ihr eigener Computer erledigen kann. Weil sie um den Mikroprozessor als Herzstück herum aufgebaut waren, wurden die neuen Geräte »Mikrocomputer« genannt. Sie haben nichts Geringeres als eine kleine Revolution ausgelöst, indem sie tatsächlich Computermacht in die Hände des Volkes legten – ganz wie Ted Nelson es sich gewünscht hatte.

Am Anfang, also 1975, waren diese Mikrocomputer nicht mehr als ein Spielzeug, ein Hobby. Das Modell Altair 8800 konnte man per Post beziehen oder in Computer-Shops kaufen. Die Verkäufer waren alerte Teenager, die ihre Kunden mit unverschämter Arroganz behandelten und sie mit einem Schwall von unverständlichem Computer-Chinesisch überschütteten. Der Altair-Bausatz kostete 400 Dollar, aber der Käufer mußte nochmals 2000 Dollar oder mehr für die peripheren Geräte ausgeben. Im Jahr 1975 wurden rund 2000 Altair-8800-Computer abgesetzt. Die Käufer waren meistens Ingenieure, Naturwissenschaftler oder Programmierer. Die Sache hatte nur einen kleinen Haken – hatte man seinen persönlichen Computer erst einmal zu Hause, konnte man wenig Nützliches damit anfangen. Und die Zahl der Computerfans, die mehrere tausend Dollar springen ließen, um einen Computer mit ziemlich begrenzten Möglichkeiten zu besitzen, war sehr gering.

Aber dann kam der Heimcomputermarkt doch auf Touren – dank Apple Computer, der »Radio Shack«-Kette von Tandy und Commodore. Diese Firmen hatten begriffen, daß Tausende, ja Millionen von Mikrocomputern zu verkaufen waren, wenn es geeignete Programme, die Software, gab.

Doch nicht die alteingesessenen Großcomputer-Hersteller wie IBM, Control Data oder Burroughs oder die beiden Minicomputerfirmen Digital Equipment und Data General brachten den Personal Computer zur Marktreife. Nein, die beiden führenden Heimcomputerhersteller starteten mit ganz wenig Kapital. Der eine, Radio Shack (eine Radiobastler-Ladenkette), wendete nicht mehr als insgesamt 150.000 Dollar für Werkseinrichtungen und Entwicklung auf, um sein erstes erfolgreiches Modell, den TRS-80 I, auf den Markt zu werfen.

Die Keimzelle des anderen, Apple, war die Garage von Steven Jobs in Los Altos, Kalifornien. Jobs und sein Partner Wozniak bauten den Computer eigentlich nur, weil sie unbedingt einen Altair haben wollten, ihn sich aber nicht leisten konnten. Die Geschichte von Apple Computer ist die für Unternehmer in Silicon Valley typische Erfolgsstory.

Jobs und Woz (Spitzname von Steven Wozniak) sind denn

auch unverwechselbar echte Produkte der Silicon-Valley-Szene. Ihre Jugend in diesem spannungsgeladenen Umfeld war die natürliche Voraussetzung für ihre glänzende Elektronik-Unternehmer-Karriere. Jobs und Wozniak lernten sich vor zwanzig Jahren, als beide noch in die Volksschule gingen, in der Garage eines Freundes kennen. Garagen sollten auch weiterhin eine wichtige Rolle in ihrem Leben spielen.

Jobs bewunderte Wozniak, weil er einen Computer gebaut hatte, der den ersten Preis einer kalifornischen Naturwissenschafts-Ausstellung bekam. Wozniak hatte sich seit seiner frühesten Kindheit mit Computern beschäftigt. Sein Vater, Elektronik-Ingenieur bei Lockheed Missiles and Space Company in Sunnyvale, hatte ihm schon damals beigebracht, wie man Logikbausteine entwirft.

Bereits als Volksschüler kniete sich Wozniak so sehr in seine Materie hinein, daß er nur selten aufschaute, wenn man ihn ansprach. Seiner Mutter hörte er nur zu, wenn sie ihn ziemlich hart auf den Kopf schlug.

Wozniak war offenkundig frühreif und ließ schon damals erkennen, was für ein technisches Genie in ihm heranreifte. Später, auf der Oberschulstufe, in der Homestead High School in Santa Clara, wurde er Primus und erzielte das sensationelle Ergebnis von 800 Punkten in der Mathematik-Aufnahmeprüfung fürs College. Seine Klassenkameraden von damals bezeichnen ihn als ruhig und schüchtern, aber hochintelligent. Kurz, er war der Prototyp des Computergenies, ein »nerd« (Verrückter) im Fachjargon.

Wozniak schrieb sich zuerst an der University of Colorado, dann am De Anza College in Cupertino und schließlich an der University of California, Berkeley, ein. Doch er hielt es nirgends lange aus. 1972 ging er von Berkeley ab und besorgte sich einen Job bei Hewlett-Packard.

Indessen bezog Steve Jobs das Reed College in Portland, Oregon, verließ es aber schon im ersten Semester, um sich einem Guru in Indien anzuschließen. Nach seiner Rückkehr ging Jobs zu Atari, der Video-Spiele-Firma. So wurden Jobs und Wozniak wieder in Silicon Valley vereint, und nach Feierabend arbeiteten sie zusammen beim Entwurf einer Computerlogik-Platine. Daraus sollte dann der Apple-Computer entstehen.

Die beiden fabrizierten auch ein kleines elektronisches Wunderding, das sie ins Gefängnis hätte bringen können. 1971 las Wozniak in einem »Esquire«-Artikel von einem »Phreak« (zusammengezogen aus *Ph*one F*reak* = Telephonstörgeist) namens »Käpten Crunch«. Der zapfte Telefonleitungen mit Hilfe eines »blauen Kästchens« an, so daß er Ferngespräche zum Ortstarif führen konnte. Woz und Jobs bauten selbst solche »blauen Kästchen« und verhökerten sie in Wozniaks Studentenheim in Berkeley. Nun war zwar nicht der Verkauf, aber die Benutzung dieser Geräte strafbar. Schließlich wurden Woz und Job erwischt, als sie bei einer Autopanne ihr »blaues Kästchen« an ein Telefon neben der Fernstraße angeschlossen hatten. Sie konnten sich gerade noch aus der peinlichen Situation herausreden, weil der Polizist nicht kapierte, wozu das Kästchen diente. Jahre danach stellte die Firma Apple »Käpten Crunch« an, um einen automatischen Anwählbaustein für ihren Mikrocomputer zu entwickeln.

Mit seiner unorthodoxen Intelligenz verzapfte »Crunch« auch ein Programm für den Apple II, durch das 150.000 Gespräche mit ferntariffreien Anschlüssen geführt wurden - nur um eine Telefongesellschaft zu ärgern.

Crunch heißt in Wirklichkeit John T. Draper. Er wurde berühmt als erster »Phreak«, der für seine Telefoncomputeruntaten ins Gefängnis mußte. Heute ist er Präsident einer Software-Firma in Berkeley.

Wozniak entwickelte bisweilen selbst einen skurrilen Sinn für Humor. So richtete er einen speziellen Telefondienst namens »Dial-a-Joke« in seinem Haus ein. Wählte man den Anrufbeantworter in seinem Haus an, so erzählte er polnische und italienische Einwandererwitze. Er wurde täglich gut 2000 Mal in Anspruch genommen.

Einer dieser Anrufe kam von Alice Robertson, einem jungen Mädchen, das als Babysitter arbeitete. Nach fünf weiteren Anrufen konnte der schüchterne Wozniak die junge Frau zu einem Rendezvous überreden. Sie heirateten, ließen sich aber später wieder scheiden. Wozniak machte sich nie viel aus Geld, und als er durch Apple reich geworden war, schenkte er seiner Exfrau Firmenanteile im Wert von 50 Millionen Dollar. Weitere Anteile gingen an ihre und seine Angehörigen und einige Freunde.

Später heiratete Wozniak Candi Clark, eine Kajak-Olympiateilnehmerin. Sie war Angestellte bei Apple. (Jetzt leben beide zurückgezogen in den Santa-Cruz-Bergen, einige Meilen südwestlich von Silicon Valley.) Woz schrieb sich noch einmal in Berkeley ein und erwarb 1983 den Grad eines Bachelor of Science im Fach Computerentwicklung.

Danach ging Wozniak wieder zu Apple Computer Inc. und entwarf neue Computer. Sein Partner Jobs gewann Anerkennung in der Öffentlichkeit für den Erfolg der Firma, aber Woz sagt, das sei ihm gleichgütig: »Steve ist einmalig, und ich bin nicht mißgünstig. Mich interessiert nicht, wer ganz oben an der Spitze steht, ich habe ja noch mein ganzes Leben vor mir.«

Doch in der ersten Erfolgsphase von Apple Computer bestand eine Aufgabenteilung zwischen Jobs und Wozniak. Woz war der geniale Techniker, während Jobs sich um die Infrastruktur der Firma kümmerte. Er war prädestiniert - durch seine Überredungskunst und seine zupackende Art - für den Umgang mit Investoren, Regierungsbeamten und Journalisten. Übermäßige Bescheidenheit gehört nicht zu Jobs' Schwächen, und er gibt bereitwillig zu, daß er einige seiner Mitarbeiter mit scharfer Kritik vor den Kopf gestoßen hat.

Es kommt vor, daß er ein Entwicklungslabor von Apple betritt, einem Mitarbeiter über die Schulter schaut und sagt: »Was Sie da machen, ist eine ziemliche Scheiße.« Wenn der Mann sich von ihm einschüchtern läßt und sich nicht für sein Projekt einsetzt, läuft er Gefahr, daß der Mogul von Apple ihn für unfähig hält. Jobs gibt selbst zu, daß er im Umgang mit Menschen noch hinzulernen muß. In der Tat ist der Erfolg von Apple undenkbar ohne die Topmanager, die Jobs angestellt hat, um die Firma für ihn zu leiten.

Doch wer wollte einen 28 Jahre jungen Selfmademan und Multimillionär völlig verdammen, nur weil er zu selbstbewußt auftritt? Und wenn man Wozniak für die Entwicklung des Apple II zum Elektronik-Superstar erhebt, so gebührt Jobs alle Anerkennung dafür, daß er um den Apple-Computer herum ein Firmenimperium geschaffen hat.

## *Die Entstehung des Apple I*

Die Entstehungsgeschichte des Apple-Computers macht viele Eigenheiten der unternehmerischen Abenteuer in der Spitzentechnik-Szene von Silicon Valley deutlich: Einer, der sich andauernd mit einem Problem herumschlägt, beschließt endlich, etwas dagegen zu unternehmen. Das Ergebnis ist ein neues Produkt, das auch viele andere haben möchten. Der von seinem Erfolg zunächst überraschte Jungunternehmer gründet eine Firma, die ihm nach Überwindung vieler Schwierigkeiten am

Ende einen ungeahnten finanziellen Erfolg beschert. Es ist wie ein wunderschöner Traum. Der plötzlich gewonnene Status als erfolgreicher Unternehmer gibt dem kleinen Geschäftsmann ungeahnten Auftrieb - ein Effekt, der sich in ähnlicher Form auch bei über Nacht berühmt gewordenen Berufssportlern, Filmschauspielern und Rockmusikern einstellt.

Um den Apple I bauen zu können, »organisierten« Woz und Jobs einige Elektronikteile bei ihren Arbeitgebern Hewlett-Pakkard und Atari. Als Wozniak den Apple I entwickelte, war er sofort auf niedrige Herstellungskosten bedacht. Er plante gar nicht erst den damals verbreitetsten Mikroprozessor Intel 8080 als Herzstück seines Gerätes ein, weil er pro Stück 270 Dollar kostete. Dieser Baustein stand ihm auch gar nicht zur Verfügung, denn die Vertriebsfirmen teilten ihm mit, zuerst müsse er bei ihnen ein Konto eröffnen und als Firma eingetragen sein.

Wozniak erinnert sich: »Dann kam Chuck Peddle mit seinem neu entwickelten Mikroprozessor 6502 heraus und gab bekannt, er würde ihn auf der Westküsten-Computerausstellung »Wescon« über den Ladentisch verkaufen. Einige seiner Freunde gingen zur »Wescon«, packten 20 Dollar auf die Theke und bekamen einen Mikroprozessor. So ein Ding konnte man also schon für 20 lausige Dollar bekommen. Damit war ich im Geschäft.«

Als der Apple I vom »Eigenbau-Computerclub« (einer Vereinigung von mehreren hundert Computerfans an der Stanford University) ausgestellt wurde, war er ein durchschlagender Erfolg. Die Freunde von Wozniak und Jobs wollten sofort einen haben. Erinnert sich Jobs: »Wir verbrachten unsere ganze Freizeit damit, ihnen beim Bau ihrer Computer zur Hand zu gehen. Das kostete unsere Wochenenden, unsere Abende, jede Sekunde. Also verkaufte ich meinen Volkswagen, Woz seinen Elektronikrechner, und wir bekamen 1300 Dollar zusammen. Wir bezahlten einen unserer Freunde dafür, daß er eine gedruckte Platine für diesen Computer zeichnete. Wir wollten 100 Stück bauen und sie zu je 50 Dollar verkaufen. Das würde uns 2500 Dollar Gewinn bringen, mit denen wir unseren VW und unseren Rechner zurückkaufen konnten.«

Wozniak und Jobs brauchten 60 Stunden, um ihren ersten Apple zusammenzubauen, aber jetzt, mit der gedruckten Schaltung, konnten sie die Bauzeit auf sechs Stunden drücken. Ohne es zu ahnen, hatten Wozniak und Jobs die Mikrocomputerindustrie geschaffen, nur weil sie ein Kundenbedürfnis befriedigen wollten.

Im Juni 1976 ging Jobs mit einer seiner Computerplatinen in den »Byte Shop«, einen Computerladen: »Sie bestellten 50 Stück. Jesus! Ich sah nur noch Dollars um mich herum. Aber die waren auf etwas Neues aus. Sie wollten plötzlich fertig montierte Computer haben. Zu der Zeit konnte man keinen fertigen Computer kaufen, nur Bausätze.«

Jetzt zeigte Jobs, was in ihm steckte. Ohne falsche Bescheidenheit spielte er den Industrieboß, als er sich bei mehreren Bauteileproduzenten nach den Lieferbedingungen für Großabnehmer wie Hewlett-Packard erkundigte. »Wir überredeten sie, uns Teile im Wert von 25.000 Dollar mit netto 30 Tagen Zahlungsziel zu überlassen. Wir wußten damals nicht, was netto 30 Tage Ziel heißt. Wir nahmen all die Schachteln mit den Teilen mit nach Hause. Wir bauten 100 Computer und fuhren mit 50 zum Byte Shop, wo wir sofort Kasse bekamen. Wir zahlten unsere Lieferanten in 29 Tagen aus - seitdem haben wir ein Auge auf den Cash Flow.«

Die jungen Partner bauten die Computer in der Garage von Jobs' Eltern zusammen. Überall standen Stapel von Plastikschachteln mit Mikrochips und gedruckten Schaltungen herum. Jobs blockierte das Telefon seiner Eltern auf Stunden, während er einen Rechtsanwalt und eine Werbefirma zur Mitarbeit überredete. Wozniak und Jobs hatten immer eine ziemlich dünne Kapitaldecke, so daß Jobs den Rechtsanwalt überreden mußte, gegen spätere Bezahlung tätig zu werden. Regis McKenna, der Inhaber einer örtlichen Werbeagentur, lehnte Jobs' Ansinnen dreimal ab, aber dann gab er nach. Er machte also die Werbung zunächst gegen gute Worte, ohne zu wissen, wann er Geld bekommen würde.

Die Apple-Garage war mittlerweile mit Elektronikteilen überfüllt und Jobs-Wozniak sahen ein, daß sie über das Provisorium hinausgewachsen waren. »Irgendwann im Herbst 1976 wurde mir klar, daß unser Markt schneller wuchs, als unsere Firma wachsen konnte. Wir brauchten mehr Kapital«, sagt Jobs heute.

Apple und seine Konkurrenten trugen wesentlich dazu bei, daß ein neuer Wirtschaftszweig, der Computer-Einzelhandel, in Amerika entstand. Die ersten Computergeschäfte entsprangen einem Bedürfnis des breiten Publikums, und jedesmal, wenn ein unternehmerisch veranlagter Mensch merkte, daß man mit dem Ladenverkauf von Mikrocomputern Geld verdienen konnte, schoß wieder eines aus dem Boden.

Ted Heiser gilt als der Mann, der als erster im Juni 1975 in Los

Angeles einen Computer-Shop eröffnete. Er mußte tagsüber arbeiten gehen, deshalb war sein Geschäft nur abends und an den Wochenenden geöffnet.

Der erste Ganztags-Computer-Shop der Welt wurde im Dezember 1975 aufgemacht, und zwar mitten in Silicon Valley, in Mountain View, El Camino Real West Nr. 1063. Die beiden Inhaber Boyd W. Wilson und Paul Terrell nannten ihn »The Byte Shop« und führten neben dem Altair 8800 Bücher wie Ted Nelsons »Computer Lib«, Computer-T-Shirts sowie Computer-Zeitschriften und Handbücher. Wilson erinnert sich noch an den Tag im Jahre 1976, als Jobs und Wozniak das Geschäft betraten, um ihre Apple-Platinen zu verkaufen. Sie behaupten, der »Byte Shop« habe 50 Stück bestellt, aber nach Wilsons Meinung waren es höchstens 25. Alle drei stimmen jedenfalls darin überein, daß er, Wilson, Jobs und Woz riet, ihre Apple-Platine in ein Gehäuse zu montieren und damit einen gebrauchsfähigen Mikrocomputer zu liefern.

Wilson ließ sich nicht davon abbringen, daß seine Kunden lieber fertige Geräte als Einzelteile oder Bausätze haben wollten. Damit gab er den beiden Apple-Herstellern vielleicht den entscheidenden Anstoß zur Gründung ihrer eigenen Firma.

Zuerst jedoch sperrten sie sich. »Wir wollten keine eingetragene Firma aufmachen«, sagt Jobs. Doch als er noch einmal in den Byte Shop ging, zeigte Wilson ihm eine Apple-Computerplatine, die jemand in eine schmierige Holzkiste eingebaut hatte. Wilson: »Das überzeugte Jobs, daß er seine Apple-Computer komplett in einem ansprechenden Gehäuse liefern mußte.«

In jenen Anfangstagen war der Erfolg von Apple eng mit dem des »Byte Shop« verknüpft, denn jetzt hatte der Computerladen einen Umsatzrenner anzubieten. Binnen zwei Jahren war aus Wilsons »Byte Shop« eine Kette von 75 Geschäften entstanden. Einige Jahre darauf brach dieses Großunternehmen infolge finanzieller Probleme zusammen. Danach gingen der »Byte Shop« und Apple wieder ihre eigenen Wege. Wilson verkauft heute in einem Geschäft mit dem Namen »The Original Byte Shop« Computer der Marken Cromemco und Fortune.

Die Computershops haben sich zu einer bleibenden Einrichtung entwickelt. In jeder der zehn größten amerikanischen Städte gibt es mindestens 200 solcher Verkaufsstellen, und weltweit müssen es über 13.000 Computershops sein. Weitere 17.000 Geschäfte verkaufen Computer neben anderen Geräten. Vor kurzem zog »The Original Byte Shop« in eine bessere Gegend um, nach El Camino Real West Nr. 1545, einige Straßen weiter nach Norden. In den alten Räumen, in denen der Apple-Computer zu seinem Senkrechtstart ansetzte, befindet sich jetzt ein Sexbuchladen. Aufschrift eines Schildes im Fenster: »Ehepaare willkommen«.

## *Nolan Bushnell lachte nur*

Als Jobs und Wozniak, die zögernden Unternehmer, merkten, daß ihr Apple-Computer keine Eintagsfliege, sondern ein gut verkäufliches Produkt war, führten sie ihn ihren Chefs bei Atari und Hewlett-Packard vor. Jobs versuchte Nolan Bushnell, den Gründer von Atari und Schöpfer des ersten Videospiels »Pong«, davon zu überzeugen, daß dem Mikrocomputer eine glänzende Zukunft bevorstand. Aber im Herstellungsprogramm von Atari gab es keine Computer, und Bushnell lachte Jobs aus. Bushnell gab diesen Vorfall 1983 auf einem Essen der Ingenieursvereinigung in Sunnyvale so wieder: »Sagen wir, Sie arbeiten bei einem großen Konzern. Sie gehen zu Ihrem Direktor und sagen zu ihm: › Ich habe eine Idee für ein Produkt, das einen Umsatz von 10 Millionen Dollar bringen wird.‹ Der Direktor antwortet: › Haha. Zehn Millionen Dollar Umsatz. Sind wir eine Firma, die mickrigen zehn Millionen Dollar hinterherläuft?‹ Sie sagen darauf: › Immerhin zehn Millionen. Klingt nicht schlecht. Der neue Produktbereich wäre ein persönlicher Computer ... ‹ (Ironischer Beifall für Bushnell). Wir glaubten doch fest daran, daß man nur mit Großcomputern und Minicomputern für geschäftliche Zwecke richtiges Geld machen konnte. Nun, das war 1973.

Aber es gibt Marktnischen, in denen sich kleine Firmen tummeln. Bald sind sie erwachsen und laufen bei den Großen mit. Und was die 10 Millionen Dollar Umsatz angeht, die Atari damals ausschlug ... nun, ich habe nie behauptet, daß wir überhaupt keine Fehler machen.« Im Jahr 1982 stieg der Mikrocomputerabsatz auf über 5,4 Milliarden Dollar.

Wozniak ging also zu seinem Vorgesetzten bei Hewlett-Packard und schlug vor, die Fertigung des Apple-Computers zu übernehmen. Ohne Erfolg. Er nahm noch zwei Anläufe, doch die Manager wandten ein, daß Woz keinen Hochschulabschluß und keine reguläre Ausbildung in der Computerentwicklung besaß. Heute können Jobs und Wozniak mit Vergnügen feststellen, daß sowohl Atari als auch Hewlett-Packard sich nach langem Zögern doch noch massiv im Mikrocomputermarkt engagiert haben. Und daß sie sich bemühen, Apple, einen der Branchengrößten, einzuholen.

Wozniak erinnert das so: »Mein Vorschlag lief auf so etwas wie den späteren Apple II hinaus, ein 1000-Dollar-Gerät mit 4-Kilobyte-RAM. Der Entwicklungsleiter bei Hewlett-Packard dachte lange darüber nach, aber das Ding war nicht auf dem Mist von H-P gewachsen. Er meinte dann, mein Vorschlag wäre das Richtige für eine Firmengründung, und damit bekam ich den letzten Anstoß, den Apple zu bauen.« Die beiden Chefs, der von Wozniak bei Hewlett-Packard und der von Jobs bei Atari, begünstigten also den Start ihres Konkurrenten.

Übrigens kann Woz nur Gutes über seinen ehemaligen Arbeitgeber sagen: »Ich fahre unheimlich ab auf Hewlett-Packard. Das ist die beste Firma, die ich kenne, Punktum, und ich hoffe nur, daß Apple auch einmal so wird.«

Die Amerikaner waren jetzt bereit, ja begierig darauf, den Apple-Computer zu kaufen. Das hatten Jobs und Wozniak aus ihren Erfahrungen mit dem »Eigenbau-Computerclub«, dem »Byte Shop« und ihrer Garagenfabrikation gelernt. Es interessierte die Käufer nicht, ob ihr Mikrocomputer aus einer bekannten Firma stammte, die auch Service, Wartung und Einarbeitung garantieren konnte. Die Computerfans wünschten sich den Mikrocomputer so sehr, daß sie nicht die vier oder fünf Jahre abwarten wollten, bis einer der hochangesehenen Hersteller wie IBM solche Geräte anbieten konnte. Apple erkannte die Marktlücke, füllte sie aus und erlebte anfangs ein so stürmisches Wachstum, daß ein ansehnlicher Marktanteil dabei abfiel. Und Apple steckte viel Geld in die Werbung in der Hoffnung, das eroberte Terrain auch dann zu halten, wenn IBM sich diesen Markt erschließen würde.

Damals, als Jobs und Wozniak zu ihren jeweiligen Vorgesetzten bei Atari und Hewlett-Packard gingen, um ihnen die Übernahme ihres Apple-Prototyps vorzuschlagen, hatten die Bosse allen Grund, sie auszulachen. Die voraussichtliche Entwicklung des Mikrocomputermarktes erschien diesen Giganten zu gering. Später wuchs der Absatz der Mikrocomputer in schwindelnde Höhen. Niemand, nicht einmal Jobs und Wozniak konnten voraussehen, wie groß dieser Markt tatsächlich werden würde.

Im Herbst 1976 befand Jobs endlich, daß man eine richtige Firma gründen sollte, aber Wozniak war strikt dagegen. Da rief

Jobs eine Reihe von Wozniaks Angehörigen an und überredete sie, Woz doch noch herumzubekommen.

Eines Tages im Jahr 1976 arbeiteten Jobs und Woz gerade in ihrer Garage, als Don Valentine, ein Risikofinanzier aus der Gegend, in seinem schicken Mercedes vorfuhr.

McKenna und Nolan Bushnell, der ehemalige Chef von Steve Jobs bei Atari, hatten Valentine als einen Mann empfohlen, der den Jungunternehmern bei der Kapitalbeschaffung behilflich sein könnte. Jobs empfing ihn in abgeschnittenen Jeans, Sandalen, mit schulterlangen Haaren und einem Ho-Chi-Minh-Bart. Später fragte Valentine: »Warum haben Sie mich ausgerechnet zu diesem Verächter der menschlichen Gesellschaft geschickt?« Valentine gab den beiden kein Geld, sondern verwies sie an Armas C. (»Mark«) Markkula, einen früheren Marketingdirektor bei Intel.

Kurz darauf fuhr Markkula in seiner Corvette an der Apple-Garage vor. Er war erst 38, aber bereits Millionär und hatte seinen Job bei Intel aufgegeben. Markkula bat die beiden Unternehmer, ihm ihren Unternehmensplan zu zeigen. Jobs und Wozniak sahen sich an – sie wußten nicht, was ein Unternehmensplan war. Markkula erklärte ihnen, daß so ein detaillierter Prospekt der Firma die Voraussetzung für die Beschaffung von Investitionskapital ist.

Dann setzte er sich zwei Wochen lang mit Jobs und Wozniak zusammen. In Tag- und Nachtarbeit stellten sie den Unternehmensplan für die Apple Computer Inc. auf. Markkula brachte 91.000 Dollar aus seinem Vermögen auf und veranlaßte die Bank of America, eine Kreditlinie von 250.000 Dollar bereitzustellen. Zu dritt gingen sie mit dem Apple-Unternehmensplan zu Finanziers, die Markkula kannte, und trieben noch einmal 600.000 Dollar auf. (In Kapitel 4 berichten wir ausführlicher über Finanziers und ihren großen Einfluß auf Firmengründungen in Silicon Valley.)

Nachdem die Finanzierungsprobleme von Apple gelöst waren, machten Jobs und Wozniak Markkula zu ihrem dritten gleichberechtigten Partner und sicherten sich so sein Marketing-Know-how und seine geschäftlichen Erfahrungen. Auf seine Empfehlung engagierte Apple den 33-jährigen Michael Scott, Produktionsdirektor bei National Semiconductor, als Präsidenten. Scott war ein ausgebuffter Produktionsexperte, also genau der Mann, den Apple jetzt brauchte. Zu dieser Zeit fungierte Markkula als Vorsitzender der Geschäftsleitung, Jobs als stellvertretender Vorsitzender und Wozniak als Vizepräsident für Forschung und Entwicklung.

Es war jetzt Zeit, aus der Garage auszuziehen und die Produktion des Apple II in Gang zu bringen.

Vor 1977 waren Computer schwere, eckige Stahlkästen, kompliziert aufgebaut, furchteinflößend und schwierig zu bedienen. Mit dem Apple II wurde das alles anders. Wozniak entwickelte einen Computer, der so raffiniert aufgebaut war, daß er schon wieder einfach wirkte. Durch seine Unkompliziertheit war der Apple II erstens einfach zu programmieren und zweitens einfach herzustellen. Er wog nur fünfeinhalb Kilo und wurde von zehn Schrauben zusammengehalten. Das Gehäuse war in einem blassen Pastellgrau gehalten und trug das sechsfarbige Apple-Emblem (ein angebissener Apfel) über dem Tastenfeld.

Jobs und ein Kollege bei Atari verpaßten dem Apple II in sorgfältiger Kleinarbeit eine freundliche, nicht so bedrohliche äußere Erscheinung. Wozniak hatte das Innenleben zu einem hübschen kleinen Paket elektronischer Zauberei zusammengefaßt.

Es bestand aus einem kompakten Netzteil, einer einzigen Platine mit dem Mikroprozessor und den übrigen integrierten Chips nebst einem Anschluß für das Tastenfeld. Das sah für den Laien sehr schlicht aus, doch hinter jedem dieser Bausteine verbarg sich eine raffinierte Vielfalt elektronischer Technik.

### *Nennen wir ihn Apple*

Die Gründer jeder jungen Firma müssen sich mit dem Problem herumschlagen, wie sie ihre Firma nennen sollen. Oftmals möchten sie ihr Engagement in der Spitzentechnik und Mikroelektronik anklingen lassen, aber wiederum nicht zu speziell, um sich die Möglichkeit zu bewahren, später in andere Produktbereiche vorzustoßen. Michael Malone, ein ehemaliger Zeitungsreporter und kritischer Beobachter der Silicon-Valley-Szene, unterscheidet drei Perioden der Namensgebung neuer Unternehmen:

*1.* Bis 1960 setzten die kleineren Firmen ihre Marke aus den Namen der Gründer zusammen: (Bill) *Hewlett* – (Dave) *Packard.* (Gebrüder) *Varian Corporation* oder (Sherman) *Fairchild Semiconductor.* Damals unterschieden sich die Silicon-Valley-Firmen in ihrem Namen kaum von Krämerläden, Klempnereien oder anderen wenig aufregenden Unternehmen.

2. 1961, mit der Gründung von Signetics Corporation, begann die Ära der Firmennamen mit witzigen Anspielungen auf »Electronics« und »Technology« (ch ausgesprochen wie k). Viele Firmen legten sich also eine Silbe tek, tech, teck oder eck zu: Intel entstand aus *Int*egrated *el*ectronics, Avantek aus *Avant*-garde *tech*nology, Zilog aus *Z* (letzter Buchstabe, also letzte Neuheit) und *i*ntegrated *log*ic). Die Acurex Corporation befragte ihren Computer nach dem besten Namen mit diesen Voraussetzungen: Muß aus sechs Buchstaben nach dem Schema Vokal-Konsonant-Vokal ... bestehen, mit dem Buchstaben A beginnen, nach Technik klingen, aber das Tätigkeitsgebiet nicht zu sehr festlegen. Der Computer spuckte etliche Buchstabenkombinationen, darunter einige obszöne, aus - die optimale lautete: Acurex.

3. Nach 1975 gingen die Firmen von den nach Raumfahrt-Science-Fiction klingenden Bezeichnungen zu Milde und Wohlwollen stiftenden Namen über, die Aufrichtigkeit, Wahrheit und Gesundheit signalisieren sollten - zum Beispiel Coherent, Verbatim, North Star oder Tandem. Apple Computer ist ein typischer Vertreter dieser neuen Richtung.

Als der Apple-Mitbegründer Steve Jobs aus Indien zurückkehrte, hatte er sich mit der Ruhr infiziert und wurde daraufhin Vegetarier. Er meinte, daß der Mensch seiner Anlage nach ein Früchteesser sei und verlegte sich besonders auf Äpfel. Er aß Unmengen davon und lebte eine ganze Zeit nur von Früchten. Als seine Firma 1976 aus der Taufe gehoben werden sollte, verlangte die US-Börsenaufsicht die Angabe eines Firmennamens in ihrem Fragebogen.

Jobs war für »Apple Computer«, weil die ungewohnte Kombination dieser beiden Wörter einen auffälligen Namen mit großer Publikumswirkung abgeben würde. Er enthielt auch den freundlichen, an organisches Leben erinnernden Unterton, auf den Jobs aus war. Einige Mitarbeiter schlugen »XX«-Namen wie »Matrix Technology Inc.« vor. Jobs teilte ihnen eines Tages mit: »Bringen Sie mir einen besseren Vorschlag als ›Apple‹ bis 17 Uhr (dem Zeitpunkt, zu dem der Fragebogen im Postkasten liegen mußte), oder es bleibt bei ›Apple‹.« Es kam aber keiner, und so wurde die Firma »Apple Computer Inc.« benannt. »Dadurch stehen wir noch dazu vor Atari im Telefonbuch«, sagt Jobs heute.

Die erste große Errungenschaft bei der Konstruktion des Apple II war die Stromversorgung. Jobs verlangte ein Netzteil von maximal zehn Zentimeter Höhe, so daß der Computer eine gefällige, niedrig ausladende Form bekommen konnte. Bis 1976 steckte in allen Mikrocomputern ein Lineartransformator im Format eines halben Kommißbrots. Schlimmer noch, die herkömmlichen Netzteile gaben soviel Wärme ab, daß das Innenleben des Computers mit einem Ventilator gekühlt werden mußte. Der Ventilator gab ein unfreundliches Brummen von sich, wenn der Computer arbeitete. Wozniak fand Unterstützung bei Rod Holt, einem Elektroingenieur, der bei Atari gearbeitet hatte. Am Wochenende fuhr Holt Motorradrennen und am Montag kam er oft mit verbundenen Gliedmaßen, einen Arm in der Schlinge vorbei. Dann sprang er gern bei Apple ein. Aber auch sonst hatte Holt viel Zeit, und als Steve Jobs ihm am Telefon einen Job bei Apple anbot, sagte er nicht nein.

Doch als er Jobs kennenlernte, war er zunächst entsetzt: Jobs zählte damals 21 Jahre, er trug einen Bart und ungeschnittene, wallende Haare, lief barfuß umher und badete nie.

Der vorhandene Prototyp des Apple II funktionierte nicht zuverlässig und verstieß außerdem gegen die staatlichen Bestimmungen über Funkstörungen. Holt erkannte, daß hier eine Aufgabe für einen erfahrenen Ingenieur lag und befaßte sich mit dem Stromversorgungsteil. Er tüftelte so lange, bis er ein Netzteil hatte, das sich selbst rasch ein- und ausschaltete und nicht mehr soviel Wärme produzierte. Es war außerdem nicht größer als eine Hundekuchenpackung, entsprach also den Anforderungen von Steve Jobs. Und das Beste daran – das Netzteil schaltete sich selbst aus, wenn irgendwas nicht stimmte. Ein Problem weniger – so schien es wenigstens. Eine andere Sache aber war es, Wozniak zu überreden, Holts Netzteil zu dulden. Er konnte sich damit nicht anfreunden, und immer, wenn etwas an dem Apple II-Prototyp nicht funktionierte, schob er die Schuld auf Holts Stromversorgung.

Doch allmählich wurde Holt der Mann, der jedesmal weitermachte, wenn Wozniak das Interesse an der Perfektionierung der Apple-II-Bausteine verlor. Woz hatte oft eine brillante Lösung für ein Elektronikproblem, aber wenn die Schaltung nur noch zwei Prozent der Gesamtanstrengung benötigte, um endlich einwandfrei zu arbeiten, schweifte sein Interesse ab, und Holt mußte die Sache zu Ende führen. Heute ist Rod Holt ein Star bei Apple Computer Inc. Er bekam den Titel »Apple Fellow« und damit das Recht, jeden technischen Einfall auf eigene Faust weiterzuverfolgen.

Ende 1976 erhielt der Apple II den letzten Schliff. Wozniak vollbrachte eine seiner größten Leistungen in ein paar Tagen zwischen Weihnachten und Neujahr. Mit der Entwicklung der Steuerung für das Disketten-(Programmscheiben)-Laufwerk schaffte Wozniak in dieser kurzen Zeit so viel, wie bei normaler Arbeit in einem Jahr zu erreichen war.

Bis dahin konnte man die Programme nur mit Hilfe von Magnetbändern und einem Kassettenrecorder in den Computer einbringen – ein sehr zeitaufwendiges Verfahren. Mit der Diskette – der »Floppy Disk« – im Format einer Single-Schallplatte hingegen läßt sich das Programm besser speichern und vor allem leichter in den Computer einführen. Die vorhandenen Floppy-Disk-Steuerungen erforderten bis zu sechzig integrierte Schaltungen, aber Wozniak schaffte es mit nur acht. Holt betrachtet Wozniaks Steuerungsbaustein als einen Meilenstein der Elektronik. Er ist so raffiniert ausgetüftelt, daß kaum einer – selbst bei Apple – seine Wirkungsweise ganz versteht.

Woz arbeitete mit der Gewissenhaftigkeit eines Künstlers beim Entwurf der Schaltungsplatine für den Apple II. Die Platine ist eine flaches, grünes Stück Plastik, auf das dünne Kupferstreifen anstelle isolierter Drähte für die elektrischen Verbindungen aufgedruckt sind. In die Platine werden kunststoffverkleidete integrierte Halbleiterschaltungen eingesteckt. Zusammen bilden sie die Zentralelektronik des Computers. Woz arbeitete beim Entwurf der Platine wochenlang jede Nacht bis 2 Uhr durch. Er hätte die Zeichenarbeit einem Techniker übertragen können, aber das wollte er, der selbstbewußte Handwerker, selber machen. Auf diese Weise bemerkte er, daß er praktisch ohne Durchkontaktierungen – kleine Löcher in der Platine, durch die hindurch Bauteile auf beiden Seiten mittels Lötzinn elektrisch verbunden werden – auskommen konnte. Woz verringerte die Zahl der Durchkontaktierungen von 50 auf drei. Die Durchkontaktierungen sind zwar kein technischer Nachteil, aber: »Ich wollte einfach so wenig wie möglich davon haben«, sagt Woz. »Es ist ein ästhetischer Impuls. Keiner weiß, daß mir das gelungen ist. Aber ich weiß es, und mir erscheint es als die ästhetisch sauberste Lösung.«

So ist Wozniak nun mal. Er arbeitet manchmal wie ein Teufel, wenn er so richtig interessiert ist, und vollbringt dann wahre Wunder der Technik. Aber wenn ihn die betreffende Entwicklung langweilt, verweigert er sich einfach. Deshalb erforderte es

Steve Jobs' ganze Überredungskunst, Wozniak bei der Stange zu halten, als er den Apple II konstruierte.

»Jobs wendete alle möglichen Tricks an«, erinnert sich Holt. »Mal spielte er den verschmähten Liebhaber, mal den hingerissenen Bewunderer, dann wieder schleppte er Leute aus den Computerclubs an, die ihn bewunderten.« Hin und wieder gab Woz am Ende nach.

Wenn ihn eine Arbeit nicht gerade faszinierte, versprach er, sie bis, sagen wir, Montag zu erledigen. Aber am Montag tauchte er einfach nicht auf. Am Dienstag sagte er dann: »Ich mach' dir das bis morgen fertig«, und das ging laut Holt immer so weiter. »Ich glaube nicht, daß Wozniak seinen Kopf jemals unter Kontrolle hatte. Sein Kopf tat immer das, was ihm gerade gefiel.«

Apple verdankt seinen Erfolg gewiß nicht nur Wozniak und Jobs. Wichtige Mitspieler sind auf jeden Fall Tausende von Software-Experten im ganzen Land, die besonders für den Apple II geeignete Programme entwickelt haben. Ohne daß es den Hersteller etwas kostete, stand dem Apple-Käufer plötzlich ein ganzes Arsenal von zusätzlichen Programmen und Zusatzgeräten zur Verfügung. Das bedeutete, daß der Apple viel mehr Einsatzmöglichkeiten bot als seine Hauptkonkurrenten, die weniger spezialisierte Programme hatten.

Daher war der Erfolg von Apple auch eine Folge des weiterentwickelten Technologiebewußtseins in der Bevölkerung und nicht nur ein Ergebnis der Anstrengungen von Jobs und Wozniak – allerdings gebührt ihnen Anerkennung für die Schaffung eines benutzerfreundlichen, leicht zu programmierenden Computers.

Als der Hobbycomputermarkt 1978 austrocknete, brachen Dutzende unabhängiger Firmen zusammen. Nicht so Apple, dank seiner Truppe selbständiger Programmierer, die Programme aller Art entwickelt hatten – für Buchhaltung, Textverarbeitung, Rechtschreibung, Unterricht, Zeichenarbeiten und vieles andere mehr. 1983 gab es bereits 15.000 Programme für den Apple Computer. Sie waren zu 95 Prozent von selbständigen Software-Experten entwickelt worden. Das erfolgreichste Textverarbeitungsprogramm heißt WordStar. Es kostet 495 Dollar und wurde rund 300.000mal verkauft. Daneben sind eine unbekannte Zahl von Raubkopien des WordStar-Programms im Einsatz.

Die meisten Programme sind in BASIC (*B*eginners *A*ll-Purpose *S*ymbolic *I*nstruction *C*ode), einer leicht zu erlernenden Programmiersprache, die dem Englischen ähnelt, abgefaßt. Für

Mikrocomputer wurde die Microsoft BASIC-8 im Jahr 1975 von Bill Gates und Paul Allen entwickelt. Gates war damals noch Student an der Harvard-Universität. Mit Allen gründete er die Microsoft Company für den Vertrieb von BASIC. Die Programmiersprache BASIC gab dem Apple-Computer großen Auftrieb – und umgekehrt verhält es sich ebenso, weil beide, Sprache und Gerät, zur rechten Zeit auf dem Markt waren.

Von Anfang an war Steve Jobs klar, welch große Rolle die Software spielte: »Ich bin sicher, daß es einen Wettlauf mit immer besserer Technik gibt. Aber als der Startschuß fiel, liefen die meisten in die falsche Richtung. Sie rennen den 16 bits hinterher, sie wollen immer mehr Speicherkapazität. Ich glaube, da findet das Haupttrennen gar nicht statt, sondern auf dem Gebiet der Softwaretechnik.«

Im April 1977 beschloß die Apple Inc., ihr neues Gerät auf der Westküsten-Computermesse in San Francisco zum ersten Mal öffentlich vorzustellen. Das knappe Dutzend der Angestellten arbeitete Tag und Nacht, um fünf Apple-II-Exemplare fertigzustellen. Das waren damals die einzigen funktionsfähigen Apple II der Welt, und – husch! – kamen die Leute auf der Messe an den Stand, sahen sich den Neuling an, probierten ihn aus und füllten eine Bestellung aus! Fast vom Start weg schoß die Verkaufskurve des Apple II steil durchs Dach in die Wolken. Im Jahre 1977 (das Geschäftsjahr geht bei Apple bis September) betrug der Umsatz 2,5 Millionen Dollar. Im nächsten Jahr waren es 15 Millionen. Dann 70 Millionen 1979, 117 Millionen 1980, 335 Millionen 1981 und 583 Millionen 1982. Das ist sogar für die Verhältnisse von Silicon Valley ein unglaubliches Wachstum. Der Umsatz für 1982 brachte Apple auf die Liste der 500 größten US-Unternehmen des Wirtschaftsmagazins Fortune. Es war das erste Mal, daß ein neugegründetes Unternehmen dies in fünf Jahren geschafft hatte.

Zur Beschaffung der riesigen Kapitalien, die für den weiteren Ausbau benötigt wurden, ging Apple am 12. Dezember 1980 zum erstenmal mit seinen Anteilen an die Börse. Es war ein denkwürdiger Tag für Wall Street – die Börsianer hatten so etwas noch nicht erlebt. Die 4,6 Millionen Aktien, die zu je 22 Dollar verkauft wurden, brachten 101 Millionen Dollar ein und machten die Partner auf der Stelle zu Millionären. Jobs bekam 16,5 Millionen Dollar, Markkula 15,4 Millionen, Wozniak 8,8 Millionen und Scott 6,2 Millionen. Zusammen hielten sie einen Anteil von 40 Prozent am Kapital von Apple. Die Risikofinanziers, die Jahre zuvor das Wagnis einer Beteiligung an Apple eingegangen waren, wurden ebenfalls reich belohnt: Sie bekamen 243 Dollar für jeden damals aufgebrachten Dollar. Arthur Rock, ein Finanzier aus San Francisco, hatte 1978 640.000 Apple-Anteile zu je 9 Cent erworben. Knapp drei Jahre später war seine ursprüngliche Investition von insgesamt 57.600 Dollar 14 Millionen wert. Der bereits als ein Midas bekannte Arthur Rock konnte seinen Ruf wieder einmal glänzend bestätigen.

Eine der Methoden von Apple, die Konkurrrenten zurückzudrängen, bestand darin, sich mittels umfangreicher Werbung einen hohen Bekanntheitsgrad zu verschaffen. Im Sommer 1981 ließ Apple die erste landesweite Werbekampagne für Heimcomputer vom Stapel. Die Werbung zeigte, wie der Fernsehunterhalter Dick Cavett den Eltern empfahl, Computer für die Unterrichtung ihrer Kinder anzuschaffen. Die Leute konnten sich den Namen Apple leicht merken. Der Werbefeldzug kostete zwar viel Geld, aber die Firma hatte sich ein vorteilhaftes Image in der Öffentlichkeit erworben.

Als der Computergigant IBM 1981 bekanntgab, daß er sich auch auf dem Mikrocomputermarkt betätigen wolle, sagten viele Beobachter den jungen Firmen, die den Mikrocomputer zu einem Wirtschaftsfaktor gemacht hatten, schwere Zeiten voraus. Doch Apple reagierte mit einer ganzseitigen, landesweit verbreiteten Anzeige unter der Überschrift: »Willkommen, IBM!« Die damit errungene Aufmerksamkeit machte den Mikrocomputer endgültig in der amerikanischen Öffentlichkeit salonfähig.

Der Umsatz von Apple ist auch seit dem Auftreten vom IBM als neuer Konkurrent ständig gestiegen. Der Apple-Marktanteil hat sich bei 26 Prozent gehalten, obwohl der von IBM auf Kosten anderer Mikrocomputerhersteller auf eine ähnliche Größenordnung gewachsen ist. In jedem Monat des Jahres 1982 verkaufte Apple 33.000 Computer, größtenteils vom Typ Apple II, der nun schon seit fünf Jahren angeboten wird. Das ist eine lange Zeit für die Computerindustrie, in der die Technologie sich fast täglich ändert.

Jobs und Wozniak wußten, daß die Apple Inc. sehr rasch wachsen mußte, wollte sie nicht von der Konkurrenz ausgebootet oder aufgekauft werden. So ein enormes Wachstum ist schwer unter Kontrolle zu halten, und das Problem bestand darin, wie Markkula einmal bemerkte, den Rennwagen Apple Inc. auf der Piste zu halten. 1981, als der Apple III vorzeitig auf den Markt geworfen wurde und viele Schwächen zeigte, schien es eine Zeitlang tatsächlich so, als sei der *Bolide* von der Fahrbahn abgekommen...

## *Das Apple-III-Fiasko*

Endlich kam der von den Computerfans und den Investoren mit Spannung erwartete Apple III heraus. Doch er wurde in fast jeder Hinsicht zu einem Fiasko. Vielleicht mußte die Apple Inc. auch nach der unglaublichen Erfolgsserie mit einem unheimlich lauten Knall in die Wirklichkeit zurückgeholt werden.

Der Apple III war gegenüber seinem kleineren Bruder Apple II mit dreifacher Speicherkapazität und doppelter Zeilenbreite (80 Zeichen statt 40) ausgelegt. Als der Apple III Mitte 1981 auf den Markt kam, kostete er 4.500 Dollar, der Apple II nur 2.500 Dollar. Man konnte die gesamte Software des Apple II auch in dem größeren Gerät verwenden, aber seine überlegene Leistung und Kapazität ergaben viel mehr Einsatzmöglichkeiten. So weit, so gut.

Aber von Anfang an machte der Apple III Ärger. Gut ein Jahr bevor das neue Gerät verkauft werden konnte, hatte die Firma es vorgestellt und damit die Erwartungen hochgeschraubt. Als endlich die ersten Apple III ausgeliefert waren, funktionierten viele nicht.

Der Apple III hatte schon als Geburtsfehler eine Menge jener technischen Macken, die sich gerne dann einstellen, wenn ein neues Produkt eiligst, ohne ausreichende Erprobung, in die Massenfertigung geschoben wird. Ein besonders lächerlicher Fehler bestand darin, daß die integrierten Chips nicht richtig in ihre Steckfassungen auf der Platine paßten und auf dem Transport herausfielen. Apple Inc. stoppte die Produktion für mehrere Monate, um dieses Problem in den Griff zu bekommen.

Außerdem waren die speziell für diesen Computer entwickelten Programme noch nicht verfügbar. Und um das Maß voll zu machen, stand IBM zu dieser Zeit mit seinem persönlichen Computer an der Startrampe.

Am 25. Februar 1981, inmitten der ganzen Aufregung, feuerte Apple-Präsident Mike Scott, der nie lange fackelte, 40 Mitarbeiter. Vielleicht wären viele der Schwierigkeiten beim Start des Apple III gar nicht aufgetreten, wenn Wozniak an seiner Entwicklung mitgearbeitet hätte. Aber Woz war mit seinem Flugzeug verunglückt und litt an einer vorübergehenden Gedächtnisstörung.

Jobs wurde damals als »deprimiert« bezeichnet. Ihm kam die Massenentlassung so vor, als hätte der Kapitän mit der Bordkanone sein eigenes Vorschiff weggepustet. Aber Jobs mußte sich trotzdem hinter den Präsidenten seiner Gesellschaft stellen.

Doch einen Monat später bat man Scott, sich auf einen niedrigeren Posten in der Firmenhierarchie zurückzuziehen. Bald darauf warf er alles hin und griff in einem verbitterten offenen Brief die Apple-Mitarbeiter an. Er behauptete, sie seien zu einer Bande von Jasagern degeneriert, deren Maxime »Bringt euern Hintern in Sicherheit« in ihrer schädlichen Wirkung nur von ihren »idiotischen Planungen« übertroffen werde.

Aber »Mark« Markkula sprang in die Bresche, der Apple III kam neu heraus, und der Aktienkurs von Apple Computer Inc. stieg wieder.

Das Apple-III-Fiasko ist typisch für die Gefahren der Reife- oder Übergangsphase – des Abschnitts im raschen Wachstum einer Spitzentechnik-Firma, wo der Schwerpunkt der Unternehmertätigkeit sich von der Produktion zu einer effizienten Geschäftsführung verlagern muß. Übergangsschwierigkeiten stellen sich zum Beispiel ein, wenn eine junge Firma so schnell wächst, daß ihre Infrastruktur von der enormen Zahl neuer Mitarbeiter, die keine Zeit haben, sich dem Betriebsklima anzupassen, überrollt wird.

Es ist keine leichte Aufgabe, die Struktur einer Firma im Gleichschritt mit dem wachsenden Umsatz zu konsolidieren – wie das Beispiel Apple eben zeigt. Es ist durchaus möglich, daß ein junges Unternehmen sich zu Tode wächst.

Mit einem wehmütigen Blick zurück auf die Apple-Übergangskrise sagt Jobs: »Einer der wertvollsten Aktivposten von Apple ist, daß wir mehr Fehler gemacht haben als irgend jemand anderes in unserer Branche. Wir haben ja kürzlich unsere Liste noch beträchtlich verlängert. Nach unserer Meinung gibt das einen ganz schönen Vorsprung vor der Konkurrenz.«

1983 vermied Apple die beim Start des Apple III begangenen Fehler und brachte einen hochentwickelten Bürocomputer namens Lisa heraus. Er war nach Steve Jobs' Tochter benannt worden. Versteckt in einem eigenen Gebäude hinter dem Restaurant »The Good Earth« in Cupertino, hatte ein verschworenes Team aus 300 Ingenieuren und Programmierern an der Entwicklung des Lisa-Computers gewerkelt. Drei Jahre und 50 Millionen Dollar wurden dafür aufgewendet.

»Mit den marktstrategischen Entscheidungen, die Lisa erfordert, setzen wir unser ganzes Unternehmen auf eine Karte«, dramatisierte Jobs damals die Lage. Die einzigartige Neuerung an dem Computer war die Steuerung durch eine »Maus«, ein handtellergroßes Zusatzgerät, das man über den Schreibtisch rollen und damit den Zeiger auf dem Bildschirm bewegen kann.

Lisa ist so etwas wie ein elektronisches Arbeitsfeld, das alles zusammenstellt, was die Büroangestellten vorher auf ihren Schreibtischen durch Heraussuchen von Dokumenten, Schreiben und Lesen erledigt haben. Ein Mitarbeiter kann auf einem Teil des Bildschirms einen Geschäftsbrief schreiben, ihn in eine Ecke schieben, eine Graphik zeichnen und dann Berechnungen ausführen. Der Wechsel zwischen den Tätigkeiten wird durch »Icons« - kleine, am Fuß des Bildschirms eingeblendete Symbole wie Rechner, Notizblock, Papierkorb usw. - angezeigt. Durch die »Maus« und die »Icons« wird Lisa zu einem so benutzerfreundlichen Computer, daß ein durchschnittlicher Angestellter seine Handhabung in zwanzig Minuten erlernen kann.

So wurde Lisa zur ersten bedeutenden Weiterentwicklung des Mikrocomputers seit 1976, als Wozniak den Apple II gebaut hatte. Mit der dramatischen Ankündigung von Lisa auf der Apple-Aktionärsversammlung 1983 läutete Steve Jobs also die zweite Generation der Mikrocomputer ein, aber ob genügend Interessenten bereit sein werden, für Lisa 10.000 Dollar hinzublättern, bleibt abzuwarten.

Der IBM-Konzern gab pikanterweise bekannt, daß er ebenfalls in Kürze eine »Maus« auf den Markt bringen werde.

## *Das Apple-Imperium*

In den 80er Jahren stieg die Apple Computer Inc. zu einem weltweiten Konzern auf. Neben dem Hauptwerk in Silicon Valley besitzt Apple Fabriken in Singapur, Cork, Irland und in Carrolton, einem Vorort von Dallas. 1983 hatte Apple 3.500 Mitarbeiter. Der Einbau der integrierten Schaltkreise in die Computerplatinen bindet viele Arbeitskräfte, deshalb vergibt Apple diese Arbeit an Subunternehmer, sogenannte »Platinenstopfer«, wie zum Beispiel General Technology Corporation (GTC) in San José. Deren Tätigkeit für Apple begann 1976, als Jobs die Räume von GTC betrat und dem GTC-Generaldirektor Richard Olsen einen Liefervertrag anbot. Zu der Zeit arbeiteten bei GTC 30 »Platinenstopfer«, die täglich nur 100 Platinen fertigstellen konnten.

1983 hatte GTC bereits 450 Mitarbeiter, viele von ihnen Frauen, Hispanierinnen oder Schwarze. Sie fangen mit einem Mindestlohn an und werden angeleitet, die mit kleinen Steckkontakten versehenen Chips an der richtigen Stelle einzusetzen. Die

Arbeit ist sehr langweilig, und es gibt für die Platinenstopfer kaum Aufstiegschancen. Jeder Mitarbeiter muß nach Fertigstellung einer Platine eine Checkliste verantwortlich abzeichnen. Dann wird die Schaltung durchgeprüft, von etwaigen Fehlern befreit, und die »Innereien« eines weiteren Apple-Computers verlassen das Werk.

Viele Platinen gehen an das Apple-Montagewerk in Singapur, wo sie mit dem Plastikgehäuse, dem Tastenfeld und anderen Bauteilen auf ein Aluminiumchassis montiert werden. Das alles wird von sechs Schrauben zusammengehalten, genau wie von Wozniak im Jahr 1976 konstruiert. Die chinesischen Mitarbeiter in Singapur haben, im Verein mit ihren Kollegen in Irland, Texas und Silicon Valley bis Anfang 1983 insgesamt eine Dreiviertelmillion Apple-Computer zusammengebaut. 30 Prozent davon wurden außerhalb der USA verkauft.

Man kann also sagen, daß die Sonne über dem Apple-Imperium nie untergeht, wenn man die Zulieferer, die Montagewerke, die Computershops und natürlich die Benutzer der Apple-Computer dazurechnet.

Anfang 1983 sagte Steve Jobs, Apple habe 300 seiner Mitarbeiter zu Millionären gemacht. Jobs selbst ist einer von ihnen. Er ist sogar Multimillionär. Seine Anteile an der Apple Computer Inc. waren Mitte 1983 284 Millionen Dollar wert. Nach einem Bericht von 1982 im Forbes-Wirtschaftsmagazin war der 28jährige Steve Jobs der jüngste der 400 reichsten Männer - oder Frauen - der USA. Nicht schlecht für einen Twen, der einmal in einer Garage anfing.

Mit dem Reichtum erwarb Jobs sich auch Ruhm. Am 15. Februar 1982 zierte sein Konterfei die Titelseite des Nachrichtenmagazins »Time«. Das Titelbild zeigte Jobs in seinem gewohnten Jeans-Arbeitshemd. Dabei hatte er sich schon ein (allerdings noch nicht eingerichtetes) Haus in der Prominentensiedlung Los Gatos gekauft. Noch heute fährt er am liebstem mit dem Motorrad zur Arbeit, obwohl er inzwischen einen Mercedes besitzt.

In seinen jungen Jahren meinte Jobs, man könne die Welt nicht verändern. Sie sei zu groß, zu kompliziert, die anderen seien zu mächtig. Doch seine jüngsten Erfahrungen bei Apple haben ihn verändert, und nun sagt er: »Sie können der Welt an diesem Punkt hier einen Stoß versetzen, und an dem Punkt dort verändert sich die Gesellschaft.« Dieses Gefühl, viel Einfluß zu haben, ist für viele Unternehmer das entscheidende Erlebnis überhaupt.

Spürt ein Mensch erst einmal diese Macht, die Zukunft zu beeinflussen, ist er kaum noch zu bremsen. Jobs stiftete 1983 jeder der 10.400 Schulen in Kalifornien einen Apple-Computer im Wert von 10 Millionen Dollar. Aber durch die steuerliche Absetzbarkeit kostete diese Schenkung die Apple Computer Inc. »nur« eine Million. Als nächstes will Jobs auch die US-Regierung bewegen, ihm einen Steuererlaß zu gewähren, damit er *jeder* Schule der Vereinigten Staaten einen Computer schenken kann.

Jobs spricht oft in eindrucksvollen Gleichnissen. Einmal sagte er zum Beispiel: »Fairchild Semiconductor war fruchtbar wie eine Pusteblume - man haucht sie an, und schon verteilt die Saat des Unternehmertums sich mit dem Wind.« Als man ihn in einem Interview nach der japanischen Mikrocomputer-Konkurrenz fragte, antwortete Jobs: »Es kam die erste Welle, und sie blieb am Ufer liegen wie ein toter Fisch. Die zweite Welle soll in diesem Frühjahr kommen und wieder wird sie am Ufer liegenbleiben wie ein toter Fisch.« Laut Jobs haben die japanischen Computerfirmen zwei Problembereiche: Software und Vertrieb. Und genau da liegen Apples Stärken.

Warum waren Steve Jobs und Steve Wozniak so erfolgreich? Gewiß waren sie zur rechten Zeit am rechten Ort. Aber das ist reine Glückssache und hängt bei ihnen zusammen mit dem Umstand, daß sie beide in Silicon Valley geboren wurden und dort aufwuchsen. Wozniak ist fraglos ein Computergenie, und Jobs hatte die Tatkraft, um ihren Mikrocomputer herum einen Konzern aufzubauen. Ansonsten sehen wir kaum etwas, was die beiden jungen Männer prädestiniert hätte, über Nacht zu Reichtum zu kommen. Mit viel Phantasie und der Suggestivkraft der Medien werden ihnen jetzt fast übernatürliche Kräfte zugeschrieben. Das ist Unsinn: Jobs und Woz sind nichts weiter als zwei junge Männer, die zufällig in eine Goldgrube gestolpert sind.

Die Apple-Story zeigt, was unter anderem zum Erfolg in Silicon Valley gehört: Unternehmergeist, Risikokapital, zwischenmenschliche Beziehungen für den Erfahrungsaustausch, soziale Unterschiede (symbolisiert von den Platinenstopferinnen aus der Dritten Welt), und der harte Wettbewerb unter Technikern, die oftmals keinen Hochschulabschluß besitzen. Wir werden jedes dieser Elemente in einem besonderen Kapitel gesondert behandeln.

Doch zunächst müssen wir erzählen, wie es vor Apple in Silicon Valley aussah.

# *Der Aufstieg von Silicon Valley*

»Als wir uns anschickten, in Silicon Valley eine Kommune von Naturwissenschaftlern zu gründen, war hier nicht viel zu sehen, und der Rest der Welt erschien uns unendlich groß. Jetzt ist aber viel vom Rest der Welt hier bei uns zu finden.«
*Frederick E. Terman*

»Jetzt ist Silizium das Rohöl des industriellen Fortschritts.«
*Jerry Sanders, Präsident*
*Advanced Micro Devices, 1980*

Nicht einmal die Amerikaner haben eine genaue Vorstellung, wo Silicon Valley liegt, was dort gemacht wird und welchen Einfluß es auf die Menschheit hat. Für den, der nicht genau weiß, worauf er achten muß, ist Silicon Valley praktisch unsichtbar.

So wie Manchester, das Saargebiet und Pittsburgh einst die Zentren des industriellen Fortschritts waren, gibt es auch ein Stammland der Mikroelektronik-Industrie, Silicon Valley. Es umfaßt ein 15 mal 50 Kilometer großes Areal zwischen San Francisco und San José, Kalifornien. Jetzt ist dieses Tal weltberühmt, aber zwanzig Jahre lang hatte es nicht einmal einen Namen. Man nannte dieses Gebiet einfach »die Elektronikindustrie an der Westküste« oder »Palo Alto« oder »den Bezirk von Santa Clara«. Aber in jenen Tagen brauchte Silicon Valley auch keinen Namen, denn dieses Industriegebiet war noch unbedeutend und kaum bekannt.

Doch im Jahr 1971 prägte Don Hoefler, Herausgeber des wöchentlichen Informationsdienstes für die Halbleiterindustrie »Microelectronic News«, den Ausdruck »Silicon Valley«.

Laut Hoefler hatte jedoch Ralph Vaerst, damals Präsident der Firma Ion Equipment, ihm den Titel »Silicon Valley« für seine Artikelserie über die Halbleiterindustrie in der Zeitschrift »Electronic News« vorgeschlagen. Hoeflers erster Artikel erschien am 11. Januar 1971. Das war also der Tag, an dem dieser Name zum ersten Mal gedruckt zu lesen war. Er war clever gewählt und ergab sofort einen Sinn. Halbleiterschaltungen mit einem Trägerplättchen oder »Chip« aus Silizium (englisch »silicon«) sind das

Grundprodukt der dort ansässigen Spitzentechnik-Industrie. Zum anderen ist das Gebiet genaugenommen kein Tal (»valley«), aber die meisten Fabriken stehen zu ebener Erde, auf zwei Seiten eingerahmt von einer Hügelkette und auf der dritten von der San Francisco Bay. Mit ein wenig Phantasie kann man also von einem Tal sprechen.

Der Name hielt sich und war bald in aller Munde. In den Medien tauchten immer mehr Nachrichten aus Silicon Valley auf - über geheimnisvolle elektronische Geräte, plötzlich reich gewordene Bastler und bisher unbekannte Industriezweige wie Mikroelektronik und Biotechnik.

In »Fortune«, »Time« und »Business Week« erschienen regelmäßige Artikel über Silicon Valley, und so wurde es für die Amerikaner ebenso zum Begriff wie schließlich für die Europäer und Japaner. Es kamen so viele japanische Touristen, um das neue Wunderland zu bestaunen, daß 1981 ein Führer mit Karte in ihrer Sprache erschien, der außer den Hotels und Restaurants die Standorte der bedeutenderen Firmen verzeichnete.

## *Willkommen in Silicon Valley*

Zu einer Autotour durch Silicon Valley müßten wir logischerweise an der Stanford University abfahren, denn zum Universitätsgelände gehört der Stanford-Forschungspark, Standort von Hawlett-Packard und Dutzenden anderer Firmen, die in der Frühphase entstanden sind. Das ganze Industriegebiet hat sogar seinen Ursprung in der Universität - oft wird sie auch die erfolgreichste »Firma« von Silicon Valley genannt. Wenn man von hier aus südwärts nach San José fährt, rollt man durch die Jahr um Jahr weiterlaufende Entwicklungsgeschichte von Silicon Valley. In Palo Alto fällt der Blick sofort auf mehrere Bürohochhäuser. In denen residieren Finanzierungsfirmen, die Hunderten von Unternehmeringenieuren das Kapital für ihre »Nebenproduktfirmen« vorstrecken, welche gegründet werden, um in anderen Firmen gemachte Erfindungen auszuwerten.

Dann fahren wir weiter nach Mountain View, dem Standort von Fairchild Semiconductor. Dieser Konzern ist selbst ein Förderer vieler »Nebenproduktfirmen«. Noch ein paar Kilometer weiter beginnt das Kerngebiet mit der dichtesten Konzentration von Halbleiterfirmen in Sunnyvale, Cupertino und Santa Clara.

Hier schlägt heute das Herz von Silicon Valley. Intel hat seine Zentrale in Santa Clara, nebenan finden sich AMD (Advanced Micro Devices) und die »Wagenrad-Bar«, ein Treffpunkt der Halbleiter-Ingenieure. Rechts davon in den Bergen liegt die Ortschaft Los Altos Hills, bevorzugte Wohngegend der frischgebackenen Millionäre. Dann kommen wir nach Cupertino, wo Apple und andere jüngere Firmengründungen ihr Hauptquartier haben.

Am unteren Ende von Silicon Valley liegt San José, die schnell wachsende, quirlige Stadt, in der die Minderheiten wohnen, die den Hauptteil der Facharbeiter in den Halbleiterwerken stellen – Mexikaner, Filipinos, Vietnamesen. Sie leben hauptsächlich im »Südlichen Bezirk«, da sie nicht die horrenden Mieten der Gemeinden im »Nördlichen Bezirk« zahlen können, wo die Ingenieure und Manager residieren. Je weiter man über die Stadtgrenzen von Santa Clara, Sunnyvale und Cupertino hinaus nach San José hineinfährt, desto tiefer sinkt das soziale Niveau. Dichter Verkehr, Smog und Kriminalität steigen entsprechend an. Aber selbst im Paradies gibt es soziale Probleme, nicht wahr?

Obgleich San José hauptsächlich eine Schlafstadt für Silicon Valley ist, lassen sich seit kurzem auch Mikroelektronikfirmen hier und in Vorstädten wie Milipitas und Alviso nieder. Diese Werke sind gewöhnlich kleiner und jünger als die im Kern von Silicon Valley. Die neueren Firmen siedeln sich hier am Rand des Industriegebietes an, weil Bauland im »Tal« selbst schon knapp wird. Die allerneuesten Fabriken stehen nicht einmal in Kalifornien, sondern in Texas, Colorado, Oregon oder sogar in Malaysia, auf den Philippinen oder in Mexiko – wegen der billigeren Arbeitskräfte und Räumlichkeiten. Wenn auch immer mehr Werke ausgelagert werden, die Forschungs- und Entwicklungsabteilungen der Konzerne bleiben hier in Silicon Valley.

Fast ganz Silicon Valley liegt im Bezirk von Santa Clara, bis 1950 das Hauptanbaugebiet für Pflaumen in Amerika. Damals gab es hier nur 600 gewerbliche Arbeitnehmer, von denen die Hälfte in Konserven- und Nahrungsmittelfabriken arbeitete. Heute sind die Pflaumenbäume praktisch verschwunden.

Silicon Valley ist der Geburtsort der Taschenrechner, der Videospiele, Heimcomputer, kabellosen Telefone, der Lasertechnik, der Mikroprozessoren und Digitaluhren. Das heißt, so gut wie alle elektronischen Neuheiten der letzten Jahre stammen aus Silicon Valley. Von allen Mitgliedsfirmen der American Electronics Association, des Verbandes der Elektronikfirmen, haben 1111 oder 62 Prozent ihren Sitz in Kalifornien. Der Staat Massachusetts steht an zweiter Stelle, mit nur 112 Firmen. Bezeichnenderweise domiziliert auch die Zentrale des Verbandes hier in Palo Alto.

Silicon Valley ist Kapitalismus in olympischem Maßstab. Seine wirtschaftliche Bedeutung ergibt sich aus der Tatsache, daß es als neuntgrößtes Industriezentrum der USA jährlich über 40 Milliarden Dollar umsetzt. Jedes Jahr werden hier 40.000 neue Arbeitsplätze geschaffen, die größtenteils mit der Nachrichten- und Datentechnik zu tun haben. Silicon Valley ist das beinahe ideale Abbild einer »Informationsgesellschaft«, in der die Mehrheit der Mitarbeiter mit der Beschaffung, Aufbereitung und Weitergabe von Informationen oder mit der Weiterentwicklung der Informationstechnik beschäftigt ist. Hier, im Verwaltungsbezirk Santa Clara, findet sich die reichste und am schnellsten wachsende Wirtschaftsstruktur der USA mit einem durchschnittlichen Haushaltseinkommen von jährlich über 30.000 Dollar. Zwischen 1970 und 1980 wuchs San José am raschesten von allen US-Städten und schnellte der Größe nach vom 29. auf den 18. Platz.

Ein Spitzentechnikzentrum wie Silicon Valley ist natürlich auch ein Sammelpunkt der geistigen Elite. Hier leben über 6000 promovierte Ingenieure, Techniker und Naturwissenschaftler und überhaupt jeder sechste promovierte Kalifornier. Das ergibt die stärkste Konzentration an so hochgezüchteten Intelligenzlern in den USA.

Joe Riley, ehemaliger Direktor eines Elektronikkonzerns und Mitbegründer des elitären »Decathlon Club« (Jahresbeitrag 1.500 Dollar) erklärt: »Fahren Sie 12 Minuten von unserem Club in alle Richtungen, und Sie finden 220.000 Menschen an ihren Arbeitsplätzen. Davon haben 80.000 eine akademische Ausbildung und 75.000 sind ›Workaholics‹, Arbeitssüchtige.«

Ein anderer Elektroniker aus der Vorstandsetage sagt: »Unsere Maxime lautet: ›Arbeite intensiv und genieße intensiv. Mach dir aber keine Sorgen über den Unterschied zwischen Arbeit und Genuß. Es gibt keinen.‹« Es gibt aber einen für Silicon Valley spezifischen Lebens- und Arbeitsstil. Manche Ingenieure arbeiten fünfzehn Stunden am Tag und sieben Tage in der Woche. Viele wollen sich nach zehn Jahren als Millionäre zur Ruhe setzen.

Die Vermögensberatungsfirma Thompson Tuckman Anderson Inc. zählte 15.200 Millionäre in den Wohngebieten zwischen Los Altos Hills und Atherton (im nördlichen Drittel von Silicon Valley). Nicht alle verdanken ihren Reichtum der *Spitzentechnik,*

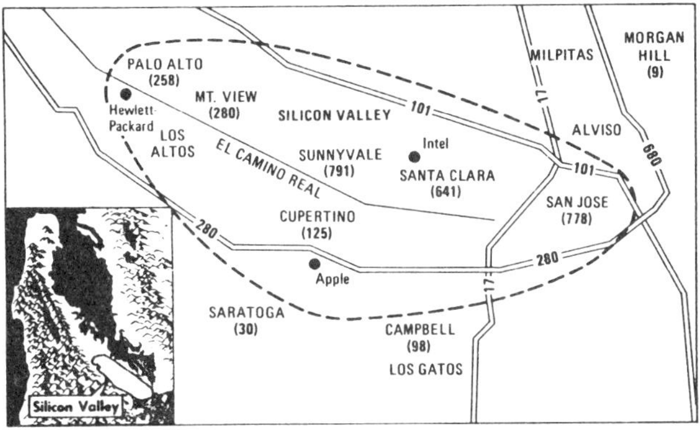


Silicon Valley. Die Zahl unter jeder Stadt gibt an, wie viele Elektronikfirmen hier residieren. Es sind insgesamt 3010 Firmen, darunter 2736 selbständige und 264 Tochterunternehmen (nach Angaben von Richard Schmieder in »Rich's Guide to Santa Clara County's Silicon Valley«, Palo Alto, 1982).

aber Silicon Valley weist die größte Konzentration neuerworbenen Reichtums in den Vereinigten Staaten auf.

Gegenwärtig erzielt die Elektronikindustrie einen Jahresumsatz von 100 Milliarden Dollar. Gegen Ende dieses Jahrhunderts wird er auf 400 Milliarden steigen und die Elektronik zum viertgrößten Industriezweig der Welt werden - nach Stahl, Autos und Chemie. Aber die Elektronik wird auch die einzige Spitzentechnikindustrie in dieser Spitzengruppe sein.

Was heißt Spitzentechnik - High Technology oder kurz High-Tech? Eine High-Tech-Industrie zeichnet sich aus durch:

1. höchstqualifizierte Mitarbeiter, darunter viele Wissenschaftler und Ingenieure;
2. eine hohe Wachstumsrate;
3. einen hohen Anteil der Ausgaben für Forschung und Entwicklung am Umsatz;
4. weltweiten Absatz ihrer Produkte.

Diese Technik ist nicht nur sehr weit entwickelt, sie unterliegt auch ständigem Wandel, und sie macht raschere Fortschritte als die anderer Industrien.

Die Elektronik ist heute nicht mehr der einzige High-Tech-Industriezweig, weitere sind die Gentechnik, die Luft- und Raumfahrt, die Pharmazie und die Meßtechnik. Innerhalb der

Elektronik arbeiten einige Zweige wie Computer oder Halbleiter nach einer Technologie, die geradezu rasante Fortschritte macht. Deshalb muß man die Mikroelektronik nicht nur als Spitzentechnik, sondern als Höchsttechnik bezeichnen.

Für die meisten Menschen ist die Mikroelektronik, insbesondere die Halbleitertechnik, ein Buch mit sieben Siegeln. Noch geheimnisvoller wird sie durch das mikroskopisch kleine Format ihrer Elemente, die der Benutzer kaum je zu Gesicht bekommt. Und die Namen der Hersteller dieser winzigen Informationsverarbeitungsbauteile, Intel, Fairchild oder AMD, mögen in Silicon Valley jedem geläufig sein, aber draußen in der Welt kennt sie kaum jemand.

## *Die Wiege der Elektronik in Palo Alto*

Ein für die Geschichte der Elektronik folgenschweres Ereignis fand im Sommer 1912 in dem kleinen Haus Emerson Street Nr. 913 in Palo Alto, Kalifornien, statt. Lee de Forest und zwei Forscherkollegen beugten sich über einen Tisch und beobachteten eine Fliege, die über ein Blatt Papier kroch. Sie hörten plötzlich die kleinen Schritte der Fliege 120fach verstärkt, so als stammten sie von schweren Marschstiefeln. Es war das erste Mal, daß eine Vakuumröhre ein Signal verstärkt hatte. Dieses Ereignis war der Ursprung der Elektronik und stieß das Tor zur Entwicklung von Rundfunk, Fernsehen, Radar, Magnetbandaufzeichnung und Computern auf. Das frühere Wohnhaus von Lee de Forest ist jetzt ein von Unkraut und Abfällen übersätes Grundstück, aber am Fußweg steht eine von der Stadt Palo Alto gestiftete Gedenktafel. Sie besagt, daß an dieser Stelle Lee de Forest die Verstärkerwirkung der Vakuumröhre entdeckt hat.

Wie viele andere Elektronikpioniere in der Gegend von Palo Alto hatte Lee de Forest eine Verbindung zur Stanford University. Seine Arbeit wurde von Professoren und Angestellten der Universität finanziert. Viele der damals in Palo Alto lebenden Ingenieure waren Stanford-Absolventen, und sie blieben miteinander befreundet, obwohl sie manchmal bei konkurrierenden Firmen arbeiteten. Sie alle hatten Minderwertigkeitsgefühle, wenn sie an die großen Elektronikfirmen an der amerikanischen Ostküste dachten. Verglichen mit RCA, der Radio Corporation of America, waren die kalifornischen Firmen nur Zwerge. Und verglichen mit den Universitäten im Osten war Stanford ein junger Emporkömmling.

Die Hilfestellung der Stanford University und besonders ihres vorausschauenden Vizepräsidenten Frederick Terman war entscheidend für die Entstehung von Silicon Valley. 1920 war Stanford ein Regionalcollege mit Country-Club-Flair. 1960 hatte die Universität sich in die vorderste Reihe der Spitzenakademien vorgeschoben. Dieser Aufstieg von Stanford beflügelte auch die Mikroelektronik-Industrie von Silicon Valley. Und Silicon Valley trug umgekehrt dazu bei, die Stanford University zu dem zu machen, was sie heute ist.

Die Stanford University wurde 1891 gegründet, und zwar als eine Stiftung von Senator und Mrs. Leland Stanford zum Andenken an ihren Sohn, der kurz vor Beginn seines Studiums starb (daher auch der offizielle Name: Leland Stanford junior University). Senator Stanford, der Magnat der Central-Pacific-Eisenbahn, war der Mann, der den goldenen Schienennagel bei Ogden/Utah in die Schwelle schlug und so den Westen der USA mit dem Osten verband. Er stattete die neue Universität mit einem Vermögen von 20 Millionen Dollar aus - zu der Zeit eine der gewaltigsten gemeinnützigen Stiftungen überhaupt. Die Stanfords stifteten auch ihre 2.200 Hektar große Viehfarm als Universitätsgelände. Noch heute wird der Campus »die Farm« genannt, und der goldene Nagel ist im Universitätsmuseum zu besichtigen.

Frederick Terman hatte viele Freunde in Stanford. Er war auf dem Campus aufgewachsen. Sein Vater, der berühmte Psychologieprofessor Louis Terman, hatte den Stanford-Binet-Intelligenztest entwickelt und sich in seiner Forschungsarbeit mit begabten Kindern befaßt.

Fred Terman war ein eher schwächliches Kind gewesen. Er begeisterte sich früh für die Amateurfunkerei, eine Neigung, die seinen Lebensweg bestimmen sollte. Nach der High School in Palo Alto schrieb er sich in Stanford ein und erwarb 1920 den Grad eines Bachelor of Science im Fach Elektrotechnik. Dann wechselte er über zum Massachusetts Institute of Technology (MIT) in Cambridge bei Boston, der führenden Technischen Hochschule der USA. Dort wurde Vannevar Bush sein Doktorvater. Bush war zunächst Professor für Elektrotechnik, dann Dekan der Ingenieurwissenschaften und schließlich Vizepräsident von MIT. Er trat dafür ein, daß Professoren und Spitzentechnikfirmen eng zusammenarbeiten. Bush brachte Terman dazu, in der

Universität eher ein Forschungs- und Entwicklungszentrum als einen Elfenbeinturm der Intellektuellen zu sehen. Nach seiner Promotion bekam Terman eine Professorenstelle am MIT. Vor der Aufnahme seiner Lehrtätigkeit besuchte er seine Familie in Palo Alto. Dort erkrankte er an Tuberkulose und verbrachte ein Jahr im Bett mit einem Sandsack auf der Brust. Nach seiner Genesung ging er nicht zum MIT zurück, sondern blieb des milderen Klimas wegen in Palo Alto und wurde Professor für Radiotechnik an der Stanford University.

Ohne die unvorhersehbare schwere Erkrankung hätte Fred Terman vermutlich das Elektronikzentrum an der Route 28 bei Boston anstelle seines kalifornischen Gegenstücks im Bezirk Santa Clara aus der Taufe gehoben. Und ohne Fred Terman hätte Silicon Valley wohl überhaupt nicht entstehen können.

## *Die Hewlett-Packard-Story*

Fred Termans vielleicht nachhaltigster Einfluß auf die Entstehung von Silicon Valley war seine Hilfestellung bei der Gründung von Hewlett-Packard, einer der größten und am meisten bewunderten Elektronikfirmen, die hier ansässig sind. David Packard und William R. Hewlett freundeten sich als Ersatzspieler des Stanford-Footballteams an. Bill Hewlett war der Sohn des Dekans der medizinischen Fakultät von Stanford, und David Packard stammte aus Pueblo im Staat Colorado, wo er schon als kleiner Junge Amateurfunker gewesen war.

Hewlett und Packard taten sich weniger im Sport als beim Studium hervor. Ihr gemeinsames Interesse an Amateursendern führte sie in Fred Termans Elektrotechnik-Seminare. Terman erfuhr, daß die beiden nach dem Examen eine Elektronikfirma gründen wollten und bestärkte sie in ihrem Unternehmergeist. Der Professor fand Gefallen an Bill Hewletts Bastlergeschick und seiner technischen Neugier; Hewlett war oft in Termans Labor zu finden, wo immer Werkzeuge und Teile für die Bastler unter den Studenten bereitlagen. Einmal baute er einen tragbaren Sender und Empfänger, den er beim Skifahren benutzte. Terman erinnerte sich: »Es hat ihm viel Spaß gemacht, das Ding zusammenzubauen. Das war eine neue Welt für ihn, in der es viel Interessantes gab.« Einige Jahre später, bei der Gründung von Hewlett-Packard, waren die handwerklichen Fähigkeiten der Inhaber sehr wichtig, weil sie gleichzeitig die einzige Belegschaft der jungen Firma bildeten.

1934, nach dem Examen, wurde Packard von General Electric in Schenectady, Staat New York, eingestellt, und Hewlett ging zur Weiterbildung zum MIT. Vier Jahre danach besorgte Terman den beiden Stipendien, so daß sie in Stanford ein weiteres Jahr studieren und den Master-Grad für Elektrotechnik erwerben konnten. Die beiden Freunde mieteten Wohnungen in der Addison Avenue Nr. 367 in Palo Alto und richteten in der Garage hinter dem Haus eine kleine Werkstatt ein. In ihrer Freizeit, neben dem Studium, konstruierten sie eine Reihe elektronischer Schaltungen und verdienten Geld in Nebenjobs, die Terman ihnen besorgte.

Professor Terman begeisterte sich sehr für das damals neue Prinzip der negativen Rückkopplung in elektronischen Schaltungen. Er behandelte es ausführlich in seinem Seminar, an dem Bill Hewlett 1938 teilnahm, und hier bekam Hewlett die Aufgabe für seine Diplomarbeit - einen Oszillator mit veränderlicher Frequenz zu konstruieren und eingehend abzuhandeln. Das Gerät, das dabei herauskam, arbeitete auf einem weiteren Frequenzbereich als die damals üblichen Konkurrenzprodukte und kostete viel weniger - 55 anstatt 500 Dollar. Der neue Oszillator versprach ein wirtschaftlicher Erfolg zu werden, und so ermutigte Terman Bill Hewlett, mit seinem alten Kommilitonen Dave Packard eine Firma zur Auswertung der Neuheit zu gründen. Terman lieh ihnen 538 Dollar und besorgte einen 1000 Dollar-Bankkredit, um die Fertigung des Oszillators in Gang zu bringen.

Im ersten Jahr lief das Geschäft mühsam an, aber Terman bemühte sich, den beiden Jungunternehmern Aufträge zuzuschanzen: »Man konnte immer sehen, ob sie Aufträge hatten, denn Packard stellte seinen Wagen in die Einfahrt, während sie drinnen arbeiteten. Wenn der Wagen in der Garage stand und die Türen geschlossen waren, war klar, daß sie nichts zu tun hatten.«

Die erste große Lieferung von acht Oszillatoren ging an die Walt-Disney-Studios für die Vertonung des Films »Fantasia«. Noch heute arbeitet einer der Oszillatoren einwandfrei in einem Tonstudio in Hollywood.

1940 war die Firma schon so groß, daß sie die Hälfte einer alten Möbeltischlerei am Camino Real in Palo Alto einnahm. Das Gebäude steht heute noch und beherbergt »Polly und Jakes Antiquitätenshop«. 1942 zählte die Belegschaft von Hewlett-Packard (H-P) schon hundert Köpfe und der Jahresumsatz stieg auf über eine Million Dollar. Der Bedarf der Streitkräfte an Elektronik gab der Firma im Zweiten Weltkrieg noch einmal einen kräftigen Schub, aber dann verlangsamte sich das Wachstum. 1950, zwölf Jahre nach der Gründung, hatte H-P erst 200 Mitarbeiter, die immerhin 70 verschiedene Geräte mit einem Jahresumsatz von zwei Millionen Dollar fertigten. Dieses bescheidene Wachstum in der Anfangsphase zeigt, wie langsam sich die Dinge in Silicon Valley vor 1950 veränderten, bevor die Unternehmertätigkeit mit Volldampf loslegte.

Terman sagt über seine beiden ehemaligen Studenten: »Wohin man sie auch steckte, sie paßten sich der neuen Umgebung rasch an, lernten schnell, und das auf einem beachtlichen Niveau. Und als sie sich selbständig machten, brauchten sie keinen Instrukteur, der ihnen sagte, was sie tun mußten - das schnappten sie während ihrer Tätigkeit nebenbei mit auf. Sie hatten die Probleme schon im Griff, bevor sie unangenehm werden konnten.«

Vielleicht war es Hewletts und Packards hochentwickelte Lernfähigkeit, die sie veranlaßte, 1970 Computer in ihr Produktionsprogramm elektronischer Geräte aufzunehmen, über ihre rein elektronische Ausbildung hinauszuwachsen und einen Riesenkonzern aufzubauen, in dem die Probleme des Übergangs von der Bastlerwerkstatt zum Großbetrieb sich nicht stellten. Ganz gewiß hat der Managementstil von H-P mit Belegschaftsaktien, umfangreichen Sozialleistungen und persönlicher Betreuung der Mitarbeiter auf alle anderen Firmen in Silicon Valley abgefärbt. In der Tat gilt Hewlett-Packard als Pionier des typischen Managementstils von Silicon Valley, der vor allem darin besteht, den Mitarbeitern klar zu machen, daß die Direktion sie als Mitglieder einer Familie betrachtet und ihre Sorgen teilt.

Bill Hewlett führt den H-P-Managementstil vor allem zurück auf die Tatsache, daß er und Dave Packard während der großen Wirtschaftskrise in den 30er Jahren aufwuchsen, so daß sie die Folgen der Arbeitslosigkeit aus eigener Anschauung kannten. Einen Einfluß hatte auch das langsame Wachstum ihres Unternehmens in der Anfangsphase, als sie jeden Mitarbeiter persönlich kannten und oft mit ihm auf die Jagd oder zum Angeln gingen. In den heutigen schnell wachsenden jungen Firmen, die mit Risikokapital finanziert und vom Konkurrenzdruck zur raschen Expansion gezwungen werden, muß es jedoch mehr soziale Distanz zwischen Chef und Mitarbeitern geben. Hewlett und Packard wollten jedenfalls keinen Betrieb haben, in dem das »Heuern und Feuern« an der Tagesordnung war.

Die jüngeren Firmen in Silicon Valley wie Apple und Tandem

Computers geben freimütig zu, daß sie den Managementstil von H-P bewundern und sich bemühen, ihn zu kopieren.

Heute stellt Hewlett-Packard mit 68.000 Mitarbeitern über 5000 verschiedene Geräte her und setzt jährlich 4,4 Milliarden Dollar um. Wie viele andere Spitzentechnikfirmen steckt H-P rund 10 Prozent seines Umsatzes in Forschung und Entwicklung. Der Konzern kann eine Wachstumsrate von jährlich 20 Prozent vorweisen. Er steht in der Liste der 500 größten US-Unternehmen des Wirtschaftsmagazins »Fortune« auf Platz 110 dem Umsatz nach; was den Gewinn angeht, sogar auf Platz 62. In einer Umfrage jüngeren Datums von »Fortune« unter 6000 führenden Wirtschaftlern wird H-P als eines der am meisten bewunderten Unternehmen genannt.

Ebenfalls laut »Fortune« werden Bill Hewletts Anteile an H-P auf 9,1 Prozent am Kapital - das sind 1,045 Milliarden Dollar - geschätzt. Dave Packard kommt mit 18,5 Prozent auf 2,115 Milliarden.

Die Zeitschrift »Venture« veröffentlichte 1982 eine Liste der 100 erfolgreichsten Pionierunternehmen. Die Kriterien: Die aufgeführte Firma mußte bei Null angefangen haben, also nicht durch Fusion oder Aufkauf entstanden und noch im Besitz der Gründer sein. Hier belegten Hewlett und Packard den ersten und zweiten Platz. Nach diesem strengen Maßstab sind sie also die beiden erfolgreichsten Unternehmer der USA.

Nach der Eröffnung des Stanford-Forschungsparks errichtete Hewlett-Packard 1954 seine Zentrale an einer der attraktivsten Stellen auf dem Campus. Und vor kurzem erst weihte der H-P-Konzern sein Welt-Hauptquartier auf einem der letzten verfügbaren Grundstücke im Stanford-Forschungspark ein. Der neue Geschäftspalast steht nur drei Straßen entfernt von »Polly und Jakes Antiquitätenshop« - Lee de Forests ehemaliger Bastelbude.

## *Der Stanford-Forschungspark*

Ende der vierziger Jahre standen die Vermögensverwalter von Stanford vor einem dornigen Problem. Sie mußten einen Teil des Universitätsgeländes zu Geld machen, um mit den gewonnenen Mitteln weltberühmte Professoren anzulocken, die der Universität akademischen Glanz verschaffen konnten. Doch die Statuten der Stanford-Familienstiftung verboten den Verkauf auch nur eines einzigen der 2.200 Hektar Land. Da kamen Fred Terman, damals Vizepräsident von Stanford, und Wallace Stirling, der Präsident, gemeinsam auf die Idee, ein Spitzenindustriegebiet auf Erbpachtgrundstücken einzurichten. So wurde der 1951 geschaffene »Stanford-Industriepark« zur ersten Einrichtung dieser Art in der Welt.

Terman nannte den Park »Stanfords Geheimwaffe«. Sein Zweck war zunächst nur, »Geld für die Universität aufzutreiben«. Erst später wurde der Stanford-Forschungspark zu der einzigartigen Möglichkeit, die in den Forschungslabors der Universität entwickelte Technologie auf die Industrie zu übertragen. Erst dann besann man sich auf die hier geleistete Forschungs- und Entwicklungsarbeit und benannte das Areal um in »Stanford Research Park«, Stanford-Forschungspark. Der alte Name »Industriepark« wird jedoch noch viel benutzt.

»Dieses Konzept eines Industriegebietes neben einer Universität erschien sowohl der Stanford University als auch den späteren Pächterfirmen sonderbar«, erinnert sich Terman.

Den Anfang machte Varian Associates, ein Stanford-Ableger, in dem Terman als Aufsichtsratsmitglied fungierte. Diese Firma residierte damals zur Miete in San Carlos, 40 Kilometer von Stanford entfernt. Varian schloß einen Pachtvertrag über 99 Jahre mit 4.000 Dollar Pachtvorauszahlung über einen Hektar Land an der Ecke El Camino Real und Page Mill Road ab. Da dieser Pachtvertrag noch keine Inflationsklausel enthielt, ist er heute Hunderttausende wert, und Varian besitzt einen der preiswertesten Standorte von ganz Silicon Valley.

Als Hewlett–Packard 1954 das Gelände im Stanford-Forschungspark pachtete, wurde dies zum Kern von Silicon Valley. Danach war es leicht für Terman, mehr Pachtgrundstücke bei Spitzentechnik-Unternehmen mit dem Argument gutnachbarlicher Beziehungen zur Stanford-Universität loszuschlagen. Diese Firmen gehörten fast immer der Elektronik-Avantgarde an, weil Terman zu ihnen die besten Beziehungen hatte und weil sie seiner Meinung nach das größte Wachstumspotential besaßen.

Terman beschreibt die Akquisition der Pächter wie folgt: »Wir gingen mit einem kleinen Trick vor. Dave Packard war Mitglied des Stanford-Stiftungsrats, und seine Firma hatte sich schon im Park niedergelassen. Er brachte uns gewichtige Interessenten wie Lockheed. Packard schickte sie zu mir, wo sie sich anhörten, wie vorteilhaft die Nachbarschaft zu einer so großen Konzentration von Gehirnschmalz ist. Ich schickte sie zu Alf Brandin (Geschäftsführer von Stanford), der ihnen klarmachte, daß der Park eigentlich ein Teil der Universität sei. Und damit bekam Brandin hier und da einen Abschluß zustande.«

Bis 1955 hatten sich sieben Firmen im Forschungspark angesiedelt. 1960 waren es 32 und 1970 bereits 70. Heute sind alle dafür verfügbaren 16 Hektar Land vergeben. Die 90 Pächterfirmen beschäftigen rund 25.000 Mitarbeiter in Spitzentechnik-Jobs. Seither dient der Stanford-Forschungspark als Vorbild für viele andere Einrichtungen dieser Art in den USA und der ganzen Welt.

Mit den Einnahmen aus den langjährigen Pachtverträgen trug der Park erheblich zum Ausbau der Stanford University bei. Die Pachtvorauszahlungen belaufen sich auf über 18 Millionen Dollar, fast soviel, wie Senator Leland Stanfords Gründungsstiftung von 1885 betrug. 1981 brachten die laufenden Pachtzahlungen 6 Millionen Dollar in die Stanford Kasse.

Auf einem Teil des Pachtlandes befindet sich auch das 15 Hektar große Stanford Shopping Center, in dem sich Luxusläden von I. Magnin's, Saks Fifth Avenue und Bullock's etabliert haben. Es liegt an dem der Universität entgegengesetzten Ende des Forschungsparks und bringt Stanford jährlich 3 Millionen Dollar ein.

Die Einnahmen aus dem Stanford-Forschungspark sind in keiner Weise zweckgebunden, so daß der Stiftungsrat sie jedem beliebigen guten Zweck zuführen kann. Terman konnte damit besonders hoch qualifizierte Professoren von den Universitäten der Ostküste zu Stanford nach Palo Alto locken. Dem Park verdankte Stanford seinen Aufstieg in den 60er Jahren zu einer der führenden Forschungsuniversitäten. Terman benutzt das leicht verdiente Einkommen aus dem Park auch, um einen »Kampffonds« zur Erhaltung und Ausweitung eines brillanten Lehrkörpers zu schaffen. Das Herzstück von Termans Plan für den Aufstieg der Universität war sein System der »Qualifikationsbarrieren«. Terman dazu: »Das Prestige einer Akademie hängt ab von der Errichtung hoher, aber schmaler Barrieren zur Bewahrung einer akademischen Spitzenstellung und nicht etwa in einer etwas geringeren Qualifikation, die ein breiteres Wissensgebiet abdeckt.« Und was verbirgt sich hinter so einer Barriere? »Eine kleine Schar von Experten in einem schmalen Wissenschaftsbereich, und was besonders zählt, ist, daß die Barrieren für alle erkennbar hoch sind und etwas für die Menschheit Bedeutsames kennzeichnen.«

## *William Shockley und die Anfänge der Halbleiterindustrie*

Die Bell Laboratories sind praktisch eine nationale Institution. Diese umfangreichsten Elektronik-Forschungseinrichtungen der Welt stehen in Murray Hill, US-Bundesstaat New Jersey. »Bell Labs« ist die Forschungs- und Entwicklungsabteilung des Riesenkonzerns American Telephone und Telegraph Company (AT & T). Seit 50 Jahren bringt Bell Laboratories unablässig technische Neuerungen hervor und ist mittlerweile Inhaber von 10.000 Patenten. Täglich kommt ein neues hinzu. Die wichtigste dieser Entdeckungen war der Transistor. Manche nennen ihn die »Erfindung des Jahrhunderts«.

Arno A. Penzias, Bell-Vizepräsident und Forschungschef, konnte zu Recht behaupten: »Ohne Bell Laboratories gäbe es kein Silicon Valley.« Aber es würde auch kein Silicon Valley geben ohne Dr. William Shockley, Miterfinder - neben John Bardeen und Walter Brattain - des Transistors, der 1947 in den Bell Laboratories das Licht der Welt erblickte. Rein zufällig war Palo Alto William Shockleys Heimatstadt. Rein zufällig wollte er, wie viele andere, Millionär werden.

Diese Erfindung war deshalb so bedeutsam, weil der Transistor (ein Kürzel aus transfer resistance, Übertragungswiderstand) wie die Vakuumröhre die Verstärkung elektrischer Signale ermöglicht, dabei aber weniger Strom braucht, weniger Wärme entwikkelt, viel weniger Platz beansprucht und eine praktisch unbegrenzte Lebensdauer hat. Schon zur Zeit seiner Erfindung war abzusehen, daß der Transistor in vielfältiger Weise genutzt werden konnte. Aber es war noch schwierig, zuverlässige Transistoren herzustellen, und sie wurden erst 1952, nach dem ersten Einsatz in Hörgeräten, kommerziell ausgewertet. Der Transistor wurde immer weiter verbessert, und 1956, als Miterfinder Shockley den Nobelpreis erhielt und nach Palo Alto umgezogen war, befaßten sich bereits 20 Firmen mit der Herstellung von Transistoren. Eine davon hieß Shockley Semiconductor Laboratory.

Durch seine Beziehungen zur Elektronikindustrie erkannte Shockley frühzeitig, was sich da in Silicon Valley entwickelte. Sein ehemaliger Chemieprofessor am California Institute of Technology (Caltech), Arnold O. Beckmann, hatte entdeckt, daß die Firma Spinco, Tochterunternehmen des Meßgeräteherstellers Beckmann Instruments, sich im Stanford Research Park niedergelassen hatte, und besorgte Finanzierungskapital für Shockleys junge Firma. Da seine Mutter dort wohnte, hatte Shockley sowohl persönliche, als auch unternehmerische Gründe, seine Halbleiterfirma im späteren Silicon Valley anzusiedeln.

Shockley warb kurzerhand acht brillante junge Forscher aus Laboratorien an der Ostküste an, und diese acht wurden der Gründungskader der Halbleiterindustrie an der Westküste. Ausschließlich Shockleys wissenschaftliches Renommee hatte sie zu seiner Firma gelockt.

Diesen Beginn der Halbleiterindustrie von Silicon Valley dokumentiert ein berühmt gewordenes Foto aus dem Jahr 1956, auf dem ein Dutzend Männer auf die Gesundheit von Dr. Shockley anläßlich der Verleihung des Nobelpreises anstoßen. Das Foto entstand in der Gaststätte »Dinah's Shack« in Palo Alto, und der Toast wurde mit Sekt um sieben Uhr früh ausgebracht, kurz nachdem Shockley den Anruf aus Stockholm bekommen hatte. Noyce, einer von Shockleys brillanten jungen Männern, sieht auf dem Bild wie ein frischgebackener Student aus, obwohl er damals schon 31 Jahre war und bald darauf Chef von Fairchild Semiconductor wurde - der Firma, die er mit anderen Mitgliedern des »Shockley-Achters« gründete.

Auf dem Bild ist auch Gordon Moore zu sehen, der die Firma Shockley Semiconductor Laboratory zusammen mit Noyce verließ, um 1957 zu Fairchild zu gehen und mit ihm auch aus dieser Firma ausschied, um 1968 Intel zu gründen. Neben Moore sieht man Shelton Roberts, der 1961 mit Eugene Kleiner, Jay Last und Jean Hoerni - ebenfalls Mitglieder des »Shockley-Achters« - seinerseits Fairchild verließ und Anelco, eine weitere Halbleiterfirma, gründete. Hoerni wiederum verließ später Anelco, um 1964 Union Carbide Electronics und 1967 Intersil zu gründen.

Keine dieser Firmen und auch keinen der Gründer hätte man ohne Shockley in Kalifornien antreffen können. Es ist merkwürdig genug, daß ausgerechnet Shockley das Verdienst zufällt, die Kettenreaktion in Gang gesetzt zu haben, mit der die Halbleiterindustrie von Silicon Valley ihren Anfang nahm. Denn in den Worten von Fred Terman »wirkte er zwar wie ein Magnet auf brillante Köpfe, aber mit ihm zusammenzuarbeiten, das war die Hölle«. Und immer wenn seine Protegés es nicht mehr bei ihm aushalten konnten, gingen sie weg und gründeten ihre eigenen Unternehmen.

Jim Gibbons, heute Professor für Elektrotechnik an der Stanford University, bezeichnete die Arbeit bei Shockley 1956/57 als das intellektuell anregendste Jahr seines Lebens. Doch ein weiteres Jahr hätte er nicht durchgehalten. Gibbons erinnert sich: »Shockley war ein brillanter Kopf mit einer unglaublichen Befähigung zur Lösung wissenschaftlicher Probleme. Er wälzt ein Problem in seinem Kopf, bis er einen Einstieg findet, und oft ergibt sich daraus schon die Lösung. Und wir anderen stehen da wie Leute, die umständlich versuchen, sich mit Hammer und Meißel durch eine zwei Meter dicke Mauer hindurchzuarbeiten.«

Im ersten Jahr des Bestehens von Shockley Semiconductor Laboratory befaßte sich der Boß mit unermüdlichen Entwicklungsarbeiten an der Vierschichtdiode, während sein Forscherteam ihn veranlassen wollte, sich auf Siliziumtransistoren zu konzentrieren, deren Elemente man durch Dotierung mit winzigen Verunreinigungen auf den Siliziumträger aufbringen konnte.

Shockley verwarf die Anregung seiner acht Ingenieure. Da sicherten sie sich die Unterstützung des Industriellen Sherman Fairchild und gründeten 1957 die Firma Fairchild Semiconductor. Sherman Fairchilds Vater George war einer der Gründer von IBM, und bis zu seinem Tod im Jahr 1971 war Sherman Fairchild der größte Einzelaktionär bei IBM. Er war auch Flugzeughersteller und besaß noch andere Firmen, wie Fairchild Camera und Fairchild Instruments, die das Kapital für Fairchild Semiconductor bereitstellten.

Fairchild Semiconductor setzte als erste Firma ganz auf Silizium als Träger für Halbleiter wie Transistoren und Halbleiterschaltungen. Transistoren bestanden vorher hauptsächlich aus Germanium, bis Gordon Teal, ein Kollege von Shockley bei Bell Laboratories, zu Texas Instruments in Dallas ging und dort die ersten Siliziumtransistoren entwickelte.

1960 erfand Jean Hoerni, einer aus dem »Shockley-Achter«, bei Fairchild das Planar-Verfahren, bei dem mikroskopisch kleine Verunreinigungen in das Trägermaterial des Siliziumchips diffundiert werden und so die elektrischen Halbleitereigenschaften erzeugen. Das Planar-Verfahren ermöglichte die preiswerte Massenerzeugung von Silizumtransistoren und verhalf damit Fairchild zu einem raschen geschäftlichen Erfolg.

Die Ur-Firma Shockley Semiconductor erholte sich nicht von dem Aderlaß der Übertritte zu Fairchild und mußte nach einiger Zeit geschlossen werden. Shockley kam nie zu dem Reichtum, um dessentwillen er sich gen Westen aufgemacht hatte. 1963 wurde für ihn ein Lehrstuhl als Professor der Elektrotechnik an der Stanford University gestiftet.

Steven P. Jobs, eines der »Computer Kids«, die dem Mikrocomputer zum Durchbruch verhalfen, heute Aufsichtsratsvorsitzender der Apple Computer Inc.

Der Ziehvater von Silicon Valley, Dr. Fredrick E. Terman, ehemaliger Vizepräsident der Stanford University

Die Keimzelle des Hewlett-Packard-Konzerns. 1938 fingen Bill Hewlett und Dave Packard in dieser Garage an. Sie steht noch heute hinter ihrem alten Wohnhaus an der Addison Street Nr. 367 in Palo Alto.

Trinkspruch zu Ehren von Dr. William Shockley am Tag der Verleihung des Nobelpreises für die Erfindung des Transistors. In der Mitte stehend mit Glas: Robert Noyce – er gründete später Fairchild Semiconductor. Die anderen Mitglieder des »Shockley-Achters« auf diesem Bild stellten den Gründerkader der Halbleiterindustrie.

Während der 70er Jahre veröffentlichte Shockley seine Auffassung, daß nicht alle menschlichen Rassen genetisch gleich wertvoll seien und sich auch nicht im gleichen Maße fortentwickelten. Er gibt zu, sich für die sogenannte »Nobelpreisträger-Samenbank« in Escondido, Kalifornien, zur Verfügung gestellt zu haben.

Diese umstrittenen, von den Medien gierig aufgegriffenen Aktivitäten Shockleys führen leider dazu, daß seine wissenschaftlichen Leistungen und seine Verdienste um die Entfaltung unternehmerischer Initiative in Silicon Valley in der Öffentlichkeit nicht gebührend gewürdigt werden. Neben Fred Terman sollte auch William Shockley als Mitbegründer von Silicon Valley genannt werden.

Rüstungsgelder trugen ebenfalls zum Aufstieg von Silicon Valley bei. Lockheeds Umzug in den Norden Kaliforniens gab 1956 einen mächtigen Anstoß, und die vom US-Verteidigungsministerium georderten Halbleiterschaltungen machten 40 Prozent des Gesamtumsatzes aus. Heute lauten die Lieferungen an die Streitkräfte zwar über etwa den gleichen Dollarbetrag, aber der Anteil am Gesamtumsatz ist auf acht Prozent gefallen.

Das angenehme Klima und viel Platz gehörten auch zu den Dingen, die Firmen und Mitarbeiter nach Silicon Valley lockten und sie dort hielten. Eine Umfrage im Jahr 1963 unter 53 örtlichen Firmen ergab, daß sie zu 70 Prozent das Klima und die Lohnbedingungen als sehr angenehm einstuften. Ebenfalls hoch eingeschätzt wurden die Verfügbarkeit geistiger Arbeitskraft in der Form von Ingenieuren und Wissenschaftlern und die Nähe zu Universitäten.

Silicon Valley wurde, nachdem sein Aufstieg begonnen hatte, zu einer Informationsbörse für technisches Knowhow und ein Magnet für alle, die sich in der Mikroelektronik-Industrie versuchen wollten. Es strahlte jenen frischen Unternehmergeist aus, der viele Leute anzog, die eigene Firmen gründen wollten. Das Silicon-Valley-Fieber war entstanden und begann nun, sich wie eine Epidemie auszubreiten.

Zu den unerläßlichen Startbedingungen für Silicon Valley gehörten die Stanford University, die Halbleiteraufträge für die Rüstung und der Sonnenschein. Mitte der 60er Jahre verloren Stanford und die Rüstung an relativer Bedeutung, und nun erlangten die Masse der Firmen und der Informationsaustausch den Status bestimmender Faktoren.

Könnte Silicon Valley an anderem Ort, zu anderer Zeit wieder entstehen? Mag sein, aber wir bezweifeln es. Jedes »Silicon Valley« erfordert eine technische Neuerung (wie zum Beispiel die Halbleitertechnik), deren Zeit gereift ist. Deshalb stand auch schieres Glück mit an der Wiege von Silicon Valley.

Teil II

# *Die High-Tech-Zivilisation*

*Obwohl die High-Tech-Zivilisation sich von anderen Lebensstilen klar unterscheidet, ist sie schwer zu durchschauen - sogar von denen, die ihr in Silicon Valley ständig ausgesetzt sind. Wir wollen mit diesem Buch einen Einblick in die High-Tech-Zivilisation geben, so wie sie jetzt in den Vereinigten Staaten entsteht, und wir sehen uns dazu Silicon Valley von innen an - das heißt, die Risikofinanziers und die Netzwerke der persönlichen Beziehungen, die Arbeits- und Lebensbedingungen, die materiellen Zeichen des Erfolgs und die sozialen Probleme, die ebenfalls zum Leben in der High-Tech-Welt gehören. Wir beginnen mit dem auffallendsten Charakterzug der Silicon-Valley-Gesellschaft: ihrem unbekümmerten, energiegeladenen Unternehmergeist.*

# *Silicon-Valley-Fieber – die unaufhaltsame Epidemie*

»Wir tun mehr, als Sand zu Gold zu machen. Schon heute wird immer deutlicher, daß wir Sand in Intelligenz verwandeln. Und das«, sagt er sanft, »ist geglückte Alchimie.«
*Worte des Präsidenten einer High-Tech-Firma in dem Roman »Silicon Valley« von Michael Rogers*

Das Silicon-Valley-Fieber ist wie der Januarregen in Nordkalifornien. Vom Pazifik ziehen Wolken herüber und bald fällt ein leichter Regen. Zuerst versickert er im Boden, aber dann läuft ein Tropfen an einem Blatt entlang und vereinigt sich mit einem anderen Tropfen. Ganz allmählich fangen die beiden Tropfen andere Tropfen ein und bilden kleine Rinnsale, die sich mit anderen Rinnsalen vereinen, bis Bäche daraus entstehen. Bald schon sind die Bäche randvoll, werden zu kleinen Flüssen und dann zu großen Strömen. Das Unternehmer-Fieber in Silicon Valley ist jetzt zur Flut geworden. Und angefangen hat alles mit winzigen Halbleitern.

Während Shockley in den Anfangstagen von Silicon Valley den Boden für junge Unternehmer bereitete, war es Fairchild Semiconductor vorbehalten, das Tempo der Abzweigung neuer Firmen auf fiebrige Höhen zu schrauben. Rund die Hälfte der inzwischen siebzig Halbleiterfirmen sind direkte oder indirekte Abkömmlinge von Fairchild Semiconductor (siehe Zeichnung auf S. 56).

Es gibt zwei große Gruppen von Halbleiterfirmen: Die Hersteller von »Handelsware« – Halbleiter und integrierte Chips, die auf dem freien Markt angeboten werden –, wie Intel, National Semiconductor und Texas Instruments, und die Hersteller von »Chips unter Hausarrest«, die nur für den Eigenbedarf produziert werden, wie IBM und Western Electric.

Eine Anstellung bei Fairchild war das Tor zur gesamten Halbleiterindustrie von Silicon Valley. Auf der Konferenz der Halbleiteringenieure von 1969 in Sunnyvale, Kalifornien, hatten nur knapp zwei Dutzend der 400 Teilnehmer nie bei Fairchild gearbeitet.

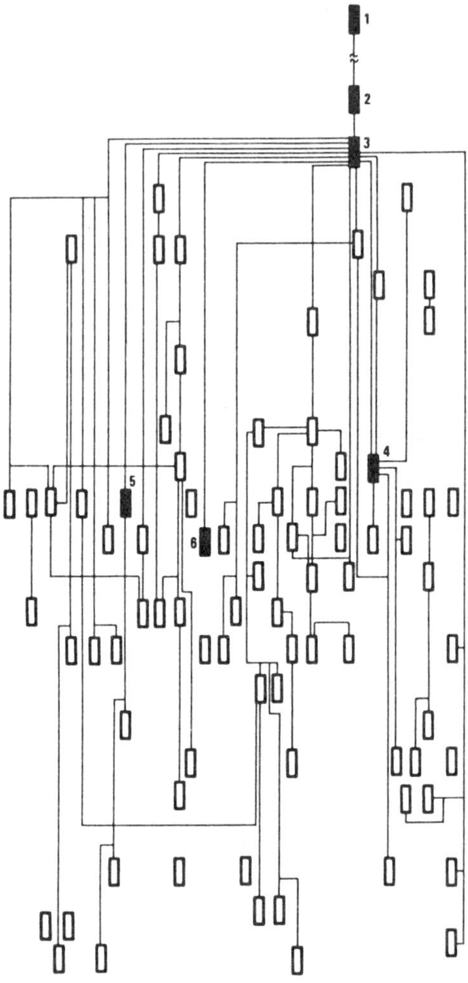


Der Stammbaum der Halbleiterindustrie von Silicon Valley.
In dieser Zeichnung bedeuten die Kästchen: 1: Bell Laboratories, 2: Shockley Semiconductor, 3: Fairchild Semiconductor, 4: National Semiconductor, 5: Intel und 6: Advanced Micro Devices.
Quelle: Semiconductor Equipment and Material Institute, Mountain View, California.

Fairchild war ein Riesenkonzern, der den Aderlaß an Spitzenleuten ohne ernste Folgen für seine technische Leistungsfähigkeit überstehen konnte. Fairchild wurde sogar ein überregionaler Anziehungspunkt für vielversprechende junge Elektronikingenieure, nachdem die Firma sich als ein Sprungbrett in die übrige Industrie von Silicon Valley profiliert hatte.

In einem Gespräch mit Dr. Les Hogan, dem ehemaligen Präsidenten von Fairchild, fragten wir, warum so viele Leute seiner Firma den Rücken gekehrt haben.

Dr. Hogan antwortete: »Nun, nehmen wir einmal das Beispiel von Lee Boysel, dem Gründer von Four-Phase Systems: Lee kam eines Tages zu mir ins Büro und sagte: ›Les, ich glaube, ich werde weggehen und meine eigene Firma gründen.‹ Ich sagte: ›Lee, ich wünsche, ich hätte ein gutes Argument, um dich hier bei Fairchild zu halten, aber ich habe keins. Ich glaube, du wirst noch Multimillionär; du bist ein brillanter Ingenieur. Aber du mußt dir ein gutes Management und erstklassige Marketingfachleute suchen.‹ Er war schlau genug zu erkennen, was er *nicht* konnte. Ich fügte hinzu: ›Du bist der typische Ingenieur - ein bißchen introvertiert. Ich könnte dir jetzt eine enorme Gehaltszulage geben und tausend Fairchild-Aktien dazu. Aber du solltest wirklich gehen.‹ Und wissen Sie was, Lee Boysel schaffte es. Er kam ganz groß heraus.«

Nun war Fairchild nicht gerade erfreut über die Verluste an guten Leuten. Das Management entwarf eine Reihe von Taktiken, um der Ebbe zu begegnen, aber keine dieser Fluktuationsbremsen hatte nennenswerten Einfluß auf die Neigung der Ingenieure zu desertieren. Jetzt gehörte Fairchild zu den Firmen mit den striktesten Vorschriften gegen die Wiedereinstellung - wer einmal geht, wird nicht wieder genommen.

Vor zehn Jahren ärgerte der damalige Fairchild-Präsident Wilf Corrigan sich so sehr über die vielen Abgänge aus dem Bereich Forschung und Entwicklung, daß er diese Abteilung ganz auflöste. Das wirkte endlich, aber als Fairchilds führender Platz in der Halbleiter-Technik in Gefahr geriet, mußte die Forschungs- und Entwicklungsabteilung neu aufgebaut werden.

1979 wurde Fairchild Semiconductor von dem französischen Multi Schlumberger aufgekauft - vor allem, weil Fairchild dringend eine kräftige Kapitalspritze benötigte. Der Ausverkauf von Fairchild an einen ausländischen Konzern verursachte viel Unbehagen in Silicon Valley. Es war, als ob einer seine ererbte Farm im Heimatstaat Iowa an einen Grundstücksspekulanten aus New York verscherbelt hätte.

Vor einigen Jahren erwog auch der Konkurrent Honeywell, Fairchild aufzukaufen. Da prophezeiten Spaßvögel, der neue Elektronikriese werde sich »Fairwell Honeychild« nennen.

### *Das abwechslungsreiche Leben eines Halbleiteringenieurs*

Aufstieg und Niedergang der Silicon-Valley-Unternehmen spiegeln sich deutlich im Berufsweg von Howard Z. Bogert, der in den letzten 23 Jahren zehnmal einen neuen Job antrat. Daraus errechnet sich eine Fluktuationsrate von rund 30 Prozent - durchaus typisch für Silicon-Valley-Ingenieure:

*1.* Nach seinem Abgang mit dem Diplom eines Bachelor of Science für Elektrotechnik von Stanford im Jahr 1957 dient Bogert als Computer-Servicetechniker in der US-Marine. Noch als Soldat schickt er eine Bewerbung an Dr. William Shockley und bekommt 1960 einen Job in dessen Firma. Das geschieht zwei Jahre, nachdem der »Shockley-Achter« zu Fairchild desertiert war. Nach einer Kostprobe von Shockleys Menschenbehandlung kündigt Bogert.

*2.* Bogert wird von Fairchild mit einer monatlichen Gehaltsaufbesserung von zehn Dollar eingestellt und arbeitet dort unter Bob Norman an dem ersten integrierten Schaltkreis.

*3.* 1968 treten Norman und mehrere andere Fairchild-Ingenieure über zu General Micro-Electronics (GME). Norman nimmt Bogert mit. Dort entwickeln sie den ersten Large-Scale Integrated Circuit (umfangreicher integrierter Schaltkreis mit mehreren hundert Schaltfunktionen) in MOS (Metal Oxide on Silicon)-Technik. Aber das Verteidigungsministerium hat etwas gegen die bis dahin entwickelte MOS-Technik. Da verlassen 1966 einige Ingenieure GME und gründen American Microsystems (AMI), um zuverlässigere MOS-Schaltungen für militärische Abnehmer zu bauen.

*4.* 1967 geht auch Bogert zu AMI, damals ein um sein Überleben kämpfender Halbleiterhersteller, der Aktien an seine Belegschaft ausgibt, um dringend benötigtes Betriebskapital aufzutreiben. Nachdem alle Versuche gescheitert sind, den Streitkräften die MOS-Chips zu verkaufen, können Burroughs und General Electric als Abnehmer gewonnen werden. Sofort schnellt der AMI-Umsatz hoch: von 500.000 Dollar im Jahr 1967 auf acht Millionen im Jahr darauf.

5. 1970 kündigt Bogert bei AMI und gründet seine eigene Firma mit dem Namen International Computer Modules (ICM). Mehrere Teilhaber steigen mit je 1000 Dollar ein. Eine Konjunkturflaute wirft die Finanzierung von ICM über den Haufen. Dann klagt Bogerts letzter Arbeitgeber AMI wegen angeblichen Diebstahls von Geschäftsgeheimnissen. ICM kann die Belastungen der Anlaufzeit nicht mehr verkraften und wird aufgelöst.
6. 1971 bietet die Firma Siliconix den ehemaligen AMI-Partnern an, sie in Siliconix-Aktien auszuzahlen. Bogert geht für ein Jahr zu Siliconix.
7. Bogert geht zu Unicom, einer ehemaligen AMI-Tochter, die Taschenrechner herstellt. Doch die Preise für Taschenrechner fallen in vier Jahren von 200 auf 20 Dollar; die kleineren Firmen können den Gewinnverfall nicht verdauen. 1976 kauft Rockwell Unicom auf.
8. Bogert arbeitet als selbständiger Berater und teilt seine Arbeitszeit zwischen Memorex und Dataquest. Später arbeitet er vollberuflich bei Dataquest als Technischer Direktor der Halbleiterabteilung. Dataquest ist eine Tochter des A.C.-Nielsen-Konzerns, der durch die regelmäßige Erhebung der Fernseh-Einschaltquoten berühmt wurde. Zu Bogerts Pflichten gehört die Erfassung von Neuheiten der Halbleiterindustrie, eine Aufgabe, für die ihn seine vielen voraufgegangenen Jobs prädestinieren.
9. Vier Jahre danach, 1982, kündigt Bogert, um wieder Berater für Halbleitertechnik zu werden.
10. Nach einem Jahr Selbständigkeit geht Bogert zurück zu Dataquest, als Direktor des Kundendienstes für Industrieabnehmer.

## *Die Übergangsphase*

Ein besonderes Problem der schnell wachsenden Spitzentechnik-Unternehmen ist die Übergangsphase, die Zeit, in der die Firma schneller wächst als die Fähigkeiten ihres Managements. In einer Firma, die von einem auf 100 und weiter auf 500, 1000 und mehr Beschäftigte wächst, tritt die Übergangskrise bei ungefähr 500 Mitarbeitern auf. Unternehmen dieser Größe brauchen bereits Abteilungen für die Ressorts Personal, Werbung, Rechnungswesen und Ausbildung.

Die expandierende Firma kann nicht länger effektiv arbeiten, wenn sie nur aus einer zwanglosen Gruppe eifriger Leute um einen begnadeten Unternehmeringenieur besteht. Vielleicht hat so ein Ingenieur sie gegründet, um der Bürokratie eines konventionell aufgebauten Konzerns zu entrinnen. Aber plötzlich zwingt der Erfolg ihn, mit seiner expandierenden jungen Firma zu jener bürokratischen Routine zurückzukehren, vor der er geflüchtet war. Dieser Widerspruch irritiert den Gründer, der zwar stolz ist auf seinen Erfolg, aber nicht darauf verzichten möchte, mit seinen 500 Mitarbeitern auf du und du zu verkehren. Er möchte, daß sein Unternehmen auch künftig schneller als die Konkurrenten wächst, zögert aber, einen Teil der Firmenanteile Risikofinanziers zu überlassen, um mit frischem Kapital sicherzustellen, daß die Wachstumskurve weiter gen Himmel schießt. Schließlich fragt der nachdenklich gewordene Unternehmer sich: »Warum macht es eigentlich nicht mehr soviel Spaß wie früher, hier zu arbeiten?«

Die meisten Einzelunternehmer in Silicon Valley sind Ingenieure mit wenig Vorkenntnissen und Erfahrung in Geschäftsführung, Finanzierung und Rechtssachen. Hat das Unternehmen die Übergangsphase erreicht, so heißt dies, daß der Firmenchef lernen muß, Verantwortung an Mitarbeiter zu delegieren. Diese Preisgabe von Führungswissen ist nicht leicht für Tatmenschen, die ein ganzes Unternehmen auf die Beine gestellt haben.

Harry Garland, Präsident von Cromemco, wünschte alle Werbemaßnahmen seines 500-Mann-Unternehmens zu begutachten. Seine leitenden Mitarbeiter konnten ihn nicht davon überzeugen, daß seine Zeit für diese Aufgabe zu kostbar war. Bis 1982 reichte die Cromemco-Werbung auch aus, weil sie sich an einen Computer-Käuferkreis von Ingenieuren und Wissenschaftlern wandte. Aber als Cromemco einen Heimcomputer für breite Käuferschichten auf den Markt brachte, war Garland weise genug, einen erfahrenen Marketingmann zu engagieren, der eine effektive Werbekampagne für Nichtfachinteressenten entwarf.

Dr. Albert Bruno, Professor für Marketing an der University of Santa Clara, stellte in einer über 20 Jahre reichenden Untersuchung fest, daß 95 Prozent der neugegründeten Silicon-Valley-Firmen älter als vier Jahre werden. Sie haben damit eine viel höhere Überlebensrate als der Durchschnitt amerikanischer Industriefirmen. Von denen werden nur 75 Prozent älter als zwei Jahre.

Warum sind die kalifornischen Neugründungen soviel erfolgreicher? Bruno macht dafür das »vorbildliche Firmen-Entbindungsheim Silicon Valley« verantwortlich, das heißt, die Infrastruktur aus Risikokapital, kompetenten Beratern, effektivem Informationsaustausch und Zulieferindustrien. Silicon Valley verfügt also über eine reichhaltige Klinikeinrichtung für die Geburt und Aufzucht von Nachwuchsfirmen. Aber Professor Bruno macht darauf aufmerksam, daß die jungen Mikroelektronikfirmen in der Übergangsphase besonders gefährdet sind. Rund 25 Prozent brechen in einem Alter von vier bis acht Jahren zusammen, weil sie es versäumen, sich vom Pionierstil auf konventionelles Management umzustellen. Nach den ersten vier Jahren ist auch eine hohe Zahl von Übernahmen durch andere Firmen festzustellen. Von 250 in den 60er Jahren gegründeten Firmen waren bis 1980 32 Prozent aufgekauft worden oder hatten mit anderen Firmen fusioniert. 31 Prozent überlebten als unabhängige Unternehmen und der Rest von 37 Prozent hatte Bankrott gemacht. Die überlebenden Firmen bestanden im Durchschnitt 14 Jahre, hatten einen durchschnittlichen Jahresumsatz von neun Millionen Dollar und beschäftigten im Mittel 135 Mitarbeiter.

## *Vom Leben eines Chips: wie ein Komet erschienen, ein reiner Goldesel dann, und bald darauf ein alter Hut*

Ein Industrieerzeugnis macht ebenso wie ein Unternehmen verschiedene Entwicklungsstufen durch. David Drennan von der Planungsabteilung bei Advanced Micro Devices (AMD) erzählt, wie ein Chip die üblichen Stufen vom Kometen über den Goldesel bis zum alten Hut durchläuft: »Am Anfang war AMD ein reiner Alternativlieferant. Nach der Gründung im Jahr 1969 verkauften wir drei oder vier Jahre lang ›ebenso gute‹ Chips wie die von Fairchild, Texas Instruments oder anderen entwickelten Originalschaltungen.

Unsere erste echte Neuentwicklung war der Ende 1975 herausgekommene Mikroprozessor 2901 in Bipolar-Technik. Der 2901 ist so vielseitig programmierbar wie ein verstellbarer Schraubenschlüssel, der überall anwendbar ist. Er wird in Computer, Fernmeldeeinrichtungen und Meßgeräte eingebaut.

Die meisten unserer Konkurrenten produzierten bereits MOS-Prozessoren, jeder für einen besonderen Verwendungszweck ausgelegt. Unser Bipolarchip arbeitete schneller und verbrauchte weniger Strom; das sind gewichtige Vorzüge auf dem Computersektor. Kurz, der 2901 erschien uns vielversprechend.

Gut, also 1975 versuchten unsere Vertreter, den Kunden die Idee eines bipolaren Mikroprozessors schmackhaft zu machen. Wir von AMD sind dafür bekannt, daß wir unseren Kunden zur Seite stehen und ihnen dabei helfen, ihre Systeme mit unserem Chip als Herzstück zu entwickeln. Wir sagten uns, daß die zu erwartende hohe Nachfrage die hohen Entwicklungskosten für den 2901 rechtfertigen würde.

Wir riskierten ziemlich viel für ihn, wir setzten unser Renommee, ja unsere Existenz aufs Spiel. Wir waren eine Gruppe hochbegabter Ingenieure, die nicht verlieren wollten und sich mit Leib und Seele in die Sache knieten. Nach einem Jahr Entwicklungsarbeit machten wir ›Erstes Silizium‹, das waren die ›Testwaffeln‹ aus Silizium mit den Masken für die Schaltelemente. Währenddessen verhandelten wir noch mit den Kunden und änderten auch die Auslegung des 2901. So gingen wir zu Dreizoll-Waffeln über, um später nicht unsere Herstellungsverfahren und die Konstruktion ändern zu müssen. Später verwendeten wir dann Vierzoll-Waffeln.

Endlich konnten wir unseren Kunden Muster des neuen Prozessors übergeben, während wir die Massenproduktion in der Hoffnung auf große Aufträge vorbereiteten.

Aber der Verkauf kam nur schleppend in Gang. Dann mußten wir einen Alternativhersteller für den 2901 finden, weil keiner seinen Computer um Ihren Prozessor herum konstruiert, wenn Sie der einzige Lieferant sind; man braucht einfach ein Sicherheitsventil. Also gaben wir Raytheon und Motorola eine Lizenz als Alternativhersteller.

Dann brachte Signetics, einer unserer Rivalen, einen Konkurrenten zu unserem 2901 heraus. Wir hatten ihn nicht patentieren lassen, damit unsere Konkurrenz nicht die Konstruktion aus der Patentschrift abkupfern konnte, und außerdem dauert es auch zu lange, bis ein Patent erteilt wird.

Gut vier Jahre nach unserer Entscheidung verkauften wir 1979 unseren einmillionsten 2901. Dieser Mikroprozessor ist jetzt unser Goldesel, er hat dem Umsatz von AMD einen mächtigen Schub verpaßt. Wir machten 1969, in dem Jahr unserer Gründung im Mai, null Umsatz. 1970 nahmen wir eine Million Dollar ein, 1972 elf Millionen, und so weiter, bis wir 1979 220 Millionen Umsatz hatten.«

Aber wie alle integrierten Siliziumchips wurde der 2901 von AMD bald zu einem »alten Hut« und verkaufte sich nur noch ein paar Jahre lang in immer geringeren Stückzahlen. Jede Halbleiterschaltung hat nur eine begrenzte Lebensdauer. Laut Jerry Sanders, dem Präsidenten von AMD, sind 80 Prozent der Chips, die seine Firma herstellt, nicht älter als fünf Jahre. Die Generationen der Chips folgen schon fast so rasch aufeinander wie die der Fruchtfliegen im gentechnischen Labor.

Mark Larsen, Vertriebsmanager bei Intel, kann dem nur zustimmen: »Ich schwöre es Ihnen, wenn Sie in dieser Branche nur eine Woche aussetzen, verpassen Sie den Anschluß an den Stand der Technik. Über einen zwei Jahre alten Chip könnte ich unseren Konkurrenten überhaupt nichts Neues verraten. Ist er ein Jahr alt, könnte man herzlich wenig Neues sagen, aber mit zwei Jahren ist er wirklich veraltet.«

## *Jerry Sanders, der Impresario von Silicon Valley*

Eine interessante Erscheinung in der bunten Szenerie von Silicon Valley ist Walter J. (Jerry) Sanders III, Präsident und CEO (Chief Executive Officer, etwa Vorsitzender der Geschäftsleitung) der Firma Advanced Micro Devices (AMD). Er verkauft sich selbst, seine Firma und seine Chips in der Öffentlichkeit so clever wie ein Hollywood-Impresario. »Durch meine Vorbildung bin ich Ingenieur, durch meine Berufserfahrung Marketingexperte und durch besondere Umstände Unternehmer geworden«, bekennt er. Sanders ist zuerst und vor allem ein Marketingmann, und der Erfolg von AMD zeigt, wie sehr aggressives Marketing sich in der Mikroelektronik auszahlt.

Sanders entstammt einer armen irischen Einwandererfamilie in Chicago, und seine entbehrungsreiche Jugend erklärt vielleicht seine Vorliebe für Londonder Maßanzüge, Pariser Krawatten, seinen Autopark und seine luxuriösen Villen - ganz im Stile eines Filmstars.

Er hat Elektrotechnik an der University of Illinois studiert und kam in den Goldenen Westen, um in den Flugzeugwerken Douglas Aircraft in Santa Monica zu arbeiten. 1959 ging Sanders als Ingenieur für Halbleiteranwendungen zu Motorola und arbeitete als Nachwuchsverkäufer in der Chicagoer Filiale.

Bald merkte Fairchild Semiconductor, damals der Marktführer, daß ihm in dem Verkaufsgebiet von Sanders immer mehr Aufträge durch die Lappen gingen und bei Motorola landeten. Sanders gewann immer neue Kunden mit großzügigen Einladungen, und sein Charme siegte letztlich über die erstklassige Qualität der Fairchild-Produkte.

Fairchild konnte Sanders bei Motorola abwerben und teilte ihm das Verkaufsgebiet von Los Angeles zu. Das war der Anfang von Sanders' Hollywood-Connection, die er noch heute mit einer Residenz im benachbarten Malibu aufrechterhält. Ein paar Jahre später wurde Sanders in die Zentrale in Mountain View versetzt und zum Fairchild-Marketingdirektor ernannt. Er war damals 31 Jahre alt.

Kurz darauf verweigerte das Fairchild-Management ihm eine Gehaltserhöhung. Er kündigte und zog sich auf sein Anwesen in Malibu zurück.

Les Hogan, damaliger Fairchild-Präsident sah das so: »Eine Konkurrenzgründung von Fairchild-Renegaten wurde dadurch ermöglicht, daß ich einen der Burschen hinauswarf. Das war Jerry Sanders, ein brillanter Marketingmann. Wissen Sie, Jerry sagte immer ja zu mir in meinem Büro, und dann ging er raus und machte, was er wollte. Zuletzt hatte ich die Schnauze voll und schmiß ihn raus. Vielleicht war Jerry danach so erfolgreich, weil er mir beweisen wollte, daß ich einen großen Fehler gemacht hatte.«

Sanders erinnert sich nur, daß er degradiert wurde und dann kündigte.

Nach einigen Monaten des Nachdenkens in Malibu tat Sanders sich 1969 mit sieben anderen Fairchild-Flüchtlingen zusammen, und die acht gründeten AMD. Sie hatten 50.000 Dollar an Eigenmitteln und konnten mit viel Mühe eine gewisse Menge Risikokapital zusammentrommeln. Sanders erinnert sich: »Arthur Rock sagte, er habe nur fünf Minuten benötigt, um fünf Millionen Dollar für die Gründung von Intel aufzutreiben. Ich dagegen sage immer, ich brauchte fünf Millionen Minuten, um fünf Dollar aufzutreiben, weil es eine Riesenanstrengung war, die 1,5 Millionen Dollar zusammenzukriegen, mit denen wir unsere Firma flottbekamen. Heute braucht es für 1,5 Millionen Dollar kaum mehr als ein Räuspern in einem Telefongespräch.« Um der Wahrheit die Ehre zu geben: In Wirklichkeit benötigte Arthur Rock 30 Minuten, um 2,5 Millionen Dollar aufzutreiben.

Laut Sanders kam AMD in den Anfangsjahren finanziell nur

über die Runden, »weil die Türen immer kurz hinter uns, aber nie kurz vor uns ins Schloß fielen«. Ganz knapp am Abgrund stand die Firma schon am 22. Juli 1969, als sie das Gründungskapital nachweisen mußte. Um 16.55 Uhr, fünf Minuten vor Ablauf der Frist, fehlten immer noch 5000 Dollar. Da klingelte plötzlich das Telefon, und ein Investor teilte mit, daß er 25.000 Dollar in AMD investieren wolle. Damit war die Firma gerettet.

Wie David Drennan schon ausführte, lieferte AMD die Chips zunächst als Alternativhersteller für andere Produzenten. Eigentlich alle Kunden fordern einen Alternativlieferanten für jeden integrierten Chip, damit sie nicht einem Hersteller allein ausgeliefert sind, der plötzlich einen überhöhten Preis fordern oder nicht rechtzeitig liefern könnte.

Da AMD als eingefahrener Alternativhersteller kaum mit Eigenentwicklungen herauskam, besaß die Firma wenig Ansehen in der Halbleiterbranche. Doch Jerry Sanders hob das Prestige von AMD, indem er die Alternativproduktion als eine hochstehende Ingenieurskunst anpries, in der seine Firma besonders erfolgreich sei. Vor einigen Jahren behauptete er, der Mikroprozessor AMD 8080 sei der »führende Nachfolger« des Intel-Modells 8080.

In den letzten 12 Jahren ließ AMD mit seiner Wachstumsrate alle anderen Halbleiterproduzenten von Silicon Valley hinter sich. Viele der für AMD typischen Marketingideen entsprangen dem kreativen Geist von Jerry Sanders.

»Jerrys Idee war es, alle unsere Chips gemäß ›Mil Spec 833‹, den vom Verteidigungsministerium herausgegebenen Qualitätsanforderungen für Halbleiterschaltungen, zu produzieren. Damit waren unsere Kunden sicher, daß wir einen hohen Qualitätsmaßstab einhielten – obwohl wir sehr wenig an das Verteidigungsministerium selbst verkauften«, sagt Sanders' früherer Mitarbeiter Tom Skornia.

Skornia zufolge schuf Sanders auch eine Reihe von Kaufanreizen über den Weg spezieller Preiszugeständnisse. So war AMD der erste Hersteller, der Preisnachlässe beim Kauf einer Palette von 100 verschiedenen Chips gewährte. Sanders erkannte die überragende Bedeutung des Firmen-Images beim Marketing, und er tat alles, um AMD das Image einer aggressiven Verkaufsorganisation zu verpassen.

Nach einer Übersicht der Wirtschaftszeitschrift »Business Week« von 1982 war Sanders einer der höchstbezahlten Firmenchefs der Branche mit einem Jahresgehalt von 622.000 Dollar für

1981, inklusive einer Zinsrückerstattung für Darlehen, die er zur Ausübung seiner Aktienbezugsrechte aufgenommen hatte.

Anders ausgedrückt, Sanders arbeitete zu einem Stundenlohn von 278 Dollar, einen Achtstundentag vorausgesetzt. Zum Vergleich: John S. Young, Präsident und Chief Executive Officer bei Hewlett–Packard, verdiente 493.000 Dollar: Charles Spork, der führende Mann bei National Semiconductor, bekam 216.000 Dollar. Sanders' Gehalt kann sich also durchaus neben den 692.000 Dollar des IBM-Präsidenten J. R. Opel sehen lassen.

## *Gene Amdahl: Unternehmer-Recycling*

Einige Unternehmer bauen ein erfolgreiches Unternehmen aus dem Nichts auf, sind mit dem Ergebnis nicht zufrieden und verlassen ihre Firma, um wieder eine neue zu gründen. So ein Mann ist Gene Amdahl, ein sagenumwobener Silicon-Valley-Koloß und genialer Computerkonstrukteur, der es wagte, sich gegen den Großcomputer-Marktführer IBM zu stemmen.

Amdahl fing in den 60er Jahren als Computerkonstrukteur im IBM-Forschungs- und Entwicklungszentrum Menlo Park in Kalifornien an. In erster Linie hatte er die 360er Familie der IBM Computer, der bis dahin erfolgreichste Großrechner, geschaffen. Doch als Amdahl schon wieder einen neuen Computer entwikkeln wollte, fand IBM, der würde zu teuer werden, und blieb bei der alten Produktpalette.

Deshalb packte Amdahl 1970 seine Sachen, gründete seine Dissidenten-Firma, die »Amdahl Corporation«, und stellte Computer her, die mit den IBM-Geräten steckerkompatibel waren, also über Kabel und Stecker mit ihnen zusammengeschaltet werden konnten. Genaugenommen schlug Amdahl IBM mit deren eigenen Waffen, und es war zu erwarten, daß IBM Amdahl den totalen Krieg erklären würde.

Das tat IBM dann auch, aber Amdahl konnte sich behaupten, weil er ein überlegenes Produkt hatte. Er lieferte 1975 seinen ersten Computer aus. Amdahl machte nach vier Jahren einen Jahresumsatz von 300 Millionen Dollar und trug dazu bei, daß eine neue Branche, die der Hersteller steckerkompatibler Computer und Zusatzgeräte (Kürzel PCM = plug-compatible manufacturing), entstand.

Was Amdahl nur fehlte, war ausreichendes Kapital, um seine

überlegene Technik in Hardware umsetzen zu können. Die Amdahl Corporation wand sich von einer Finanzklemme in die nächste. Ein ehemaliger Mitarbeiter berichtete, daß jeder monatliche Gehaltstermin sich zu einer ernsten Krise auswuchs. Einmal mußte Amdahl einen Buchhalter mit dem Flugzeug nach Tokio schicken, um Bargeld aus dem Verkauf eines Amdahl-Aktienpaketes an den japanischen Elektronikkonzern Fujitsu zu holen und die Mitarbeiter auszuzahlen.

Gene Amdahl verkaufte die Anteile an seiner Firma scheibchenweise, bis er für sich selbst nur noch ein paar Prozent übrigbehielt. Am eigenen Leib erfuhr er, was es heißt, eine junge Firma durch die schwierige Übergangsphase vom Pionierstadium zum geregelten Geschäftsbetrieb zu steuern. Amdahl bestand zum Beispiel immer noch darauf, die Käufer eines seiner Großcomputer persönlich zu begrüßen, anstatt diese Aufgabe an einen Mitarbeiter zu delegieren. Diese Zeremonie wurde bald zur lästigen Pflicht für ihn, aber Amdahl war nicht davon abzubringen.

Amdahls Hauptproblem war jedoch sein Verhältnis zu IBM. Die Amdahl Corporation hatte einen Marktanteil von ein oder zwei Prozent bei den Großcomputern, IBM zwischen 80 und 85 Prozent. Die marktbeherrschende Stellung erlaubte IBM, den Krieg gegen die PCMs an einer Vielzahl von Fronten zu führen. So konnte der Großkonzern seine Preise drastisch senken und PCMs wie Amdahl zum Preiskrieg herausfordern. In einer Rede in Palo Alto klagte Gene Amdahl: »Die Reaktion der IBM-Leute auf die Gründung der Amdahl Corporation bestand darin, soviel Angst, Unsicherheit und Zweifel auszusäen, wie sie nur konnten. Das ist ihnen gut gelungen.« Die Aura von IBM als dem omnipotenten Marktführer erschwerte Amdahl auch die Aufgabe, Risikokapital bei amerikanischen Investoren lockerzumachen.

Infolge dieser Schwierigkeiten war 1979 ein verheerendes Geschäftsjahr für die Amdahl Corporation. Auf der Aktionärsversammlung wurde Eugene R. White von der Opposition zum Präsidenten gewählt, und Gene Amdahl trat zurück. Er hielt es für unfair und unsinnig, daß er in der Firma, die seinen Namen trug, nicht mehr Chef sein durfte.

Da gründete Amdahl seine Dissidentenfirma der zweiten Generation und nannte sie »Trilogy Systems«. Dieser Name bezog sich auf das dreigeteilte Eigentum an dem Unternehmen. Es gehörte Gene Amdahl, seinem Sohn Carlton und Clifford Madden, einem vertrauenswürdigen Freund. Die zweite Gründung eines Einzelunternehmers profitiert immer von den Erfahrungen, die er mit der ersten gemacht hat, und Gene Amdahl gab seine Eigentümerrechte an Trilogy Systems nicht wieder her. Er konnte ein Kapital von 160 Millionen zusammenbringen, so daß den Trilogy-Gründern 99 Prozent der Anteile gehörten.

Amdahl bewerkstelligte die Finanzierung von Trilogy Systems durch eine komplizierte Konstruktion, eine »Research and Development Limited Partnership« - etwa »Forschungs- und Entwicklungsgesellschaft mit beschränkter Haftung.« Das funktionierte so: 4.000 stille Teilhaber erwarben für mindestens 10.000 Dollar Anteile an der Trilogy Development Partners Limited. Diese Gesellschaft gab Trilogy Systems den Auftrag, auf ihre Rechnung einen Großcomputer bis 1984 zu entwickeln. Dann würde Trilogy der Gesellschaft den Rechner abkaufen und entweder in bar oder mit Aktien bezahlen. Gene Amdahl bekommt dadurch viel Kapital in die Hand, ohne die Eigentümerrechte an Trilogy Systems zu verlieren.

Auch nach der Gründung von Trilogy Systems hatte Amdahls Unternehmerdrang sich noch nicht gelegt. 1982 steckte er Geld in ein weiteres Computerunternehmen, die GRiD Systems Corporation, die einen kostspieligen tragbaren Computer herstellt. Der »Compass«-Computer von GRiD kostet 8.000 Dollar und ist für Manager bestimmt, die ein aktenkoffergroßes Gerät brauchen, das sie unterwegs per Telefonleitung mit ihrem Hauptbüro verbinden können.

Gene Amdahl ist jetzt 61 Jahre alt und hat weißes Haar. Doch einige seiner Freunde in Silicon Valley erwarten, daß er noch ein paar Computerfirmen aus der Taufe hebt, bevor er in den Ruhestand geht.

## *John Linvill, der unternehmungslustige Professor*

Unter den Silicon-Valley-Unternehmern gibt es auch etliche Professoren der Stanford University, und einige von ihnen sind Millionäre. Die meisten Professoren der Technischen Fakultät betätigen sich in irgendeiner Weise unternehmerisch, sei es als Teilhaber, Firmengründer, Aufsichtsratsmitglieder, Unternehmensberater, Aktionäre oder alles zusammen.

Dr. John G. Linvill ist Professor für Elektrotechnik in Stanford. Lange Jahre hat er Tausende von Studenten, die jetzt in Silicon Valley arbeiten, in Halbleiterelektronik unterrichtet. Wie viele seiner Kollegen in der Technischen Fakultät unterhält Linvill enge Beziehungen zu den Mikroelektronikfirmen nebenan. Er ist Aufsichtsratsmitglied bei der Laser-Firma Spectra-Physics und anderen Unternehmen.

Linvill verdiente sich 1971 seine Unternehmersporen als Mitbegründer der Telesensory Systems Inc. Diese Firma hat ihren Sitz im Stanford-Forschungspark und stellt das Optacon her, ein Lesegerät für Blinde, das optische in fühlbare Eindrücke umwandelt. Das Optacon kostet 4.295 Dollar, wiegt zwei Kilo und steckt in einem buchgroßen Aluminiumkasten. Seine Fototransistoren fahren einen gedruckten Text ab und übertragen die Konturen der Buchstaben mittels elektrischer Impulse auf 144 vibrierende Stäbchen, deren Bewegungen ein Blinder mit seinen Fingerspitzen »lesen« kann. Das Optacon ermöglicht dem Blinden eine Lesegeschwindigkeit von 50 bis 90 Wörtern pro Minute; das entspricht fast dem normalen Redetempo. Kurz gesagt überspringt das Optacon mit seiner elektronischen Zauberei das schwerfällige Braille-Blindenalphabet.

Vermittels John Linvills Erfindung können mehr als 9.000 Blinde jetzt elektronisch lesen. Zu ihnen gehört Candice Linvill Berg, die Tochter des Professors, die seit ihrem dritten Lebensjahr blind ist. Mit Hilfe ihres Optacon studierte sie in Stanford und erwarb den Doktorgrad in Psychologie.

Als seine Tochter noch ein Kind war, störte es Dr. Linvill, daß seine Frau täglich drei oder vier Stunden lang Candys Schulbücher in das Braille-Blindenalphabet übertragen mußte. Linvill experimentierte zunächst mit einer einfachen elektronischen Miniaturkamera, die eine Textzeile abfuhr und die Helligkeitsunterschiede in elektronische Signale umwandelte, die wiederum kleine vibrierende Stäbchen bewegten.

Die Entwicklungs- und Erprobungsarbeiten am Optacon führten Linvills Elektronikstudenten in ihrem Universitätslabor aus. Als dabei ein funktionierendes Gerät herausgekommen war, mußte Linvill feststellen, das die Elektronikfirmen nicht an der kommerziellen Auswertung des Optacon interessiert waren. Deshalb gründete er mit drei Kollegen die Telesensory Systems Inc. Sie sicherten die Finanzierung der Firma mit einem Auftrag auf 50 Optacons im Wert von 250.000 Dollar vom US-Erziehungsministerium und Investitionskapital in Höhe von 85.000 Dollar, darunter 25.000 Dollar von der Stanford University. 1982 machte Telesensory Systems mit 160 Beschäftigten 8 Millionen Dollar Umsatz.

## *Jimmy T. von Tandem*

Wie oft standen Sie schon am Flugschalter, um einen Flug zu reservieren, um zu hören: »Der Computer ist ausgefallen«?

James Treybig von Tandem Computer hat dafür gesorgt, daß dies nicht so oft wie früher vorkommt. Die Marktnische für Tandem entstand aus einer Schwäche der meisten Computersysteme - immer dann nicht zu funktionieren, wenn das am meisten stört. Treybig und die Mitgründer seiner Firma entwickelten eine Schaltung, mit der man zwei Computer in »Doppelharmonie« betreiben kann - beide können unabhängig voneinander arbeiten, aber sobald der eine ausfällt, springt sein Partner in die Bresche und arbeitet für beide.

Vor neun Jahren war Tandem Computer nur eine Idee auf einem gelben Blatt Papier. Aber seitdem weist die Firma eine enorme Zuwachsrate auf - jedes Jahr um 100 Prozent auf 208 Millionen Dollar Umsatz im Jahr 1981. Tandem hat jetzt 3.800 Mitarbeiter, kennt aber offenbar keine Übergangsschwierigkeiten - dank Treybigs unorthodoxem Führungsstil.

Treybig ist Texaner. Er hat an der Rice University in Houston den Grad eines Bachelor of Science im Fach Elektrotechnik und in Stanford den eines Master of Business Administration erworben. Seine Mitarbeiter kennen ihn als »Jimmy T.« Er hält sich an einen familiären Führungsstil; das Firmenmotto lautet: »Erfolgreich durch gemeinsame Anstrengung.« Neben dem Gehalt bietet Tandem gern akzeptierte Vergünstigungen im Silicon-Valley-Stil: Biernachmittag am Freitag, Swimming-pool, Belegschaftsaktien und ein ganzes Paket von Leistungsanreizen.

Gleicher Beliebtheit erfreuen sich bei der Tandem-Belegschaft die Aussprüche des Jimmy T., eine Mischung aus Menschenkenntnis und Beobachtungsgabe: »Man kann nicht mehr gleichzeitig die Gewinne optimieren und die Angestellten besch... Tandem ist ein sozialistischer Betrieb.«

Bei Tandem wird in der Tat sehr auf Gleichbehandlung geachtet. Die Firma sieht in dem Mitarbeiter immer zunächst den Menschen - gemäß der Erkenntnis, daß menschliche Intelligenz der bedeutendste Aktivposten eines Spitzentechnikunternehmens ist. Die Computeringenieure bei Tandem folgen dem Beispiel von Jimmy T. mit Begeisterung. Tandem verzeichnet eine Fluktuationsrate von 7 Prozent der Belegschaft; das ist weit weniger als die 30 Prozent, die für Silicon-Valley-Firmen als normal gelten.

Jimmy T. eignete sich das Grundwissen über menschenbezogenes Management bei Hewlett-Packard an, wo er sechs Jahre lang als Marketingchef arbeitete. Dort merkte er sich auch, daß seine Kunden sich große Sorgen um Computerausfälle machten, die ein Flugreservierungssystem, eine Bank oder einen anderen wichtigen Dienstleistungsbetrieb lahmlegen konnten.

Die damals möglichen Sicherheitsvorkehrungen erforderten einen zweiten Computer, der ungenutzt herumstand, außer in Zeiten, wo sein Partnercomputer ausfiel. Tandems erster großer Erfolg war das »System Nonstop 16«, das 16 Computer so in einem Netzwerk zusammenschaltete, daß jeder einzelne die anderen während eines Bruchteils seiner Arbeitszeit auf Störungen hin überwachte, um einem Ausfall vorzubeugen.

Jimmy T. besaß nicht nur überragendes technisches Wissen und Managergeschick, sondern er verstand auch Risikokapital aufzutreiben. Das hatte er als Angestellter der Risikofinanzfirma Kleiner and Perkins in San Francisco gelernt. 1974 war es diese Firma, die von Jimmys Finanzierungsplan für Tandem so begeistert war, daß sie ihm das Kapital vorschoß. Dieser Finanzierungsplan gilt in der Fachwelt heute noch als ein kleines Wunder. Ende 1979 erreichte Tandem bis auf eine Million Dollar das 1974 gesteckte Umsatzziel. Ehrgeizig wie Jimmy ist, hat er für Tandem einen Umsatz von einer Milliarde Dollar im Jahr 1984 eingeplant. Die Firma hat jetzt 14 Vizepräsidenten, mehr als momentan benötigt werden. Sie sind Tandems stille Reserve für die erwartete weitere Expansion.

Nach eigenem Bekunden verdankt Jimmy T. den Aufstieg seiner Firma dem »forward planning«, einer einzigartigen Methode der zukunftsorientierten Unternehmensplanung – und dem anregenden Umfeld von Silicon Valley. Originalton Jimmy T.: »Nirgendwo sonst hätten wir dieses Unternehmen auf die Beine stellen können. Silicon Valley ist ein Lebens- und Arbeitsstil. Hier haben wir alles gefunden, was wir brauchen: Risikokapital, Zulieferer und Abnehmer, die wollten, daß wir Erfolg haben, und vor allem Mitarbeiter mit einer Einstellung, die unseren Erfolg ermöglichte.«

## *Nolan Bushnell: Ein Unternehmen schlüpft aus dem Ei*

Nolan Bushnell, Gründer der Firmen »Atari«, »Pizza Time Theatres« und »Catalyst Technologies« erzählt, wie seiner Erfahrung nach viele junge Unternehmen in Silicon Valley entstanden sind: »Da wacht einer morgens auf und beschließt: ›Jetzt werde ich Unternehmer.‹ Er geht zur Arbeit, schleicht sich an den besten Ingenieur seines Arbeitgebers heran und flüstert ihm ins Ohr: ›Willst du nicht zu mir, in meine neue Firma kommen? Samstag zehn Uhr bei mir zu Hause. Bring ein paar Kekse mit.‹ Dann geht er zu dem besten Finanzexperten und sagt zu ihm: ›Bring eine Thermosflasche voll Kaffee mit!‹ Der nächste ist der Marketingmann. Und wenn Sie ein echter Unternehmertyp sind, haben Sie schon drei oder vier der besten Köpfe in der Branche zusammen. Dann, am Samstagmorgen um zehn fragen die anderen: ›Hey, Mann, was stellt unsere Firma eigentlich her?‹ Sie sagen: ›Oh, irgendein Dingsbums für Linkshänder.‹ Nach einer Stunde ist der Entwurf für die Unternehmensplanung fertig. Der Finanzexperte sagt sofort, wo er Kapital auftreiben kann. Und was haben Sie dazu beigetragen? Sie haben den Kaffee nicht spendiert. Sie haben die Kekse nicht angeboten. Sie haben nicht einmal die Ideen geliefert. Sie sind der Unternehmer. Sie haben dafür gesorgt, daß all das zustande kam.«

## *Kleinfirmen vermehren sich wie die Karnickel*

Dr. Richard Schmieder, ein Geograph, der sich auch als Personalvermittler in Silicon Valley betätigt, gab kürzlich »Rich's vollständigen Führer durch das Silicon Valley im Bezirk Santa Clara« heraus. Dieser aufschlußreiche Atlas führt die erstaunliche Zahl von 2736 Elektronik-Herstellerfirmen auf, mehr, als jede andere Untersuchung in Silicon Valley feststellte. Außer diesen 2736 Unternehmen gibt es in Silicon Valley noch viele andere nichtproduzierende Firmen, die auf den Gebieten Werbung, Marketing, Public Relations, Verkauf, Beratung, Personalwesen, Zulieferung, Forschung und Entwicklung, Ausbildung, Management, Marktforschung, Design, Finanzierung und Rechtsberatung arbeiten und der Mikroelektronik und anderen Spitzentechnikindustrien im Bezirk Santa Clara unerläßliche Dienste leisten. Es gibt hier mindestens soviel nichtproduzierende Unternehmen wie Herstellerfirmen, und so beziffert sich die Gesamtzahl aller Elektronikfirmen im weitesten Sinne in Silicon Valley wohl auf 6000. Nach unserer Schätzung gibt es noch mindestens 2000 weitere Firmen, die gar nichts mit der Elektronik zu tun haben. Also beläuft sich die Gesamtzahl der Firmen, die in der Spitzentechnik in Silicon Valley engagiert sind, auf rund 8000.

Außer der erstaunlich hohen Zahl von selbständigen Unternehmen der Elektronikindustrie ergibt sich bei näherem Hinsehen noch ein überraschendes Detail aus den Zahlen von Schmieder - wie klein sie im Durchschnitt sind. Die Zeichnung zeigt, wie viele Unternehmen es in jeder Firmengröße - gemessen an der Beschäftigtenzahl - in Silicon Valley gibt. Über zwei Drittel (70 Prozent) haben ein bis zehn Beschäftigte und 85 Prozent beschäftigen weniger als 50 Mitarbeiter (vgl. S. 74).

## *TLC verläßt die Garage*

Kürzlich drehten Reporter der Fernsehgesellschaft CBS (Columbia Broadcasting System) eine Dokumentation über Silicon Valley. Sie interviewten Bob Noyce bei Intel und Regis McKenna, Chef einer Public-Relations-Firma, die vornehmlich für Spitzentechnik-Unternehmen arbeitet. Sie diskutierten auch mit uns, den Autoren dieses Buches, und wollten gern einen Betrieb in Garagengröße mit weniger als einem Dutzend Mitarbeiter kennenlernen. Wir führten sie zu Dr. Ann Piestrup, Gründerin und Chefin der Firma »The Learning Company« (TLC). Es handelt sich hier um ein ganz besonderes Silicon-Valley-Unternehmen, das elektronische Lernspiele für Kinder entwickelt und vertreibt. Die Zeitschrift »Info World« schrieb: »Ab und zu entsteht ein Unternehmen, das sich in kein Schema irgendeiner Branche pressen läßt. So ein Unternehmen ist ›The Learning Company‹ in Portola Valley, Kalifornien.«

Die Geschichte von TLC begann 1979, als Ann Piestrup sich zu Hause mit ihrer Tochter beschäftigte und erkannte, wie unzulänglich die vorhandenen Computerspiele waren. Die Videospiele unterhielten die Kinder zwar, aber die meisten gewöhnten sie auch an Gewalt. Wie vor ihr schon John Linvill, entschloß Ann Piestrup sich, etwas zur Lösung ihres privaten Problems zu unternehmen. Sie war 36, Doktor der Psychologie, und verfügte über

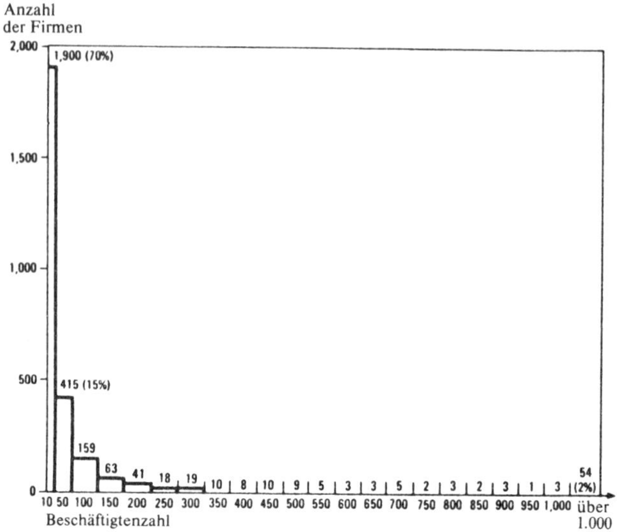


Mehr als zwei Drittel der Elektronikhersteller in Silicon Valley beschäftigen weniger als zehn Mitarbeiter.

mehrjährige Berufserfahrung in der Arbeit bei privaten Forschungseinrichtungen.

Die Psychologin erhielt eine Forschungsbeihilfe der Apple Computer Inc. und untersuchte, wie Kinder im Vorschulalter auf farbige Graphiken, Musik und Stimmen aus dem Computer reagieren. Die Kinder fanden den Computer ganz toll und spürten nichts von der Beklemmung, die viele Erwachsene bei ihrem ersten Umgang mit einem Computer befällt.

Dr. Piestrup stellte einen Programmierer an, und gemeinsam entwarfen sie Lernprogramme für Kleinkinder. Eines dieser Programme mit dem Namen »Regenbogengaukler« bringt den Kindern Begriffe wie rechts und links, oben und unten bei. Drückt das Kind eine Taste links im Tastenfeld, erscheint ein hübscher bunter Schmetterling auf dem Bildschirm des Computers. Drückt das Kind eine Taste auf der rechten Seite, weist der Schmetterling eine andere Farbzusammenstellung auf. Das Programm ist für Dreijährige entwickelt worden – es setzt nicht vor-

Sarah, die Tochter von Dr. Ann Piestrup, Gründerin der Software-Firma The Learning Company. Sarah lernt mit einem Programm der Firma am Mikrocomputer.

aus, daß die Kinder lesen können. Dieses »Regenbogengaukler«-Programm wurde von Apple mit einem Preis ausgezeichnet.

TLC möchte die Gewalt ganz aus den Lernprogrammen verbannen und den Kindern trotzdem relativ komplizierte Lerninhalte spannend vermitteln. Während die ersten Lernspiele programmiert und mit kleinen Kindern ausprobiert wurden, drohte TLC das Geld auszugehen. Ann Piestrup und ihre wenigen Mitarbeiter, darunter einige ehemalige Angestellte von Atari, arbeiteten bereits ohne Bezahlung. Einmal wäre der Firma schon das Mobiliar gepfändet worden, wenn nicht in letzter Minute einer der Mitarbeiter TLC ein Darlehen gewährt hätte.

Die große Wende kam für TLC im November 1981, als die Finanzierungsfirma Melchor Venture Management 300.000 Dollar investierte. Alle TLC-Pogramme laufen auf Apple-Computern, und der Apple-Manager Tom Whitney war beeindruckt von der Marktnische, die TLC sich da geschaffen hatte. Als Whitney von Apple zu Melchor Venture Management ging, machte er sofort deren Präsidenten Jack Melchor auf TLC aufmerksam. Melchor hat selbst Kinder. Er liebt das Familienleben, und die ehrgeizigen, zugleich aber auf das Gemeinwohl bedachten Pläne von TLC gefielen ihm.

Melchor machte seine Kapitaleinlage davon abhängig, daß Tom Whitney in den Aufsichtsrat von TLC einzog und Jack Smythe, ein studierter Manager, Präsident der Firma wurde.

TLC hat heute elf Mitarbeiter. Fünf Lernspiele sind bereits lieferbar, weitere in Vorbereitung. The Learning Company erwartet für 1984 einen Umsatz von fünf Millionen Dollar. Leslie Grimm, die elfjährige Tochter eines TLC-Angestellten, bekommt Tantiemen aus einem TLC-Lernprogramm, das ihre Zeichnungen verwendet.

Es hat den Anschein, daß die meisten Unternehmer von Silicon Valley Elektroingenieure sind. Viele der erfolgreichen Neugründungen gehören in der Tat Elektroingenieuren, Physikern oder Computerfachleuten, wie Bob Noyce, Jerry Sanders, Gene Amdahl, John Linvill und anderen. Es geht ja auch in der Mikroelektronik- und Computerbranche um die Anwendung von elektrotechnischem Grundwissen. Aber es kommt auch umgekehrt: dann ist ein Nichtingenieur der Unternehmer und versammelt um sich die Techniker, die für ihn – oder für sie – arbeiten, wie am Fall Ann Piestrup und TLC oder am Beispiel des Software-Unternehmers Bill Gates von Microsoft, eines ehemaligen Harvardstudenten, der nicht Ingenieur ist, deutlich wird.

Das um sich greifende Silicon-Valley-Fieber läßt erkennen, daß unternehmerische Initiative nicht an bestimmte Berufe oder Wissensgebiete gebunden ist. Jeder, sogar ein elfjähriges Mädchen, kann sich unternehmerisch betätigen.

# *Risikokapital*

»Kapital ist wichtiger als deine Mutter.
So lautet Al's Gesetz.«
*Al Shugart, Gründer von Shugart Associates und Seagate Technology, 1982*

»Wir Risikokapitalisten pflanzen Samen ein, begießen sie und hoffen, daß wir später einmal ernten werden.«
*Pitch Johnson, Präsident von Asset Management Co., 1981*

Silicon Valley ist die Region mit der stärksten Risikokapital-Konzentration der USA. Mehr als ein Drittel aller großen Venture Capitalists (Risikokapitalfirmen) der USA haben ein Büro in oder nahe Silicon Valley. Viele der übrigen Firmen dieser Branche sind, obwohl sie ihren Sitz woanders haben, erheblich in Silicon Valley engagiert. Risikokapital arbeitet Hand in Hand mit der Unternehmerinitiative, und es ist unmöglich, ein Spitzentechnik-System wie Silicon Valley zu verstehen, ohne zu wissen, welchen Anteil die Venture Capitalists daran haben.

Risikofinanziers sind Schlüsselfiguren der innovativen Wirtschaft - sie entscheiden, ob eine Neugründung grünes Licht bekommt oder nicht. Aber Risikokapitalisten leisten viel mehr. Sie sorgen zum Beispiel für kaufmännische und technische Beratung der Unternehmensleitung während der Anlaufphase. Manchmal entlassen sie sogar den Chef und springen selbst ein, bis ein geeigneter Mann gefunden ist. Und doch ziehen sie es oft vor, ungenannt im Hintergrund zu bleiben, wodurch in der Öffentlichkeit ein unklares und widersprüchliches Bild von ihrer Tätigkeit entsteht. Viele Amerikaner wissen nicht einmal, daß es so etwas wie Risikokapitalisten gibt, und wenige nur wissen, wieviel Einfluß sie auf den technischen Fortschritt haben. Die Risikokapitalfirma ist das Bindeglied zwischen Anlegern, die eine hohe Verzinsung für ihre Geld suchen, und Unternehmern, die Kapital benötigen.

Risikokapitalfirmen investieren oft genug Geld nur auf die vielversprechende Idee eines Unternehmers hin - eine »Sicherheit«, die den Geschäftsbanken wertlos erscheint. Einzelunternehmer

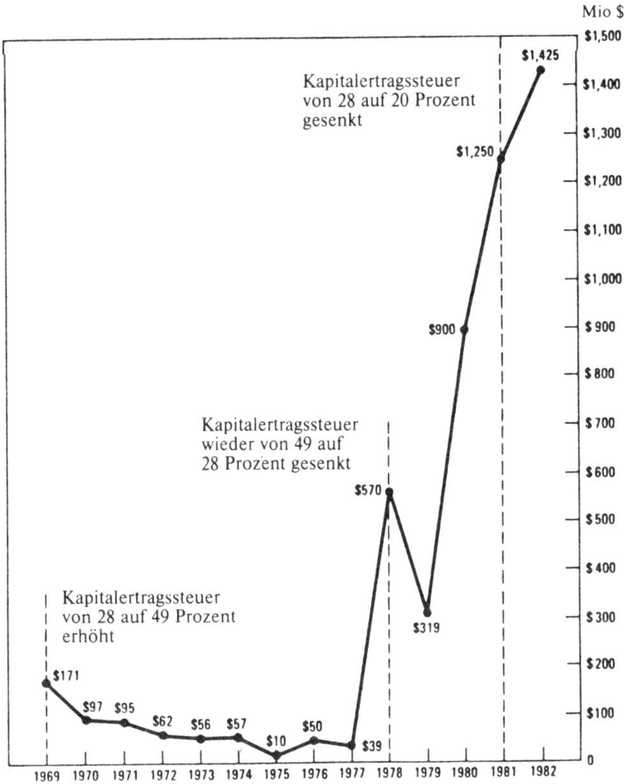


Risikokapitalinvestitionen seit 1969

müssen Anteile an ihrer Firma (oftmals 50 Prozent) im Austausch gegen Investitionskapital hergeben. Verständlich, daß die Unternehmer nicht viel von den Risikokapitalisten halten und sie manchmal als »kapitalistische Geier« beschimpfen. Aber Risikokapital ist für Unternehmer ebenso wichtig wie ein Bankkonto.

Risikokapitalfirmen beziehen das Geld, das sie investieren, hauptsächlich von vier Quellen: wohlhabenden Einzelpersonen, Pensionskassen, Universitäten und ähnlichen Institutionen und den Kapitalanlageabteilungen der großen Banken, Versicherungen und Großindustrieunternehmen. Diese Investoren bevorzugen diese riskante Form der Geldanlage, weil sie Steuervorteile bietet und gegebenenfalls viel höheren Gewinn bringt. Einige der erfolgreichsten Risikokapitalfonds haben in letzter Zeit mehr als 50 Prozent Gewinn im Jahr erzielt, und ein Jahresgewinn von 35 Prozent gilt als normal. Dementsprechend ist die Gesamtsumme der als Risikokapital zur Verfügung gestellten Gelder stark angewachsen.

Vor rund zehn Jahren herrschte noch Flaute auf dem Risikokapitalmarkt. 1969 hatte der US-Kongreß den Spitzensteuersatz für langfristige Kapitalgewinne von 28 auf 49 Prozent erhöht. Das hatte verheerende Auswirkungen auf die Summe der Gelder, die für Wagnisfinanzierungen zur Verfügung standen, und der Anreiz zur Investition in junge Unternehmen war erheblich schwächer geworden. 1969 standen den Risikokapitalfirmen 171 Millionen Dollar an frischem Privatkapital zur Verfügung, und 1975, nachdem der neue Steuersatz sich ausgewirkt hatte, fiel diese Summe auf 10 Millionen Dollar, also auf 6 Prozent der Mittel, die 6 Jahre vorher zusammengekommen waren.

(Siehe Zeichnung auf S. 79)

Doch 1978, nach intensiver Lobbytätigkeit der High-Tech-Firmen nicht nur in Silicon Valley, verwarf der Kongreß seinen Beschluß von 1969 und drückte den Spitzensteuersatz für Kapitalgewinne wieder herunter auf 28 Prozent. Wagnisfinanzierungen wurden wieder interessant, und die Wende war da. Später billigte das US-Arbeitsministerium die Verwendung von Mitteln der Pensionskassen als Risikokapital, und 1981 setzte der Kongreß den Spitzensteuersatz für Kapitalgewinne sogar auf 20 Prozent herab.

Unter dem Strich kam jedenfalls bei all dem heraus, daß Ende 1982 die Summe des den Risikofinanziers zur Verfügung gestellten frischen Kapitals auf über 1,4 Milliarden Dollar stieg, das war achtmal so viel wie 12 Jahre zuvor. Dieses Geld würde reichen, um 2.800 kleine oder 350 mittlere Spitzentechnik-Unternehmen auf die Beine zu stellen.

Einige nachdenkliche Beobachter der Silicon-Valley-Szene befürchten sogar, daß es schon einen Überfluß an Risikokapital gibt. Sie bemängeln, es sei bereits zu leicht, finanzielle Rückendeckung zu bekommen, so daß einfach zu viele Neugründungen entstehen. Wenn etliche davon nach wenigen Jahren scheitern, könnte die Risikokapitalbranche nach Meinung dieser Auguren ganz schön auf den Bauch fallen. Nach den Feststellungen von

### *Sand Hill Road Nr. 3000*

Neuere Wirtschaftsadreßbücher verzeichnen 59 Risikokapitalfirmen in oder nahe Silicon Valley. 15 dieser Finanzierungsunternehmen residieren unter einem Dach, an der Sand Hill Road Nr. 3000 in der Ortschaft Menlo Park, nicht weit vom Stanford-Universitätsgelände.
Es ist ein mit viel Geschmack entworfener Bürohauskomplex mit herrlichem Blick über das San-Andreas-Tal bis zur Bergkette an der Küste. Die Bäume, Sträucher, Blumen und Rasenflächen von Sand Hill Road Nr. 3000 sind makellos gepflegt, und auf dem Parkplatz blinken die Reihen der Mercedes, Jaguars und BMWs. Das Ensemble bietet den Anblick eines heiteren Pastoralgemäldes, eines gelösten, wohlgeordneten Lebensstils.
So eine Konzentration von Wagniskapital ist vorteilhaft für die Risikofinanzbranche wie für die Unternehmer. Ein Risikofinanzier bekommt beim Mittagessen mit einem befreundeten Konkurrenten vielleicht wertvolle Informationen über einen Unternehmer, dessen Finanzplan er vorliegen hat. Ein solches Netz persönlicher Beziehungen kann sich auch gegen einen Unternehmer in spe auswirken - wenn ein Risikofinanzier nein sagt, weiß es sofort die ganze Gemeinschaft. Dieses »Pack Investing« (Investitionen einer »Meute von Kapitalisten«) läuft allerdings dem Ideal der freien Marktwirtschaft zuwider, denn es gibt viele subjektive Überlegungen in Investitionsentscheidungen. Ein Finanzier mag sich irren und steckt andere mit seiner negativen Haltung an.
Trotzdem: Wenn Sie ein unternehmerisch veranlagter Mensch sind, sich selbständig machen wollen und finanzielle Rückendekkung brauchen, riskieren Sie mal eine Autofahrt zur Sand Hill Road Nr. 3000. Da warten jährlich 80 bis 100 Millionen Dollar Risikokapital auf Sie!

Dave Bellet, von der Risikokapitalfirma Crown Associates, stieg die Zahl der Unternehmen seiner Branche zwischen 1970 und 1980 von 41 auf 460, das ist eine Steigerung auf mehr als das Zehnfache.

## *Die Entwicklungsstufen eines neugegründeten High-Technology-Unternehmens*

Um die Rolle des Risikokapitals bei der Firmengründung besser zu verstehen, wollen wir uns diesen Vorgang einmal näher ansehen.

1. Inspiration
Am Anfang eines jungen Unternehmens steht eine Inspiration, die schöpferische Vorstellung von einem neuen Produkt oder einer neuen Dienstleistung, die ein ungestilltes Bedürfnis befriedigen. Nolan Bushnell sah die wirtschaftlichen Chancen der Videospiele voraus, als er in seiner Studentenzeit tagsüber in einem Vergnügungspark jobbte und sich nachts die Zeit mit Videospielen auf dem Universitätscomputer vertrieb. Also gründete er Atari. Steve Jobs und Steve Wozniak wollten unbedingt einen Mikrocomputer haben, konnten sich aber keinen kaufen. Also gründeten sie Apple.

2. Durchsetzungswillen
Die Entscheidung, um den Kern einer neuen Idee herum ein Unternehmen aufzubauen, erfordert oftmals erheblichen Wagemut und das Abweichen von einem vorgezeichneten sicheren Lebensweg. Manchmal ist es auch die einzige Möglichkeit, seinen Lebensunterhalt zu verdienen. Bill Hewlett und Dave Packard gründeten ihre Firma, um überhaupt einen Job nach dem Stanford-Examen zu haben.

Silicon-Valley-Unternehmer unterscheiden sich sehr in Vorbildung, Berufserfahrung und Lebensstil, aber dies ist ihnen meistens gemeinsam: Um ihre Firma zu gründen, verlassen sie hochdotierte Jobs in renommierten Firmen der gleichen Branche. Sie wollen ihre Geschicke mehr als bisher selbst in die Hand nehmen, sie besitzen viel Durchsetzungsvermögen, das sie in ihrer gegenwärtigen Position nicht ausspielen können, und sie kennen Kollegen, die sich bereits als selbständige Unternehmer durchgesetzt haben. Sie alle sind fest entschlossen, die Möglichkeiten ihrer »heißen« Idee auszunutzen, indem sie ihre eigene Firma gründen.

3. Aufstellung eines Gründerteams
Zu einem kompetenten Team gehören der Präsident mit Management- und technischer Erfahrung und Spezialisten für die Bereiche Finanzen, Marketing, Technik und vielleicht Software-Entwicklung oder Design. Um einen Kader einsatzbereiter Leute zu finden, muß der Unternehmer sie von dem Erfolgspotential der Unternehmung überzeugen.

Activision, die Videospiele-Firma, wurde 1979 gegründet. Der Unternehmer Jim Levy kam aus der Schallplattenbranche. Er scharte rasch vier Mitgründer, unzufriedene Video-Designer von

Atari, um sich. Activision ergatterte 700.000 Dollar Risikokapital, entwickelte eine Reihe sehr erfolgreicher Videospiele und katapultierte seinen Umsatz bereits 1981 auf 60 Millionen Dollar. Ohne die vier Mitgründer in seinem Team, das gibt Levy zu, hätte ihm niemand das Risikokapital für den Start von Activision vorgestreckt.

4. Ausrichtung des Unternehmens auf den Markt
Die Gründer beginnen die Entwicklung ihres Produkts, indem sie alle Informationen über Kundenwünsche und Marktchancen zusammentragen. Meistens arbeiten sie zehn bis vierzehn Stunden, sechs oder sieben Tage in der Woche, in der Wohnung oder Garage eines der Gründer. Sie haben ihre finanziellen Reserven in einen Hut geworfen; sie arbeiten ohne Bezahlung und leben von ihren Ersparnissen. In dieser Zeit vollbringen sie Wunder an Begeisterung und Ausdauer. Selten nur wird ein Risikofinanzier in dieser Startphase mit »Saatkapital« einsteigen. Meistens warten die Venture Capitalists ab, bis die neue Firma sich einigermaßen weiterentwickelt hat.

5. Unternehmensplanung
Die Unternehmensplanung liefert gleichzeitig Orientierungspunkte für den Aufbau der jungen Firma und einen Bewertungsmaßstab für interessierte Risikofinanziers. Der Unternehmensplan hält den Unternehmer vor allem an, mögliche Gefahren zu definieren und Strategien zu ihrer Überwindung zu entwickeln. Einige Unternehmensplanungen werden in Silicon Valley mit Bewunderung zitiert. Zum Beispiel die von Tandem, die 1974 abgefaßt wurde und das 200-Millionen-Dollar-Umsatzziel für 1982 nur ganz knapp verfehlte. Oder der Intel-Unternehmensplan von Bob Noyce, der auf einem einzigen Blatt Papier stand.

6. Die Finanzierung wird unter Dach und Fach gebracht
Die meisten Unternehmerteams besitzen nicht genug Kapital, um sich selbständig zu machen und müssen sich nach fremdem Kapital umsehen. Sie fangen bei Verwandten und Freunden an, gehen zu Geschäftspartnern, Banken und anderen möglichen Kreditquellen. Angesichts des hohen Risikos und der bei den meisten Spitzentechnik-Neugründungen fehlenden Sicherheiten werden die normalen Kreditinstitute erst dann Kapital herausrücken, wenn die junge Firma konkrete Erfolgsausweise in der Form von Umsatz oder festen Aufträgen vorweist. Daher landen

die Jungunternehmer auf der Kapitalsuche meistens bei einem Risikofinanzier.

Der Unternehmer bringt also einen Freund oder Geschäftspartner dazu, einem ihm bekannten Finanzier seinen Unternehmensplan vorzulegen. Eine rührige Risikokapitalfirma bekommt jedes Jahr Hunderte von Unternehmensplänen und steigt nur bei einer Handvoll der Absender ein. Wenn also die vorgelegte Planung vielversprechend aussieht, wird die Finanzierungsfirma ein Treffen mit dem Unternehmerteam ansetzen. Inzwischen horchen die Finanziers ihre Informationskanäle nach Einzelheiten über den Unternehmer und seine technische Neuheit ab.

Das Unternehmerteam stellt sich den Finanziers in deren Büros vor. Es stehen Millionenbeträge auf dem Spiel, und so entbehrt diese Zusammenkunft nicht der dramatischen Zuspitzung. Der Unternehmer stellt seine Konzeption vor und der Finanzier unterbricht ihn mit klärenden Fragen. Ein Gesichtspunkt ist auch, ob mehrere Risikokapitalfirmen sich an dem jungen Unternehmen beteiligen. Ein Vorteil für den Unternehmer wäre dabei, daß er auf noch mehr Erfahrungen, nützliche Beziehungen und größere Finanzkraft zurückgreifen kann, während die Finanziers ihr Risiko auf mehrere Schultern verteilen können.

Risikofinanzfirmen steigen gewöhnlich in Zweier- bis Fünfergruppen ein - im Fachjargon heißt das »Pack Investing« (Pack = Meute von Hunden oder Wölfen). Die Risikofinanziers sind keine Einzelgänger, und einer, der sich eine besonders attraktive Finanzierung allein unter den Nagel reißen wollte, würde sich als »Raffke« unbeliebt machen. Die Risikofinanzbranche in Silicon Valley ist eine Art Country Club, in dem jeder jeden kennt. Neuigkeiten und Klatsch machen schnell die Runde, aber in der Öffentlichkeit weiß kaum jemand etwas über ihre Tätigkeit.

### 7. Der Finanzschub setzt ein

Nehmen wir an, der Risikofinanzier hat den Unternehmensplan - sicher nach einigen Änderungen - »gefressen«, und der Finanzierungsvertrag wird - vielleicht nach Monaten zäher Verhandlungen - endlich unterschrieben. Der Unternehmer und die Finanziers stoßen mit Champagner an. Gleich am nächsten Morgen heißt es für beide Seiten zurück an die Arbeit. Die junge Firma zieht aus der Garage um in größere Räumlichkeiten und trifft die Vorbereitungen für den Start der Produktion.

Der Risikofinanzier fungiert nicht nur im Aufsichtsrat der neuen Firma, er berät sie auch regelmäßig in Managementfragen, vielleicht sogar täglich. Deshalb ist es so wichtig, in der Nähe solcher Neugründungen zu residieren. Dazu Pitch Johnson, Präsident der Risikofinanzfirma Asset Management in Palo Alto: »Der Risikofinanzier ist für den Unternehmer eine Art Geistlicher, ein Seelenmasseur.« Unternehmer und Finanziers müssen im Charakter zueinander passen, denn in den nächsten Jahren werden sie eng zusammenarbeiten.

Während die Firma wächst und immer mehr Umsatz macht, geht der Unternehmer immer wieder zu dem Finanzier, um neue Finanzspritzen für den weiteren Ausbau zu bekommen und die Konkurrenz im Wachstum zu überrunden.

Die Risikofinanziers sagen gern: »Wir haben tiefe Taschen.« Das heißt, sie schießen oftmals - aber nicht immer - Kapital nach, wenn eine Firma gutes Geld verdient und expandiert. Doch Ed Zschau, Ex-Präsident der Neugründung System Industries, beklagte sich: »Während der Flaute von 1974 hatten unsere Finanziers zwar tiefe Taschen, aber unheimlich kurze Arme.« Resultat: seine Firma wäre um ein Haar pleite gegangen.

Nach einigen Jahren ist die Firma aus der Gefahrenzone heraus, und jetzt denken auch konventionelle Kreditgeber wie Geschäftsbanken daran, bei der High-Technology-Firma einzusteigen. Um diese Zeit überlegt der Risikofinanzier, ob er aussteigen soll. Er hat in der Firma kaum noch etwas zu suchen.

8. Der Sprung an die Börse

Hat die neue Firma Erfolg, dann hilft der Risikofinanzier ihr fünf oder sechs Jahre nach der Gründung dabei, ihre Geschäftsanteile dem breiten Publikum an der Börse anzubieten. Dies ist der aufregende Moment, in dem das seinerzeit eingegangene Wagnis des Risikofinanziers sich wirklich auszahlt. An diesem Tag erweist sich der tatsächliche Wert des Unternehmens, und seine Gründer können auf der Stelle zu Millionären werden.

Danach packt der Risikofinanzier endgültig seine Geldsäcke ein, um den Einstieg in eine andere riskante Neugründung zu wagen.

Meistens erwartet ein Risikofinanzier, in fünf Jahren das Zehnfache seines eingesetzten Geldes hereinzuholen. Aber oft werden diese Erwartungen auch enttäuscht, der Finanzier kommt mit plus minus Null davon oder macht sogar Verlust, wenn die Firma scheitert.

Etwa 20 oder 30 Prozent der Neugründungen sterben eines frühen Todes. Weitere 60-70 Prozent sind mäßig erfolgreich. Und nur 5 Prozent kommen groß heraus wie Apple, Rolm und Tandem. Nach Ansicht der Venture Capitalists gibt es außerhalb der Mikroelektronik und weniger anderer Spitzentechnikbranchen wenige Investitionsmöglichkeiten, die ihren Gewinnerwartungen entsprechen.

Gehen Sie deshalb nicht zu einem Risikofinanzier mit einer Unternehmensplanung für die Fabrikation einer neuartigen Mausefalle - es sei denn, es handelt sich um eine elektronische Mausefalle.

Beratung, Hilfestellung bei personellen, technischen, finanziellen und Managementproblemen - das alles bietet der Risikofinanzier dem »Entrepreneur« (Einzelunternehmer). Bill Hambrecht, ein Risikofinanzier in San Francisco, sitzt bei 37 Firmen, in die er Kapital gesteckt hat, auch im Aufsichtsrat. Der Risikofinanzier muß sich einfach mehr um seine Schützlinge kümmern, als Bankiers oder Aktionäre es je tun würden. Einer von ihnen, Pitch Johnson, drückt es so aus: »Wir lassen die Würfel nicht einfach fallen, wir küssen sie vorher, und zwar innigst.«

Risikofinanziers achten immer auf gewisse Charakterzüge bei den Unternehmern, hinter die sie sich stellen - auf Ehrlichkeit, auf die Bereitschaft, Fehler zuzugeben und in den verschiedenen Situationen flexibel zu reagieren, auf absolute Hingabe an sein Unternehmen, auf den unbedingten Willen zum Erfolg und auf solide technische und kaufmännische Vorbildung. Ein Finanzier bringt es auf die kurze Formel: »Bei Immobilien zählt nur eins: Lage, Lage und nochmals Lage. Bei der Risikofinanzierung gilt: Menschen, Menschen und nochmals Menschen.«

Pitch Johnson verlangt restlosen Einsatz und Entschlossenheit von seinem Entrepreneur: »Ich möchte die Spuren seiner Stiefel bis zum Gipfel verfolgen können.« Nicht weniger eindrucksvoll sagt es Don Valentine von Capital Management Services in Manlo Park: »Schleppt mir doch eure superselbstbewußten Typen mit Intelligenzquotient 140 an, eure Arbeitsbesessenen, mit denen so schwer umzugehen ist, ich nehme sie alle.« Valentine weiß, wovon er spricht, er hat im letzten Jahrzehnt über 70 Millionen Dollar in Neulinge wie Apple, Atari und Altos Computer investiert.

Die Risikofinanziers stellen sich gern als seriöse, versierte Wirtschaftsfachleute dar, während die Einzelunternehmer in ihnen eher raffinierte, reiche Geldmacher sehen. In Silicon Valley sind sie als »kapitalistische Geier« verschrien, als raffgierige, unheilbringende Aasfresser, die sich an der unternehmerischen

Schaffenskraft und dem Fleiß der Elektroingenieure mästen. Ziel des »kapitalistischen Geiers« ist es angeblich, eine Firma soweit wie möglich unter Kontrolle zu bekommen; und wenn die Gründer dabei über die Klinge springen, um so besser. Da der »Geier« dann seinen Schnitt machen will, wenn die Firma an der Börse eingeführt wird oder aufgekauft wird, ist ihm ihre langfristige Überlebensfähigkeit unwichtig.

Wie dem auch sei, Risikofinanziers und Unternehmer müssen verschiedene Ziele anstreben und sich - zumindest in einem gewissen Ausmaß - bekämpfen.

Die Summe, die als Risikokapital in ein junges Unternehmen investiert wird, berechnet sich als eine Anzahl Firmenanteile zu einem festgesetzten Wert je Anteil. Wenn diese Einzelheiten alle vereinbart sind, war das nur der Anfang einer ganzen Serie von Verhandlungen zwischen den Gründern und den Risikofinanziers. Die erste dieser Verhandlungen nennt sich »erste Finanzierungsrunde«. Meistens gibt es eine zweite Runde, wenn die junge Firma mehr Kapital braucht und weitere Anteile zu einem anderen - gewöhnlich höheren - Ausgabekurs begibt. Es können auch noch dritte und vierte Finanzierungsrunden folgen. Die ursprünglichen Finanziers der ersten Runde können allein in den folgenden Runden vertreten sein, oder es steigen neue Kapitalgeber zusätzlich ein.

Da die Risikokapitalfirmen viel Macht in ihrer Hand (am Geldhahn) haben, beschleicht die kapitalsuchenden Jungunternehmer oft ein Gefühl der Ohnmacht in diesen Verhandlungen. Man kann also vertehen, daß sie ihren Finanziers mit gemischten Gefühlen begegnen.

## *Cromemco: Erfolg ohne Risikokapital*

Die Computerfirma Cromemco gehört zwei Stanford-Doktor-Ingenieuren der Elektrotechnik. Sie fingen 1975 in einer Garage an und präsidieren ihrem Unternehmen heute in einer luxuriösen, 18 000 Quadratmeter großen Werksanlage im kalifornischen Mountain View. Die Firma zog fünfmal in fünf Jahren um, während der Umsatz von 50.000 Dollar im Jahre 1975 auf gut 100 Millionen im Jahre 1982 hochschoß. In den ersten fünf Jahren ergab sich eine schwindelerregende Wachstumsrate von 216 Prozent jährlich auf insgesamt über 8000 Prozent.

Cromemco, das ist wieder eine typische Silicon-Valley-Erfolgsstory, aber mit einem entscheidenden Unterschied: Cromemco hat niemals auch nur einen Cent fremdes Kapital aufgenommen.

Wenn es ein Vorbild für Cromemco gibt, dann ist das Hewlett-Packard, jedoch ebenfalls mit einem großen Unterschied: Bill Hewlett und Dave Packard gründeten ihr Unternehmen bereits 1938, als es die Finanzierung mit Risikokapital überhaupt noch nicht gab. Und während H-P es in den ersten zwanzig Jahren nur auf wenige hundert Mitarbeiter brachte, wuchs die Cromemco-Belegschaft bereits in den ersten *sieben* Jahren auf 500 Köpfe.

Das negative Vorbild für die Cromemco-Gründer Harry Garland und Roger Melen ist Gene Amdahl. Er baute seine Amdahl Corporation aus dem Nichts auf, mußte dabei aber - bis auf wenige Prozent - alle Anteile an der Firma aufgeben, die noch heute seinen Namen trägt. Garland und Melen halten dagegen das ganze Kapital von Cromemco, abgesehen von einem kleinen Aktienpaket für die Pensionskasse ihrer Mitarbeiter. Wie sie das schafften, ist eine faszinierende Geschichte.

Sie beginnt mit dem Traum der beiden Stanford-Studenten Garland und Melen von einer eigenen High-Technology-Firma. Mitte der siebziger Jahre veröffentlichten sie einige Artikel über selbstentworfene Schaltungen (keine Computer) in der Bastlerzeitschrift »Popular Electronics«. Wollten die Leser diese Schaltungen nachbauen, konnten sie die Bauteile dafür über die kleine Firma »Cromemco« beziehen. Garland und Melen hatten diesen Namen aus dem ihres Stanford-Studentenwohnheims *Cro*thers *Mem*orial Hall und dem Zusatz *Co.* zusammengebastelt.

Auf einer Reise im Jahr 1975 nach New York, auf der Roger Melen den Chefredakteur von »Popular Electronics« kennenlernte, wurde er auch dem Gründer der Firma MITS-Altair vorgestellt. Altair ist der Name eines Planeten in einer Folge der »Star-Trek«-Fernsehserie. Melen und Roberts verstanden sich sofort gut, und Melen begleitete den Altair-Chef zurück zu seinem Werk in Albuquerque, New Mexico. Nach einem Abend angeregter Diskussion entwarf Melen einige Schaltungen, mit denen der Altair-Heimcomputer an ein normales Fernsehgerät angeschlossen werden konnte.

Dann kehrte er nach Palo Alto zurück, um seinem Freund Garland mitzuteilen, daß sie beide mit ihrem »Dazzler«-Zusatzgerät zum Altair-Computer ins große Geschäft eingestiegen waren. Die beiden Elektroniktalente promovierten, zogen aus dem Studentenheim aus und wurden Dozenten in Stanford. Ihre Gehälter waren das »Risikokapital« für die Fabrikation des »Dazzler«-Geräts.

Die beiden Jungunternehmer steckten ihre Ersparnisse von 2.500 Dollar in die jetzt offiziell eingetragene Firma Cromemco. Keiner von beiden bekam damals ein Gehalt, und heute stehen sie erst als Nr. 16 und 17 auf der Gehaltsliste ihrer Firma. Beide waren von Anfang an dogmatisch darauf bedacht, die »Amdahlisierung« von Cromemco zu verhindern. Keith Argabright, ein Wirtschaftsprüfer von der Main-Hurdman-Niederlassung in San Francisco, die das Cromemco-Rechnungswesen übernommen hat, gab ihnen wertvolle Finanzierungstips und veranlaßte sie, sich eine Kreditlinie von 250.000 Dollar bei der Bank of America zu besorgen. Heute verfügt Cromemco über eine größtenteils unausgenutzte Kreditlinie von fünf Millionen, die als Notgroschen für eine katastrophale Umsatzflaute bereitstehen.

Das Geheimnis hinter dem Erfolg von Cromemco ist Liquidität. Die Firma mietet ihre Werksanlagen und Büroflächen in Mountain View. Cromemco könnte es sich mehrfach leisten, sie zu kaufen, verzichtet aber lieber darauf. Die Unternehmensstrategie sieht vor, möglichst wenig Gewinn abzuzweigen und soviel wie möglich davon in neue Werkanlagen und Gehälter für neue Mitarbeiter zurückfließen zu lassen. Da Cromemco keine börsennotierte Gesellschaft ist, brauchen Garland und Melen keinem Aufsichtsrat Rechenschaft zu geben und keine Dividenden für Aktionäre zu erwirtschaften. Der Verzicht auf Geschäftsberichte und Aufsichtsratssitzungen und die absolute Geheimhaltung aller geschäftlichen Details sind Cromemcos Trümpfe auf einem von mörderischer Konkurrenz geprägten Markt.

Die ungeteilte Kommandogewalt bei Cromemco erlaubt es Garland und Melen, rasch Entscheidungen zu fällen und die Firmenstrategie ganz nach ihren eigenen Vorstellungen zu bestimmen. Cromemco stellt eine Computerfamilie her, die im oberen Marktsegment angesiedelt ist. Cromemco ist teurer als die meisten Konkurrenten und liefert Top-Qualität. Die Computer verkaufen sich fast von selbst, ohne aufwendige Promotion.

Die beiden wichtigsten Voraussetzungen für den Erfolg ohne Finanzierung durch Risikokapital sind Beherrschung der Technik in dem Produktbereich und die Befriedigung eines klar vorhandenen Bedarfs an diesen Produkten. Cromemco verkauft seine Computer vor allem an Ingenieure und braucht die Aufmerksamkeit und Kaufbereitschaft der Abnehmer nicht erst durch teure Fernsehwerbung anzustacheln. Diese technologiebegeisterten

Käufer sehen zuerst auf die Leistung des Geräts. Der neue Computer aus der Serie System 3 ist laut Roger Melen wieder »ein ungeheurer Erfolg«.

Cromemco ist auch sehr erfolgreich in der Volksrepublik China. Das fing mit einem chinesischen Ingenieur an, der sich in Palo Alto für einen Cromemco-Computer begeisterte. Er lud Harry Garland zu seiner Familie nach Peking ein, und dort konnte Garland nützliche Verbindungen anknüpfen. In China stellen Cromemco-Computer die optimalen Kombinationen altbekannter Heilkräuter für Naturheilmittel zusammen - eine seltsame Mischung von Modernität und Tradition.

Auf den Visitenkarten der Cromemco-Angestellten steht das Firmenmotto: »Heute schon die Computer von morgen«. Dem könnte man noch einen Spruch hinzufügen: »Wir haben niemals auch nur einen Cent fremdes Kapital aufgenommen«.

Dürfen wir jetzt einige Risikofinanziers vorstellen?

## *Arthur Rock*

Arthur Rock sieht eher aus wie ein Wissenschaftler. Er kam Mitte der 60er Jahre von der Ostküste nach San Francisco. Seitdem hat er sich an rund fünfzig Neugründungen, darunter Intel und Apple, beteiligt. An der Tür zu seinem Büro im Finanzdistrikt von San Francisco steht kein Name. Obwohl er dadurch berühmt wurde, daß er 1968 binnen kurzem fünf Millionen Dollar Kapital für Intel auftreiben konnte, hält er sich gern im Hintergrund.

Arthur Rock gibt zu, daß er nicht viel von Elektronik versteht, aber das betrachtet er als einen Vorteil: »Ich brauche dadurch zwar etwas länger, um die Situation zu erfassen, aber andererseits verstehe ich besser den Charakter des Mannes, der auf der Suche nach Risikokapital ist. Ich konzentriere mich besonders darauf, wie er seine Planung begründet.«

Worauf achtet Arthur Rock sonst noch bei den Leuten, denen er unter die Arme greift? Sie müssen die feste Absicht haben, es zu Reichtum zu bringen: »Nur wenige Menschen sind bereit, das zu tun, was erforderlich ist, um reich zu werden und dies in den Vordergrund ihres Lebens zu stellen; also die Dynamik und Energie zu entwickeln, die den Erfolg ausmachen, besonders aber, hart zu sich selbst zu sein.« Rock ist sehr wählerisch, wenn er sich die Firmen, denen er Kapital geben will, herauspickt. Er greift nur einen oder zwei von den vielen Hundert Unternehmensplänen heraus, die ihm jedes Jahr auf den Schreibtisch flattern.

Obwohl die Risikofinanzierung so eine überragende Rolle in Silicon Valley spielt, ist sie immer noch ein Stiefkind des akademischen Lehrbetriebs und wird nur selten in Universitätsseminaren behandelt. Doch das ändert sich jetzt. Der Risikofinanzier Pitch Johnson hält als Lehrbeauftragter an der Stanford-Wirtschaftsfakultät Kurse über »Entrepreneurship«, Firmengründungen mit Wagniskapital, ab. Seine Kursusteilnehmer müssen einen Unternehmensplan aufstellen und ein Führungsteam zusammenstellen. Aber auch andere Technische und Wirtschaftshochschulen befassen sich jetzt mehr mit Risikofinanzierung. Arthur Rock stiftete kürzlich einen Lehrstuhl für »Entrepreneurial Studies« an der Harvard University.

## *Pitch Johnson*

Der typische Risikofinanzier von Silicon Valley hat Ingenieurwissenschaften studiert und dann ein Diplom der Wirtschaftswissenschaften erworben. Danach arbeitet er einige Jahre in einer Spitzentechnik-Firma und schließlich bei einem erfahrenen Risikofinanzier, der ihm beibringt, wie man Firmengründer und ihre Unternehmensplanungen beurteilt. Endlich, im mittleren Lebensalter, baut der Wagniskapitalunternehmer sich einen Kreis von Anlegern auf und macht sich selbständig.

Pitch Johnson von der Firma Asset Management hat so einen typischen Berufsweg durchlaufen. Johnson ist in Palo Alto aufgewachsen; sein Vater war Sportlehrer an der Stanford-University. Johnson tat sich zunächst als Läufer bei Unisportfesten in Stanford hervor. Dort erwarb er dann ein Ingenieurdiplom und an der Harvard University den Master-Grad der Wirtschaftswissenschaften. Dann arbeitete er in der Stahlindustrie von Chicago.

1962 kehrte Pitch Johnson nach Palo Alto zurück, um mit seinem Freund Bill Draper eine der ersten Risikofinanzierungsfirmen von Silicon Valley zu gründen. Einige Jahre später wurde Johnson Alleininhaber seiner Risikokapitalfirma. Im Rückblick auf mehr als zwanzig Jahre Tätigkeit als Wagniskapitalgeber äußert Johnson Befriedigung über die vielen Firmengründungen, die er ermöglicht hat. »Natürlich«, sagt er mit einem kleinen

Lächeln, »macht es auch Spaß, ein bißchen Geld dabei zu verdienen.«

Eines ist nicht typisch an Pitch Johnson. Er hat sein Büro nicht in Menlo Park, an der Sand Hill Road Nr. 3000, der Risikofinanz-Hochburg von Silicon Valley. Er hat es in einem umgebauten Wohnhaus eingerichtet, neben dem er selbst wohnt. Pitch Johnson freut sich darüber, daß er den wohl kürzesten Arbeitsweg in ganz Silicon Valley hat - es sind nur zwölf Meter.

## *Jack Melchor*

Fast alle Risikofinanzierungsfirmen sind eigentlich Einmannbetriebe. Da sind vielleicht ein oder zwei Assistenten, eine Sekretärin, ab und zu ein freiberuflicher Berater. Aber die Entscheidungen trifft ein Mann. Er begutachtet die vorliegenden Informationen über das neue Unternehmen, befragt seine Spürnase und faßt seinen Entschluß. Wie übrigens die Autoren feststellen mußten, ist die Risikofinanzierung eine reine Männerwelt, noch frauenfeindlicher als Silicon Valley selbst.

Es ist anscheinend nicht möglich, daß mehrere Partner eine Risikofinanzierungsfirma erfolgreich führen. Ein gutes Beispiel für diese These ist die Firma Melchor Venture Management in Los Altos, die Jack Melchor gehört. Melchor ist ehemaliger Hewlett-Packard-Direktor und ein außergewöhnlich erfolgreicher Venture Capitalist. Er hat 70 Silicon Valley-Firmen bei ihrem Start unter die Arme gegriffen, darunter Rolm, Osborne Computer und TLC. Originalton Melchor: »Ich glaube, ich habe 100 oder 150 Leuten im Umkreis von 25 Kilometern geholfen, ihre erste Million zu machen.«

Vor einigen Jahren hatte Melchor seine Risikofinanzierungsfirma erweitert, indem er Teilhaber aufnahm und seinen Stab auf zehn Mitarbeiter vergrößerte. Doch Ende 1982 mußte der Boss feststellen, daß Größe nicht gut für ihn war. Er hatte zuviel Zeit damit verbracht, seinen Partnern die Finessen der Risikofinanzierung beizubringen, und zuwenig damit, vielversprechende Unternehmenspläne zu studieren. Er fand auch, daß er inzwischen zuwenig Kontakt mit den von ihm finanzierten Unternehmern hatte. Also ging er zum Stil der One-Man-Show zurück.

Worum es in der Risikofinanzierung geht, drückt Melchor in nüchternen Zahlen aus: »Sie können nur 100 Prozent von dem, was Sie investieren, verlieren, aber sie können mehr als 100 Prozent herausholen. Selbst wenn nur die Hälfte etwas wird, bleibt einiges für Sie hängen.« Melchor gibt zu, daß er 20 Prozent seiner Investitionen in Neugründungen als Verlust abbuchen muß.

Darüber hinaus muß er sich, wie jeder Venture Capitalist, mit den »Zombies« oder »Lebenden Toten« herumschlagen. Das sind junge Firmen, die gerade noch existieren, aber kaum Gewinn abwerfen. Eine Liste von zehn Finanzierungen junger Unternehmer durch eine gut geführte Risikokapitalfirma würde im allgemeinen so aussehen: zwei Pleiten, zwei »Zombies«, zwei ganz gute Investitionen (nichts Spektakuläres, aber einigermaßen gewinnträchtig), zwei oder drei »Gewinner«, die das sieben- bis fünfzehnfache des Kapitaleinsatzes der Firma einbringen – und, mit einigem Glück, vielleicht ein epochemachender Hauptgewinner, den hundertfachen Einsatz oder mehr bringt.

Burt McMurtry von der Firma Technology Venture Investors, mit Büro an der Sand Hill Road Nr. 3000, zählt elf Neugründungen auf, an denen er sich zwischen 1969 bis 1973 beteiligte.

Seine Checkliste: Fünf der Firmen gingen pleite oder stagnieren, fünf erwiesen sich als einigermaßen gewinnträchtig oder als Gewinner, die elfte Firma ließ seinen Kapitaleinsatz raketenartig von 250.000 Dollar auf 75 Millionen wachsen.

Jack Melchor war der erste Venture Capitalist, der bei der Rolm Corporation einstieg. Andere Risikofinanziers hatten eine Beteiligung aus verständlichen Gründen abgelehnt, denn die drei Gründer von Rolm waren unter dreißig und hatten kaum praktische Erfahrungen in der Elektronik.

Obwohl die maßgeblichen Leute bei Rolm jüdischer Abstammung waren, investierte Melchor saudiarabisches Kapital in diese Firma. Zu der Zeit erteilte Saudiarabien nicht einmal Visa an amerikanische Juden, die dort beruflich zu tun hatten. Trotz der widrigen Umstände ist Melchor heute froh, daß er damals ja gesagt hat.

# *Beziehungen*

»Es liegt ein Zauber über Silicon Valley, den wir nicht verstehen. Die kritische Masse hat sich hier in vielen Jahren gebildet. Alles begann in den 50er Jahren, aber erst in den 80er Jahren setzte die richtige Blüte ein. Von Anfang an war Silicon Valley ein riesiges Informationszentrum. Hier brodelt ein intellektueller Schmelztiegel.«
*Les Hogan, ehemaliger Präsident von Fairchild Semiconductor, 1982*

Der Informationsaustausch ist ein hervorstechendes und sehr eigentümliches Charakteristikum von Silicon Valley. Technische Innovation erfordert, daß man mit vielen Unwägbarkeiten fertig wird, und deshalb ist Innovation so sehr auf Informationen angewiesen. Die meisten Mikroelektronikhersteller haben zwar Bestimmungen über den Schutz von Geschäftsgeheimnissen erlassen, aber die Angestellten und die Konkurrenzfirmen wenden unzählige Informationstaktiken an, um diesen Geheimnisschutz zu umgehen. Die Fluktuation der in Forschung und Entwicklung beschäftigten Mitarbeiter ist eine Form des technischen Informationsaustausches. Manchmal ist der Informationsaustausch sicher auch der Grund für den Wechsel des Arbeitgebers.

Die Häufung der Elektronikfirmen auf engem Raum heizt den unbekümmerten Austausch von Informationen und Erfahrungen in Silicon Valley an. »Der leichtfertige Umgang mit Informationen bei uns entspricht der Auffassung vieler Wissenschaftler, daß ihre Technologie der ganzen Welt, der Menschheit gehört. Sie ist zu bedeutend, als daß man die Informationen für sich behalten oder nur der eigenen Firma zugänglich machen kann«, sagt Les Hogan von Fairchild Semiconductor.

Man muß sich Silicon Valley nicht einfach als einen geographischen Ort oder nur als das größte Mikroelektronikzentrum oder als eine Ansammlung von Tausenden High-Tech-Firmen denken, sondern als ein Netzwerk persönlicher Beziehungen.

Ein erfahrener Halbleiteringenieur drückt es so aus: »Ich kenne einige Leute, die wiederum einige Leute kennen. Aber ich weiß nicht, wen sie kennen. Die Macht dieses Beziehungssystems liegt darin, daß jeder weiß, es existiert. Wir alle wissen, daß wir alle unheimlich viele Leute in Silicon Valley kennen. Das hängt vor allem mit der hohen Fluktuationsrate der Beschäftigten zusammen. Die Geschwindigkeit, mit der Gerüchte sich ausbreiten, ist einfach phänomenal. Beurteilungen, Erfolge, Stellenwechsel, neue Produkte - der Klatsch darüber wird in phantastischen Mengen produziert, weil alle Firmen so nahe beieinanderhocken. Man schaut aus dem Bürofenster und sieht die Konkurrenzfirma.«

Bill Grubb, Präsident von Imagic, einer von Atari-Dissidenten gegründeten Videospielefirma, sagt von diesem System der Beziehungen: »Noch bevor wir unser erstes Spiel verkauften, hatten mein Vizepräsident und ich erfahren, wer an unseren Produkten interessiert war. Wir schlossen sofort Lieferverträge mit Sears, J.C. Penney, Toys-R-Us und anderen Großabnehmern ab. Seitdem geht es so weiter - aufwärts.«

Dieses engmaschige Netz persönlicher Beziehungen verschafft Silicon Valley einen Vorsprung gegenüber anderen Wirtschaftsregionen. Nolan Bushnell gibt dafür ein Beispiel:

»Vor kurzem besuchte ich einige Ingenieure in London, die genau wie eine Gruppe hier in Silicon Valley an einer neuen Schaltung arbeiteten. Die konkurrierenden Gruppen fingen zur selben Zeit an, aber am Ende war das Team von Silicon Valley sechs Monate früher fertig.

In unserem Team arbeitete ein Ingenieur, der einen Freund bei Intel hatte. Der schmuggelte einige Exemplare eines Chip-Prototyps aus dem Intel-Labor ein, und das war genau der Chip, der unserem Team noch fehlte. Er sollte bald herauskommen, stand aber noch nicht im Katalog. Auch die Intel-Leute waren glücklich, denn auf diese Weise hatten sie schon Abnehmer für ihren Chip. Dieser Vorsprung von sechs Monaten zeigt, wie schnell wir hier arbeiten und daß wir immer die Nase vorn haben werden.« So betont auch die US-Handelsaufsichtsbehörde in einem Bericht, die Vormachtstellung der amerikanischen Halbleiterindustrie beruhe darauf, daß die einzelnen Firmen die Chips ihrer Konkurrenten so schnell kopieren.

So wie der Büropalast in Menlo Park an der Sand Hill Road Nr. 3000 zur Hochburg des Risikokapitals geworden ist, hat sich das »Palo Alto Square Building« an der Ecke El Camino Real und Page Mill Road zum Zentrum der High-Tech-Rechtsanwälte entwickelt. Nach der letzten Zählung gibt es in Palo Alto 865 Anwälte, doppelt so viele wie vor zehn Jahren und sechs mal so viele wie vor zwanzig Jahren.

Die High-Tech-Anwälte leben nicht schlecht von dem Halbleiter-Boom. Gordon Davidson, Rechtsanwalt in der Sozietät Fenwick, Stone, Davis and West, hat manchmal an jedem Tag der Woche den rechtlichen Teil einer neuen Firmengründung zu bearbeiten. Davidson spielt eine Schlüsselrolle bei den Neugründungen, indem er das Netz seiner persönlichen Beziehungen ausschöpft - zum Beispiel, um den Jungunternehmern Risikokapital zu besorgen. Er hilft ihnen auch bei der Abfassung ihres Unternehmensplans.

Davidson hat eine ideale Vorbildung für diese Vermittlerrolle, ein Elektroingenieurexamen, ein Diplom in Computerwissenschaft und seine juristischen Examina. Mit all diesen Kenntnissen kann er einen wichtigen Aspekt jeder Mikroelektronik-Neugründung besonders kompetent beurteilen - nämlich, ob der Jungunternehmer Geschäftsgeheimnisse seines früheren Arbeitgebers verletzt.

Die größte High-Tech-Sozietät Wilson, Sonsini, Goodrich and Rosati in Palo Alto beschäftigt allein 50 Rechtsanwälte. Sozius John Wilson sagt, daß seine Kanzlei Mitte 1982 an einem einzigen Tag High-Tech-Neugründungen mit einem Gesamtvolumen von 20 Millionen Dollar zum Abschluß brachte.

Die Massierung der Juristen am Palo Alto Square unterstreicht auf ihre Weise, wie wichtig Beziehungen sind. *Wen* sie kennen ist ebenso wichtig wie ihre Gesetzeskenntnis. Sie können immer einen Unternehmer in spe, der eine »heiße« Idee hat, mit einem Risikofinanzier, der anlagesuchende Dollars zur Verfügung hat, zusammenbringen. Arbeitsessen, abendliche Barbesuche, Cocktailparties und andere gesellschaftliche Ereignisse sind der Stoff, aus dem die Karriere eines High-Tech-Anwalts entsteht.

Um Informationen zu bekommen, muß man auch welche geben. Wie sehr die Verbreitung von Informationen in der Mikroelektronikbranche auf Gegenseitigkeit angewiesen ist, zeigt das Beispiel eines jungen promovierten Ingenieurs aus dem Zentrallabor von Hewlett-Packard. Auf einem Kongreß der Elektronikingenieure beschrieb er ziemlich detailliert das Forschungsprojekt, an dem er gerade arbeitet. Einige seiner Kollegen machten ihm Vorwürfe, weil er »geheime« Informationen verbreitet habe. Aber der Wissenschaftler wußte genau, wie weit er gehen konnte: »Ich kannte natürlich die Grenze der Mitteilsamkeit, und ich bin ihr gefährlich nahe gekommen. Aber in der anschließenden Aussprache stellten unsere Konkurrenten Fragen, aus denen ich schließen konnte, wie weit sie selbst vorangekommen waren. Das war eine wertvolle Information für unsere Firma.«

Wer einiges weiß, muß lernen, seine Kenntnisse in dem Netzwerk der persönlichen Beziehungen von Silicon Valley sinnvoll einzusetzen. Karl Harrington, Ingenieur bei einem Chip-Hersteller, erklärte uns: »Keiner erzählt alles, was er weiß – wie beim Kartenspiel. Man sichert seinen Arbeitsplatz, indem man etwas für sich behält. Keiner bringt einem die kleinen Tricks, das Spiel mit den Andeutungen bei. Was man jetzt zurückhält, kann man später als Tauschobjekt anbieten. Ich könnte zum Beispiel einer Firma, bei der ich gern arbeiten würde, eine Information über ein bestimmtes Gerät zukommen lassen. Aber ich würde nie so viel verraten, daß ich meinem jetzigen Arbeitgeber damit schaden könnte.«

Vor allem alte Freundschaften fördern den Informationsaustausch in Silicon Valley. »Wir kennen uns alle«, sagt Floyd Kvamme, ehemaliger Direktor von National Semiconductor, der jetzt bei Apple tätig ist, »denn irgendwann haben wir im selben Labor oder Büro gearbeitet.«

Dataquest, die Marktforschungsdrehscheibe der Mikroelektronik-Industrie, veranstaltet zur Förderung solcher Beziehungen in jedem Herbst eine Konferenz der Halbleiterfirmen in einem Luxushotel. Teilnehmer sind die Aufsichtsratsvorsitzenden und Präsidenten. Dataquest läßt einen Computer die Sitzordnung bei den Arbeitsessen und Seminaren so festlegen, daß sich möglichst viele Leute kennenlernen und unerfreuliche Begegnungen vermieden werden. So werden Lieferanten und Abnehmer gepaart, zwei Japaner aber nicht nebeneinander placiert, weil sie Amerikaner kennenlernen wollen, und direkte Konkurrenten möglichst weit auseinandergesetzt.

Hans Reiner, der Leiter des Technologiezentrums von Standard Elektrik Lorenz (SEL) in Stuttgart berichtete uns, wie erstaunlich er die Informationsbörse Silicon Valley fand: »Wir brauchten Unterstützung bei einem technischen Problem, und so schickte meine Direktion mich zu unserem Verbindungsmann in Sunnyvale. Er hatte nur einen Teil der Lösung, aber er wußte, wo er die restlichen Informationen auftreiben konnte. Nach der Arbeit nahm er mich in eine Bar von Silicon Valley mit. Dort sprach er einige ihm bekannte Ingenieure an den Nachbartischen an. Sie freuten sich enorm, uns sagen zu können, was wir tun mußten. Um 21.00 Uhr hatte ich die Lösung unseres Problems komplett, und am nächsten Morgen konnte ich nach Stuttgart

### *Weißt du was, unser Nachbar hat eine Computerfabrik!*

Persönliche Beziehungen können auch entscheidend für die Gründung einer Firma werden. Dafür ein Beispiel aus Los Altos Hills.

Al Horley dachte nicht im Traum daran, mit dem Mann nebenan über Geschäfte zu reden. Aber eines Tages geht seine Frau Jeanette in dessen Garten und bittet den Lockenkopf aus Texas um ein paar Äpfel von seinem Pferd für ihre Beete. In dem Gespräch erfährt Jeanette Horley, daß der Texaner eine Computerfabrik besitzt. Wieder zu Haus, drängt sie ihren Mann, selbst einmal zu dem Texaner hinüberzugehen. Erinnert Horley sich: »Das war ein Wink des Schicksals. Dieser Tag gab ohne Frage den Anstoß zur Gründung meiner Firma.«

Der Nachbar ist James Treybig (»Jimmy T.«), der Gründer von Tandem Computer. Bei einem Bier unterhalten sie sich an diesem Samstagnachmittag, und dann nimmt Horley James Treybig mit in seine Garage, um einen selbstgebastelten Satellitenfunkempfänger zu begutachten. Einige Tage später bringt Jimmy T. ein Expertenteam seiner Firma mit, um festzustellen, ob Tandem den Satellitenempfänger dazu verwenden kann, Tandem-Computer in der ganzen Welt miteinander zu verbinden. Treybig macht Horley auch mit seinen Risikofinanziers Kleiner, Perkins, Caulfield & Byers bekannt, so daß er bald darauf 24 Millionen Dollar Startkapital zusammen hat. Zwei Jahre später macht Al Horleys Vitalink Communications Corporation bereits fünf Millionen Dollar Umsatz mit Satellitenfunkgeräten. Sein erster Kunde ist Jimmy Treybigs Firma Tandem. Am Anfang der Firma Vitalink lag also gewissermaßen ein Haufen Pferdemist.

zurückfliegen. Ich war wirklich überrascht, wie großzügig diese Kalifornier zusammenarbeiten.«

## *Kleiner Informationsbörsen-Führer*

Die Bars und Restaurants von Silicon Valley sind mehr als nur Wasserlöcher und Futterkrippen. Sie sind ideale Treffpunkte zum Fachsimpeln.

Die älteste und berühmteste dieser Informationsbörsen ist »Walker's Wagon Wheel Bar and Restaurant« in Mountain View, an der Ecke Whisman Avenue und Middlefield Road, praktisch in Sichtweite von Fairchild Semiconductor. Hier wurden viele der Neugründungen von »Fairchildren« (wörtlich: schöne Kinder), also von Fairchild-Dissidenten geplant. Inzwischen hat sich jedoch der Schwerpunkt der Mikroelektronik-Industrie weiter nach Süden auf der Halbinsel verschoben. Seitdem haben auch andere Restaurants und Abendlokale sich zu Informationsbörsen entwickelt: die »Cow Girl Bar« im Sunnyvale Hilton, die »Peppermill« an der Bowers Avenue nahe der Intel-Zentrale neben Highway 101 und »The Lion and Compass«. Nolan Bushnell, der Chef von Atari, eröffnete dieses Lokal, als er kein ihm genehmes Lunchrestaurant in der Nähe seines Büros fand. In seiner Bar zeigt eine elektronische Kurstafel die Börsennotierungen der großen Silicon-Valley-Firmen an.

Die Bars und Restaurants sind das Niemandsland, auf dem sich alte Freunde treffen, die bei konkurrierenden Firmen arbeiten. Bei einem Glas kalifornischem Chablis reden sie nicht über Familie, Sport oder Hobbys, sondern in Computerchinesisch über EEPROMs, Flip-Flops und Gate-Schaltungen.

Das Frühstück in der »Peppermill« ist – besonders für Marketingleute – eine Silicon-Valley-Tradition. Ein Vertriebsmanager von Intel: »Schon um acht Uhr morgens treffe ich in der ›Peppermill‹ immer irgendeinen Bekannten. Alle meine Kunden und alle meine Konkurrenten – insgesamt fünfhundert Mann, frühstücken dort regelmäßig.

Ich muß auch darauf achten, wer in der nächsten Nische sitzt. Durch einfaches Lauschen kann man schon viel erfahren. Vielleicht sitzt da gerade einer meiner Kunden mit einem unserer Konkurrenten. Dann gehe ich hinüber, mache Shakehands und sage: ›Wollen wir uns nicht morgen zum Frühstück hier treffen?‹«

Ein Verkaufsingenieur von Intel sagte uns, daß die Leute im Verkauf sorgfältiger mit ihren Informationen umgehen als die anderen: »Unsere Kollegen in der Entwicklung oder in der Produktion sollten besonders vorsichtig sein, aber sie denken einfach nicht daran, wie wichtig das ist. Sie kennen ja auch nicht die Leute, die hier herumsitzen.«

## *Fairchild, Atari und der Eigenbau-Computerclub*

Die Netzwerke der Beziehungen zwischen Firmen und Menschen eines jeden Sektors der Elektronikindustrie von Silicon

Valley haben sich um einige Kerne herum kristallisiert. Alle Pioniere der Halbleiterindustrie arbeiteten zu einer Zeit gemeinsam bei Fairchild, und damals bildete sich ein Band der Freundschaft zwischen den heutigen Konkurrenten. Die meisten Videospiel-Programmierer arbeiteten gemeinsam unter Bushnell bei Atari und sind bis heute Duzfreunde. Das Gegenstück zu dem Netzwerk der Alten Knaben von Fairchild und Atari sind die Leute vom Eigenbau-Computerclub.

Diese einzigartige Vereinigung hatte im März 1975 ihre erste Tagung in der Garage des Mikrocomputerfans Gordon French in Menlo Park. Seitdem haben die Mitglieder dieses Clubs 22 Firmen gegründet, und zwanzig von ihnen existieren noch. Viele der Firmen sind – oder waren – Renommierstücke der Mikrocomputerbranche: Apple, Cromemco oder North Star, um nur ein paar zu nennen. Einige der »Computer Kids« vom Eigenbau-Computerclub betätigten sich als Software-Pioniere, andere, wie Paul Terrell und Boyd Wilson, gründeten Computer-Shops, während wieder andere, wie Jim Warren, Computermessen ausrichteten.

Zur Zeit der Gründung hatte der Eigenbauclub rund 500 Mitglieder. Diese Computerophilen waren größtenteils junge Männer. Die Gründer des Eigenbauclubs hatten noch – wie der Name schon sagt – ihre Computer aus Bausätzen selbst montiert und geschaltet. Die Vereinigung sollte den Erfahrungsaustausch zwischen Computerfans erleichtern.

Die Zusammenkünfte begannen damals mit einer »Aufwärmzeit«, in der Mitglieder, die etwas zu verkaufen, verschenken, tauschen oder anzukündigen hatten, sich an die anderen wandten. Dann kam die »Random Access-Zeit«, in der sich Zirkel mit gleichen Interessen, wie etwa die Intel-8080-Mikroprozessorfans, zu Diskussionen zusammenfanden. Computerprogramme und Schaltungsentwürfe, die einige Jahre später zu Firmengeheimissen avancierten, machten die Runde. Mitte der 70er Jahre verteilte Steve Wozniak hier Fotokopien seiner Schaltungen für den Apple-Computer. Im Austausch bekam er Lob und Verbesserungsvorschläge. Keiner in dem Club ahnte damals, daß Mikrocomputer zu einem mächtigen Industriezweig werden würden.

Fred Moore, der Gründer, verteilte überall in Silicon Valley Zettel mit dem Text: »Kommt zum Erfahrungsaustausch, zum Fachsimpeln, stellt eure Ideen vor, beteiligt euch an der Arbeit – alles, was immer ihr wollt.« Gleich zu Anfang kamen schon Hunderte, und der Club mußte bald seinen Tagungsort aus der Garage in einen Stanford-Hörsaal verlegen.

Moore war ein politischer Aktivist, der während des Vietnamkriegs zwei Jahre als Anstifter zur Kriegsdienstverweigerung im Gefängnis saß. Er hoffte, daß der Eigenbauclub der Kommerzialisierung der Mikrocomputer entgegenwirken und helfen würde, die Computermacht in die Hand des Volkes zu legen. Für ihn kam der Nutzen des Computers für die Menschen zuerst, dann der Profit: »Ich hoffte, daß all die Dissidenten, Unruhestifter und Anarchisten unter den Clubmitgliedern etwas Weiterreichendes schaffen würden. Aber Firmen und Industrien waren alles, was dabei herauskam.«

Der freie Informationsaustausch im Club hörte auch bald auf, als einige der Mitglieder ihre Firmen gegründet hatten. »Viele der Leute, die ich von damals kenne«, sagt Wozniak heute, »betrachten diesen Clubbetrieb von damals als die schönste Zeit ihres Lebens. Aber das ist alles vorbei.«

Fred Moore ist verbittert. Er glaubt, daß kapitalistisches Profitstreben die altruistischen Absichten, mit denen er den Club gründete, verdrängt haben. Heute gibt er den Informationsdienst »Resistance News« für Kriegsdienstverweigerer heraus. Er redigiert das Blatt auf einem Mikrocomputer.

Einige der »Computer Kids« aus den Anfängen kommen heute noch zu den Clubabenden. Gordon French, dem heute die Computerberatungsfirma »Square 1« gehört, meint, daß der Eigenbau-Computerclub immer noch das Zentrum des Netzwerkes persönlicher Beziehungen aller Mikrocomputerexperten sei. Mag sein – oder auch nicht –, auf jeden Fall war der Eigenbau-Computerclub die Urzelle dieses Netzwerkes.

## *Fluktuation am Arbeitsplatz*

»Wenn hier einer einen neuen Job sucht, braucht er morgens nur dieselbe Straße herunterzufahren und in eine andere Einfahrt einzubiegen«, sagte Jerry Sanders von AMD einmal. Die hohe Fluktuationsrate ist in der Tat eine der bemerkenswertesten Eigenheiten von Silicon Valley. Für dieses Jahr lauten einige Schätzungen auf 50 Prozent Abgänge. Die Bereitschft zum Wechsel des Arbeitsplatzes ist am höchsten bei den Arbeitern am Fließband, bei den »Platinenstopfern« und Monteuren. Die Fluktuationsrate der Ingenieure und Manager beträgt »nur« 30 Prozent im Jahr.

Der Silicon-Valley-Manager Paul Hess beschreibt diese Verhältnisse so: »Ich muß eine Menge Leute zur Probe oder auf Dauer einstellen, deshalb habe ich in den letzten 15 Jahren eine Million Lebensläufe durchgelesen. Ein Mann war in 24 Monaten bei 15 Firmen. Das war natürlich ein bißchen viel. Aber ich lehne keinen ab, nur weil er zwei Jahre bei einem Arbeitgeber ausgehalten hat und dann zum nächsten geht.«

Eine hohe Fluktuationsrate kann je nach Standpunkt Fluch oder Segen sein. Für die Angestellten ist die Möglichkeit, die eine Firma zu verlassen und mit einem höheren Gehalt zu einer anderen zu gehen, eine Aufstiegsgarantie. Jeder Wechsel bringt eine Aufbeserung um 10 oder 15 Prozent und vielleicht eine Sprosse mehr auf der Karriereleiter.

Die Firmen sehen das »Job-Hopping« anders. Der Verlust eingearbeiteter Leute schafft viele Probleme, und die Kontinuität des Geschäftsbetriebes leidet immer darunter. Wenn ein Ingenieur, der maßgeblich am Entwurf einer Schaltung beteiligt ist, geht, dann gehen viele der Überlegungen, die bei dem Projekt Pate standen, mit ihm. Ingenieure, die Schaltungen entwerfen können, sind besonders gesucht in der Halbleiterindustrie. »Es gibt mehr Berufsbaseball- und Basketballspieler als Konstrukteure von integrierten Schaltkreisen«, beklagt sich Albert Bel Sale von der Firma Wang Laboratories.

## *Die Kopfjäger*

Die Nutznießer des Job-Hopping sind die »Kopfjäger«, die berufsmäßigen Stellenvermittler. Ihr Satz für Ingenieure liegt bei 25 Prozent eines Jahresgehalts, also zwischen 6.000 und 8.000 Dollar. »Alles, was man in dieser Branche braucht, sind ein Sack voll Telefonmünzen und ein Telefonbuch«, gibt Sid Wilkins zu. Er ist selbst Kopfjäger in Mountain View.

Die Zahl der Stellenvermittler in Silicon Valley wird auf 400 bis 600 geschätzt. »Die meisten«, sagt Wilkins, »betreiben ihr Geschäft vom Küchentisch aus. Die sind nicht länger als ein Jahr im Geschäft. Dann ist die Liste ihrer alten Freunde und Bekannten erschöpft, und dann erst beginnt der Ernst des Lebens für sie.«

Nicht alle Jobs werden in Silicon Valley von den einheimischen Kopfjägern besetzt. Freie Spitzenpositionen werden den Agenturen für Leitende Angestellte mit weltweiten Verbindungen und Büros in Silicon Valley aufgegeben. Sie arbeiten für eine Pauschale, die unabhängig davon ist, wie erfolgreich ihre Bemühungen im Einzelfall sind.

Alle, die Kopfjäger, die Agenturen, die für jeden besetzten Job Honorar bekommen, und die Personalberater für Leitende Angestellte sind sich einig darin, daß es die schwerste Aufgabe ist, Mitarbeiter von außerhalb nach Silicon Valley zu ziehen. Sid Wilkins dazu: »Vor einigen Jahren konnte man noch einen Tieflader nach Phoenix, Arizona, schicken, ihn da mit Ingenieuren vollladen, nach Silicon Valley zurückfahren und sie alle unterbringen. Jetzt nicht mehr. Die Unterbringung ist das Hauptproblem. Mir sind wegen des Wohnungsproblems mehr Abschlüsse durch die Lappen gegangen als aus jedem anderen Grund.«

Lynn Dwigans, der Chef der Managervermittlung bei Peat, Marwick, Mitchell in San José, meint ebenfalls, daß die überregionale Anwerbung von Mitarbeitern für Silicon Valley nicht mehr funktioniert: »Unser Honorar für einen Manager mit 70.000 Dollar Jahresgehalt beträgt, sagen wir mal, 20.000 Dollar plus 5.000 Dollar Spesen. Dazu kommen 50.000 Dollar für die Umsiedlung. Dann gibt die Firma schon 75.000 Dollar aus, bevor der Mann an seinem Schreibtisch sitzt. Unseren Kundenfirmen ist das die Sache nicht wert. Sie wollen ihre freien Posten lieber mit Leuten besetzen, die in Silicon Valley greifbar sind.«

Die Fluktuationsrate erhöht natürlich auch die Abwerbung von Mitarbeitern durch konkurrierende Firmen, die hoffen, auf diese Weise an technische Informationen heranzukommen. Geht ein Ingenieur beispielsweise von Firma A zu Firma B, muß er das bei seiner Einstellung bei Firma A unterschriebene Geheimhaltungsabkommen respektieren. Er darf also seinen neuen Kollegen keine direkten Produktionsinformationen preisgeben. Aber das Abkommen verbietet nicht die Weitergabe von Erfahrungen aus dem Produktumfeld. Es gibt manchmal zwanzig verschiedene theoretische Möglichkeiten, ein Schaltungsproblem der Mikroelektronik zu lösen. Firma A hat bereits zehn davon erfolglos durchgetestet, und die Information über die noch nicht beschrittenen Wege kann sehr wertvoll für Firma B sein. In einer vom Wettbewerb beherrschten Branche ist dieser Kauf technischer Informationen in der Gestalt hochqualifizierter Techniker und Wissenschaftler eine ganz legale Strategie zur Umgehung werksseitiger Geheimhaltungsvorschriften.

Aber die Firma A kann auch den Spieß umdrehen. Der Weggang von einer Firma schließt nicht aus, daß der brillante Ingenieur im nächsten Jahr zurückkommt und dann für seinen ursprünglichen Arbeitgeber noch viel wertvoller ist. Das kann so weit gehen, daß der ahnungslose Mitarbeiter von der Firma A bewußt freigegeben wird, um wertvolle Informationen bei der Firma B aufzupicken. So wird das Job-Hopping in Silicon Valley manchmal zu einem schon byzantinischen Spiel der Strategien und Gegenstrategien zur Ausspähung technischer Geheimnisse.

Ein kompetenter Beobachter der Szene weiß denn auch zu berichten: »Seit Jahren besagt ein eisernes Gesetz der Branche, das einer, der kündigt, in derselben Minute ›out‹ ist. Seine Vorgesetzten rufen einen Werkschutzmann, und der bringt ihn ans Werkstor. Seine Siebensachen werden ihm mit der Post nach Hause geschickt.

Die Firma kann natürlich ein Gegenangebot machen, aber wenn sie dich gehen lassen, heißt das, sofort. Und sie sind meistens nicht zimperlich. Ich weiß von dem Manager einer Firma, der vom Lunch zurückkam, und da war das Schloß in seiner Bürotür schon ausgewechselt. Das war deren Art, ihm die schlechte Nachricht mitzuteilen.«

Der Wechsel hochqualifizierter Mitarbeiter zwischen den Arbeitgebern führt allerdings auch zur gegenseitigen Befruchtung auf technischem Gebiet. Es gibt keine rechtliche Möglichkeit, das zu löschen, was einer im Kopf hat. Ist so ein Abtrünniger wirklich wertvoll, kann sein Arbeitgeber den Klageweg beschreiten, aber das wirkt sich meistens nur als eine vorläufige Bremsung für die andere Firma aus. Eine Neugründung kann dadurch immerhin um ein Jahr verzögert werden, und wenn sie unterkapitalisiert ist, scheitert sie vielleicht.

So gründete vor einigen Jahren Howard Bogart mit japanischem Kapital die Halbleiterfirma International Computer Modules (ICM) als ein Dissidenten-Unternehmen unzufriedener Mitarbeiter von American Microsystems Inc. (AMI). American Microsystems klagte. Die Japaner zogen ihr Geld wieder ab, und ICM ging den Bach hinunter.

Meistens werden in solchen Prozessen der Mitarbeiter und sein neuer Arbeitgeber wegen Diebstahls von Geschäftsgeheimnissen angeklagt, doch oft hat der ehemalige Arbeitgeber Schwierigkeiten mit der Beweisführung.

»Aber«, so merkt Don Hoefler an, »manchmal macht einer eine Dummheit und nimmt zum Beispiel ein Entwicklungslabor-Handbuch mit. So war es damals im Fall der neugegründeten Firma Rheem. Der Mann nahm also das Handbuch an sich und schickte es sechs Monate später in einem einfachen braunen Umschlag an Fairchild zurück. Fairchild gewann den Prozeß nur teilweise. Aber die Spitzenleute bei Rheem wurden durch das juristische Hickhack so von ihrer Arbeit abgelenkt, daß die Firma nicht richtig in Gang kam. Am Schluß mußte Rheem die Halbleiterproduktion aufgeben und alles an Raytheon verkaufen.«

Ein Strafverfahren wegen Geschäftsschädigung hat nur Erfolg, wenn ein konkretes Beweisstück für Diebstahl oder Kopierung eines Geschäftsgeheimnisses vorliegt. Geschickte Firmen umgehen solche strafrechtlich relevanten Tatbestände. Sie bieten einen Job nur zum Schein an und fragen den Bewerber bei der Vorstellung aus, um hinter die Geheimnisse seines Arbeitgebers zu kommen. Eine andere, ganz legale Methode besteht darin, einen vertrauenswürdigen Mitarbeiter zu veranlassen, eine Vertrauensstellung bei der Konkurrenzfirma anzutreten. Solche Ingenieursspione bekommen zwei Gehälter, jedes in der Größenordnung von 50.000 Dollar. Ist der »Maulwurf« einmal entdeckt, gibt es selten einen Prozeß. Man begnügt sich mit dem Hinauswurf.

Alles, was eine Firma danach unternimmt, um die Fluktuationsrate unter ihren Beschäftigten zu senken, begrenzt auch den Umfang, in dem technische Informationen zur Konkurrenz wandern. Die Firmen weisen sehr verschiedene Fluktuationsraten auf; unter den Ingenieuren beträgt sie bei Hewlett-Packard etwa sechs Prozent, bei IBM nur vier Prozent, aber bei vielen anderen Silicon-Valley-Firmen 30 Prozent und mehr.

Don Hoefler weiß über die Verhältnisse bei Hewlett-Packard zu berichten: »Die Leute bei H-P sind sehr firmentreu. Es ist schwer, von dort Leute abzuwerben. Aber man muß ein bestimmter Typ sein, um sich bei denen wohl zu fühlen. Wer viel Freiheit braucht und entscheidungsfreudig ist, wird dort ziemlich unglücklich sein. Die meisten H-P-Leute, die ich kenne, wollen ihr Leben lang dableiben.«

Diese Firmentreue der H-P-Mitarbeiter und die daraus resultierende günstige Wirkung auf die Wahrung der Geschäftsgeheimnisse hat natürlich ihren Preis. So zehren die großzügig bemessenen Gehälter einen Gutteil des H-P-Gewinns auf. Aber die Gründer von Hewlett-Packard wollten von Anfang an keine Heuer-und-Feuer-Firma sein, wie sie für Silicon Valley so typisch sind.

Vor allem auch die japanischen Mikroelektronikfirmen geben ein Beispiel dafür, wie eine langjährige Beschäftigungsdauer sich als Vorbeugungsmaßnahme gegen die Weitergabe von Informationen in der Spitzentechnikindustrie auswirkt. Geheimnisklauseln sind in japanischen Arbeitsverträgen unbekannt weil unnötig, da die Mitarbeiter auf Lebensdauer angestellt sind.

Eine weitere Möglichkeit, die Abwanderung unter Mitnahme technischer Informationen zu verhindern, ist die Versetzung der maßgeblichen Entwicklungsingenieure in eine Werkanlage außerhalb von Silicon Valley. So schickte Intel, um die Arbeiten an seinem »Microframe 432« geheimzuhalten, das Entwicklungsteam nach Norden in einen Vorort von Portland, im US-Staat Oregon. Tatsächlich verhinderte die Isolierung der Ingenieure im regenreichen Oregon die vorzeitige Verbreitung der technischen Einzelheiten des Intel-Modells 432 in der Gerüchtedrehscheibe Silicon Valley.

Später ging dieser Intel-Schuß jedoch nach hinten los. 1983 kündigten achtzehn Mitarbeiter des Werkes Portland, um ihre eigene Firma zu gründen. Das war ein schwerer Schlag für Intel, denn drei der hochqualifizierten Dissidenten waren mit Aufgaben betraut, die je ein Fünftel des Umsatzes und der Entwicklungsarbeit des Konzerns betrafen.

## *Patente, Geschäftsgeheimnisse und das »Vergießen«*

Ein Patent garantiert theoretisch das Monopol an einer technischen Neuerung. In Silicon Valley gilt das nur eingeschränkt.

Mit dem Patent erlaubt die US-Bundesregierung dem Erfinder, innerhalb von 17 Jahren alle anderen Personen an der Herstellung oder dem Verkauf der Erfindung in den USA zu hindern. Das Patentamt braucht zwei bis fünf Jahre für die Bearbeitung einer Patentanmeldung - um zu entscheiden, ob die Erfindung neu und nützlich ist.

In Silicon Valley werden die meisten Erfindungen nicht patentiert, weil der Erfinder sein Gedankengut den Konkurrenten mit Offenlegung der Patentschrift bekanntgeben muß. Man könnte danach die Erfindung in abgewandelter Form übernehmen und damit die gerichtliche Ahndung eines Verstoßes erschweren. Zudem sind Prozesse um Patente kostspielig und zeitraubend.

Ein Konkurrent könnte auch ein gleichwertiges Produkt »um das Patent herum« entwickeln. In der Spitzentechnikindustrie sind daher Patente als Schutz der Urheberrechte an technischen Innovationen praktisch wertlos.

Einige Silicon-Valley-Firmen sind allerdings Patentinhaber. Ein Grund dafür ist die Public-Relations-Wirkung, das Bestreben, sich als technologische Avantgarde darzustellen. Die eigene Branche kann man damit zwar kaum beeindrucken, aber auf Investoren mit geringen technischen Kenntnissen macht dergleichen immer einen guten Eindruck. Gerahmte Patente ergeben einen attraktiven Wandschmuck im Besucherzimmer des Werks.

Ted Hoff von Atari, selbst Inhaber von 14 Patenten, gibt zu: »Patente sind wenig sinnvoll in der Halbleiterindustrie. Hier gibt es so viele Neuerungen, daß man mit jeder irgendein Patent verletzt. Wenn jeder die Rechte an seinen Patenten durchsetzen will, haben nur die hochbezahlten Anwälte einen Nutzen davon. Stattdessen schließt man lieber ein Abkommen nach dem Motto: Wenn du mir keinen Ärger machst, mache ich dir auch keinen.«

Eine Alternative zur Patentierung besteht darin, eine Neuerung zum Geschäftsgeheimnis zu erklären und sie so lange wie möglich unter Verschluß zu halten. Die Konkurrenten können das Geschäftsgeheimnis durch »umgekehrte Fabrikation« durchbrechen. Sie kaufen das neue Produkt und zerlegen es, um zu erfahren, wie es hergestellt wurde.

Die Gegentaktik, um ein Geschäftsgeheimnis vor »umgekehrter Fabrikation« zu schützen, ist das »Potting«, das »Vergießen«. Das neue Produkt wird so ummantelt, daß es zerstört wird, wenn ein Außenseiter versucht, das Kunststoffgehäuse zu öffnen. Mit Potting und umgekehrter Fabrikation ist zwar nur ein kurzer Vorsprung herauszuholen oder zu verhindern, aber bei dem harten Wettbewerb in Silicon Valley können wenige Wochen schon sehr wertvoll sein.

Mitte 1982 wurden die beiden japanischen Computerriesen Hitachi und Mitsubishi Electric mit 18 ihrer Angestellten angeklagt, sich Geschäftsgeheimnisse ihres amerikanischen Konkurrenten IBM angeeignet zu haben. Es handelte sich um wertvolle Software und vor allem um das Konstruktionshandbuch für den neuesten und leistungsfähigsten IBM Rechner 3081 K. Bereits zuvor hatte die Bundeskriminalpolizei FBI eine Tarnfirma namens Glenmar Associates in Santa Clara eingerichtet, um den grauen Markt gestohlener Geheiminformationen von Silicon Valley, auf dem sich auch Sowjetagenten bedienten, zu durchleuchten. Die Firma Glenmar hatte sich die Unterlagen bei IBM besorgt und bot den Japanern die geheimen Handbücher und Videobänder zum Schein an. Hitachi hatte bereits 622.000 Dollar, Mitsubishi 26.000 Dollar dafür bezahlt. Mitsubishi wollte noch eine Million drauflegen.

Der Beweis, daß die Japaner Geheimmaterial von einer Hehlerfirma wie Glenmar kauften, war erbracht, als deren »Mitarbeiter« bei der Übergabe ihren FBI-Ausweis zückten. Die Japaner stritten zunächst alles ab. Als die Firma Hitachi vor Gericht gestellt wurde, einigte IBM sich mit ihr angesichts der immer noch schwierigen Beweislage auf ein abgekürztes Verfahren. Hitachi bekannte sich in einigen Punkten schuldig, zahlte eine Strafe von 10.000 Dollar, und der Staatsanwalt stellte die weitere Verfolgung ein.

Sprecher der japanischen Computerindustrie betonten damals, daß Hitachi und Mitsubishi nicht mehr getan hatten, als was alle Silicon-Valley-Firmen regelmäßig tun, nämlich, die technischen Informationsnetzwerke anzuzapfen. Diese beiden japanischen Firmen seien vom FBI nur ausgewählt worden, weil die US-Regierung und die mächtige IBM die japanische Mikroelektronikbranche in Verruf bringen wollten.

Im übrigen fühlten alle Japaner sich durch diese hinterhältige Falle des FBI hintergangen, ja sogar beleidigt. Hitachi hatte sich zur Beschaffung von Informationen besonders auf Maxwell Paley, Ex-IBM-Mitarbeiter und Präsident der Silicon-Valley-Beratungsfirma Payne Associates verlassen. Obwohl er bei Hitachi unter Vertrag stand, teilte er dem FBI mit, daß Hitachi vertrauliche IBM-Unterlagen in Besitz haben könnte, und löste damit das FBI-Täuschungsmanöver aus.

Laut Hitachi hatte Maxwell Paley Hitachi-Mitarbeiter bei der Tarnfirma Glenmar Associates empfohlen und damit aufs Glatteis geführt. Damit hatte Paley sich in japanischen Augen eines unverzeihlichen Mangels an Loyalität schuldig gemacht. Ein bekannter japanischer Journalist kommentierte: »Japaner fühlen sich als Gegner, wenn sie zuschlagen und als Freunde, wenn sie sich die Hand geben. Die Art, wie Hitachi von seinem Vertragspartner Maxwell hereingelegt wurde, zeigt deutlich, wie nachteilig der japanische einarmige Boxstil sich auswirken kann.«

Wie immer man die Tarnoperation von IBM und FBI auch beurteilen mag – sie zeigt, wie undeutlich die Grenze zwischen legaler und illegaler Informationsbeschaffung in Silicon Valley gezogen ist. Die Japaner haben völlig recht mit ihrer Behauptung, das »alle« das tun. Dem IBM-Konzern ist der Schutz seiner Geschäftsgeheimnisse jedes Jahr 50 Millionen Dollar wert. So viel gibt man nicht aus, wenn man sich anders gegen Industriespionage verteidigen kann.

## *Intel oder wie man das gefährliche Spiel gewinnt*

»Intel arbeitet immer am Rande des Abgrunds.
Wir versuchen mit aller Macht das zu schaffen,
was nach dem Stand der Technik niemand anders schaffen würde.«
*Robert N. Noyce, Intel Corporation, 1980*

Es ist eine Sache, auf technisches Neuland vorzustoßen, eine ganz andere hingegen, mit Innovationen gutes Geld zu verdienen. Zum Glück für Intel ist in der Halbleiterindustrie - dank der sogenannten Lernkurve - technische Innovation gleich Gewinn.

Der Lernkurve zufolge fällt der Preis für einen Chip um 20 bis 30 Prozent bei jeder Verdopplung der produzierten Stückzahl. Das heißt, die Herstellerfirma lernt im Lauf der Zeit, den Chip in immer besserer Qualität in allen Fabrikationsstufen herzustellen, so daß weniger Ausschuß produziert wird. Weniger Ausschuß heißt aber mehr verkaufsfähige Chips bei gleichen Herstellungskosten, so daß der Hersteller den Chip immer preiswerter anbieten kann.

Die Lernkurve zeigt, daß man in der Halbleiterindustrie nur mit einem frühen Start konkurrenzfähig ist. Je früher Ausschußrate und Verkaufspreis auf der Lernkurve nach unten gehen, desto besser die Position gegenüber den Wettbewerbern. Dieses eherne Gesetz belohnt technische Innovationsfreudigkeit und bestraft spätes Aufwachen in Silicon Valley.

Die einzige sichere Überlebenschance haben in Silicon Valley die Unternehmen, die sich der ständigen Innovation verschreiben. Das Vorbild für diese Erfolgsstrategie ist Intel. So war es auch Dr. Gordon Moore, der Mitbegründer des Intel-Konzerns, der 1964 diesen Lernprozeß in der Halbleiterindustrie erkannte und das Mooresche Gesetz, das die Lernkurve beschreibt, formulierte.

Ein gutes Beispiel für die in der Lernkurve dargestellten Gesetzmäßigkeiten ist der Taschenrechner. Als er 1972 aufkam, kostete das Modell mit vier Funktionen (addieren, subtrahieren, multiplizieren und dividieren) durchschnittlich 250 Dollar. Die Nachfrage war riesig, und viele Firmen stürzten sich auf die Her-

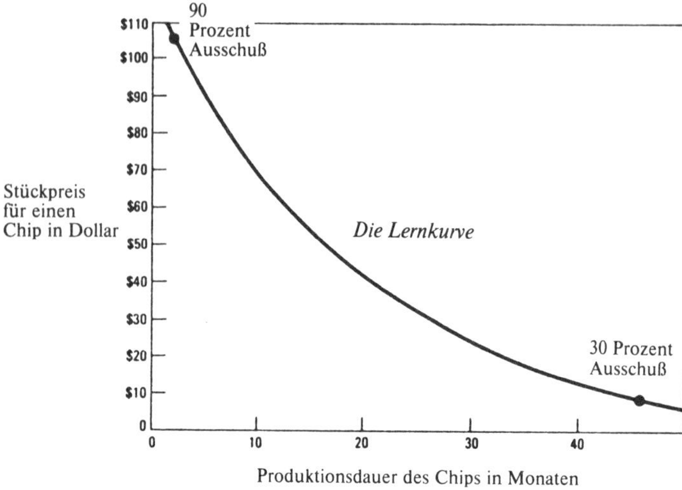


Der Verkaufspreis eines Halbleiterchips sinkt nach seiner Einführung ziemlich rasch, weil die Herstellerfirma lernt, ihn mit immer weniger Ausschuß zu produzieren und deshalb immer geringere Stückkosten hat. Eine Firma, die einen konkurrierenden Chip einige Monate später herausbringt, ist sehr im Nachteil, weil die verlorene Zeit laut Lernkurve stark zu Buche schlägt.

stellung von Taschenrechnern. Das Herzstück jedes Taschenrechners war ein Halbleiterchip, und als dessen Preis rapide sank, fiel auch der des Taschenrechners von 250 auf 100, 50, 20 und 10 Dollar im Jahr 1977 und danach noch tiefer.

Der Wettbewerb wurde mörderisch; die kleineren Firmen, die auf der Lernkurve nicht schnell genug nach unten kamen, wurden aus dem Rennen geworfen, und übrig blieben nur noch Texas Instruments, Hewlett-Packard, Casio und andere Giganten.

Mit der Abwärtsbewegung der Preise für die Chips auf der Lernkurve wurde vor allem auch die Speicherkapazität der Computer immer preiswerter, und es wurde immer mehr Kapazität auf kleinstem Raum zusammengedrängt. Vom 4-K-RAM – (Random Access Memory = Direktzugriffsspeicher mit 4000 Zeichen, vor allem als Arbeitsspeicher für die Computer-Zentraleinheit eingesetzt) – ging die Industrie über zu 8, 16 ... bis zu 512 000 und mehr

Zeichen im Speicher. Um entsprechend viele elektronische Schaltfunktionen auf einem Chip unterzubringen, müssen mikroskopisch feine Muster auf die Siliziumplättchen geätzt werden. Die elektrischen Leiterbahnen sind nur 0,004 bis 0,006 mm breit. Zum Vergleich: Gegenstände, die kleiner sind als 0,025 mm, nimmt das unbewaffnete menschliche Auge nicht mehr wahr.

Mitte der 60er Jahre enthielt ein Chip so viele Einzelheiten wie das Straßennetz einer Kleinstadt. Die heutigen Chips verzeichnen dagegen so viele wie der Stadtplan von Groß-Los-Angeles. Und an die technische Grenze stößt der Chip mit 0,25 Tausendstel-mm-Leiterbahnen – ihn kann man vergleichen mit dem Straßennetz von ganz Nordamerika.

Je kleiner die Chips werden, desto mehr werden sie in einer ständig wachsenden Zahl von Geräten für den Verbraucher verwendet. Ihr Hauptvorzug ist, daß mit ihrer Hilfe die Zahl der bewegten Teile einer Mechanik erheblich verringert werden kann. So kann zum Beispiel ein einziger Mikroprozessor das komplizierte Zusammenspiel von 350 Zahnrädern, Nocken und anderen Teilen in einer modernen Zierstich-Nähmaschine ersetzen. Der Mikroprozessor macht aber die Nähmaschine nicht nur einfacher und preiswerter, sondern auch zuverlässiger.

Der Intel-Konzern ist so erfolgreich, weil er die ständig wachsende Nachfrage nach neuen, leistungsfähigeren Halbleiterchips in Umsatz und Gewinn ummünzt. Die ständige technische Innovation war der Treibsatz für das Wachstum dieses Konzerns um jährlich rund 25 Prozent seit seiner Gründung im Jahr 1968. Intel beschäftigt jetzt 20 000 Mitarbeiter in Werken auf der ganzen Welt.

## *Wie macht Intel das?*

Intel hatte einen rasanten Start. Bald nach der Firmengründung erfand Ted Hoff, ein junger Intel-Ingenieur, den Mikroprozessor – das ist ein ganzer Computer auf einem Chip. Seitdem reißt die Kette der Intel-Erfindungen nicht ab und macht es der Konkurrenz schwer, Schritt zu halten.

So sagt auch Ted Hoff: »Intel ist stolz auf seine Position an der Spitze und verteidigt sie. Wir geben viel Geld für Forschung und Entwicklung aus. Wir haben viele Neuentwicklungen und überlegen uns sorgfältig, mit welchen wir in die Produktion gehen und welche wir fallenlassen. Das heißt, wir suchen sie danach aus, ob sie auch in Zukunft interessant und nützlich sein werden.«

Die frühen Erfolge in der technischen Innovationstätigkeit verschafften Intel die Mittel, an der Spitze zu bleiben und sich das Image des ewigen Spitzenreiters aufzubauen. Intel gehört zu den Firmen mit dem höchsten Anteil am Umsatz für Forschung und Entwicklung.

Intel vertraut den Fähigkeiten seiner Mitarbeiter und sieht nur ungern einen von ihnen weggehen - selbst bei schwacher Konjunktur. Die besten Köpfe der Mikroelektronik-Branche bei sich zu versammeln ist denn auch das zweitwichtigste Unternehmensziel. Das allerwichtigste ist, Branchenbester in der Innovation zu sein. Der Gewinn steht viel weiter unten auf der Liste.

So führt ein nicht enden wollender Strom hochbegabter junger Ingenieure direkt in die Intel-Forschungs- und Entwicklungslabors. Die meisten kommen unmittelbar von den technischen Universitätsfakultäten. Die Anwerbung bereits im College genießt hohe Priorität bei Intel. Die Anwerber sprechen nicht nur die Einser-Absolventen an, sondern noch lieber die mit einer Zwei, die dafür auf technische Innovation ausgerichtet sind und bereits eine kreative Seminararbeit vorweisen können.

Hinzu kommt bei Intel ein wohlorganisiertes, gründliches Management. Der Vorstandsvorsitzende Andy Grove ist ein tatkräftiger Mann, vor dem die meisten Intel-Angestellten einen höllischen Respekt haben. Er plädiert dafür, Fehler bloßzulegen und ihre Gründe zu analysieren, sie aber auf keinen Fall dadurch zu verschlimmern, daß man alles unverändert weiterlaufen läßt. Mindestens 70 Prozent der Arbeitsstunden des Managements gehen in Besprechungen drauf. Rund 100 ständige Gesprächskreise kümmern sich regelmäßig um die monatlichen Berichte zu so wichtigen Themen wie Marketing, Kundendienst, Werkeinrichtungen und Nachwuchsförderung. Diese Kontrollgremien sind so zusammengesetzt, daß der Innovationsprozeß bei Intel und der Strom neuer Produkte aus den Intel-Werken immer unter kompetenter Aufsicht stehen.

Die Spitzenmanager bei Intel sind Bob Noyce, Gordon Moore und Andy Grove. Alle drei müssen in aller Ausführlichkeit zu den einstimmig gefällten Grundsatzentscheidungen gehört werden. Noyce hält als Außenrepräsentant Verbindung zu den staatlichen Stellen und der Branche. Moore, der Denker, befaßt sich mit der Planung, und Grove ist der Tatmensch, der die Entscheidungen in die Praxis umsetzt.

Alle drei sind promovierte Ingenieure, und Bob Noyce betont: »Unsere drei Spitzenleute haben sich als Techniker hochgearbeitet. Nicht als Anwälte, Buchhalter oder sonstige Bleistiftakrobaten, sondern als Macher. Das zeigt deutlich: Wer bei Intel vorankommen will, muß einen Beitrag zum technischen Fortschritt leisten.«

Ein unverzichtbarer Bestandteil des Intel-Erfolgsrezepts ist die Planung auf lange Sicht. Bereits vor über einem Jahrzehnt erkannten die Manager, daß die Mieten und Immobilienpreise in Silicon Valley sie zwingen würden, neue Werke außerhalb einzurichten. Sie bauten Zweigwerke in den USA in Gegenden mit ähnlicher Infrastruktur wie in Silicon Valley und kauften auf Verdacht weitere Areale in Phoenix (Arizona), Portland (Oregon), Sacramento und Livermore (Kalifornien) sowie in Texas und Florida. Zusätzlich errichtete Intel Fertigungsstätten in Penang (Malaysia), Manila (Philippinen), Barbados, Puerto Rico und Israel und wurde dadurch zum multinationalen Konzern.

Intel hält sich aus einigen schwierigen Märkten heraus, wie Noyce freimütig bekennt: »Wir bauen auf unsere Stärke und versuchen gar nicht erst, uns da zu behaupten, wo wir Schwächen haben.«

Vor einigen Jahren wurde Intel eine bittere Lektion auf dem Sektor der Digitaluhren erteilt. Es war einfach zu verführerisch, einen Intel-Chip in ein Uhrengehäuse zu klemmen und den Chip in der Uhr zu verkaufen. Doch das machte Endverbraucher-Marketing erforderlich, nicht Insider-Verkauf an andere Elektronikfirmen. Bob Noyce wieder: »Wir stellten damals die Technik in den Mittelpunkt, aber die Hauptsache war das Konsum-Marketing, und darin sehen wir nicht gut aus.«

Für Intel besteht die Herausforderung jetzt darin, sich weiter an der Spitze der Mikroelektronikbranche zu behaupten. Keine leichte Aufgabe, wie sich in den letzten Jahren zeigte. Jedenfalls bekam das bewunderte Intel-Image einige Sprünge, als 1981 der Gewinn um 72 Prozent gegenüber dem Jahr zuvor fiel. Das Management schätzte, daß die Wirtschaftsflaute im Jahr 1982 enden würde, und stellte 3000 neue Leute ein, um die erwartete höhere Nachfrage auszunutzen. Doch die Rezession hielt an, und Ende 1982 hatte Intel Liquiditätsschwierigkeiten. Der Konzern kürzte die Gehälter um zehn Prozent und fror sie für 1983 ein.

Im Dezember verkaufte Intel noch ein Paket von zwölf Prozent seines Aktienkapitals für 250 Millionen Dolar an IBM, 1983 kaufte IBM noch mehr Anteile, rundete sein Paket auf 15 Prozent ab und ergatterte einen Sitz im Intel-Aufsichtsrat.

Im Januar 1983 kam der nächste Schlag: Die 18 hochqualifizierten Ingenieure des Intel-Werks Portland kündigten, um ihre eigene Firma aufzumachen. Und schließlich ging im Februar Ted Hoff, der berühmte Erfinder, zu Atari. Doch im Verlauf des Jahres 1983 erholte sich die Wirtschaft endlich, und Intel konnte sein Image wieder aufpolieren.

Wenn ein einzelner das Silicon-Valley-Fieber personifizieren kann, dann ist Bob Noyce dieser Mann. Wer den Motor der Mikroelektronik-Industrie, den High-Tech-Unternehmergeist, verstehen will, muß das Leben dieses brillanten Unternehmer-Ingenieurs studieren.

Dr. Robert N. Noyce wurde 1928 als Sohn eines Geistlichen in einer Kleinstadt von Iowa geboren. Er besuchte das örtliche Grinnell College, dem er später Intel-Aktien im heutigen Wert von zehn Millionen Dollar stiftete. Der Physikprofessor am Grinnell College begeisterte Noyce für die Transistortechnik. Am Massachusetts Institute of Technology (MIT) studierte Noyce weiter bis zur Promotion im Fach Physik mit Schwerpunkt auf Transistortechnologie.

Bob Noyce arbeitete drei Jahre bei der Philco Corporation in Philadelphia und ging 1956 nach Palo Alto zu Shockley Semiconductor Laboratory, als Mitglied des berühmten »Shockley-Achters«. Ein Jahr später kündigte er als Anführer der »acht Verräter«, wie Shockley sie nannte, und gründete mit ihnen Fairchild Semiconductor.

Nach eigenem Bekunden nahm Noyce eher widerstrebend an dem Exodus der acht teil. Die anderen sieben Dissidenten hatten bereits vorher ihre Fäden zur Fairchild Camera and Instrument Company geknüpft. Aber sie brauchten einen Anführer und sprachen Noyce an, weil er bei William Shockley noch in Gnade stand.

Noyce erinnert sich: »Plötzlich fiel es mir wie Schuppen von den Augen, daß Leute wie ich, die immer glaubten, sie müßten ihr ganzes Leben für andere arbeiten, bei einer Neugründung Mitinhaber werden konnten. Das war wie eine Offenbarung und motivierte mich ungeheuer.«

Und als sieben Jahre später die Muttergesellschaft Fairchild Camera and Instrument ihre Halbleitertochter ganz aufkaufte, bekamen Noyce und seine sieben Mitstreiter aus dem »Shockley-Achter« jeder eine runde Viertelmillion Dollar.

Noyce wurde Direktor für Forschung und Entwicklung bei Fairchild und entwickelte den integrierten Schaltkreis. Das gleiche Halbleiter-Schaltungsprinzip hatte vor ihm Jack Kilby bei Texas Instruments (TI) entdeckt. Im Juli 1959 meldete Noyce seine Version des integrierten Schaltkreises zum Patent an. Da verklagte Jack Kilbys Arbeitgeber, Texas Instruments, Noyce und Fairchild wegen Patentverletzung, aber der Prozeß zog sich über Jahre hin.

Noyce und Kilby werden allgemein als gemeinsame Erfinder des integrierten Schaltkreises angesehen, obwohl Kilby als der alleinige Erfinder in der »Ehrenhalle der Erfinder« erwähnt wird. Noyce gebührt zumindest das Verdienst, den integrierten Schaltkreis zur industriellen Verwendbarkeit weiterentwickelt zu haben.

Inzwischen hatten sich die Beziehungen zwischen den Managern der Fairchild-Muttergesellschaft an der Ostküste und der Halbleiter-Tochter in Kalifornien zugespitzt. Noyce blieb noch, während die anderen brillanten Ingenieure sich absetzten und eigene Firmen gründeten. Gordon Moore machte nun Stimmung für eine weitere Neugründung, und im Juni 1968 kündigte auch Noyce, um gemeinsam mit Moore die Firma Intel aus der Taufe zu heben. Die Fairchild-Aktie fiel enorm an dem Tag, als der Weggang von Noyce bekanntgegeben wurde.

Um Les Hogan für die Nachfolge von Noyce bei Motorola loszueisen, leistete Sherman Fairchild sich die spektakulärste Abwerbungsaktion in der Geschichte von Silicon Valley. Hogan, ein ehemaliger Harvard-Physikprofessor, war damals Chef der Halbleiterwerke von Motorola. Fairchild erhöhte Hogans Gehalt um ein Drittel auf 120.000 Dollar und gab ihm einen Dreijahresvertrag, der insgesamt eine Million Dollar wert war. Hogan bekam noch 10000 Fairchild-Aktien zum Schleuderpreis von zehn Dollar - der Börsenkurs stand bei 60 Dollar - und ein zinsfreies Darlehen von 5,4 Millionen Dollar zur Ausübung der Option auf ein weiteres Paket von 90000 Aktien. Hogan bestand außerdem darauf, daß die Hauptverwaltung von Fairchild Semiconductor nach Mountain View verlegt wurde, um dem Konflikt mit den Ostküstenleuten, der Noyce so zugesetzt hatte, aus dem Weg zu gehen.

Aus Les Hogans Sicht spielte sich der aufsehenerregende Wechsel von Motorola zu Fairchild so ab:

»Ich ging in meiner Arbeit bei Motorola auf und war stolz auf unseren geschäftlichen Erfolg. Unsere 430 Mitarbeiter in Phoenix (Arizona) machten jeden Monat 20 Millionen Dollar Umsatz mit Halbleitern. Und ich hatte das alles fest im Griff - ich kannte jeden Mitarbeiter beim Vornamen. Da fiel es mir nicht leicht, wegzugehen.

Es ging mir wirklich nicht um das Geld, jedenfalls nicht nur. Als Bob Noyce bei Fairchild gekündigt hatte, um Intel zu gründen, flog er nach Phoenix und sagte mir, ich sei die erste Wahl als sein Nachfolger. Sherman Fairchild mochte mich sofort und erhöhte sein Angebot immer weiter. Es war ein atemberaubendes Angebot. Fairchild Semiconductor war damals nur halb so groß wie Motorola. Aber Fairchild war technischer Spitzenreiter der Branche. Und deshalb entschloß ich mich, nach Silicon Valley zu gehen.«

An dem Tag, als Hogans Wechsel bekanntgegeben wurde, schoß die Fairchild-Aktie um sieben Punkte hoch, während Motorola um acht Punkte fiel.

Die Millionen, die Noyce zur Gründung von Intel brauchte, bekam er hauptsächlich durch die Vermittlung des Risikofinanziers Arthur Rock. Noyce hatte Rock bereits in den 50er Jahren beeindruckt, als Rock sich an der Finanzierung von Fairchild Semiconductor beteiligte. Noyce später: »Ich fand nichts dabei, zu Art Rock zu gehen und ihn zu fragen: ›Art, hast du zufällig weitere 2,5 Millionen Dollar, die du auf unsere Karte setzen könntest?‹« Noyce und Moore erklärten sich bereit, je 250.000 Dollar aus dem Vermögen einzuschießen, das aus ihrer anfänglichen Investition von 500 Dollar bei Fairchild aufgelaufen war. Rock nahm den Telefonhörer ab und konnte nach dreißig Minuten die gewünschten 2,5 Millionen Dollar zur Verfügung stellen - eine Aktion, die ihn berühmt machen sollte.

1982 wurde Noyces Anteil von 3,4 Prozent am Intel-Kapital auf netto 36,6 Millionen Dollar geschätzt. Intel-Mitbegründer Gordon Moore kommt sogar auf 9,8 Prozent im Wert von 105,6 Millionen Dollar. Wie viele andere Silicon-Valley-Größen investiert Noyce seine Bezüge in weitere Neugründungen und macht auf diese Weise seine intime Kenntnis der Vorgänge in und um Silicon Valley zu noch mehr Geld. Gegenwärtig sitzt Noyce im Aufsichtsrat von sieben Firmen und verwendet nur einen Teil seiner Arbeitszeit auf Intel. 1975 zog er sich vom Posten des Intel-Aufsichtsratsvorsitzenden auf den des Stellvertreters zurück, um sich seinen übrigen Geschäften besser widmen zu können.

Zu Anfang hatte Intel sich auf Datenspeicher-Chips konzentriert, und so war es fast ein Zufall, daß der 1971 bei Intel erfundene Mikroprozessor zum Umsatzrenner des Konzerns wurde.

## *Wie Ted Hoff den Mikroprozessor erfand*

Nach der Erfindung des Transistors in den Bell Laboratories und der Entwicklung des integrierten Schaltkreises durch Bob Noyce und Jack Kilby war der 1971 erfundene Mikroprozessor die bedeutendste Innovation der Mikroelektronik. Um so erstaunlicher ist es, daß der Erfinder, Dr. Marcian E. (Ted) Hoff, bisher nicht die ihm gebührende Anerkennung in der Öffentlichkeit gefunden hat.

Als wir, die Autoren dieses Buches, Ted Hoff kennenlernten, merkten wir schnell, daß dieser Wissenschaftler im mittleren Lebensalter sich soviel Zurückhaltung auferlegt, damit er in Ruhe an weiteren Erfindungen arbeiten kann. Hoff erzählt die Geschichte der Erfindung des Mikroprozessors ganz undramatisch - fast so, wie ein Schuljunge seinem Lehrer berichtet, was er in den Ferien getan hat. Doch bei aller Bescheidenheit in seiner Art der Darstellung kann Hoff nicht verleugnen, daß es mächtigen Spaß gemacht hat, den Mikroprozessor zu erfinden.

Ted Hoff wuchs auf dem Land in der Nähe von Rochester, Bundesstaat New York, heran. Sein Vater arbeitete in Rochester als Elektroingenieur. Sein Onkel war Chemie-Ingenieur. Er schenkte dem kleinen Ted einen chemischen Experimentierkasten, ein Abonnement der Bastlerzeitschrift »Popular Science« und Hobbyversandhaus-Kataloge. »Ich habe mich schon von klein auf für die Naturwissenschaften interessiert«, sagt Hoff. Er belegte Elektrotechnik als Hauptfach am nahegelegenen Rensselaer Polytechnic Institute (RPI) und schrieb dort eine mit »ausgezeichnet« bewertete Examensarbeit über das Umschaltverhalten von Transistoren.

1958 besaß Hoff bereits zwei Patente. Sein erstes Patent bekam er in seinem zweiten Studienjahr für einen Zugmelder, der von Tonfrequenzsignalen in den Schienen ausgelöst wurde, und das zweite in seinem vorletzten Studienjahr für eine neuartige Blitzschutzanlage.

Hoff war nie weiter nach Westen als bis zu den Niagarafällen gereist, und so gab er in seinem Antrag auf ein Förderungsstipendium der National Science Foundation die Stanford University in Kalifornien als gewünschte Hochschule an. Er hatte von Fred Terman gehört, und auch seine Professoren hielten viel von einem Studium in Stanford.

Dort belegte er einen Kursus für Theorie des Transistors, ein Thema, das ihn sofort fesselte. Er betätigte sich bald in der Halbleiterforschung, und nach der Promotion blieb Hoff als Forschungsassistent in Stanford. Doch nach einem Jahrzehnt im akademischen Milieu wurde Hoff vom Unternehmerfieber angesteckt: »Ich wollte auch einmal an Ideen arbeiten, die wirtschaftlich verwertbar sind. Es ist doch das schönste Kompliment, wenn einer für Ihre Idee auch noch Geld ausgeben will.«

Intel war 1968 gegründet worden und suchte einen Mitarbeiter für die Forschungs- und Entwicklungsabteilung. Hoff wurde von seinen Professoren wärmstens empfohlen, aber Intel bot den Job zunächst einem IBM-Mann an, der dann doch lieber in New York bleiben wollte. Dann wurde ein Ingenieur bei Fairchild angesprochen, aber der lehnte auch ab. Schließlich bekam Hoff einen Anruf von Bob Noyce. Als Mann dritter Wahl und als zwölfter Intel-Mitarbeiter bekam er den Forschungs- und Entwicklungsjob. Hoff bezog ein kleines Labor in einem der Intel-Büros in Mountain View. Er teilte den Raum mit anderen Angestellten und den Einzelteilkartons, die Union Carbide angeliefert hatte. Dieser Konzern hatte die andere Hälfte des Bürohauses gemietet.

Intel wollte sich jetzt hauptsächlich auf Datenspeicher-Chips verlegen. Gleichzeitig wurde aber mit Busicom, einer inzwischen eingegangenen japanischen Firma, verhandelt. Intel sollte spezielle Chips für die von Busicom geplanten Tischrechner entwikkeln.

Am 20. Juni 1969 traf eine Delegation von Busicom-Ingenieuren ein, um mit Hoff zu verhandeln. Genau an diesem Tag war Hoff jedoch zu einem lange geplanten Urlaub auf Tahiti abgeflogen. Als er zurückkam, warteten die japanischen Ingenieure immer noch. Sie zeigten ihm ihren Entwurf für einen Satz von sechs sehr komplizierten Chips, die in ihren neuen Rechner eingebaut werden sollten. Hoff erklärte ihnen, ihr Entwurf sei so kompliziert, daß Intel ihn nicht ausführen könne.

Neben Ted Hoffs Schreibtisch stand ein PDP-8-Minicomputer, den er bei seiner Entwicklungsarbeit benutzte. Er hatte schon lange überlegt, ob es möglich wäre, so etwas wie einen Mikrocomputer zu konstruieren, und die Idee eines ganzen Computers auf einem Chip ging ihm im Kopf herum: »Ich sah den PDP-8 an, dann die Busicom-Zeichnungen, und ich fragte mich, warum ein simpler Rechner soviel komplizierter sein sollte.«

Also machte Hoff sich an die Arbeit, und da hatte er den Geistesblitz, sämtliche Funktionen der Zentraleinheit (Central Processing Unit, CPU), also das Gehirn des Computers, auf einem einzigen Chip zusammenzufassen – der erste Mikroprozessor der

Welt war im Ansatz fertig. Er fügte seiner Mikro-Zentraleinheit zwei Speicherchips, je einen für die Daten und das Programm, hinzu. Damit hatte er einen relativ einfachen, aber kompletten universell einsetzbaren Computer beisammen. Er konnte – vorerst theoretisch – je nach Programm den relativ komplizierten Busicom-Rechner, einen Personenaufzug oder eine Verkehrsampelanlage steuern.

Merkwürdigerweise konnten die Busicom-Ingenieure sich nicht für Hoffs Mikroprozessor-Entwurf begeistern. Die Japaner setzten sich lieber hin und modelten ihren eigenen Mehrfachchip-Entwurf um. Aber Hoff arbeitete weiter an seinem Mikroprozessor, obwohl die japanischen Kunden nicht mehr an ihm interessiert waren.

Bob Noyce stellte sich voll hinter Ted Hoffs Pläne. Er hatte schon Jahre zuvor das Prinzip des Mikroprozessors vorausgeahnt. Als er auf einer Konferenz Ende der 60er Jahre die Konstruktion eines ganzen Computers auf einem Chip vorhersagte, flachste ihn ein Diskussionsteilnehmer unter den Zuhörern an: »Und was mache ich, wenn mir mein ganzer Computer durch eine Ritze im Fußboden fällt?« Noyce antwortete schlagfertig: »Überhaupt kein Problem. Da Sie noch hundert davon auf ihrem Schreibtisch haben, spielt es keine Rolle, wenn einer verlorengeht.«

Zu der Zeit interessierten die Computerkonstrukteure sich kaum für Kleincomputer – sie hielten die Arbeit an Großrechnern für sinnvoller. Aber Hoff konnte Stan Mazor, einen Kollegen bei Intel, der gerade von Fairchild gekommen war, bewegen, mit ihm in der Mikroprozessor-Entwicklung zusammenzuarbeiten.

Im Oktober 1969 kam der Generaldirektor von Busicom mit seinen Ingenieuren, um den Intel-Leuten den verbesserten Entwurf mit mehreren Chips für den Tischrechner vorzulegen. Hoff machte sich wieder für seinen Mikroprozessor stark, weil er vielseitiger einsetzbar sei.

Diesmal ließ der Busicom-Manager sich überzeugen, aber er sagte: »Ich hoffe, das Ding funktionert so gut, wie Sie behaupten.« Intel und Busicom schlossen einen Vertrag, der Busicom die Exklusivrechte an dem Intel-Mikroprozessor einräumte.

Hoff und Mazor arbeiteten jetzt verbissen an den Details des Mikroprozessors. Im März 1970 stieß Federico Faggin von Fairchild zu ihnen. Er konstruierte den Chip fertig und zeichnete das Schaltbild. Laut Hoff brachte er »einen ansprechenden, klaren

Entwurf« zustande. Indessen arbeiteten die Japaner von Busicom weiter an ihrem Rechner, dessen Herzstück der Mikroprozessor sein sollte. Weniger als ein Jahr darauf, im Januar 1971, hatten Hoff und seine Kollegen einen arbeitsfähigen Mikroprozessor.

Intel nannte seinen ersten Mikroprozessor den »4004« (»viertausendvier«). 4000 war die Codebezeichnung dafür, daß es sich um eine Auftragsentwicklung für Busicom handelte, und die vier am Ende bezeichnete den vierten von Intel für eine andere Firma hergestellten Chip.

Intel-Präsident Gordon Moore erkannte sofort das wirtschaftliche Potential der Erfindung von Ted Hoff: »Wir können jetzt einen einzigen Mikroprozessorchip in Serie produzieren und für viele tausend Einsatzmöglichkeiten verkaufen.« Das war in der Tat der springende Punkt - der Mikroprozessor konnte als ein »Mädchen für alles« in jedem Elektro- und Elektronikgerät verwendet werden, das irgendwelche Steuerfunktionen benötigte. Ted Hoff hatte Intel den Weg zu schnellem Reichtum erschlossen.

Inzwischen, im Oktober 1969, hatte Victor Poor von der Computer Terminals Corporation sich an Intel gewandt, weil er einen maßgeschneiderten Chip für ein von ihm konstruiertes Terminal brauchte. Hoff und Mazor entwarfen für Poor einen Mikroprozessor, der leistungsfähiger als der 4004 war und nannten ihn Intel 8008. Als Mazor ihn Poor vorführte, war der verblüfft. Er glaubte nicht, daß man einen ganzen Computer auf einem Chip unterbringen konnte.

Der 8008 kam 1972 heraus. Poor verlangte wie viele Abnehmer einen Alternativhersteller. Er bekam die Zeichnung mit weiteren Unterlagen und ging damit zu Texas Instruments (TI) in Dallas. Kurz darauf bauten Hoff und Mazor noch einige zusätzliche Raffinessen in den 8008 und gaben ihn in die Serienproduktion.

Wie zu erwarten, sah die TI-Version des 8008 fast genau so aus wie das Original von Intel, aber es fehlten die kleinen Raffinessen, die noch in letzter Minute eingebaut worden waren. Bald sprangen alle Konkurrenten auf den Mikroprozessor-Zug auf. Aber Intel hielt weiter die Spitze mit überlegener Technik.

Der Vertrag zwischen Intel und der Computer Terminals Corporation räumte dieser nicht so ausschließliche Rechte ein, wie sie Busicom gewährt worden waren. Intel durfte den 8008 auch an andere Abnehmer verkaufen. Zum Glück für Intel meldete sich Busicom im Januar 1971, um einen niedrigeren Preis für den 4004 auszuhandeln, und so gegenüber den Wettbewerbern konkurrenzfähig zu bleiben.

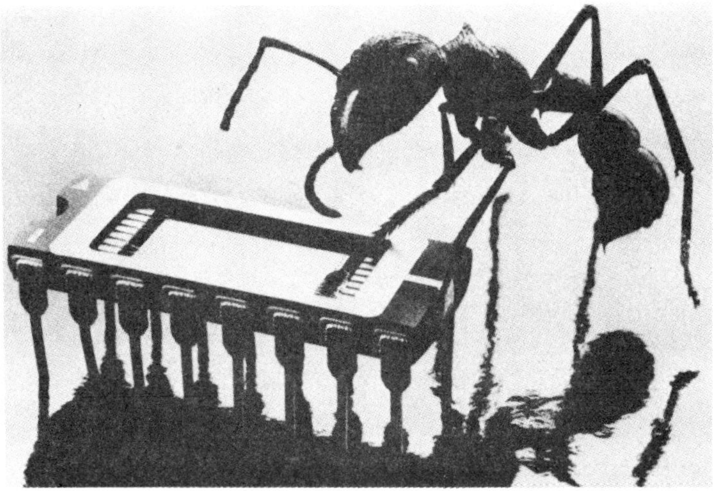

Eine südamerikanische Feuerameise betrachtet neugierig einen 64-KB-Datenspeicherchip in seinem Gehäuse. Er kann mehr als 64000 Daten speichern und sofort wieder verfügbar machen.

Schaltungszeichner entwerfen mit Hilfe eines Computers die Struktur eines neuen Halbleiterchips. Die Zeichnungen werden auf mikroskopisches Format verkleinert und auf »Masken«, Schablonen für die Chipherstellung, übertragen.

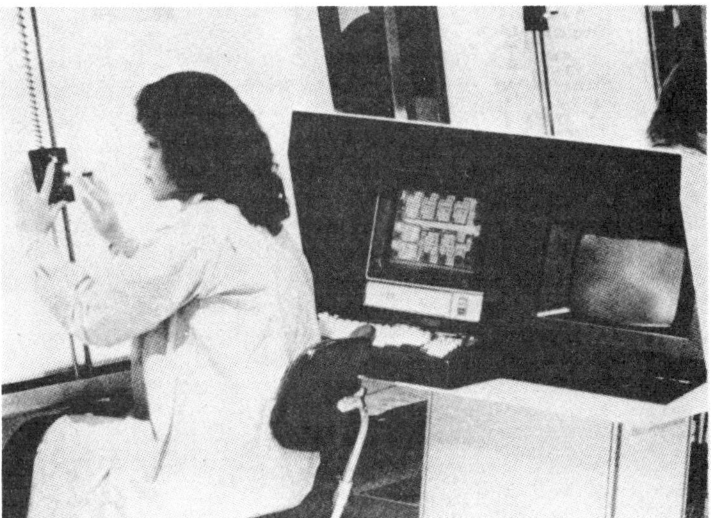

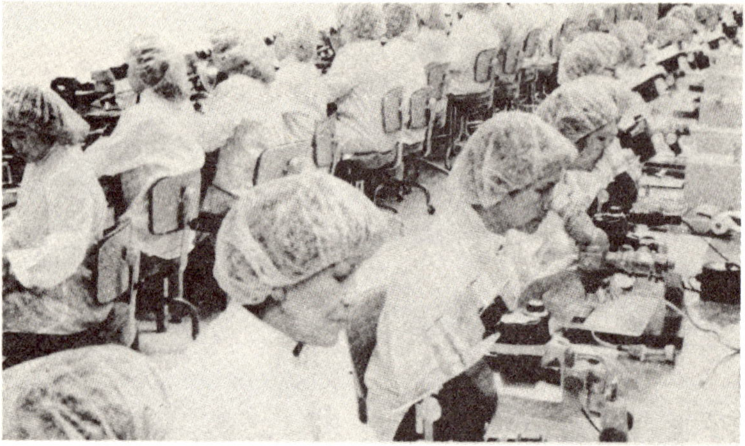

Dichtgedrängt sitzen die Frauen an den Mikroskopen im Prüfraum einer Chip-Fabrik von Silicon Valley. Sie suchen die fertigen Siliziumwaffeln nach Fehlern ab. Alle Mitarbeiter müssen im »Cleanroom« fusselfreie Arbeitskleidung tragen.

Der »Intel 4004«, der erste Mikroprozessor der Welt, erfunden von Dr. Marcian E. »Ted« Hoff. Mikroprozessoren fungieren als Befehlszentrale eines Computers. Ohne sie gäbe es keine persönlichen Computer.

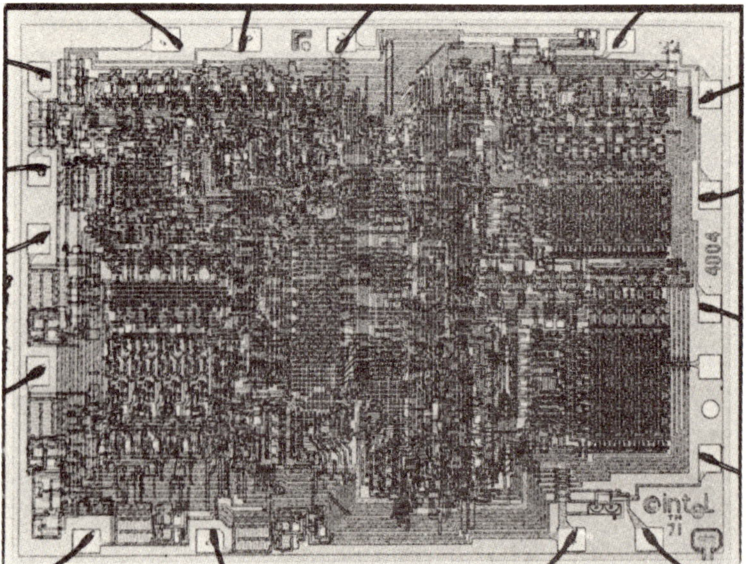

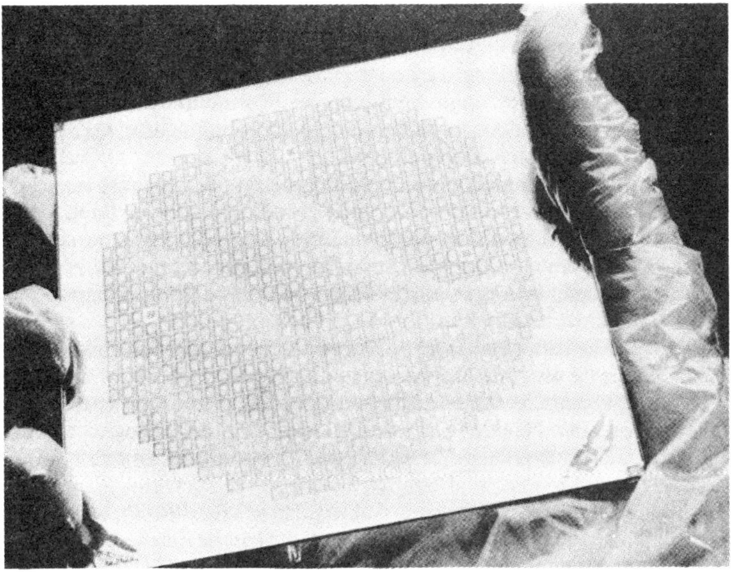

Diese Maske enthält 712 identische Halbleiterschaltungen, die photolithographisch auf eine Siliziumwaffel übertragen werden. Fünf bis zehn solcher Masken sind für die Herstellung aller Schaltungsschichten auf einer Waffel erforderlich. Die fertig beschichtete Waffel wird in Chips zerbrochen, die nach der Qualitätsprüfung ein Kunststoffgehäuse bekommen und erst dann in Computer und andere Elektronikgeräte eingebaut werden können.

Die enorm vergrößerte Oberfläche einer teilweise fertiggestellten Siliziumwaffel. Die hochstehenden Stege sind die 0/0001 mm breiten Verbindungsleitungen.

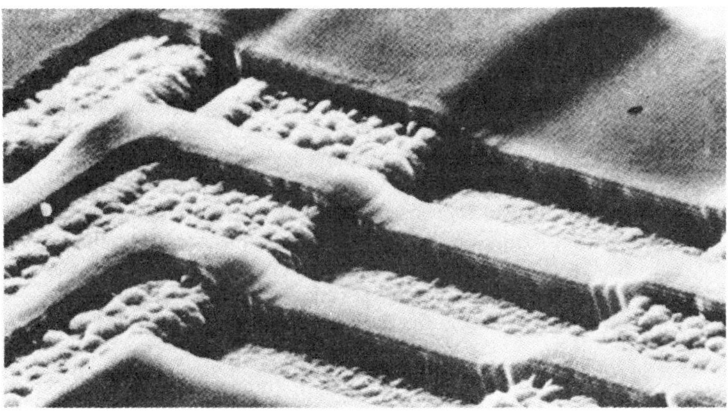

Als Hoff davon erfuhr, sagte er zu den Marketingleuten von Intel: »Seht um Gottes willen zu, daß Busicom uns erlaubt, den 4004 auch an andere Leute zu verkaufen.« Und im Austausch gegen einen niedrigeren Stückpreis gab Busicom seine Exklusivrechte an dem 4004 soweit auf, daß Intel ihn nur nicht an andere Rechnerhersteller liefern durfte.

Die Intel-Marketingabteilung sah nicht ein, daß es sich lohnte, mit Mikroprozessoren in die Massenproduktion zu gehen. Intel hatte den 4004 zwar seit Jahren an Busicom verkauft, aber er war noch nicht in der Öffentlichkeit vorgestellt worden. Deshalb gab es natürlich auch keine Nachfrage nach dem elektronischen »Mädchen für alles«.

Im Lauf des Jahres 1971 marschierten Hoff, Mazor und die übrige kleine Schar der Aufrechten aus der Mikroprozessorentwicklung immer wieder zu den Marketingleuten, um sie zu bewegen, den 4004 endlich groß anzukündigen. Ted Hoff beklagte sich: »Wir beknieten sie jeden Monat, aber sie schoben es immer wieder hinaus.«

Dann wurde Edward L. Gelbach, früher bei Texas Instruments, neuer Marketingchef bei Intel. Er konnte sich Mikroprozessoren als eine von mehreren Produktlinien wenigstens vorstellen.

Im November 1971 war es dann doch soweit: Intel kündigte den 4004 mit einer Riesenanzeige in »Electronic News«, einem Fachblatt für die Branche, an. Intel versprach in der Anzeige nicht nur ein neues Produkt, sondern »eine neue Epoche der integrierten Elektronik, einen programmierbaren Mikrocomputer auf einem Chip«. Doch die potentiellen Abnehmer in der Elektronikbranche zeigten sich kaum beeindruckt.

Typisch dafür war das Verhalten eines Interessenten am Intel-Stand auf der Computer-Herbstmesse 1971 in Las Vegas. Ihm mißfiel die Chuzpe, mit der Intel behauptete, einen ganzen Computer auf einem Chip anbieten zu können. Aber als Stan Mazor ihm das Merkblatt mit den technischen Daten des Intel 4004 zeigte, mußte der Mann widerwillig zugeben, daß es sich in der Tat um einen kompletten Computer handelte.

Mitte 1972 waren Ted Hoff und Stan Mazor drei Wochen lang auf Achse, um die Entwurfsingenieure der Kundenfirmen zu überzeugen. Aber die Mikroprozessor-Promoter von Intel stießen immer noch auf Mißtrauen. Sehr oft fragte man sie: »Und wie repariert man das Ding?« Keiner konnte sich damals den Computer als einen Wegwerfartikel wie die Glühbirne vorstellen.

Andere Interessenten erkundigten sich indigniert: »Wie soll man so ein Ding überhaupt auslasten?« Wieder andere Kunden wollten Hoff zufolge bereits in diesem frühen Entwicklungsstadium des Mikroprozessors die Leistung eines ganzen Minicomputers zum Preis eines Mikroprozessorchips: »Aber damals konnten wir nicht soviel wie ein Minicomputer bieten. Noch nicht.«

Im März 1972, vier Monate nachdem Intel seinen 4004 vorgestellt hatte, brachte Texas Instruments seinen Mikroprozessor mit 8-Bit-Struktur heraus. Aber einen Monat später stellte Intel seinen eigenen Mikroprozessor mit 8-Bit-Struktur, den 8008, heraus. Das war der Chip, den Intel für Victor Poor entwickelt hatte. Der 8-Bit-Mikroprozessor von Texas Instruments war dreimal so groß und zudem um einiges teurer als das Gegenstück von Intel.

Wie Hoff sagt, war das kein Wunder, denn: »Die Herstellungskosten eines Chips sind stark abhängig von seiner Größe. Je kleiner ein Chip ist, desto mehr Exemplare kann man auf einer Siliziumwaffel unterbringen, und der Preis wird entsprechend niedriger.«

Hoff, Mazor und Faggin fuhren unverdrossen fort mit der Weiterentwicklung des Mikroprozessors und brachten im August 1973 den Intel 8080 heraus. Ebenfalls beteiligt an der Entwicklung des Intel 8080 war Masatoshi Shima. Er hatte schon, als Angestellter der japanischen Firma Busicom, am Intel 4004 mitgearbeitet. 1973 ging er zu Intel. Heute ist Shima Leiter des Intel-Entwicklungszentrums in Tokio.

Der 8080 war zwar anfänglich als ein schlichter Umbau des 8008 geplant, aber auch kleine Änderungen erfordern ganz neue Masken für die Fabrikation, und so entschlossen Hoff und Faggin sich, ihren Mikroprozessor völlig neu zu entwerfen: »Zu der Zeit kam die N-Kanal-MOS-Technik auf, und wir bauten diesen Fortschritt in den 8080 mit ein.« MOS ist die Abkürzung für Metal-Oxide-on-Silicon, eine Technik, die gern in Large-Scale Integrated Circuits (LSIs), also Chips mit Hunderten von Schaltfunktionen, angewandt wird.

»Der 8080 wurde geschäftlich gesehen einer der erfolgreichsten Mikroprozessoren aller Zeiten«, erinnert sich Hoff. »Die Stückzahl ging in astronomische Höhen.« Der ursprüngliche Stückpreis von 360 Dollar ermäßigte sich bald, weil die im Mikroprozessorbau gewonnene Erfahrung es Intel erlaubte, in der Preisgestaltung der Lernkurve zu folgen.

395 Dollar kostete der Altair-Mikrocomputer-Bausatz Mitte

der 70er Jahre, das heißt, bevor die Apple-Computer auf dem Markt waren. Wieso konnte der Altair-Bausatz nur 35 Dollar mehr kosten als der in ihm verwendete Intel 8080? Zunächst einmal bekam Altair als Großabnehmer einen Mengenrabatt, und dann war man inzwischen auf der Lernkurve so weit nach unten gerutscht, daß der 8080 enorm preiswert wurde.

»Heute kostet der 8080 nur noch 2,50 Dollar pro Stück bei Großabnahme«, sagt Hoff. »In Hobbymagazinen habe ich sogar Angebote auf 8080-Chips im Einzelverkauf für 2,95 Dollar gefunden.« Und Ted Hoff zitiert das Gelbachsche Gesetz. Es ist nach Ed Gelbach, dem ehemaligen Marketingchef und heutigen Vizepräsidenten von Intel benannt und lautet: »Jeder Chip wird am Ende für fünf Dollar verkauft – ausgenommen die Chips, die für weniger als fünf Dollar verkauft werden.«

Der Markt der Mikrocomputer hätte sich ohne den leistungsfähigen Intel 8080 nicht entwickeln können. Er arbeitet zwanzigmal schneller als der 4004. Der Mikrocomputerabsatz sorgte wiederum für einen Schub bei den Mikroprozessoren. Die Apple-Gründer Steve Jobs und Steve Wozniak hatten seinerzeit die Microcomputer-Nachfrage vorausgeahnt, und Hoff erkennt an: »Das war ihr ganz besonderes Verdienst.«

Aber Ted Hoff wundert sich immer noch über die Verbreitung der persönlichen Computer und damit der Mikroprozessoren: »Ich hatte nicht damit gerechnet, daß die Leute Microcomputer für Hobbyzwecke kaufen würden. Doch mit der Einführung der Videospiele wurde der Heimcomputer zu einer Form der Unterhaltung, und wer etwas erfindet, was der Unterhaltung dient, hat es geschafft.«

Der Mikroprozessor war eine so radikale Neuerung, daß die Massenmedien ihn nach seiner Einführung 1971 ein Jahr lang übergingen. Aber dann nahm die Idee eines ganzen Computers auf einem Chip die Phantasie der Leute gefangen, und viele Zeitschriften berichteten über ihn.

1969, als Hoff mit der Entwicklungsarbeit an seinem ersten Mikroprozessor begann, hatte er Schwierigkeiten, Programmierer für sein Team zu finden – sie wollten sich am liebsten nur mit Großrechnern abgeben. »Heute ist das anders«, sagt Hoff. »Die Programmierer rennen uns die Türen ein; alle wollen mit Mikroprozessoren arbeiten.«

Hoff ist sich über die Folgen seiner Erfindung im klaren: »In den nächsten 50 bis 100 Jahren erleben wir eine Revolution. Immer mehr Arbeiten, die Menschen erledigt haben, werden von

Maschinen übernommen. Die Muskeln sind schon durch Maschinen ersetzt worden - jetzt sind die Gehirne dran. Junge Menschen wachsen ohne Scheu vor den Computern heran. Jeder Fortschritt in der Computertechnik bedeutet, daß wir ihnen ein besseres Werkzeug in die Hand drücken können.«

Doch diese Werkzeuge benötigen immer mehr Geld und Zeit zu ihrer Entwicklung. An dem Intel 4004 arbeiteten außer Hoff und Faggin nicht einmal ein Dutzend Leute. Mit einem knappen Forschungsbudget brachten sie den Mikroprozessor in eineinhalb Jahren von der Idee zur Verkaufsreife. Die heutigen Mikroprozessoren benötigen viele tausend Arbeitsstunden und viele Millionen Dollar, bis sie soweit sind.

Hoff räumt auch ein, daß die Mikroprozessoren, obwohl sie der Gesellschaft insgesamt nützen, einigen Berufsgruppen Nachteile bringen. Ein Beispiel dafür sind die Computerkassen in den Supermärkten. An ihnen sitzen jetzt schlechtverdienende Teenager mit geringer Vorbildung anstelle der früheren gelernten Verkaufskräfte. Aber den Käufern kommt die Rationalisierung in der Form geringfügig niedrigerer Preise und zuverlässigerer Abrechnung zugute.

Das angesehene britische Wirtschaftsblatt »The Economist« hat Dr. Hoff »einen der sieben einflußreichsten Wissenschaftler seit dem Zweiten Weltkrieg« genannt. Sein Arbeitgeber ehrte ihn mit dem Titel »Intel Fellow«, das heißt, man ließ ihm praktisch freie Hand bei der Auswahl seiner Forschungsprojekte. Außer ihm gab es nur noch einen Inhaber dieses Titels.

Neben Mikroprozessoren entwickelte Hoff ein Spracherkennungssystem, das auch menschliche Sprache imitierte und mit einem Intel 2920 arbeitete. Auf den Intel 2920 bekamen Hoff und zwei seiner Mitarbeiter ein Patent. Es war Hoffs vierzehntes.

Hoff äußert sich bescheiden über seinen Anteil an der Erfindung des Mikroprozessors. Er meint, er sei nur zur rechten Zeit am rechten Ort gewesen, um diesen Erfolg zu erzielen: »Wenn wir 1971 nicht den 4004 entwickelt hätten, dann hätte jemand anders den Mikroprozessor ein oder zwei Jahre später erfunden.«

1983 kündigte Hoff bei Intel und übernahm den Posten des Forschungs- und Entwicklungsdirektors bei Atari. Er begründete diesen Schritt damit, daß er 14 Jahre bei derselben Firma gearbeitet hatte und einen Tapetenwechsel brauchte. Ted Hoff kann sich vorstellen, daß er noch mehr Erfindungen macht, die das Leben der Verbraucher radikal verändern werden.

## *Fab 3: Hier entstehen die Silizium-Chips*

Fab 3 (»fabrication plant«), die größte Fabrikationsanlage für Intel-Chips, steht im kalifornischen Livermore, 65 Kilometer östlich der Intel-Zentrale in Santa Clara. Das Werk wurde 1973 außerhalb von Silicon Valley errichtet, damit nicht astronomisch hohe Grundstückspreise gezahlt werden mußten und billigere Arbeitskräfte in und um Livermore angeworben werden konnten.

Die älteren Werke Fab 1 und Fab 2 wurden gleich nach der Gründung von Intel im Jahr 1968 gebaut. Intel bezeichnet die Werke einfach mit Buchstaben nach der Funktion (Fab = Fabrication; A = Assembly/Montage) und mit Zahlen nach ihrer Entstehungszeit. Intels letzte Fabrikanlage Fab 7 hat als erstes Werk außerhalb der USA gerade in Israel mit der Produktion begonnen. Andere »Fabs« stehen in Portland, Oregon, Phoenix, Arizona und Albuquerque, New Mexico.

Viele der in Fab 3 in Livermore hergestellten Siliziumwaffeln werden noch vor dem Zerteilen in Chips an »A 2«, das Montagewerk in Manila auf den Philippinen geliefert, wo junge Filipinos die Chips durch dünne Golddrähte mit der Schaltung verbinden. Montagewerke binden viele Arbeitskräfte, und daher haben sie Standorte, wo die Löhne niedrig sind - Puerto Rico, Barbados, Mexiko und Malaysia.

Das Chip- oder Waffel-Werk Fab 3 in Livermore ist ein teils ein- und teils zweistöckiges Gebäude, das von außen eigentlich viel zu klein wirkt, als daß man darin an jedem Arbeitstag 1200 Waffeln produzieren könnte. Jede Waffel enthält - unter Abzug der Ausschußstücke - rund 160 Chips, so daß Fab 3 täglich an die 200 000 Chips produziert. Ein Chip kostet im Mittel zehn Dollar, und so passieren jeden Tag zwei Millionen Dollar in der Form von beschichteten Siliziumplättchen die Werkstore.

Fab 3 ist in Wirklichkeit eine »Fabrik in der Fabrik«. Die »äußeren Werkanlagen« umfassen Büros, Anlieferungs- und Versandrampen, einen Schulungsraum, eine Cafeteria und Badekabinen. Die »innere Werkanlage« ist der »Cleanroom«, ein praktisch steriler Raum, der fast wie ein Operationssaal wirkt - fast, denn er ist noch viel sauberer. Die Luft in einem »Fab Cleanroom« enthält pro Liter weniger als 3,5 Staubteilchen von eintausendstel Millimeter Durchmesser oder darüber. In modernen Krankenhäusern sind es rund hundertmal soviel Teilchen pro Liter. Die normale »reine Luft« enthält sogar rund 3500 Teilchen pro Kubikmeter, ist also aus der Sicht des Chip-Herstellers alles andere als rein.

In dem »Cleanroom« werden die Waffeln hergestellt. Eine Waffel ist eine zehn Quadratzentimeter große flache Siliziumscheibe, auf die mit Hilfe fotografischer, chemischer und elektrischer Verfahren komplizierte elektronische Schaltungen in acht bis zehn Schichten übereinander aufgebracht werden. In den Grundzügen wurde dieser schichtweise Aufbau der Schaltungen, das Planarverfahren, von Jean Hoerni 1960 bei Fairchild entwikkelt.

Verunreinigungen durch Staubteilchen sind tödlich für die Chips, weil sie Kurzschlüsse in der Miniatur-Elektronik und damit Ausschuß verursachen. Deshalb wird der »Cleanroom« sorgfältig von der Außenwelt abgeschirmt. Die Mitarbeiter müssen weiße »Schneehasen-Anzüge« aus fusselfreiem Stoff tragen. Alle Begleitpapiere im Cleanroom sind aus fusselfreiem Papier. Sie werden nur mit Kugelschreibern beschrieben, weil Bleistifte viel Staub erzeugen.

Man betritt und verläßt den Cleanroom durch Luftschleusen, denn im Innern herrscht sicherheitshalber ein leichter Überdruck. Intel läßt alle Mitarbeiter und Besucher ein dreizehnseitiges Merkheft mit den Reinhaltungsvorschriften für den Cleanroom durchlesen und unterschreiben. Verstöße, wie die Verwendung von Make-up durch Frauen oder das Weglassen der Gesichtsmaske durch bärtige Männer, werden mit einer schriftlichen Verwarnung geahndet.

Intels Fab 3 hat einen »Ertrag« von 70 Prozent, das heißt, »nur« 30 Prozent der hergestellten Chips sind Ausschuß, weil sie die Qualitätsprüfung nicht bestehen. Das ist ein hoher Standard, gemessen an der übrigen Halbleiterindustrie. Bob Wigger, der Produktionsleiter von Fab 3, will diesen Standard um keinen Preis sinken lassen. Der Gewinn von Intel ist direkt vom »Ertrag« abhängig, und Wigger ist stolz auf das Qualitätsbewußtsein seiner 370 Mitarbeiter in Fab 3.

Jeder einzelne Cleanroom-Quadratmeter hat enorme Baukosten verursacht; demzufolge sitzen die Beschäftigten dicht gedrängt. Das Innere von Fab 3 bietet eine surrealistische Szenerie, wie etwa eine Raumstation auf dem Mond. In ihren Schneehasen-Anzügen wirken die Mitarbeiter auch so aufgepumpt wie Raumfahrer. Es ist dadurch schwer, Männlein von Weiblein zu unterscheiden. Tatsächlich sind die rund 300 Arbeitskräfte am Band Frauen. Männer im Cleanroom sind nur die 30 Ingenieure und die 40 Servicetechniker, welche die Maschinen und Einrichtungen, die viele Millionen kosten, am Laufen halten. Dieser ganze Aufwand konzentriert sich auf die äußerlich so unscheinbaren Chips auf den Siliziumwaffeln.

Ein Chip ist fast so kompliziert aufgebaut wie ein Lebewesen. Und wie viele Lebewesen hat er seinen Ursprung am Meeresstrand. Die Grundlage der Siliziumwaffeln ist zunächst einmal ordinärer Sand. Er wird mit chemischen Verfahren gereinigt und auf 1420 Grad Celsius erhitzt, wodurch sich eine regelmäßige Kristallstruktur bildet. Die Kristallblöcke werden in halbmillimeterdicke Scheiben, die Siliziumwaffeln, zersägt. Die Rohwaffeln bezieht Fab 3 zu zehn Dollar das Stück von Monsanto, einem Chemiekonzern, und anderen Lieferanten.

Zwei Monate später hat jede Waffel in 200 verschiedenen Arbeitsgängen im Cleanroom eine dünne Haut aus kompliziertester Elektronik erhalten. Die hauptsächlichen Verfahren sind die Photolithographie (auch »Masking« genannt), die Diffusion und die Dünnfilmtechnik. Wenn wir einer Waffel auf ihren verschlungenen Pfaden durch die Anlagen, Maschinen und Geräte von Fab 3 folgen könnten, brauchten wir vier Stunden, um jeden Schritt durch dieses Labyrinth von Einzelschritten nachzuvollziehen, in denen eine Schicht mikroskopisch kleiner elektronischer Schaltkreise auf die andere gebaut wird.

Um das Bild vollends zu verwirren, besteht das Produktionsprogramm aus vielen verschiedenen Chips und damit Waffeln. Einige sind RAMs (random access memory = Direktzugriffsspeicher), andere ROMs (read-only memory = Fest- oder Programmspeicher), PROMs (programmable read-only memory = programmierbarer Festspeicher), EPROMs (erasable PROMs = mit Ultraviolettlicht löschbare Festspeicher), EEPROMs (electrically erasable PROMs = elektrisch löschbare Festspeicher) und andere. In Fab 3 können Chips mit verschiedenen Eigenschaften auch durch unterschiedliche Aufeinanderfolge der Fabrikationsschritte entstehen.

Die Masken für die räumliche Anordnung der Tausende von Schaltelementen kommen von einer Entwurfsingenieurstruppe in »Intel 4«, einem riesigen Forschungs- und Entwicklungszentrum neben der Intel-Zentrale in Santa Clara. Die Maske ist so etwas wie die Negativ-Glasplatte der frühen Fototechnik.

Die Entwurfsingenieure sind die unbekümmerten freien Geister der Mikroelektronikbranche, in denen sich die Schöpferkraft des Künstlers mit der Zuverlässigkeit des Elektroingenieurs vereint. Sie werden von ihren Kollegen auch »Hexer« genannt, weil sie ihre technischen Fähigkeiten mit einem guten Schuß schwarzer Magie versetzen.

Die Entwurfsingenieure haben mit die höchstbezahlten und prestigeträchtigsten Jobs der Branche, vergleichbar den Gehirnchirurgen in der Medizin. Manchmal hat ein Ingenieursteam mehrere Monate - oder bei superkomplizierten Chips mehrere Jahre - gearbeitet, bis der Satz fertiger Muttermasken endlich an Fab 3 in Livermore abgehen kann. Jede dieser Masken ist eine zehn Quadratzentimeter große Glasscheibe, die alle Details als Negativ, wie eine Fotoplatte, enthält und in Fab 3 auf die Siliziumwaffeln aufgelegt wird. Soll eine Waffel mit zehn Schichten elektronischer Schaltelemente produziert werden, sind auch mindestens zehn solcher Glasmasken erforderlich, aber meistens braucht man zwei oder mehr Masken für die Herstellung einer Schicht. Diese zehn horizontalen Schichten der Waffel sind untereinander durch vertikale elektrische Verbindungen und Schaltelemente verbunden, was die Kompliziertheit des ganzen Systems noch erhöht.

Die Ingenieure von Intel 4 in Santa Clara haben ihren Chip-Entwurf in 500-facher Vergrößerung ausgearbeitet. Ihre schwierigste Aufgabe besteht darin, die Tausende von Schaltelementen so zu positionieren und wieder umzupositionieren, daß sich eine größtmögliche Sicherheit und Einfachheit in der Fabrikation ergibt. Außerdem muß der einzelne Chip so klein wie möglich ausfallen, damit möglichst viele Stücke aus einer Waffel herausgebrochen werden können.

Viel von dieser Entwurfsarbeit wird mit Computersimulation erledigt. Dabei werden die möglichen Kombinationen der Schaltelemente im Grobentwurf solange durchgespielt, bis sich die optimale Anordnung ergibt. Der Computer merzt dabei selbsttätig logische und schaltungstechnische Fehler aus.

Der Chip wird in der Vergrößerung auf ein überdimensionales Reißbrett gezeichnet, und die fertige Zeichnung wird, fotografisch und mit Computerhilfe, auf die tatsächliche Größe des Halbleiterchips verkleinert. Dann wird diese winzige Vorlage in einem komplizierten Verfahren mehrere hundert Male auf die zehn oder mehr Glasmasken aufgebracht. Die Masken werden in die photolithographischen Geräte von Fab 3 eingesetzt und produzieren endlich Tausende und aber Tausende von identischen Halbleiterchips. Die Masken werden sorgfältig bewacht, denn Silicon Valley wimmelt von Industriespionen, die immer ein begehrliches Auge darauf haben.

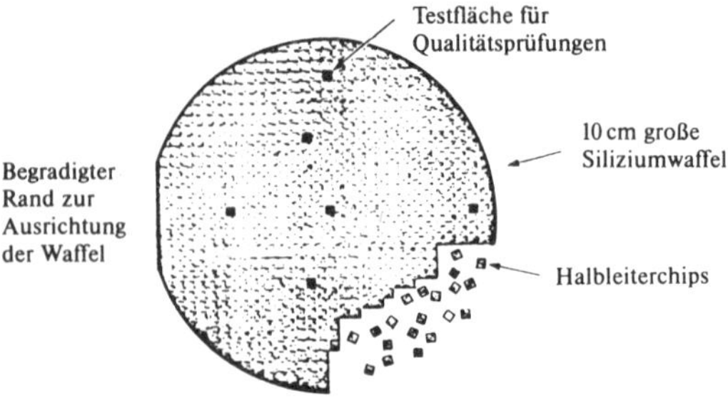


Eine Siliziumwaffel enthält bis zu 200 Halbleiterchips. Ihre mikroskopisch kleinen Schaltelemente werden in der Waffel-fabrik schichtweise aufgetragen. Im Montagewerk werden die Chips vor der Weiterverarbeitung voneinander getrennt.

1. Grobentwurf eines neuen Halbleiterchips durch Forschungs- und Entwicklungs-ingenieure.

2. Entwurfs-ingenieure zeichnen die Struktur des Chips.

3. Durch fotografische Vervielfältigung werden die einzelnen Schichten des Chips rund 200mal auf einer Muttermaske aufgebrac wodurch auf der Waffel 200mal der gleiche Chip entsteht.

4. Herstellung der Waffel durch drei Verfahren:
A. Photolithographie zur Übertragung des Musters von der Maske auf die Waffel.
B. Diffusion, Dotierung mit speziellen Halbleitersubstanzen zur elektrischen Aktivierung der Siliziumkristalle.
C. Aufbringung der dünnen Lackschichten, auf denen die einzelnen Schaltelement-schichten aufgebaut sind.

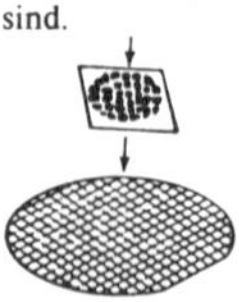

5. Montage, in der die Waffel in Chips zerteilt wird. Jeder Chip wird mit Anschlüssen und einem Kunststoffgehäuse versehen und ein letztes Mal getestet.

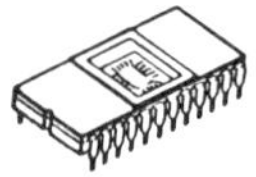

6. Lieferung an den Kund der den Halbleiterchip in einen Computer oder ein anderes elektronisches Gerät einbaut.

Die wichtigsten Fabrikationsschritte bei der Herstellung von Halbleiterchips.

## *So entstehen die Schichten mit den Schaltelementen auf der Waffel*

Im Cleanroom wird die Waffel zunächst auf 1100 Grad Celsius (etwa vierfache Backofentemperatur) erhitzt, und dadurch bildet sich eine dünne Siliziumdioxidschicht auf der Oberfläche. Diese Schicht ist ein guter Isolator.

Dann wird starkes ultraviolettes Licht durch die Maske auf die Siliziumwaffel projiziert. Lichtundurchlässige Streifen auf der Maske halten dieses Licht von Teilen der vorher mit Fotokopierlack (Photoresist) beschichteten Waffel fern, so daß auf dieser – ähnlich wie beim Lichtdruckverfahren – das Muster der Schaltkreise abgebildet wird. Die Linien sind nur fünftausendstel Millimeter breit; das ist weit weniger als der Durchmesser eines menschlichen Haares.

Nach diesem »Masking« genannten Verfahrensschritt wird die Waffel in einem Lösungsmittel gespült, der die lichtempfindliche Schicht dort abwäscht, wo in der Maske lichtundurchlässige Stellen waren. Zum Schluß wird die Siliziumdioxidschicht von der Waffel an den Stellen mit Flußsäure weggeätzt, wo die Linien des Musters in der Maske waren. So werden die Schaltelementschichten nacheinander aufgebaut.

Diffusion oder Aufdampfen heißt das Verfahren, mit dem bei hoher Temperatur die gut isolierende Siliziumdioxidschicht mit winzigen Mengen spezieller Halbleitersubstanzen wie Bor oder Phosphor »dotiert« wird. Diese eingedrungenen Partikel machen aus der Waffel an den dafür vorgesehenen Stellen einen »Halbleiter« für elektrischen Strom, also einen Transistor oder auch eine Diode, ein Bauteil, das den Strom nur in einer Richtung durchläßt. Ein Halbleiter isoliert nicht so gut wie beispielsweise Glas und leitet nicht so gut wie Kupfer; dafür läßt sich der Strom durch ihn steuern, und das wird in dem Transistor ausgenutzt. Die übrigen elektronischen Bauelemente wie Dioden, Widerstände und Kondensatoren werden in gleicher Weise wie die Transistoren durch das Aufdampfen oder Einschießen spezieller Substanzen an den vorgesehenen Stellen der Schaltung erzeugt.

Später, wenn die Waffel in Chips zerlegt ist, fließen winzige Ströme durch die aufgedampften dünnen Leiterbahnen und öffnen oder schließen die winzigen Gatter nach dem binären 0-und-1-Code der Computer.

Die Ionenimplantation ist ein weiteres Verfahren, die Waffel zur Erzeugung der Halbleitereigenschaft zu dotieren. Dazu werden Ionen, Atome, denen ein oder mehrere Elektronen fehlen, mit hoher Geschwindigkeit in die Waffel eingeschossen, in die sie verschieden tief eindringen, ganz wie die aufgelegte Maske vorgeschrieben hat. Ein Vorteil der Ionenimplantation ist, daß sie bei Raumtemperatur stattfinden kann. Zudem kann die Intensität der Dotierung sehr genau von dem Mann am Implantierungsgerät geregelt werden.

Jede Waffel durchläuft diese komplizierten Verfahrensgänge in einer Charge mit 48 »Artgenossen«. Die 49 Waffeln stecken mit einem Ende auf Abstand in einem Träger. Die Waffel wird nie mit den bloßen Fingern angefaßt. Das besorgt eine kleine Klammer an einem Vakuumarm, so daß die winzigen Schaltkreise nicht beschädigt werden.

Trotz der unendlichen Sorgfalt, mit der jede Waffel während ihrer zweimonatigen Verweildauer im Cleanroom behandelt wird, werden einige, manchmal sogar viele der über hundert Chips, die sie enthält, beschädigt. Zum Beispiel könnte eine der zehn Masken nicht genau in Übereinstimmung mit den neun übrigen Schichten positioniert worden sein - dann müssen alle 200 Chips auf der Waffel als Ausschuß vernichtet werden.

Oder nehmen wir den Fall der Waffel, die man uns bei der Besichtigung des Cleanroom geschenkt hatte. Während eines der 200 Arbeitsgänge, die sie wie jede Waffel durchlief, hatte die betreffende Mitarbeiterin einen Schluckauf bekommen. Jeder Chip dieser Waffel trug einen roten Punkt. Das hieß, keiner der 200 Chips hatte die elektronische Prüfung am Ende des Herstellungsverfahrens bestanden. Der eine Schluckauf hatte Intel rund 2.000 Dollar gekostet.

Zu guter Letzt wird jede Waffel chemisch mit einer Glasschicht überzogen, um sie vor Kratzern zu schützen, und dann kann sie aus dem Cleanroom in die Außenwelt entlassen werden.

Zweimal täglich, um 11.30 und um 15.30 Uhr, fährt ein Lieferwagen eine Ladung fertiger Waffeln von Fab 3 in Livermore zum San Francisco International Airport, von wo sie per Luftfracht an eines der Intel-Montagewerke, zum Beispiel A 2 in Manila, abgehen.

Dort ritzen die Mitarbeiter die Waffeln zwischen den Chips ein und brechen sie an den entstandenen Linien durch. Die Chips, die bereits in der Endprüfung in Fab 3 als in Ordnung markiert worden sind, werden dann durch feine Drähte mit den Steckkontakten in ihrem Kunststoffgehäuse verbunden und ummantelt.

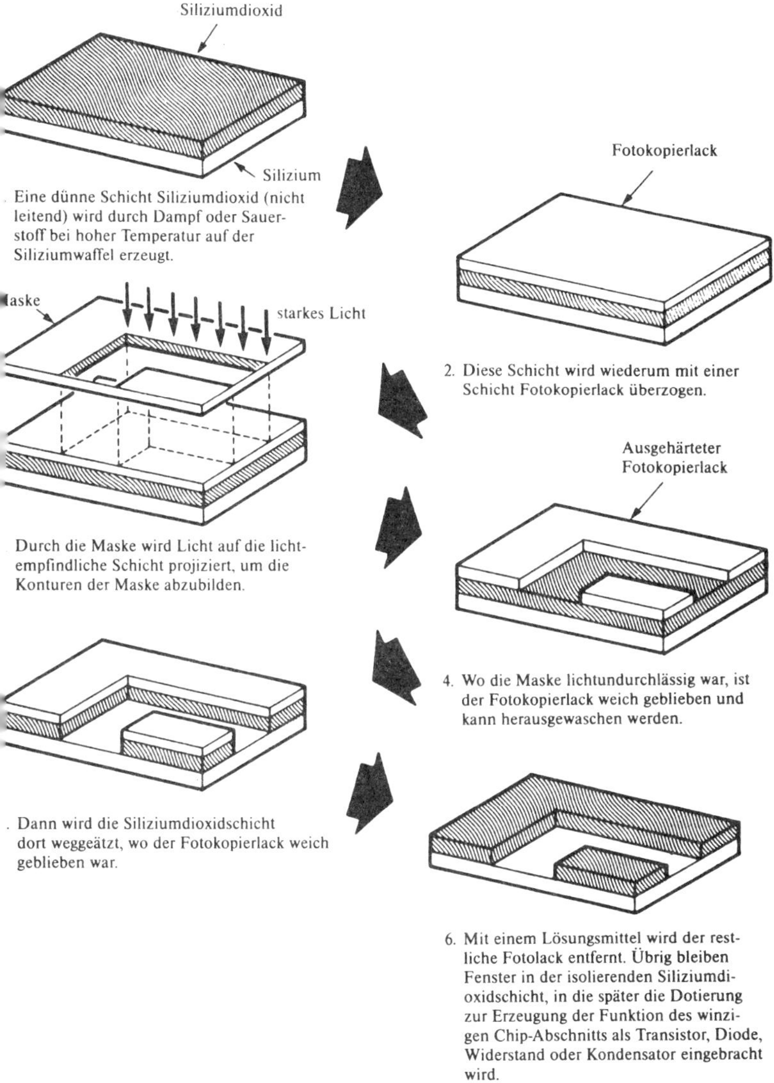


Vereinfachtes Schema des Fotolithografieverfahrens, mit dem die einzelnen Schaltelementschichten auf die Waffel aufgebracht werden.

Jetzt sehen die Chips in ihrem Kunststoffgehäuse aus wie Tausendfüßler.

Der ummantelte Chip wird nochmals einem eingehenden Test auf elektrische Fehler, auf Empfindlichkeit gegen Wärme, Feuchtigkeit und Erschütterungen unterworfen, damit sichergestellt wird, daß er jahrelang einwandfrei funktionieren kann. Nachdem die »Überlebenden« dieser Prüfung mit dem Intel-Emblem gekennzeichnet sind, werden sie wieder in eine Boeing 747 geladen und an die Kunden in aller Welt ausgeliefert. Die bauen sie in ihre Computer, Haushaltsgeräte, Autos und andere Erzeugnisse ein. Damit endet der lange, vielverschlungene Werdegang des Halbleiterchip »vom Strand zum Kunden«.

Die wichtigsten Leute, ohne die in Fab 3 und in der gesamten Halbleiterindustrie nichts läuft, sind die Mitarbeiter am Fließband, größtenteils Frauen aus den unterschiedlichsten Alters- und Volkstumsgruppen. Viele sind noch sehr jung, gerade von der High School abgegangen, oder haben wenige Monate Arbeitserfahrung von McDonald's oder Burger King mitgebracht. Andere sind Frauen im mittleren Alter, deren Kinder jetzt groß sind.

Die meisten Beschäftigten von Fab 3 wohnen nahe dem Standort Livermore. In der Mehrheit sind es Weiße, wie die Gesamtbevölkerung in diesem Teil Kaliforniens. Sie fangen mit einem Stundenlohn von 4,10 Dollar an. Das ist wenig, gemessen am Lohn amerikanischer Facharbeiter in anderen Branchen, aber mehr, als sonst im Gebiet von Livermore geboten wird.

Der Grundlohn liegt nur geringfügig über dem gesetzlichen Minimum. Wer sich bewährt, kann sich als Fachkraft binnen fünf Jahren auf neun Dollar je Stunde verbessern. Alle Beschäftigten am Fließband von Fab 3, mit denen die Autoren sprechen konnten, beklagten sich über die endlose Monotonie, die gleichen, stundenlang zu erledigenden Handgriffe bei angestrengter Aufmerksamkeit. Die Mitarbeiter können zwar nicht unter den wachsamen Augen der Vorarbeiter herumtrödeln, aber die Frauen reden fast unaufhörlich miteinander, obwohl die Intel-Werkleitung solche Unterhaltungen am liebsten unterbinden möchte.

Die meisten Arbeitskräfte am Band sind Frauen, und eine sagte uns, als wir nach dem Grund fragten: »Weil unsere Finger schneller sind als die der Männer und weil wir die eintönige Arbeit besser ertragen.« Außerdem würden Männer nicht für so wenig Geld arbeiten. Frauen sind auch froh, überhaupt einen Job zu haben und deshalb weniger geneigt, sich einer Gewerkschaft, dem schlimmsten Feind aller Silicon-Valley-Manager, anzuschließen.

Wir durften auf unserem Rundgang durch Fab 3 in eines der Mikroskope blicken, und einer von uns rief aus: »Wie hübsch diese Schaltkreise aussehen!« Die Frau an diesem Arbeitsplatz antwortete: »Aber nicht, wenn Sie stundenlang, Tag für Tag, Woche für Woche darauf stieren müssen.«

Wie werden diese Frauen damit fertig? Einige überhaupt nicht - sie hören nach einigen Monaten oder einem Jahr einfach auf. 1982 stellte Fab 3 150 neue Arbeitskräfte ein. 2000 Frauen bewarben sich damals auf eine Zeitungsanzeige hin. Sechs Monate später hatten 17 der Neueingestellten bereits wieder gekündigt. Doch die meisten bleiben auf ihrem Arbeitsplatz oder zumindest in der Branche. Binnen Monaten erwerben sie Fähigkeiten und Kenntnisse, die sehr gefragt sind, und sie können in dieser Branche immer mit einem Job rechnen, wenn andere Industriezweige Massenentlassungen vornehmen.

Die meisten Arbeitskräfte haben keine wirkliche Chance, zum Ausbilder oder Vorarbeiter aufzusteigen. Aber auch hier bestätigen Ausnahmen die Regel. Eine Frau, die bei der Eröffnung von Fab 3 im Jahr 1973 als Arbeiterin eingestellt worden war, brach alle Leistungsrekorde im Cleanroom. 1976 wurde sie als Vorarbeiterin Chefin von 15 Mitarbeiterinnen. Ihre ungewöhnliche Befähigung ließ sie zum stellvertretenden Produktionsleiter von Fab 3 aufrücken. Letztes Jahr wurde die einstige Arbeiterin zum Produktionsleiter von Fab 2 in Santa Clara ernannt. Sie war noch nicht einmal dreißig.

Ist Fab 3 überdurchschnittlich produktiv, wird den Mitarbeitern ein monatlicher Bonus von etwa fünf Prozent des Grundlohns ausgezahlt. Er beläuft sich im Mittel auf 30 bis 40 Dollar, kann aber auf 75 Dollar im Monat steigen. Der Bonus und andere Vergünstigungen, wie die Berechtigung zum Bezug von Belegschaftsaktien, heben das Qualitätsbewußtsein der Belegschaft.

In Fab 3 gibt es nur wenige simple Knopfdruck-Jobs. Einige Maschinen, wie die Ionen-Implantiergeräte, erfordern viel Fingerspitzengefühl und Urteilsvermögen zur Bedienung. Intel hat für solche Fachkräfte ein detailliertes Ausbildungsprogramm eingeführt.

Die Neulinge werden von erfahrenen Mitarbeitern Schritt für Schritt und nach einem 200 Seiten starken Handbuch in der Bedienung einer komplizierten Maschine unterwiesen. Erst wenn der Anlernling nach zwei oder drei Wochen zeigt, daß er die Maschine beherrscht, endet die Einweisung.

Rund dreißig Ingenieure arbeiten im Cleanroom, weitere 70 in Forschungslabors, ebenfalls auf dem Werksgelände von Fab 3. Fast ausnahmslos Männer, und viele von ihnen haben gerade erst ihr Studium abgeschlossen. Ihre Hauptaufgabe ist die Überwachung besonders schwieriger Phasen der Siliziumwaffel-Produktion.

Die Ingenieure müssen sich sofort einschalten, wenn unerwartete Probleme auftauchen. Eine Gelegenheit, sie dabei zu beobachten, hatten wir auf unserem Rundgang durch Fab 3. Gegen 10.30 Uhr wurde plötzlich ein steiler Anstieg in der Ausfallrate von einer der Prüfstationen im Cleanroom festgestellt. Sofort eilte ein Ingenieursteam herbei. Sie stellten mit einem Röntgengerät fest, daß inmitten der feinlinigen Schaltelementschichten auf den Waffeln winzige Risse entstanden waren. Die Ingenieure untersuchten mehrere Möglichkeiten und stellten endlich fest, daß die Waffeln sich verzogen hatten. Als wir Fab 3 um 17.30 Uhr verließen, waren die jungen Trouble-Shooter immer noch mit der Frage beschäftigt, warum die Verwerfungen auftraten. Später erfuhren wir, daß sie das Problem erst in Nachtarbeit bis zum anderen Morgen lösen konnten.

# *Die Verlierer – Firmen, die es nicht schaffen*

»Sollte es Geister von gescheiterten Neugründungen geben, dann müßte es in den Lüften über Silicon Valley von Gespenstern der eingegangenen Firmen nur so wimmeln.«
*Das Wirtschaftsmagazin »Business Week« Ausgabe vom 28. Februar 1983*

»Ich war Chef einer Firma, die es nicht geschafft hat. Das war keine Schande. Ich könnte im Handumdrehen eine neue Firma aufmachen, und einige Leute haben mich auch darauf angesprochen. Aber ich will nicht. Ich will das nicht noch einmal durchmachen.«
*Wunschgemäß ohne Namensangabe*

## *Aufkäufe und Übernahmen*

Wie der Erfolg hat auch das Scheitern in Silicon Valley einen eigenen Stil. In den alten Industrien wird meistens der Bankrott erklärt, wenn es nicht mehr weitergeht. In Silicon Valley gehen einige Firmen natürlich auch pleite, aber sehr viele einst hoffnungsvolle Unternehmen werden aufgekauft oder fusioniert.

Die Bekanntmachung einer Übernahme kann eine gute oder eine schlechte Nachricht sein. Einige Neugründungen haben sich so gut entwickelt, daß andere Firmen einsteigen und beträchtliche Summen für die Anteile zahlen. Den Gründern kann so eine Übernahme märchenhaften Reichtum bescheren. Doch in anderen Fällen ist das Management oder die Belegschaft mit der Übernahme keineswegs einverstanden.

Nach einer Übernahme wird schnell einiges anders. In rund der Hälfte aller Fälle bleibt die Führungsspitze der übernommenen Firma zumindest noch zeitweise im Amt. In anderen gehen die Chefs, weil sie durch den Verkauf ihrer Anteile zu Millionären geworden sind. Oft aber werden die Chefs oder angestellten Manager feststellen, daß ihre Aufgaben fortan von einem Mann in der Mutterfirma wahrgenommen werden und sie selbst überflüssig sind – besonders, wenn sie in den Sparten Kundenbetreuung, Finanzen, Verkauf oder Marketing tätig sind.

Als Schlumberger 1979 Fairchild Semiconductor aufkaufte, bestand die erste Amtshandlung des neuen Vorstandsvorsitzenden - er kam von Schlumberger - darin, die Zahl der Angestellten von 32 000 auf 23 000, die der Vizepräsidenten von 52 auf fünf und die der Manager von 600 auf weniger als 100 zu verringern.

Es war auch eine der spektakulärsten Übernahmeaktionen der letzten Jahre, als die Gould Inc., ein zwei Milliarden Dollar schweres, in Illinois beheimatetes Konglomerat, American Microsystems Inc. (AMI) - eine Silicon-Valley-Firma, die Chips für andere Elektronikunternehmen herstellt - aufkaufte. Die Übernahmeverhandlungen dauerten mehr als zwei Jahre. Das ständige Hin und Her erinnerte zeitweise an das Werben liebestoller Tauben.

1979 hatte Gould bereits gegen den United-Technologies-Konzern in einem Übernahmekampf um den texanischen Halbleiterhersteller Mostek verloren. Danach verlor Gould auch gegen Schlumberger im Kampf um Fairchild Semiconductor.

Doch im Oktober 1979 frühstückte Glenn Penisten, Präsident und Vorstandsvorsitzender von AMI, mit einem Bankier aus Illinois in Hugo's Restaurant in Palo Alto. Der Bankier streckte seine Fühler wegen einer Übernahme durch Gould aus. Aber Penisten zeigte kein Interesse. Vier Monate später rief der Bankier an und überredete Penisten zu einem Treffen mit William Ylvisaker, dem Vorstandsvorsitzenden von Gould. Einige Wochen darauf führten die beiden ein Gespräch im Marriott Hotel von Santa Clara, und dabei blieb es dann zunächst.

Zwei Jahre später, im Oktober 1981 rief der Bankier aus Illinois wieder an und veranlaßte Penisten, sich mit Ylvisaker zu weiteren Gesprächen zu treffen. In den nächsten Wochen sprachen sie zweimal in San Francisco und einmal in Illinois miteinander. Nun wurden die Verhandlungen schon konkreter, und als Ylvisaker geschäftlich nach London reiste, hielt er telefonisch Verbindung mit Penisten.

Zum Abschluß kam es am 24. November 1981 in einer Privatsuite des Fairmont-Hotels in San Francisco. Da sprachen die beiden Vorstandsvorsitzenden über Angestellte, Arbeitsbedingungen, Geschäftsgeheimnisse, Geschäftsstrategien, Kunden und - Geld. Schließlich unterschrieben sie eine Absichtserklärung über den Zusammenschluß der beiden Firmen.

Am nächsten Morgen versammelten sich vier der acht Aufsichtsräte von AMI im Büro des Firmenanwalts in Palo Alto. Die restlichen vier Aufsichtsräte in Deutschland, Palm Springs, New

York und Los Angeles nahmen über eine Konferenzschaltung telefonisch an der Sitzung teil. Die Fusion wurde gutgeheißen. Gegen Zahlung von 217 Millionen Dollar in Aktien wurde der unabhängige Chip-Hersteller American Microsystems Inc. zu einer Tochtergesellschaft im alleinigen Besitz der Gould Inc.

In der Regel wird aus den Silicon-Valley-Firmen, die von einem großen Konzern übernommen werden, eine Tochtergesellschaft oder ein Zweigwerk der Muttergesellschaft. Oft treten Schwierigkeiten auf, wenn die übernehmende Gesellschaft außerhalb von Silicon Valley beheimatet ist. Die Mikroelektronikindustrie von Silicon Valley funktioniert nämlich nach anderen Gesetzen als die übrige Industrie. Zu weit entfernte Managementzentren, die der Werkleitung vor Ort jede Freiheit nehmen und den Entscheidungsprozeß behindern, können ein vordem gesundes Unternehmen in den Abgrund steuern. So erkennt die Konzernleitung an der Ostküste manchmal nicht die Notwendigkeit, in der Gehaltspolitik die hohen Mieten von Silicon Valley zu berücksichtigen. Oder sie kalkuliert die hier gewohnte hohe Fluktuation am Arbeitsplatz und die zum Gegensteuern erforderlichen Maßnahmen nicht ein.

Ein krasses Beispiel für die Schwierigkeiten, die weit entfernte Konzernleitungen ahnungslos heraufbeschwören können, lieferte Fairchild Semiconductor. Ende der 60er Jahre vermochten die Fairchild-Konzernbosse an der Ostküste nicht einzusehen, daß die Halbleiterfiliale in Mountain View ihren Star-Ingenieuren günstige Aktien-Bezugsrechte einräumen mußte, um sie bei der Stange zu halten. Resultat: Bob Noyce kehrte Fairchild den Rücken und gründete die Konkurrenzfirma Intel.

## *Die Übergangskrise*

Von allen Gründen, aus denen Silicon-Valley-Firmen scheitern, ist die Übergangskrise sicher der häufigste. Ein brillanter Ingenieur und Erfinder gründet eine Firma, um eine technische Innovation auf den Markt zu bringen. Die Neuheit schlägt ein, und die Firma expandiert. Das Wachstum bringt Komplikationen und viel Papierkrieg. Die Firma wird durchorganisiert und bekommt eine Entscheidungshierarchie. Der Erfinder-Unternehmer kennt nun seine Mitarbeiter nicht mehr alle mit dem Vornamen. Wehmütig denkt er an die alten Zeiten zurück, in denen die Arbeit viel mehr Spaß machte. Kurz, seine Firma ist in der Übergangsphase.

Nicht alle diese Ingenieurs-Unternehmer schaffen es, sich in erfolgreiche Manager zu verwandeln. Die Qualitäten, die dem Einzelunternehmer so nützlich waren, wirken sich eher nachteilig aus, wenn er nur noch nach Management-Grundsätzen handeln darf. Das Drama des Ingenieurs, der mit den Übergangsschwierigkeiten nicht fertig wird, kommt so oft vor, daß es unvermeidlich erscheint.

Das klassische Beispiel für eine Firma in der Übergangskrise lieferte die Firma Verbatim. Reid Anderson, ein Elektroingenieur, hatte sie nach 24 Jahren Arbeit in Forschung und Entwicklung - vornehmlich bei Bell Laboratories - gegründet. Er hatte vorausgesehen, daß das Magnetband den Papierlochstreifen zur Speicherung von Computerdaten ablösen würde. 1969 pumpte er sich das Kapital zur Gründung seiner Firma bei Verwandten, Freunden und Banken zusammen.

Die Magnetbandkassetten wurden bald von den im Zugriff schnelleren Magnetdisketten (Floppy Disks) abgelöst. 1973 führte IBM die 8-Zoll-Diskette als Zubehör zu den Großrechnern ein. Anderson bat IBM um eine Lizenz für die Herstellung der Disketten und bekam sie. Zwischen 1974 und 1979 wuchs der Umsatz von Verbatim von 4,3 Millionen auf 36 Milionen Dollar, der Gewinn stieg von 260.000 Dollar auf 2,3 Millionen Dollar. 1979 hatte Verbatim einen Buchwert von 14,7 Millionen Dollar.

Dann setzte die Übergangskrise ein. Sie begann mit einem lächerlichen technischen Defekt, der aber schnell eskalierte. Verbatim hatte ohne vorherige Tests eine andere Papiersorte für die Innentaschen seiner Disketten-Covers verwendet. Das neue Papier bewirkte, daß die Disketten austrockneten, wodurch sich ein schnellerer Verschleiß auf dem Laufwerk ergab. Um das Maß voll zu machen, hatte Verbatim auch noch den chemischen Überzug auf der Diskette, der den Verschleiß mindern sollte, mit dem gleichen Resultat verändert. 1980 mußte die Firma eine Rückrufaktion für ihre 8-Zoll-Disketten bekanntgeben.

Wo lag der Fehler? Verbatim war so mit der Expansion beschäftigt, daß die Kontrollen vernachlässigt wurden. Neue Verfahren wurden ohne ausreichende Erprobung eingeführt. Einer Erfinderlaune nachgebend, hatte Anderson seiner Firma auch noch die Entwicklungsarbeiten an einer harten Magnetplatte aufgebürdet, die mehr Daten speichern konnte. Aber mit dieser Neuheit war Verbatim nicht allein auf dem Markt. Die Computerhersteller entschieden sich dafür, die harte Magnetplatte selbst herzustellen, und auch die Japaner boten sie an. 1980 fiel der Gewinn von Verbatim um 43 Prozent, und nun beschloß der Aufsichtsrat mit Mehrheit, einen erfahrenen Manager anzustellen. So wurde Malcolm Northrup 1981 Vorstandsvorsitzender, und bald darauf trat die Wende zum Besseren ein. 1982 machte Verbatim bereits wieder 85 Millionen Dollar Umsatz gegenüber 54 Millionen im Jahr davor.

Heute ist der ehemalige Verbatim-Chef Anderson als Risikofinanzier tätig und hilft, Neugründungen auf die Beine zu stellen. Wahrscheinlich berät er die jungen Unternehmer vor allem in Sachen Übergangsphase.

## *Konjunktureinflüsse*

Die Wirtschaftsflaute von 1982 führte zu Massenentlassungen von Fabrikarbeitern im Osten und Mittelwesten der USA. Die Arbeitsplätze in den Spitzentechnikindustrien erschienen sicher, aber sogar Silicon Valley spürte den Einfluß der Wirtschaftslage.

Die Flauten von 1971 und 1975 hatten bereits tiefe Wunden hinterlassen, denn die Halbleiterhersteller haben sich nie ganz davon erholt, daß die Japaner ihnen nach der Rezession von 1975 erhebliche Marktanteile wegschnappten. Die Wirtschaftsschwäche Anfang der 80er Jahre forderte ebenso ihren Tribut, und kleinere Neugründungen waren die ersten Opfer. Kleis Bahmann (ein Pseudonym), zu der Zeit Topmanager einer Elektronikgerätefirma, die in der Wirtschaftsflaute von 1975 unterging, kann ein Lied davon singen.

Die 125 Mitarbeiter der Firma waren ein gut eingespieltes Team mit berechtigtem Stolz auf die Qualität der von ihnen produzierten Geräte. Das Unternehmen stellte ihnen Schwimmbad, Sauna und Volleyball-Spielfeld zur Verfügung. Aber es war nur klein und konnte die Rezession nicht verkraften.

Zuerst gingen die Zahlungseingänge zurück, und innerhalb von drei Monaten kamen 90 Prozent weniger Aufträge herein. Da beschloß die Geschäftsleitung, auf Lager zu produzieren, um nach dem Wiederanspringen der Konjunktur abzukassieren. Aber die Wirtschaft erholte sich zu langsam. Als Zulieferer war die Firma von den Giganten wie National Semiconductor und Intel abhängig. Doch die kauften zunächst keine Geräte mehr ein. Die Firma wurde zahlungsunfähig und dichtemacht. Die Angestellten wurden entlassen und die Anlagen an einen größeren Konkurrenten verkauft.

Im März 1983 beschloß der Computer- und Elektronikspiele-Hersteller Atari, 1700 Mitarbeiter in Silicon Valley, zumeist Beschäftigte in der Fabrikation, zu entlassen und die Produktion nach Taiwan und Hongkong auszulagern. 1981 waren Videospiele ein enorm gefragter Konsumartikel, und Atari produzierte den Bestseller namens Pac-Man. Die Nachfrage überstieg bei weitem die Produktionskapazität. Atari stellte 1982 in vier Monaten 1000 Leute ein und verkündete Pläne für die Schaffung von 10 000 neuen Arbeitsplätzen.

Doch bald wurde klar, daß Atari sich verrechnet hatte. Die Konkurrenz merkte, daß mit Videospielen viel Geld zu machen war und stieg groß ein. Der sich verschärfende Wettbewerb zehrte Ataris Gewinne auf. Der Marktanteil von Atari, 1977 fast 90 Prozent, fiel bis Ende 1982 auf 41 Prozent.

Die rasche Ausweitung der Belegschaft, der mörderische Wettbewerb und die Wirtschaftslage wurden zu einer bedrohlichen Kombination von Problemen für den Konzern. Um die Kosten zu senken und konkurrenzfähig zu bleiben, beschloß Atari, die Montage nach Übersee zu verlagern. In Hongkong verdiente ein Facharbeiter damals 1,20 Dollar in der Stunde, sein Kollege in den USA jedoch neun Dollar.

Atari ist beileibe nicht das einzige High-Tech-Unternehmen, das in Asien produziert. Dort befinden sich inzwischen die Hälfte der 500 000 Arbeitsplätze der amerikanischen Halbleiterindustrie. Doch gebührt Atari der traurige Ruhm, als erste Silicon-Valley-Firma amerikanische Mitarbeiter entlassen und Asiaten dafür angeheuert zu haben.

Atari konnte sich den Luxus seiner Silicon-Valley-Produktion nicht ewig leisten. Als die Firma ihren Boom hatte und satte Gewinne machte, konnte sie die hohen Lohnkosten leicht verdauen. Aber die Konkurrenten kalkulierten anders. Sie ließen sofort in Übersee produzieren und konnten ihre Videospiele so weit im Preis senken, daß sie eine Waffe gegen Atari in der Hand hatten. Atari mußte sich die Lektion, die die Hersteller von Digitaluhren und Taschenrechnern in den 70er Jahren schon gelernt hatten, nun ebenfalls hinter die Ohren schreiben: Eine Firma kann nur solange großzügig wirtschaften, bis der Markt ihr Produkt bekanntgemacht hat, die Massenfertigung ermöglicht und den Preis herunterdrückt.

Atari erklärt, der Sprung mit der Produktion nach Übersee sei nötig gewesen, um die Firma am Leben zu erhalten und ihre übrigen Arbeitsplätze in Silicon Valley zu retten. Für die Zukunft heißt das: Die Mikroelektronik wird sich in den Vereinigten Staaten immer mehr auf Konstruktion und Produktentwicklung, aber immer weniger auf Teileherstellung und Montage konzentrieren. Die Spitzentechnik ist keineswegs in der Lage, das Gros der von den aussterbenden klassischen Industrien freigesetzten Arbeitskräfte zu übernehmen. Die Mikroelektronik ist bestimmt keine Lösung für das Arbeitslosenproblem der Vereinigten Staaten.

Die Osborne Computer Corporation wies alle Merkmale eines erfolgreichen Unternehmens auf - einen energischen Chef, einen kompetenten Stab von Technikern, eine gut genützte Marktnische. Es gab aber auch viele Probleme - Übergangsschwierigkeiten, Gerüchte über eine Unterkapitalisierung, Schwierigkeiten bei der Massenfertigung und harte Konkurrenz. Und 1983 saß Osborne in der Klemme.

Osborne Computer hatte nur ein Produkt - den Osborne 1, einen elf Kilo schweren tragbaren Computer, der in einem Koffer unter einem Flugzeugsessel verstaut werden konnte. Zur Ausrüstung gehörten Bildschirm, Tastatur, eingebauter Datenspeicher, Diskettenstationen und Software, und das Ganze kostete 1.800 Dollar. Manche nannten den Osborne 1 ein »billiges Biest«.

Der Firmengründer Adam Osborne hatte sich in der Computerbranche als Buchautor und Unruhestifter einen Namen gemacht. Nach seiner Promotion zum Chemieingenieur arbeitete er bei Shell Oil, aber dort zogen ihm seine unternehmerischen Ambitionen bald die Feindschaft der Bürokraten zu. Er kündigte 1970 und gründete eine Consulting-Firma.

Bald darauf erwachte sein Interesse an Computern, und er schrieb einschlägige Bücher. Eines davon, mit dem Titel »Microcomputer - eine Einführung« erreichte eine Verkaufsauflage von 300 000 Exemplaren. So war es kaum zu verwundern, daß Osborne seinen eigenen Verlag gründete. Er veröffentlichte vierzig Bücher, von denen er zwölf selbst geschrieben hatte. Als Kolumnist des Microcomputer-Magazins »InfoWorld« wurde Osborne schnell bekannt durch kühne und umstrittene Formulierungen.

Mit der so erworbenen intimen Kenntnis des Computergeschäfts erkannte Osborne seine Nische: »Ich entdeckte eine Bresche in diesem Markt, so groß wie ein Scheunentor, und ich sprang hinein.« Im Dezember 1980 gründete er die Osborne Computer Corporation. Er wollte einen preiswerten Computer für jedermann produzieren. Das Kapital bildeten 250.000 Dollar aus den Gewinnen seines Verlages Osborne Publishing und Risikokapitalanteile, die der Finanzier Jack Melchor und die Wagniskapitalfirma Rothschild-Unterberg-Towbin einschossen.

Skeptische Beobachter meinten sofort, Osborne hätte bei seinen Büchern bleiben sollen, weil es unmöglich sei, einen preiswerten Computer herzustellen. Doch Osborne widerlegte zunächst seine Kritiker, als die Firma bereits zwei Monate nach Auslieferung des ersten Osborne-1-Computers einen Gewinn auswies. Osbornes ehrgeizige Planung lief darauf hinaus, den VW-Käfer unter den Microcomputern zu liefern.

Der Osborne 1 bestand nur aus Standardbauteilen und verwendete ausschließlich Programme von unabhängigen Softwareproduzenten. Wer alle für den Osborne 1 lieferbaren Programme kaufen wollte, mußte dafür mehr als für die gesamte Computerausrüstung hinblättern. Osborne arbeitete mit geringen Kosten. Er nutzte das Sinken der Halbleiterpreise aus und verließ sich auf die Lagerhaltung seiner Lieferanten.

Im Jahr 1982 machte Osborne 80 Millionen Dollar Umsatz. Jeden Monat verließen 10 000 Computer das Werk. Die Firma hatte inzwischen über 1000 Beschäftigte und wuchs so schnell, daß sie zusätzliches Kapital benötigte - obwohl das Management dies bestritt. Die Fertigung war so stark rationalisiert, daß ein Computer bis zur Auslieferung nur 68 Arbeitsminuten und 40 Schrauben benötigte.

Diese atemberaubende Produktionsgeschwindigkeit brachte natürlich Probleme. Ein Händler, der 225 Osborne-Computer ausgeliefert hatte, mußte 400 Reparaturen ausführen und gab das Modell auf. Die Herstellerfirma gab zu, daß Defekte aufgetreten waren, schob sie aber auf unzureichende Qualitätsprüfungen bei den Zulieferern der Bauteilgruppen.

Im Januar 1983 wurde die Übergangskrise des Unternehmens auch nach außen sichtbar. Adam Osborne mußte als Präsident und Vorstandsvorsitzender Platz machen für Robert Jaunich, einen gestandenen Konzerndirektor, der sich als »ergebnisorientierter« Manager bewährt hatte. Osborne selbst ist ein Unternehmertyp, der sich nach eigenem Bekunden »nicht in der Lage fühlt, sich mit dem Tagesgeschäft in der Firma abzuplagen. Ich bin mit Leib und Seele Unternehmer und kein Manager«.

Der Wechsel an der Firmenspitze fand in aller Freundschaft statt, aber es war bereits zu spät. Die größte Bewährungsprobe stand der Osborne Computer Corporation noch bevor. Von den inzwischen rund 150 Microcomputerherstellern konzentrierten sich etliche auf das untere Marktsegment, in dem Osborne operierte. Kaypro brachte 1983 einen tragbaren Computer heraus, der preiswerter als der von Osborne war und einen größeren Bildschirm hatte. Darauf kündigte Osborne ein neues Modell an, konnte es aber nicht mehr ausliefern. Mitte 1983 ging der Umsatz von Osborne Computer gegen null. Am 13. September 1983 stellte die Osborne Computer Corporation alle Zahlungen ein.

## *Der Zusammenbruch*

Das Schlußkapitel in der Geschichte so mancher Silicon-Valley-Gründung ist der Zusammenbruch. Im März 1983 erklärte der Großrechnerhersteller Magnuson Computer Systems seine Zahlungsunfähigkeit. Der Konkurs kam nicht unerwartet - bereits Anfang 1982 hatte die Kolumnistin Evelyn Richards in der »San José Mercury News« geschrieben, daß Magnuson die Auszahlung der Gehälter hinauszögerte. Mit ein wenig Pech hätten auch Apple, Intel oder jede andere Silicon-Valley-Neugründung wie Magnuson enden können. In jeder Firma muß die Übergangsphase durchgestanden werden.

Am Anfang machte Magnuson Computer Systems alles richtig. Die vier Gründer, Paul Magnuson, Robert McCullough, Ray Williams und Carlton Amdahl hatten einen ausgezeichneten Ruf. Mit einem Anfangskapital von 400.000 Dollar aus privaten Quellen baute die Firma 1977 einen Computer-Prototyp. Im selben Jahr noch stieg Fairchild mit einer kräftigen Kapitalspritze von vier Millionen Dollar ein. Von Unterkapitalisierung konnte also keine Rede sein.

Aber dann begann der unaufhaltsame Exodus der Gründer-Ingenieure. McCullough beschwerte sich darüber, daß die schwerfällige Firmenbürokratie alles erdrückte: »Nichts wurde rechtzeitig fertig, und wenn endlich etwas fertig wurde, hatte man seine Energie damit verschwendet, das zu veranlassen.« Dann ging Carlton Amdahl weg, um bei Trilogy Systems, der Neugründung seines Vaters Gene, mitzuarbeiten. Die Übergangskrise wirkte sich im Herbst 1978 voll aus, als der Aufsichtsrat befand, nun müsse ein energischer Manager her. Paul Magnuson mußte daraufhin als Präsident zurücktreten und für Joseph Hitt, den für das Marketing zuständigen Vizepräsidenten, Platz machen.

Dann gab es Streit im Topmanagement. Ein Vizepräsident klagte wegen Vertragsbruchs und Betruges. Ernsthafte Schwierigkeiten entwickelten sich in der Produktion aus zunächst harmlosen Anlässen. Die Prüfeinrichtungen funktionierten nicht richtig, die Computerplatinen hatten falsche Abmessungen und die Fertigung lief zu langsam. Zuletzt verzögerte sich die Auslieferung, und einige Kunden liefen zur Konkurrenz über.

Aber auch nach der Auslieferung machten die Magnuson-Computer Ärger. Die Kundendiensttechniker waren nicht genügend ausgebildet, um die Fehler in den neuen Computern beheben zu können. Eine Reorganisation des Rechnungswesens mußte im letzten Moment abgeblasen werden, wodurch sich die Liquidität weiter verschlechterte.

Im Januar 1982 trat Joseph Hitt zurück. Es hieß, die Firma habe erfolglos über eine Fusion verhandelt und sei tief in den roten Zahlen - mit zehn Millionen Dollar Verlust allein im vierten Quartal 1981. Mitten in der Krise sprang der Aufsichtsrat Charles Cole interimsweise als Präsident ein. Cole arbeitete in den ersten drei Wochen jeweils 80 bis 90 Stunden an einer Bestandsaufnahme der Schwierigkeiten.

In den nächsten beiden Monaten verhandelte Cole über einen Kapitalnachschuß der Investoren von fünf Millionen Dollar und erneuerte die Kreditlinie der Bank of America. »Man hat mich schon als ein wandelndes Warnschild bezeichnet«, sagte Cole. Er mußte auch ein sehr konservatives Bilanzierungssystem einführen. Während dieser Konsolidierungsphase verließen 140 Mitarbeiter die Firma, viele davon unfreiwillig. Die Geschäftsleitung zog aus ihren riesigen Suiten in bescheidenere Quartiere um.

Im April 1982 übergab Cole die Firmenleitung dem neuernannten Präsidenten und Vorstandsvorsitzenden Charles Strauch, ehemals Präsident von Memorex. Mit der von Cole eingeleiteten Sanierung und der Managementerfahrung von Strauch hätte Magnuson Computer es doch noch schaffen können. Aber dann kam der K.o.-Schlag von der Konkurrenz.

Ende 1982 begann der IBM-Konzern eine aggressive Preissenkungskampagne auf dem Großrechnersektor und lieferte mehr Rechenleistung fürs Geld. Paul Magnuson sagt dazu vornehm zurückhaltend, der Schachzug von IBM habe sich »sehr negativ ausgewirkt«. Im März 1983 mußte Magnuson Computer den Konkurs beantragen.

In den besten Zeiten notierte die Magnuson-Aktie mit 40 Dollar. Zur Zeit der Konkursankündigung war sie nur noch drei Dollar wert.

In Silicon Valley gehen einige Firmen mit einem lauten Knall unter. Andere verschwinden fast lautlos von der Bühne. Beides erinnert uns daran, daß es auch in Silicon Valley Verlierer gibt.

## *Der Arbeitsstil*

»Silicon Valley ist ein ungeheuer anregender Arbeitsplatz. Ich gehörte zu einem Team, das in Penang, Malaysia, Wasserbüffel aus einem Reisfeld verscheucht und in acht Monaten eine Halbleiterfabrik gebaut hat. Das macht einen stolz. Aber verdammt, so muß es auch sein. Man streckt seine Brust raus und sagt sich: ›Einer von General Motors würde es hier in Silicon Valley nicht schaffen. Wir sind nun mal die Besten!‹«
*Ingenieur Nick Larsen, 1981*

»In Silicon Valley lebst du wie einer, der ständig vor einer Dampfwalze herumrennt. Zu jedem Zeitpunkt bist du schneller als die Dampfwalze. Aber wehe, du setzt dich hin - dann wirst du plattgedrückt.«
*Bob Boschert,*
*Präsident von Boschert Electronics, 1983*

Was bekommt man in allen Unterhaltungen in Silicon Valley immer wieder zu hören? Klagen über die vielen Überstunden. Und warum arbeiten alle so viel? Der Wettbewerb zwingt sie dazu. Alan Shugart, ein alter Hase in Silicon Valley - jetzt Präsident von Seagate Technology -, sagt, worum es geht: »Man muß eine Nase dafür haben, was sich im Markt tut und genau in diese Richtung rennen. In sieben Jahren gibt es eine neue Technik, die uns wieder etwas von dem aus der Hand nimmt, was wir heute tun. Einer wirft sich als erster drauf. Ich hoffe nur, daß ich das bin.«

Ein Seagate-Dissident mit einer eigenen Firma wählt diesen Vergleich aus dem Sport: »Man muß sich daran gewöhnen, wie im 100-Meterlauf voranzupreschen und keine Sekunde die Verfolger aus den Augen zu verlieren.«

Der Halbleiteringenieur Karl Harrington kommt ebenfalls schnell auf den Punkt: »Bei uns ist Timing alles, im Gegensatz zu den klassischen Industrien. Ein Vorsprung von 60 Tagen vor der Konkurrenz bringt manchmal die Entscheidung zwischen durchschlagendem Erfolg und Untergang.«

Die Leute von Silicon Valley sind in ihre Arbeit verliebt. Sie machen so viele Überstunden und nehmen den Streß auf sich, weil die Mikroelektronik ihnen mehr gibt als eine der klassischen Industrien, wo es aus ihrer Sicht von Leuten wimmelt, die gelangweilt auf den Feierabend warten. Diese Spitzentechnik-Adepten motiviert immer wieder die Neugier, ob eine neue Schaltung funktionieren wird oder ob man sie verbessern kann. Ein starkes Motiv ist natürlich auch, daß diese Arbeit sich auszahlt und manchmal mit märchenhaftem Reichtum belohnt wird. Adam Osborne von Osborne Computer stellt lakonisch fest: »Hier in Silicon Valley zählt nur, was man schafft, und zwar je schneller, desto besser.« Al Shugart bekennt offen: »Wir alle arbeiten so hart, weil wir schnell reich werden wollen.«

In Silicon Valley wird nicht nur lange und schnell, sondern auch intensiv gearbeitet. Kaum einer kommt ins Büro, um erst einmal über Sport, Nachrichten oder Wetter zu reden. Ein Fertigungsmanager: »Ich gehe nie in unsere Cafeteria, um eine Tasse Kaffee zu trinken. Ich gehe nur dahin, um mit Kollegen über anfallende Probleme zu sprechen. Kaffee kann ich in meinem Büro genug haben. Aber es gibt so viele dringende Sachen zu erledigen, und die Kollegen warten immer auf irgendwas.«

Ray Brant, Vizepräsident und Arbeitsdirektor bei National Semiconductor, bekam plötzlich eine Blutkrankheit, die rund um die Uhr mit Infusionen behandelt werden mußte. Eigentlich hätte er sich ins Krankenhaus legen müssen. Aber Brant überredete die Ärzte, darauf zu verzichten, weil seine Arbeit es einfach nicht zuließ. So nahm er seine Infusionsflasche und Dosierpumpe mit in alle Besprechungen, und im Auto betrieb er die Pumpe an der Wagenbatterie. »Wenn ich sechs Wochen lang pausiere, hole ich das hinterher nie wieder auf«, sagt er.

Viel von dieser Arbeitsintensität ist auf persönlichen Ehrgeiz zurückzuführen. Unter Druck arbeiten die meisten lieber. So sagt auch der Halbleiteringenieur Nick Larsen: »Wir bestimmen selbst das Tempo. Liegt unser Arbeitstempo bei 100 Prozent, drehen wir es morgens auf 120 - weil nichts passiert, wenn man nicht ein bißchen überdreht ist. Nichts ist besser für die Kreativität als ein wenig Angst und Druck.«

Aber es reicht nicht aus, hart und hingebungsvoll zu arbeiten. Qualifikation ist alles in Silicon Valley. Was einer weiß, nicht wer er ist, zählt. Ohne Intelligenz läuft gar nichts. Und wer in Silicon Valley Erfolg hat, verfügt in der Regel über eine gediegene technisch-wissenschaftliche Ausbildung.

Künftige Unternehmer haben manchmal schon im College

angefangen, an ihrer Erfindung zu arbeiten. Der Ingenieur Karl Harrington beschreibt, wieviel technischer Sachverstand in seiner kleinen Forschungs- und Entwicklungsfirma konzentriert ist: »Ich unterstehe einem Mann, der insgesamt vier Manager unter sich hat. Von uns vier sind drei Doktor-Ingenieure. Mein Boß ist auch Doktor-Ingenieur und sein Boß ebenfalls. Ich arbeite also mit brillanten und fähigen Leuten zusammen und muß mir viel einfallen lassen, um neben denen bestehen zu können.«

Lee Felsenstein, einst »Computer Kid« und führender Konstrukteur des Osborne-1-Computers, ist von der Elektronik-Entwicklungsarbeit so begeistert, daß er sie nie aufgeben würde, um Manager zu werden. Als die Firma Osborne Computer noch bestand, trug er den Titel »Research Fellow« mit entsprechenden Forschungsvollmachten, wie Rod Holt bei Apple und Ted Hoff bei Intel. Felsenstein sagte heute: »Es macht ungeheuren Spaß, so eine Computerplatine zu entwerfen. Als wir den Osborne-Computer entwickelten, habe ich an manchen Tagen alle drei Schichten gearbeitet. Spielerei und Arbeit unterscheiden sich kaum.«

So wird die Arbeit - und mit ihr das Leben - in Silicon Valley nie langweilig. Andererseits läßt dieses Leben am Rand des Leistungsvermögens manch einen nachts nicht ruhig schlafen. Der Elektronik-Ingenieur Frank Vella hat in zwanzig Jahren alle Höhen und Tiefen des Arbeitslebens von Silicon Valley kennengelernt:

»Die Überstunden abends und am Wochenende verschaffen einem jungen Ingenieur einen mächtigen Macho-Impuls. Während er sich noch die Sporen verdient, kann er sagen: ›Ich bin ein echter Silicon-Valley-Typ.‹ Aber die Vernünftigeren bestimmen selbst, wieviel Anteil die Arbeit an ihrem Leben haben darf.

Ich habe für meine jugendliche Unvernunft bezahlt und inzwischen festgestellt, daß das Leben doch mehr als Arbeit zu bieten hat. Ich habe damals an allen Wochenenden durchgearbeitet. Einmal habe ich 59 Tage lang jeden Tag zwischen 8 und 17 Stunden geschuftet. So verrückt bin ich jetzt aber nicht mehr.«

Wie unterscheidet sich Silicon Valley in der Arbeitsmoral von anderen Industrien? Kleis Bahmann, der nach 10 Jahren in »Aerospace«, der Luft- und Raumfahrt, zur Mikroelektronik überwechselte, erklärt: »In Aerospace kam es weniger darauf an, etwas fertigzubekommen, als die verrückten Vorschriften zu befolgen. Hier in der Elektronik arbeiten wir an konkreten Dingen, unseren Schaltungen - in Aerospace führt man nur Papierkrieg.

Deshalb zieht Silicon Valley die Macher und nicht die Paragraphenreiter an. Wenn mein Aerospace-Boß zu mir kam und sagte: ›Du hast 100 Fertigungsaufträge fehlerlos ausgearbeitet, das ist großartig‹, antwortete ich: ›Das kann jeder Trottel, und wir beide wissen, daß es nicht großartig ist.‹ Aber wenn man einen Computer konstruiert, und der funktioniert auch noch, dann weiß man, daß man saubere Arbeit geleistet hat.«

## *Zuwenig Ingenieure*

Silicon Valley saugt alles auf, was von den Universitäten als Ingenieur abgeht. Der Mangel an Ingenieuren hat seine Wurzeln im Schulsystem der Vereinigten Staaten. Die Etatkürzungen haben einen Mangel an qualifizierten Oberschullehrern in Mathematik und Naturwissenschaften bewirkt.

Wenn die Oberschulabsolventen an die Universitäten gehen, finden sie nicht genügend Technik-Professoren vor. Kein Wunder - Assistenzprofessoren an den technischen Fakultäten verdienen im Mittel 19.000 Dollar jährlich, während die Industrie den Ingenieuren Anfangsgehälter von 25.000 Dollar zahlt.

In den Vereinigten Staaten machen jährlich 60.000 Ingenieure ihren Abschluß. In der Sowjetunion sind es dagegen 300.000 bei fast gleicher Bevölkerungszahl. Japan hat nur halb soviel Menschen wie die USA, aber jedes Jahr bildet es 75.000 neue Ingenieure heran. In Amerika entfallen nur 6 Prozent aller »Undergraduate Degrees« (vergleichbar unserem Fachhochschulabschluß) auf die Ingenieure. Die Vergleichszahlen lauten für Japan 21 Prozent, die Sowjetunion 35 Prozent, die Bundesrepublik Deutschland 73 Prozent. »In Amerika wird weder die strategische Bedeutung der Erziehung noch die unmittelbare Auswirkung auf die Spitzentechnik gewürdigt oder verstanden«, schließt daraus die angesehene Zeitung »Christian Science Monitor«.

In einer High-Tech-Industrie ist der Grad eines »Bachelor of Science« (etwa: Graduierter Ingenieur) Voraussetzung für eine Anfangsstellung. Aber 5 Jahre nach dem Examen ist das Wissen eines Ingenieurs bereits zu 50 Prozent veraltet. Deshalb werden die Universitäten immer wieder aufgefordert, Auffrischungskurse für Ingenieure außerhalb der Hochschulen zu veranstalten, und die Industrie soll ihre Ingenieure veranlassen, 10 Prozent ihrer Arbeitszeit für solche Kurse zu reservieren.

Die American Electronics Association, der Elektronik-Industrieverband, und der Massachusetts High-Technology Council (Rat für Spitzentechnik des Staates Massachusetts) haben sich zum Handeln entschlossen. Sie wollen in einer Kampagne 1.500 Firmen dazu bringen, 2 Prozent ihrer Forschungsbudgets, das sind jährlich 40 Millionen Dollar, in eine Ingenieur-Fortbildungsstiftung zu investieren.

## *Frauen in Silicon Valley*

»Eine der letzten Bastionen männlicher Vorherrschaft« - so hat eine Zeitung, die »Peninsula Times Tribune«, Silicon Valley beschrieben. Die Frauen sind vorwiegend als Fließbandarbeiterinnen, Stenotypistinnen und Sekretärinnen tätig. Im Management sind sie völlig unterrepräsentiert.

Es ist nur schwer zu verstehen, warum so wenig Frauen eine verantwortliche Position in Silicon Valley innehaben. Zwar besitzen nur wenige Frauen eine technische Ausbildung, aber auch viele Männer in gehobenen Manager- und Verwaltungspositionen haben keine technische Ausbildung.

Im Jahr 1950 machten nur 175 Frauen in den USA ein Ingenieurexamen - 1980 waren es schon 6.100. Während sie 1965 nur ein Prozent der graduierten Ingenieure stellten, kamen sie 1980 auf fast 10 Prozent. Trotzdem sieht man in den Aufsichtsräten und den Vorständen von Silicon Valley kaum je eine Frau.

Die Risikokapitalisten und die Unternehmeringenieure - Männer - haben Silicon Valley fest im Griff. Überall sitzen Männer in den Schlüsselpositionen. Die Wissenschaftler, Ingenieure und Wirtschaftsexperten in den Firmen und Geldinstituten geben Informationen über freie Jobs, förderungswürdige Neugründungen und bahnbrechende Erfindungen vorwiegend an ihre Freunde - wiederum Männer - weiter.

In den Machtzentren von Silicon Valley haben Frauen Seltenheitswert. Die zwanzig größten börsennotierten Mikroelektronik-Firmen hatten 1980 insgesamt 209 Vorstandsmitglieder, davon waren nur vier Frauen. Diese 20 Firmen hatten 150 Aufsichtsräte. Darunter war sogar nur eine Frau - Shirley Hufstedler bei Hewlett-Packard.

Wenn bis jetzt den Frauen in Silicon Valley der Zugang zur Spitze auch verwehrt ist, gibt es für sie inzwischen doch Möglichkeiten zum Einstieg ins untere bis mittlere Management mit späteren Aufstiegschancen. Der Bedarf an Kräften mit fundierter Ausbildung übersteigt bei weitem das Angebot. Ann Wells, Präsidentin der Personalberatung Ann Wells Personnel Services, hat beobachtet: »Jeder, der ein Ingenieurexamen hat, kann in Silicon Valley untergebracht werden. Sogar ein Marsmensch mit drei Köpfen würde noch einen Job finden. Deshalb haben Frauen mit technischer Ausbildung phantastische Aussichten.«

Frances arbeitet in der Marketingabteilung eines Silicon-Valley-Konzerns. Sie spricht für viele Frauen, die sich hier durchsetzen müssen: »Mein Hauptfach im College war Französisch. Dann war ich zwei Jahre Lehrerin, aber das gefiel mir nicht. Ich besorgte mir einen Job als Verkäuferin im Kundendienst, in dem ich meine Elektronik-Kenntnisse erwarb. Das war 1972. Zu der Zeit gab es noch keine Frauen im Marketing oder im Industrieverkauf, so daß ich zunächst keine Aufstiegschancen hatte.

Aber dann wurde eine Position in der Verkaufsabteilung für Rüstungsgüter frei. Dort arbeitete ich, bis ich 1979 meinen jetzigen Job bekam. Ich war die erste Frau, die in meiner Firma einen Marketingjob bekam. Meine Vorgesetzten waren zunächst skeptisch, weil sie einem weiblichen Wesen nicht viel zutrauten. Vor allem durfte ich nicht reisen.

Mein nächstes Ziel ist es, Gebietsmanager im Verkauf an Großkunden zu werden. Auf so einem Posten gibt es noch keine Frau. Mein Nachteil ist, daß ich noch keine Erfahrungen im Außendienst habe. Aber wie soll ich die sammeln, wenn sie mich nicht reisen lassen?!«

Eine Ausnahme von der Regel männlicher Dominanz in den Chefetagen ist Sandy Kurtzig, Präsidentin von ASK Computer Systems. Die Firma ASK ist ein »OEM« (Original Equipment Manufacturer = Originalausstatter), der Software, also Computerprogramme für Buchhaltung, Kostenrechnung und andere Bereiche aus dem Rechnungswesen für große Anwender entwikkelt.

Die ASK-Software wird den Kunden zusammen mit Hewlett-Packard-Minicomputern geliefert, so daß sie »schlüsselfertige«, sofort betriebsbereite Anlagen, bekommen. Sandy Kurtzig ist eine attraktive Frau, aber ihre Konkurrenten sagen, daß sie knallhart verhandelt, wenn sie eine geschäftliche Chance wittert.

Als Sandy mit ihrer Familie nach Silicon Valley gezogen war, studierte sie Flugzeugbau an der Stanford University, während sie noch ihre beiden Kinder großzog. Sie war eine der beiden Frauen unter den 250 Studenten mit Vordiplom.

## *Eingewanderte Silicon-Valley-Unternehmer*

Nicht alle Menschen aus der Dritten Welt, die in Silicon Valley ihr Brot verdienen, sind Fließbandarbeiterinnen. Der Koreaner Kyupin Philip Hwang betrat vor 18 Jahren mit 50 Dollar Zehrgeld und einigen Brocken Englisch amerikanischen Boden. Heute besitzt Hwang 69 Prozent der Computerfirma Tele Video, die er 1976 gründete. Sein Privatvermögen belief sich im Juni 1983 auf 1,1 Milliarden Dollar. Damit liegt der koreanische Einwanderer in der Rangliste erfolgreicher Unternehmer weit vor Steve Jobs und gar nicht so weit hinter Dave Packard und Bill Hewlett.

Auch andere Einwanderer aus der Dritten Welt haben es in Silicon Valley zu etwas gebracht. Der Israeli Arie Finegold arbeitete bei Intel und gründete später die Firma Daisy Systems, die eine Hardware / Software-Kombination an Wissenschaftler und Ingenieure vertreibt. Dem Palästinier Jesse Aweida gehört die Storage Technology Corporation, die Datenspeicher für Computersysteme herstellt.

Um zu Phil Hwang zurückzukommen: er stammt aus Nordkorea und floh während des Koreakrieges in den Süden nach Seoul. Er hat den Hunger kennengelernt. »Mein Vater war Mechaniker«, sagt Hwang, »wir waren sehr arm.« In Amerika studierte Hwang Elektrotechnik an der Staatsuniversität von Utah. In den Sommermonaten arbeitete er in dem Ferienort Lake Tahoe - als Tellerwäscher in einem Kasino, als Hausmeister in einem anderen. Mit dem Lohn finanzierte er sein Studium.

Später bekam Hwang einen Job bei Ford in Detroit und studierte indessen weiter bis zum Mastergrad. Danach arbeitete er bei mehreren großen Computerherstellern und landete schließlich in Silicon Valley. Mitte der 70er Jahre gründete er mit seinen Ersparnissen von 9.000 Dollar die Firma Tele Video in einer Garage in Cupertino. Bei ihm wollte aber kein Risikofinanzier einsteigen. Hwang selbst bekam in den ersten beiden Jahren kein Geld aus seinem Unternehmen. Seine Frau ernährte die Familie mit ihrem Gehalt, das sie als Diätschwester in einem Krankenhaus verdiente.

Hwangs Unternehmen produziert ein preiswertes Computer-Bildschirmterminal von hoher Qualität. Es ist zwar keine sensationelle Innovation, aber es verkauft sich gut. Mit 200.000 ausgelieferten Exemplaren wurde Tele Video zum größten unabhängigen Hersteller von Bildschirmterminals der USA. Die Bauteile werden in Korea, die Platinen in Kalifornien und die fertigen Geräte in Puerto Rico montiert.

Inzwischen hat Tele Video auch einen Mikrocomputer entwickelt, und der verkauft sich ebenfalls gut. Hwang ist ein unheilbarer Arbeitssüchtiger, der regelmäßig 16 Stunden am Tag schuftet. Trotzdem hat sein Erfolg etwas auf seinen Lebensstil abgefärbt. 1982 hat Hwang sich ein über 500 Quadratmeter großes massives Haus in der Prominentensiedlung Los Altos Hills zugelegt. Es hat über eine Million Dollar gekostet und besitzt eine Küche, die 400 Gäste versorgen kann. Hwangs Frau arbeitet immer noch im Krankenhaus.

Wie viele Frauen fühlte Sandy Kurtzig sich von der Hausarbeit nicht ausgefüllt und gründete 1974 ihre eigene Firma: »Ich wollte wie Hewlett und Packard in einer Garage anfangen, aber ich hatte keine. Deshalb fing ich in einem Schlafzimmer meiner Wohnung an. Aber die meiste Arbeit habe ich doch auf meinem Küchentisch erledigt.«

Zuerst übernahm Sandy Verkauf, Buchhaltung und Leitung ihrer jungen Firma. Die fünf oder sechs Angestellten der Anfangszeit von ASK arbeiteten auch in dem Schlafzimmer. Schließlich zog die Firma um in ein Bürohaus von Los Altos und erlebte von da an ein stürmisches Wachstum. 1982 war der Umsatz auf 23 Millionen Dollar geklettert.

Sandy Kurtzig führt ihren Erfolg unter anderem darauf zurück, daß sie erstklassige Leute einstellte, die ebenfalls erstklassige Leute eingestellt haben: »Ich sagte meinen Topmanagern, sie müßten Leute besorgen, die besser sind als sie selbst. Sie wurden erst befördert, wenn sie einen Nachfolger gefunden hatten.«

Die ASK-Mitarbeiter werden sogar für Silicon-Valley-Verhältnisse gut bezahlt. Alle bekommen Belegschaftsaktien und zweimal im Jahr eine Erfolgsbeteiligung, die im Mittel 10 Prozent des Grundgehalts ausmacht. Jeden Freitag gibt es bei ASK Freibier für alle, aber auch Wein, weil die Chefin kein Bier mag.

Wenn man Sandy Kurtzig fragte, wer denn ihr schärfster Konkurrent sei, antwortete sie wie aus der Pistole geschossen: »IBM.« ASK reicht im Umsatz natürlich nicht entfernt an IBM heran. Aber als Sandy Kurtzig sich Ende 1982 scheiden ließ, bekam ihr Mann 20 Millionen Dollar für seine ASK-Anteile ausgezahlt. Danach besaß Sandy Firmenanteile bei ASK Computer Systems im Wert von 54 Millionen Dollar.

Die egalitäre Management-Philosophie von Silicon Valley legt Wert auf Flexibilität, Ungezwungenheit, Unternehmergeist und Unabhängigkeit von Traditionen. Die rasch wachsenden Konzerne wollen sich den unbekümmerten Unternehmergeist der anfänglich kleinen Firma erhalten. Ein vielbeschrittener Weg dazu ist die Dezentralisierung, das Delegieren von Verantwortung an die mittleren Manager. Wenn bei Hewlett-Packard eine Abteilung auf 1.500 Mitarbeiter angewachsen ist, wird sie zu einer selbständigen Verwaltungseinheit. Die Mitarbeiter werden angehalten, sich eher mit ihrer Abteilung als mit dem weltumspannenden H-P-Giganten zu identifizieren.

Viele Beobachter erkennen in der Tat einen eigenständigen Silicon-Valley-Managementstil. Im Gegensatz zu den klassischen Industrien sehen die Mikroelektronikfirmen in ihren Mitarbeitern zuerst das menschliche Wesen und dann den Produktionsfaktor. Die gute Behandlung der Beschäftigten, finanzielle Anreize, Sozialleistungen und familiäre Umgangsformen zahlen sich in Silicon Valley immer aus, unter anderem auch in der Form größerer Firmentreue.

In Silicon Valley gibt es keine Fabriken, sondern nur »Produktionsstätten«, moderne, weiträumige und ruhig gelegene Werkanlagen. Sie stehen auf einer Art »Campus« mit gepflegtem Rasen, ausgedehnten Grünflächen. Einzig die monotone Gleichförmigkeit der Baulichkeiten fordert zur Kritik heraus. Die meisten sind ebenerdige »Kartons« - so genannt, weil die Betonwände am Boden gegossen und dann wie die Teile eines Kartons aufgestellt werden. Diese eingeschossigen »Kartons« beherbergen Tausende von kleinen Mikroelektronikfirmen, die das Rückgrat der Silicon-Valley-Industrie bilden. Größere Firmen residieren in ultramodernen, architektonisch anspruchsvoll gestalteten Bauten mit Obergeschoß. Vielgeschossige Gebäude können in Silicon Valley an den Fingern einer Hand abgezählt werden.

Wenn die Baulichkeiten auch wie Schuhschachteln wirken, die Landschaftsgestaltung ist exquisit. Die rund 75 Industrieparks in Silicon Valley werden von ausgefuchsten Landschaftsarchitekten entworfen, bepflanzt und instand gehalten.

Einige Unternehmen haben sich mit ihren Anlagen großes Renommee erworben. Die Rolm Corporation veranstaltet sogar Führungen durch ihre preisgekrönte Parklandschaft. Ein murmelnder Bach windet sich durch den Rolm-Campus an Patios mit Tischen unter Sonnenschirmen, an Schwimmbädern und Tennisplätzen und einer Cafeteria vorbei. Kleine Patios laden die Angestellten zum Lunch. Weinumrankte Laubengänge, Blumenrabatten und eine raffinierte Gartengestaltung geben dem angespannten Arbeitstag einen heiteren Hintergrund.

Diese freundliche Landschaft setzt sich nahtlos in den Baulichkeiten fort. Überall hängen Ampeln mit grünen Ziergewächsen, stehen eingepflanzte Bäumchen. Aus den Deckenlautsprechern ertönt leise Musik, und über den Sitzgelegenheiten an der Wand hängen moderne Poster. Die Empfangsräume sind mit hypermodernem Mobiliar ausgestattet, überall hängt Textilkunst, und Spiegelglasscheiben eröffnen einen weiten Blick auf die »manikürten« Rasenflächen.

In ganz Silicon Valley erzählt man sich bewundernde Geschichten über die Sport- und Freizeiteinrichtungen der großen Konzerne für ihre Belegschaft. Es herrscht eine großzügige Country-Club-Atmosphäre in all den Schwimmbädern, Tennis- und Volleyball-Courts, den Reitgeländen, Gymnastikhallen und Duschräumen.

Die Konzerne gehen natürlich nicht ganz selbstlos bei der Gewährung so augenfälliger Zusatzleistungen vor. Das sind wirksame Fluktuationsbremsen. Die sportliche Betätigung fördert außerdem die Gesundheit und verringert den Krankenstand, wie ein Sprecher von Rolm bekennt. Die millionenschweren Sportanlagen der Rolm Corporation sind sicher eine der cleversten Investitionen dieses Konzerns.

Die Mitarbeiter werden aufgefordert, an den Wochenenden ihre Familien in die Schwimmbäder und Tennisanlagen mitzubringen. »Flextime«, die gleitende Arbeitszeit, wird immer beliebter. Rolm, Tandem und Intel gewähren ihren Mitarbeitern nach mehreren Jahren »paid sabbaticals« – überlangen Urlaub mit der Möglichkeit, zu studieren oder Forschungsexpeditionen zu unternehmen. Man gibt dem Mitarbeiter damit Gelegenheit, »seine Batterie wieder aufzuladen«. Während dieser Zeit muß jedoch ein Ersatzmann eingearbeitet werden, der voll einspringen kann, falls der offizielle Jobinhaber ganz aufhören will.

Im Gegensatz dazu ist die Altersversorgung praktisch unbekannt in Silicon Valley. Die meisten Betriebe zahlen überhaupt keine Pension. Jugendliche Bewerber um einen Job machen sich auch keine Gedanken über eine Altersversorgung. Keiner erwartet, so lange bei einer Firma zu bleiben, daß er eine Pension in

So entsteht die Silicon-Valley-Architektur: Die Werkhallen werden wie ein Karton aufgestellt. Die 97 Tonnen schweren Wände werden am Boden in Beton ge-gossen und dann hochgewunden. So, im unfertigen Zustand, erinnert der Marriott-Industriepark von Santa Clara an Stonehenge, das Steinzeit-Monumen-tenareal in England.

Das Herz von Silicon Valley aus der Vogelperspektive: Halbleiterfabriken und andere Elektronikwerke in Santa Clara und Sunnyvale.

Anspruch nehmen könnte. Silicon-Valley-Mitarbeiter rechnen mit einer Beschäftigungsdauer von Monaten oder Jahren, aber nicht auf Lebenszeit.

### *Ein Tag im Leben eines Silicon-Valley-Ingenieurs*

Der Wecker schrillt um Punkt 6 Uhr. Mike stellt ihn ab und döst noch eine Viertelstunde, bevor er ganz aufwacht. Er weiß, wenn er jetzt nicht aufsteht, bleibt er im dicksten Berufsverkehr stecken. Mike teilt mit seiner Freundin Angie eine Eigentumswohnung in Los Gatos. Es wird höchste Zeit.

Mike rollt mit seinem Porsche 924 auf die holprige Fahrbahn des Highway 17 zu und flucht über die Verkehrsampel an der Zufahrt, die immer auf Rot steht, wenn er spät dran ist. Wenigstens hat er ein gutes Stereokassettensystem im Wagen, mit dem er den Verkehrslärm übertönen kann.

Mike fragt sich jetzt, was ihn wohl im Werk erwartet. Gestern ist die Vorarbeiterin am Band wegen Krankheit nach Hause gegangen, und vielleicht ist sie heute noch nicht wieder da. Er überlegt, wen er an ihrer Stelle einsetzen könnte.

Im Werk gibt es jeden Morgen Krapfen und Kaffee gratis. Mike guckt die Krapfen an - er weiß, wenn er einen ißt, liegt der wie Blei im Magen. Trotzdem nimmt er sich einen und bereut es eine Viertelstunde später. Dann meldet sich die Vorarbeiterin - sie ist wieder wohlauf. Mike kann also seine Sorgen um das Fertigungsband vergessen und geht noch mal die Unterlagen über einen Goldballbonder (eine Schweißmaschine für die dünnen Golddrähte, die den Chip mit seinen Steckkontakten verbinden) durch. Er möchte hundert Maschinen zu einem Stückpreis von 3.000 Dollar für das Werk Hongkong bestellen.

In der Mittagspause trifft Mike sich mit anderen Joggern im Umkleideraum. Ein paar ausdauernde Männer und Frauen joggen fast täglich. Sie laufen durch den Industriepark hinüber zu den Salzflächen an der San Francisco Bay. Heute scheint die Sonne, und überall sieht man Jogger. Mike kennt viele von seinen früheren Jobs her. Von den anderen weiß er zumindest, wo sie arbeiten. Während des Laufens werden Neuigkeiten und Klatsch ausgetauscht.

Als Mike an seinen Schreibtisch zurückkehrt, gibt es Ärger an der Fertigungsstraße. Die dünnen Golddrähte haften nicht richtig am Siliziumkristall. Mike läßt die »Bonds« (Verbindungsstellen) von dem Mann am Rasterelektronenmikroskop (REM) im Labor untersuchen, sieht sie sich selbst unter dem Lichtmikroskop an. Er geht die tatsächlich am Band vorgenommenen Fertigungsschritte

durch und vergleicht sie mit den Vorschriften im Handbuch Ein Glück, daß die Vorarbeiterin heute da ist; ohne sie wäre nichts zu machen. Mike spricht mögliche Fehlerquellen mit vier Mitarbeitern am Fertigungsband durch. Die Ursache muß in den Werkzeugen liegen. Mike sagt den Werkzeugmachern, was sie ändern müssen, notfalls in Überstunden, damit die Fertigungsstraße am nächsten Mittag weiterarbeiten kann.
Um 19.15 Uhr kann Mike endlich Schluß machen. Er hat Hunger und ist todmüde, aber so spät bleibt er wenigstens nicht im Feierabendverkehr stecken. Heute hat er Angie zum Abendessen im Steamers-Restaurant eingeladen. Er ist vor ihr da und verkürzt sich die Wartezeit mit einem Drink. Morgen muß er sich wieder um die Bestellung der Goldballbonder kümmern. Und hoffentlich kriegen die Werkzeugmacher die Änderungen rechtzeitig fertig. Die Fertigungsstraße muß unbedingt wieder laufen. Oje, was morgen wohl wieder los ist …

## *Die Verlierer*

Eines der Märchen, die den Silicon-Valley-Mythos so attraktiv machen, besagt, daß die Ingenieure und Wissenschaftler dem Erfolg praktisch nicht entgehen können. Zuerst, so heißt es, werde man zwar sehr gefordert und enorm gestreßt, aber nach einigen Jahren Tretmühle müsse es sich schon auszahlen. Das Gehalt steigt unablässig. So geht die Mär, Belegschaftsaktien bringen satte Zusatzgewinne, und als Lohn der Leistungsbereitschaft winkt der Eintritt ins Management in einer himmelstürmenden Industrie. Die Firma wird zu einem weiteren Superstar am Firmament, man selbst und auch die Kollegen scheffeln Millionen. Das Leben hat dann viel zu bieten - eine Traumvilla mit Swimming-pool, rassige Sportwagen und Geld in rauhen Mengen zur Erfüllung aller Wünsche.

Doch der Silicon-Valley-Mythos ist nur ein Traum. Die Zahl der Menschen, für die er wahr wurde, ist in Wahrheit winzig klein. Und nur ganz wenige Bücher oder Fernsehsendungen über Silicon Valley lassen auch einmal die Verlierer zu Worte kommen. Es werden immer nur die Paradepferde vorgeführt - jung, brillant, dynamisch, vermögend. Die es nicht geschafft haben, die sieht man nicht. Sie werden übergangen, in der Hoffnung, daß sie von selbst verschwinden - diese unangenehmen Zeugen dessen, daß die rauhen Lebensbedingungen von Silicon Valley einen hohen Tribut fordern.

Die Opfer der Arbeitsmoral von Silicon Valley sind zehnmal so zahlreich wie die Glücklichen, die sich behaupten konnten. Keiner, der dort lebt, kann den Verlierern ganz aus dem Wege gehen. Keiner der Verlierer gibt zu, daß es ihn erwischt hat. Sie verdrängen alles - ihre Mißerfolge, ihre Unfähigkeit, Belastungen zu ertragen, ihr Enttäuschung, wenn sie bei Beförderungen übergangen werden, ihre Verzweiflung, wenn sie entlassen werden oder ihre Firma untergeht.

So mancher Elektroniker lernt die Launen des Arbeitsmarktes von Silicon Valley bei seiner Entlassung kennen, und es ist kein Geheimnis, daß die Tatsache der Entlassung nichts mit der Leistung des Betreffenden zu tun haben muß. Sie kann sich auch aus den Umständen in der Firma oder der Abteilung ergeben. Zum Beispiel stellt manchmal die Verkaufsabteilung noch Leute ein, während Leute in der Fertigung freigesetzt werden. Kaum einer der erfahrenen Silicon-Valley-Ingenieure ist nicht mindestens einmal in seiner Laufbahn entlassen worden.

Richard, ein Ingenieur bei Intel, hat die Entlassungswelle von 1975 miterlebt: »Mir unterstand eine Fertigungsstraße. Eines Tages kam mein Chef zu mir und sagte, ich müßte alle Mitarbeiter meiner Gruppe nach Hause schicken. Ich rief sie zusammen und sagte: ›Leute, ich weiß, es trifft euch hart, aber ihr seid alle entlassen.‹ Ich brachte sie zum Parkplatz und gab ihnen allen die Hand.

Eine Viertelstunde später saß ich wieder in meinem Büro. Ich war froh, daß die unangenehme Aufgabe hinter mir lag und vor allem, daß es mich nicht erwischt hatte. Da rief mein Chef mich zu sich und fragte, ob ich die Entlassungen ausgesprochen hätte. Ich sagte ja, und er druckste herum: ›Es tut mir wirklich leid, Ihnen dies zu sagen, aber Sie sind auch entlassen.‹ So befand ich mich eine Viertelstunde später ebenfalls auf dem Parkplatz und sprach wieder mit den Leuten, die ich eben entlassen hatte. Sie lehnten noch an ihren Autos.

Wieder eine Viertelstunde später kamen die Werkschutzleute noch einmal mit meinem Chef. So hatte die Firmenspitze innerhalb einer Stunde Mitarbeiter aus drei Personalebenen zum Parkplatz hinauskomplimentiert. Wir alle haben gern in der Firma gearbeitet und wären gern geblieben. Wir waren vollberechtigte Staatsbürger, aber jetzt waren wir Arbeitslose.«

Für den Entlassenen ist auch der Zeitpunkt seiner Freisetzung entscheidend. Wer während der Silicon-Valley-Depression von 1972, 1975 oder 1982 entlassen wurde, hatte keine guten Aussichten, einen neuen Job zu finden.

## *Countdown einer Entlassung*

| | |
|---|---|
| 3 Wochen vorher: | Ich überstehe die erste Entlassungswelle in der Firma und gehe mit meinen Brüdern Ski laufen. Blicke am Montag auf die leeren Schreibtische und sage mir: »Viel haben sie ja auch nicht geleistet.« |
| 2 Wochen vorher: | Gehe am Wochenende wieder Ski laufen, diesmal allein. Liege bis halb vier wach in meinem billigen Hotelzimmer und denke nach. Ich habe die Wahl zwischen dem Entwurf von Datenspeicherschaltungen und der Entwicklung von medizinischen Diagnoseprogrammen. Wenn die Risikofinanziers nicht wären, könnten wir Ballast abwerfen, in weniger pompöse Räumlichkeiten umziehen und wie in alten Zeiten die Ärmel hochkrempeln. |
| 1 Woche vorher: | Ich spreche mit einem der vielen Kopfjäger, die unser Werk wie die Haie umschwärmen.<br>Kopfjäger: »Es gibt viele Chancen für Sie, aber Sie müssen sofort gehen.«<br>Ich: »Ich habe eine Beschäftigung und lasse meine Firma nicht im Stich.«<br>Kopfjäger: »Sie sollten gehen, solange Sie noch die seelische Kraft haben, etwas Neues anzufangen. Gehen Sie, solange Sie noch obenauf sind. Lassen Sie sich nicht von den Ereignissen überrollen.« |
| 3 Tage vorher: | Der Mann von der Risikokapitalfirma erzählt allen, daß vielleicht Entlassungen notwendig werden. Am Freitag wissen wir Bescheid. Unser Präsident ist nicht mehr da - »um einen Interessenkonflikt zu vermeiden.« |

| | |
|---|---|
| 1 Tag vorher: | Besprechung mit meinem Chef: »Dies schmerzt mich mehr als alle anderen. Es war alles vorhanden - die Ideen, die richtigen Leute, das Geld, die geistigen Fähigkeiten. Was uns ruiniert hat, waren lächerliche Managementfehler.« Das von einem Mann, der sechs Monate lang 60-Stundenwochen abgeleistet hat, um die technischen Voraussetzungen für die Produktion zu schaffen. |
| Am Entlassungstag: | Der Risikofinanzier teilt uns mit, daß die Firma aufgelöst wird. Er dankt uns für unseren Einsatz. Ich bin irgendwie erleichtert. Ich kann mir sagen: »Ich war immer am Ball, bis zum Schluß. Ich habe keinen im Stich gelassen. Aus weltwirtschaftlicher Sicht besteht auch wirklich kein Bedarf an einem weiteren Hersteller von Textverarbeitungsgeräten. Arbeitskraft und Geldmittel können jetzt für etwas Sinnvolleres eingesetzt werden. Jedenfalls ist es vorbei. Aus der Traum.« |
| 1 Stunde später: | Ich gehe durch unsere dunkle Werkhalle und stelle die Geräte ab, auf denen noch die Rohfassung meiner Diagnose-Software läuft. Endgültig aus. Plötzlich werden mir zwei Dinge klar: Es ist von nun an völlig unwichtig, ob das ganze System funktionieren wird. Und meine Diagnose-Software ist reif für den Papierkorb. Wie alles andere, was hier entwickelt wurde, weil es nur durch die Leute, die hier gearbeitet haben, lebensfähig war. |
| 3 Stunden später: | Jetzt sind schon 90 Prozent der Belegschaft gegangen. Ich räume noch meinen Schreibtisch aus. Sage den letzten auf Wiedersehen, traurig und deprimiert. Mein Wagen will nicht anspringen. Bin perplex. Mir fällt ein, daß ich morgens die Scheinwerfer nicht ausgeschaltet habe. Muß per Anhalter nach Hause. Was für ein Abgang! |

| | |
|---|---|
| 8 Stunden später: | Mein erster Gedanke, nach Einreichung meines letzten Gehaltsschecks über 2.200 Dollar: Egal, was jetzt kommt, erst einmal raus in den Schnee und Ski laufen. |
| 1 Tag später: | Herrje, ich muß unbedingt einen Job finden! |
| 2 Tage später: | Ein Gefühl der Leere, der Sinnlosigkeit. Brauch' eine Aufgabe. |
| 3 Tage später: | Mein erster Vorstellungstermin bei einer Konkurrenzfirma. Ein Freund, der meine Arbeit zu schätzen weiß, hat sich für mich eingesetzt. |
| 21 Tage später: | Nach der sechsten Vorstellung hat es geklappt. Ein vielversprechender Job mit einer kräftigen Gehaltsaufbesserung. Nächste Woche geht es wieder an die Arbeit. Werde zur Feier des Tages Ski laufen gehen. |

Zu den Verlierern gehören auch die Mitarbeiter, die nach einer Zeit der Überforderung aufgeben müssen. Der Wettbewerb, das Bemühen, als erster mit einem neuen Produkt auf dem Markt zu sein, zwingen manchmal eine Firma - und ihre Angestellten - zu äußerster Anstrengung. So ein »Push« ist eine Gelegenheit für das Unternehmen, seine Innovationskraft unter Beweis zu stellen, und der dafür notwendige Teamgeist steckt dann alle Mitarbeiter an. In dieser Zeit leben sie nur für ihre Arbeit und tun alles, um den Erfolg der gemeinsamen Bemühungen zu erzwingen. Das halten sie einmal durch, vielleicht auch zweimal, aber nicht länger. Besonders, wenn so eine »Marathon-Aktion« einmal nicht zum Erfolg geführt hat. Dann sind sie ausgebrannt wie manchmal die Schaltkreise, an denen sie arbeiten.

Oft unternehmen mehrere Firmen auf einmal so einen »Push«, aber nur eine kann als erste auf dem Markt sein. Die anderen müssen sich fragen, ob der mörderische Aufwand das wert war. Der Preis dafür ist sehr hoch: die Mitarbeiter sind verbraucht, »ausgebrannt«, und das oft schon in jungen Jahren.

Charles Peddle, Präsident von Victor Technologies, seiner fünften Neugründung in zwölf Jahren, gibt zu: »In den letzten beiden Jahren mußte ich meine drei Vizepräsidenten ins Krankenhaus schicken. Drei der vier Spitzenleute meiner Firma verloren im letzten Jahr ihre Familie durch Scheidung. Plötzlich wacht man auf und stellt fest, daß die Kinder zwei oder drei Jahre älter sind, daß eines Probleme hat. Wenn es stimmt, daß es zehn Lebensjahre kostet, Präsident der Vereinigten Staaten zu sein, dann kostet jede Neugründung in Silicon Valley mindestens fünf.«

Drei Ingenieure, alle Mittdreißiger, unterhielten sich einmal bei Sandwiches und Salat im Delikatessenimbiß eines Industrieparks von Silicon Valley. Sie sprachen über solche »Pushes«. Einer von ihnen faßte seine Enttäuschungen zusammen: »Diese Gewaltaktionen sind etwas für junge Burschen, die noch keine Ahnung haben, was gespielt wird. Ich habe das einmal mitgemacht, aber nie wieder! Was würde ich jetzt davon haben? Mehr Geld? Vermutlich nicht. Meine Kinder würden mich kaum sehen, und am Wochenende könnte ich nicht segeln gehen. Das ist was für junge Anfänger, die haben ja nichts anderes zu tun.«

Ausgebrannte Leute gibt es in jedem Job, in jeder Branche, aber in Silicon Valley sind sie besonders zahlreich und noch jung. Was wird aus diesen Leuten? Das weiß keiner so genau. Diese Industrie ist noch jung, und niemand hat sich bisher eingehend mit diesem Problem befaßt. Jedenfalls stellen die ausgebrannten Mitarbeiter einen Großteil der Verlierer von Silicon Valley.

So manche Silicon-Valley-Karriere endet damit, daß der betreffende Ingenieur oder Manager »hinten rüberfällt«. Keiner rechnet damit, die Mikroelektronik je wieder zu verlassen, aber dann steht man doch im Regen - anläßlich einer Fusion oder einer Entlassungswelle. Meistens kündigt sich das Ende jedoch harmloser an, etwa mit der Versetzung in eine Abteilung, die nicht an Neuentwicklungen arbeitet. Oder man kommt unter die Fittiche eines als schwierig bekannten Oberaufsehers. Der Mitarbeiter strengt sich noch einmal ordentlich an, um mit der neuen Situation fertig zu werden, aber dann geht es doch bergab.

Es gibt ein Szenario für das Ende einer Karriere, das immer wieder abläuft. Zuerst entscheidet sich der ausgebrannte Mitarbeiter für Halbtagsarbeit, und viele Firmen lassen sich auch darauf ein. Der Mann bekommt vielleicht eine Spezialaufgabe, die nicht so viel Einsatz erfordert. Aber er wird das Gefühl nicht los, daß er nur mehr fünftes Rad am Wagen ist, und er verdient ja auch weniger.

Der nächste Schritt ist vielleicht, sich als Berater selbständig zu machen. Das ist manchmal nur eine freundliche Umschreibung für Teilzeitarbeit. Silicon Valley wimmelt von Beratern aller Art. Viele sind fähige Ingenieure, die schon bei fast allen Elektronikfirmen gearbeitet haben und über gute Beziehungen verfügen. Einige besitzen sehr gefragte Spezialkenntnisse. Sie wurden schlicht entlassen und beraten jetzt jeden über alles. Sie halten sich damit in Trab, daß sie alle möglichen Geschäfte vorschlagen und schieben den Zeitpunkt hinaus, zu dem sie ganz »hinten rüberfallen«. Eines Tages fällt den andern auf, daß es sie nicht mehr gibt.

Die vielen Überstunden mit letztem Einsatz, die die Arbeit in Silicon Valley verlangt, erscheinen sinnvoll angesichts dessen, was dabei herausspringen kann. Aber der Erfolg ist in Silicon Valley auch auf eine gehörige Portion Glück angewiesen. Die Gewinner waren zur richtigen Zeit auf der Matte, sie hatten die richtigen Beziehungen, und der Markt war bereit, ihr Produkt aufzunehmen.

Doch im Schatten der Gewinner stehen die vielen anderen, die ebenso brillant und einsatzfreudig waren, aber nicht das nötige Quentchen Glück hatten. Anders als im Falle von Steve Jobs flossen die Millionen nicht in ihre Taschen, und ihre Träume blieben leerer Wahn. Warum haben es Unternehmer wie Steve Jobs, Jerry Sanders und Nolan Bushnell geschafft, während die anderen draußen, vor der Tür des Paradieses blieben? Wer sich großen Träumen hingibt, muß mit großen Enttäuschungen rechnen. Und Silicon Valley ist das Land der Träume ebenso wie das Land der Enttäuschungen.

Die Arbeitsmoral von Silicon Valley ist vielleicht bestimmend für unsere Zukunft. Sie erfüllt einen festumrissenen Zweck in einer Informationsgesellschaft, der die Spitzentechnikindustrien immer stärkere Impulse geben. Wenn aber unsere Zukunft vom Arbeitsstil der Spitzentechnikindustrien bestimmt wird, ergeben sich Auswirkungen auf unser Leben, die noch nicht abzusehen sind.

Ein positiver Aspekt der Arbeitsmoral von Silicon Valley ist die hier gültige Meritokratie. Nach diesem an sich guten Prinzip ist Leistung der entscheidende Bewertungsmaßstab der Arbeit. Aber diese Arbeitsmoral hat auch eine unfreundliche Kehrseite – man behält wenig zum Leben und wenig Selbstachtung, wenn einem der Boden des Arbeitsplatzes unter den Füßen weggezogen wird. Die Kräfte, die sich zusammenfanden, um die Mikroelektronikindustrie, dieses leuchtende Beispiel amerikanischer

Innovationskraft und amerikanischen Unternehmergeistes, zu schaffen, sie können genauso ein Heer von arbeitsbessenen Technokraten mit geringer Lebenserfahrung und verkümmerten menschlichen Impulsen hervorbringen.

## *Die Lebensart*

»Wichtig ist nur, wie sie oder er ihren Job ausfüllen. Ist sie zwar ein Flittchen, aber eine gute Sachbearbeiterin, dann ist sie eben eine gute Sachbearbeiterin. Ist er ein guter Entwurfsingenieur, der sich überhaupt nicht für Frauen interessiert, spielt das auch keine Rolle.«
*Mark Larsen*
*Manager der Intel Corparation, 1982*

So mancher Silicon-Valley-Einwohner bevorzugt einen auffälligen Lebensstil. »Disneyland-Nord«, so nennt Don Hoefler, Herausgeber des Informationsdienstes »Microelectronic News« und selbst nicht gerade eine graue Maus, die Gegend. Unternehmer, die immer von sich reden machen, Stehaufmännchen, die Millionen vertan und wiederverdient haben, leben hier einträchtig zusammen mit Computerfreaks, Hackern und den Superspezialisten vom Elektronik-Olymp.

Hier lebt aber auch eine überwältigende Mehrheit von ganz normalen Leuten, die so viel hermachen wie ein alter Schuh. Die wichtigsten Leute von Silicon Valley, die Elektronikingenieure, leben weder auffällig noch antisozial. Sie sind meistens Durchschnittsbürger, häufig aus dem Mittelwesten. Intel-Gründer Bob Noyce stammt zum Beispiel aus einer Kleinstadt in Iowa, AMD-Präsident Jerry Sanders aus Chicago.

Als diese und andere Ingenieure in Silicon Valley eintrafen, hatten sie kurzgeschnittene Haare und einen kleinbürgerlichen Lebensstil. Aber das kalifornische Fluidum machte sich bald bemerkbar, und mit der Haarlänge änderte sich auch die private Sphäre. Wer seine Seele ganz dem High-Tech-Unternehmergeist verschreibt, kann kaum damit rechnen, daß sein Familienleben intakt bleibt, und wer mit seiner Arbeit verheiratet ist, bringt alle Lebensmaßstäbe durcheinander.

Früher konnten nur tolerante junge Leute es sich leisten, ohne Trauschein zusammenzuleben. Das hat sich gründlich geändert. In Silicon Valley leben keineswegs mehr Menschen in freier Verbindung als anderswo. Was auffällt, ist, daß hier viel mehr Leute über dreißig, vierzig und fünfzig das tun.

Viele waren schon ein oder mehrmals verheiratet und haben von dem Ehe- und Scheidungskrieg ein für allemal genug.

Präsidenten, Vorstände und Manager leben heute genauso in freier Ehe wie ihre Söhne und Töchter im Studentenalter. Im Mittelwesten würden Vorgesetzte, Geschäftsfreunde oder Kollegen so ein Arrangement wohl kaum tolerieren, aber Silicon Valley ist eben sehr permissiv.

Hier leben auch viele Unverheiratete, männliche und weibliche, in einem Haushalt. Das ist manchmal die einzige Möglichkeit, trotz der Wohnungsnot unterzukommen; oft haben die Partner wenig persönlichen Kontakt und überhaupt keine intimen Beziehungen.

Wer viele romantische Liebesaffären in Silicon Valley erwartet, wird enttäuscht. Die meisten Elektronik-Koryphäen sind auf ihre Arbeit und nicht auf das andere - oder das eigene - Geschlecht fixiert. So bemerkt ein Ingenieur: »Ehrlich, man sieht kaum Liebeleien unter den Kollegen und Kolleginnen über dreißig. Es gibt einfach zu viel zu tun. Man hat keine Zeit für eine zweistündige Lunchpause mit irgendeinem süßen Ding. Man sieht viele hübsche Mädchen, und an Gelegenheiten mangelt es nicht, aber man hat immer nur die Arbeit im Sinn.«

Es wird immer wieder über Leiter von Fertigungsstraßen gemunkelt, die mit den Arbeiterinnen schlafen. Aber im allgemeinen gehört es sich in Silicon Valley nicht, Sex und Arbeit zu vermischen. Berufs- und Privatleben werden streng getrennt. Doch über die privaten Liebeleien anderer regt sich keiner auf, wie diese Äußerung eines Managers zeigt: »Wenn man mir erzählt, daß unser Chef ein Verhältnis hat, läßt mich das kalt. Ich kümmere mich hier um meinem Kram, und er ist hoffentlich in seinem eigenen Bereich voll da.«

Silicon Valley wimmelt von unverheirateten jungen Leuten. Sie gehen in Single-Bars, in denen sie sich zwangslos kennenlernen. Es gibt hier aber auch ein Heer von Computerfreaks, »Space Cadets« und Hackern, die zehn Stunden lang vor dem Computerterminal hocken und programmieren. Sie sind in ihren Computer verliebt und halten gar nichts von Erotik.

Was in Silicon Valley nicht allgemein akzeptiert wird, ist die Homosexualität. Sicher gibt es hier viele Homo-Partnerschaften, aber sie werden nicht so toleriert wie Flirts zwischen Männern und Frauen. Immerhin erklärte uns ein Verkaufsingenieur, der dreißig Leute unter sich hat: »Einer ist unter uns, der könnte schwul sein, aber keiner kann das beweisen. Und wenn er andersrum wäre, würde es auch nichts ausmachen. Viele Leute sind auf andere Weise abartig.«

Doch im allgemeinen ist die Homo-Veranlagung eine Karrierebremse, wie die Frau eines Finanzdirektors bestätigt: »Ein schwuler Direktor hätte keine Autorität in Silicon Valley. Er würde es nicht schaffen. Mehr gibt's dazu nicht zu sagen.«

In Silicon Valley gibt es mehr Scheidungen als Eheschließungen. Die Scheidungsrate liegt hier über dem kalifornischen Durchschnitt, und der liegt bereits 20 Prozent über dem der gesamten USA. Die Arbeit in den rasch expandierenden Elektronikfirmen läßt den Mitarbeitern kaum noch Zeit für ihre Mitmenschen. Jim, ein geschiedener Ingenieur, beklagt sich: »Man muß in dieser Umgebung viel Energie aufbringen, wenn man seine Ehe erhalten will. Es gibt hier so viel, was einen davon abhält – vor allem die Arbeit.«

Betsy ist Ende vierzig und von einem Technischen Direktor geschieden. Sie versteht heute noch nicht, warum ihr Ex-Mann Bob seiner Arbeit den Vorzug gab: »Gut, man tut seine Arbeit, doch um fünf muß man sich freuen, daß man Schluß machen und zu seiner Familie nach Hause gehen kann. Aber jeden Tag um fünf arbeitete Bob weiter.«

Es ist manchmal nicht zu vermeiden, daß ein zum Erfolg verdammter Ingenieur seine Arbeit und nicht seine Familie als das Wichtigste in seinem Leben ansieht. Ein Silicon-Valley-Ehemann gibt denn auch zu: »Der Mann ist manchmal so von seiner Arbeit besessen, daß seine Beziehung in Gefahr gerät. So mancher Ingenieur findet seine Arbeit attraktiver als seine Frau.«

Viele Ehepaare haben sich bereits im College oder kurz danach kennengelernt. Die damalige Studentin hatte wahrscheinlich wenig naturwissenschaftliche Wahlfächer und bestimmt nicht Elektronik belegt, kann sich also kaum in die Gedankenwelt ihres Mannes einfühlen. Im Gegensatz zu den traditionellen Industrien mit ihren vertrauten Produkten wie Autos oder Seife umgibt die Silicon-Valley-Firmen und ihre Erzeugnisse ein Schleier des Geheimnisses. Diese Technik ist ohne Grundkenntnisse der Physik nicht zu begreifen. Die Elektronikingenieure entwickeln winzige Wunder, die es noch nicht gab, als sie und ihre Frauen noch studierten. Das Ganze wird so abstrakt, daß der Ingenieur zu Hause kaum Sinn und Stellenwert seiner Arbeit beschreiben kann. Die vom Ehemann so heißgeliebten Schaltkreise sind nichts als böhmische Dörfer für seine Frau.

Die Ehefrauen in Silicon Valley hören auch gar nicht mehr zu, wenn die Männer von ihrem Arbeitstag erzählen. Beverly ist mit einem Verfahrensingenieur bei National Semiconductor verheiratet. Sie sagt gleichmütig: »Elektronik und überhaupt die Technik interessieren mich nicht. Ich verstehe nichts davon, und das ist auch nicht so wichtig.«

Die Ingenieure finden, daß es von vornherein sinnlos ist, zu Hause über ihre Arbeit zu sprechen, wie Beverlys Mann Mike einräumt: »Ich erzähle gar nichts von meiner Arbeit. Beverly interessiert es nicht, ob ich diese oder jene Dotierung verwende, also was soll's?«

Mögen die Ehefrauen die Technik auch nicht verstehen, wenn es um die menschlichen Beziehungen am Arbeitsplatz geht, können sie durchaus ein Wörtchen mitreden. Oft geben sie mit ihrer Intuition wertvolle taktische Ratschläge, wenn der Mann vor einer Entscheidung steht, die seine Laufbahn beeinflußt. So macht es auch Beverly: »Die meisten Frauen halten sich auf dem laufenden. Mich interessiert, wie Mike sich in der Firma verhält und wie das seine Karriere beeinflussen könnte. Zum Beispiel, ob er zwischen zwei Fronten geraten kann. Hält sein Boß zu ihm, indem er ihm Informationen zukommen läßt? Oder läßt er ihn im dunkeln? Ich weiß immer genau, woran Mike ist.«

Die typische Silicon-Valley-Ehe verläuft nach einem fast immer wiederkehrenden Muster in zwei Phasen.

Am Beginn der ersten Phase tritt der jungverheiratete Ingenieur, eben vom College abgegangen, seinen ersten Job an. Er betritt den Boden von Silicon Valley mit hochgespannten Erwartungen. Er stellt fest, daß die hier praktizierte Technologie weit über das hinausgeht, was er in seinem Studium kennengelernt hat, und freut sich, daß er seine theoretischen Kenntnisse in neuen Produkten konkretisieren kann. Er hört wundersame Geschichten von Leuten, die märchenhaft reich damit wurden.

Kein Wunder, daß er ins Träumen gerät, wenn er seine eigenen Möglichkeiten bedenkt. Seine Frau ahnt ebenfalls, welche riesigen Chancen sich in Silicon Valley eröffnen. Beide spannen alle Kräfte an, um Erfolg zu haben. Doch während die Jahre vergehen, wird langsam deutlich, welchen Preis sie für diese verkrampfte Orientierung auf den Erfolg entrichten müssen: unzählige Überstunden, wenige Minuten der Gemeinsamkeit, Streß, immer gehetzt. Aber materiell ist alles in Ordnung, dieses Leben läßt keine Langeweile aufkommen, und so macht man eben weiter.

Das Ehepaar kommt allmählich in die reifere Jugend, und Phase zwei beginnt. Fünfzehn Jahre sind vergangen, und beiden sieht man an, welchen Tribut das Leben in Silicon Valley fordert. Der Ingenieur findet die Überstunden und den Wettlauf mit dem Terminkalender plötzlich nicht mehr so interessant. Seine Frau meint jetzt, daß die Karriere ihres Mannes keine ausreichende Rechtfertigung mehr dafür ist, daß sie ihre Tage meistens allein verbringt. Über das einstige gemeinsame Ziel gibt es Meinungsverschiedenheiten. Einer von beiden hält es nicht mehr aus – man läßt sich scheiden. Die Frau behält noch das Sorgerecht für die Kinder, bis sie allein zurechtkommen, und das war's dann.

Der Mangel an Zeit ist eine der schwersten Belastungen für die typische Silicon-Valley-Familie. Der Vater geht um halb sieben aus dem Haus, und seine Kinder sehen ihn morgens gar nicht. Der Heimweg dauert gut eine Stunde, so daß er abends erst gegen acht zu Hause ist – oder später, wenn er zu einem Drink mit Kollegen in der Cowgirl-Bar war.

Die meisten Familien können nur abends zusammen sein. Richard, ein Gebietsverkaufsleiter, und seine Frau Elizabeth essen nur selten gemeinsam. Elizabeth schildert ihren Abend so: »Ich esse mit den Kindern zur gewohnten Zeit, und Dicks Portion bleibt im Backofen. Dann lese ich den Kindern etwas vor, damit sie am Tisch sitzen bleiben. Richard kommt meistens todmüde um halb acht. Er ißt, spielt ein bißchen mit den Kindern, und dann müssen sie ins Bett.« Meistens bringt Richard auch noch unerledigte Arbeit mit nach Hause.

Auf diese Weise erfährt der Vater kaum, was seine Kinder so treiben: »Er weiß nicht, wer ihre Freunde sind, was sie interessiert. Er hat keine Zeit und auch keine Lust mehr, sich groß mit ihnen zu befassen.«

Kenneth, ein anderer Silicon-Valley-Manager, beklagt sich, daß er sich nur freitags abends um seine Familie kümmern kann. Er berichtet, was er sich früher einfallen lassen mußte, um wenigstens einen Teil des Familienlebens zu retten: »Als ich noch bei Fairchild arbeitete, packte meine Frau manchmal die Kinder und unser Abendessen in den Wagen, fuhr zu mir in die Firma und wärmte das Essen dort im Mikrowellenherd auf. Das war unsere einzige Möglichkeit, gemeinsam zu essen.«

Nick, ein Elektronikingenieur, faßt den Interessenkonflikt zwischen Karriere und Familienleben so zusammen: »Natürlich kann unsereiner sich auch ausdauernd seiner Familie widmen, besonders, wenn er in einer kleinen Firma oder im mittleren Management arbeitet. Aber auf der Direktionsebene oder in einem großen Konzern sieht es schon anders aus. Sobald ein

»Push« angesagt ist, muß unser Mann mit ran. Wenn er dann keine Überstunden macht, kann er seine Aufstiegschancen vergessen.«

## *Doppelverdiener-Familien*

Mehr als die Hälfte der Frauen in Silicon Valley arbeiten mit. Obwohl die Ingenieure nicht schlecht verdienen, erfordern die hohen Wohnungskosten von Silicon Valley ein zweites Einkommen. Wie etwa kommen Sue und Tom zurecht? Tom ist Software-Ingenieur bei National Semiconductor, und Sue arbeitet als Personalleiterin bei Tandem Computer. Sie sind, beide in zweiter Ehe, seit neun Jahren verheiratet und haben zwei Töchter. Alle vier Familienmitglieder haben ihre Aufgaben im Haushalt. Die Mädchen helfen beim Saubermachen, im Garten, bei der Wäsche. Das doppelte Einkommen gibt Sicherheit in einer für Massenentlassungen bekannten Branche und ermöglicht einen hohen Lebensstandard. Trotzdem: »Wir fragen uns, warum wir das alles auf uns nehmen. Wir machen zwar gemeinsam interessante Reisen nach Lake Tahoe, Hawaii oder Disneyland, aber noch zehn Jahre wollen wir nicht so weiterleben.«

Steve und Marlene Rozett sind sogar Unternehmer: Marlene ist Präsidentin und Gründerin der Zyvex Corporation, einer Elektronik-Zulieferfirma, Steve Präsident und Gründer von Stanford Solar Systems. Beide beklagen sich über Mangel an Zeit: »Unser Lebensstil ist Arbeit, Arbeit und nochmals Arbeit!«

Ein anderes Unternehmerpaar, Billye Ericksen, Präsidentin von Capsco Sales, und Chan Desaigoudar, Präsident von California Micro Devices, machte bereits zur Zeit der Verlobung einen Gesamtumsatz von 17 Millionen Dollar. Beide sind ganz zufrieden mit ihrem Leben. Sie lernten sich bei geschäftlichen Verhandlungen kennen, waren beide unverheiratet und beschlossen, zusammenzuleben. Ihre Firmen machen sich keine Konkurrenz und halten engen Kontakt.

Beide haben einen Sitz im Aufsichtsrat des Partners, und sie geben einander geschäftliche Ratschläge. Sie konnten sich vor kurzem eine Golfreise leisten und spielten sechs Tage lang jeden Tag 36 Löcher Golf. Beide sagen, daß sie sich im Geschäftsleben und privat gegenseitig motivieren, und Billye war dann auch nur vier Schläge schlechter als Chan.

Kinder, die in Silicon Valley aufwachsen, sind keine Durchschnittskinder. In einem durchschnittlichen amerikanischen Schulbezirk kommen auf 10.000 Schüler zwölf Hochbegabte mit einem Intelligenzquotienten (IQ) von 145. Ein Silicon-Valley-Schulbezirk mit 12.000 Schülern weist in dieser Kategorie mehr als 500 Kinder auf, liegt also über 40mal so hoch wie der nationale Durchschnitt.

Die Silicon-Valley-Kinder wachsen in hochqualifizierten Familien auf, in denen Spitzentechnik zum täglichen Gesprächsstoff gehört. Die meisten Schulen stellen Computer in die Klassenräume. Die Kinder benutzen zu Hause den Computer ihrer Eltern und kennen sich in der Elektronik sehr gut aus.

Kürzlich reichten Kinder vom Einschulungsalter bis zur High School 500 Projekte bei der Naturwissenschafts- und Technik-Messe von Santa Clara ein. Eines davon war das optoakustische Mikroskop des Teenagers Martin Bodo von der High School in Los Altos.

Der Jugendliche wurde zu diesem Projekt während seines Praktikums bei National Semiconductor angeregt. Er hatte das Praktikum bereits als eine Auszeichnung bei der Messe des Vorjahres gewonnen.

Martin Bodo sagt von seinem komplizierten Gerät aus Frequenzgeneratoren, Lasern und rotierenden Trommeln: »Es wird sich in der Halbleiterindustrie sehr nützlich machen. Grob gesprochen ermöglicht es, mittels Licht- und Wärmestrahlen durch dünne Filme - wie zum Beispiel aufgedampfte Aluminiumschichten von integrierten Schaltungen - zur Fehlererkennung hindurchzusehen, ohne sie zu beschädigen.« Er will Elektronikingenieur werden.

Viele dieser Jungen und Mädchen wollen mindestens soviel erreichen wie ihre Eltern. Sie setzen sich hohe Ziele und tun viel, um sie zu erreichen. Viele werden es auch schaffen. Andere Silicon-Valley-Kinder aber geben dem Erfolgsdruck nach, wenn sie größer werden und leicht an Alkohol und Drogen herankommen.

Es gibt immer mehr Jugendliche in Silicon Valley mit Alkoholproblemen. Nach einem Bericht des National Council on Alcoholism trifft das bereits auf jeden achten Jugendlichen in Silicon Valley zu. 1981 wurde festgestellt, daß von den Schülern zwischen 11 und 17 Jahren in und um San José 80 Prozent alkoholische Getränke zu sich nahmen, 12 Prozent sogar regelmäßig.

Im Jahr 1976 gab es in Silicon Valley 767 alkoholbedingte Straftaten von Jugendlichen, im Jahr 1981 waren es bereits 1357. 16 dieser Fälle betrafen Autounfälle unter Alkoholeinfluß mit Verletzungen, auch mit Todesfolge.

Im Jahr 1983 sahen der National Council on Alcoholism und die Jugendliga von San José sich veranlaßt, eine Antialkoholkampagne für Kinder unter 12 Jahren zu starten. Die Spezialistin für Alkoholismus unter Jugendlichen, Roberta Meter, erklärte, daß 40 Prozent der Schüler in den ersten vier Grundschulklassen Alkohol trinken, manchmal bis zum Exzeß. Die Initiatoren der Antialkoholkampagnen hoffen, daß sie um so mehr Erfolg in der gefährdetsten obersten Altersklasse der Jugendlichen haben, je früher bereits im Kindesalter gegengesteuert wird.

Bei seinem Erscheinen 1956 wurde das Buch von William H. Whyte jr. »The Organization Man« als eine epochemachende Veröffentlichung gepriesen. Das Buch beschrieb Amerikaner bei ihrer Arbeit in den großen Organisationsformen Konzern, Universität und Verwaltung. Diese Arbeitsplätze boten Sicherheit und hohen Lebensstandard, verlangten aber von ihren Inhabern, die in früheren Generationen gehegten Hoffnungen auf individuelle Selbstverwirklichung aufzugeben.

Als »The Organization Man« erschien, gab es Silicon Valley noch nicht. Es gab noch keine High-Tech-Industrie, die Risikofinanzierung war praktisch unbekannt, und »Entrepreneurism«, das Einzelunternehmertum, mußte sich noch durchsetzen. Heute, fast dreißig Jahre später, steht Silicon Valley im Brennpunkt des öffentlichen Interesses. Zwischen dem »Organization Man« der fünfziger Jahre und dem »High-Tech-Entrepreneur« unserer achtziger Jahre liegen Welten.

Der Organization Man lebte vor allem für seine Familie. Diese bestand aus Vater und Mutter – ordentlich verheiratet – und drei Kindern. Sie bewohnten ein Einzelhaus in einem Vorort und unternahmen in ihrer Freizeit alles gemeinsam.

Der Silicon-Valley-Unternehmer entfernt sich in seinem Privatleben von dem auf die Familie fixierten Dasein. Vielen Entrepreneurs-Haushalten steht ein unverheirateter Elternteil vor, anderen wieder ein kinderloses verheiratetes Paar. Das Heim ist sehr oft ein Eigentumsapartment oder eine Luxusmietwohnung, und da Freizeit knapp ist, wird nur selten »in Familie gemacht«.

Der Organization Man huldigte der Gruppe – war auf die Einordnung in ein soziales Gefüge ausgerichtet. Der Silicon-Valley-Entrepreneur verabscheut es hingegen, sich einzufügen, und hält sich viel auf seinen »Zuerst-einmal-komm'-ich«-Individualismus zugute. Während der Organization Man sich alle Mühe gab, den Normen zu entsprechen, die seine Mitmenschen für verbindlich erklärten, tut der Entrepreneur alles, um sie zu negieren.

Der Organization Man war seiner Organisation treu ergeben. Wenn der Konzern ihm eine neue Aufgabe übertragen oder ihn nach Chicago versetzen wollte, wenn die Universität ihn veranlassen wollte, seinen Vorlesungsplan zu ändern oder die Regierung ihm auftrug, eine ganz neue Politik zu vertreten, tat er, was von ihm verlangt wurde. Der Silicon-Valley-Entrepreneur fühlt sich keinem Arbeitgeber verpflichtet. Mit etwas Glück macht er eine Konkurrenzfirma auf oder geht zu einem bereits gegründeten Unternehmen in der Anfangsphase.

Der Organization Man war ortsungebunden. Wenn der Konzern ihn nach Keokuk oder Tallahassee beorderte, murrte er vielleicht, aber er zog um. Weigerte er sich jedoch und blieb standhaft, suchte der Konzern sich einen anderen Mann für die Aufgabe.

Der Silicon-Valley-Entrepreneur hingegen bleibt immer in Silicon Valley, dem Mittelpunkt seiner Welt. Wer woanders hingeht, verliert den Anschluß. Besteht die Firma darauf, den Silicon-Valley-Entrepreneur woanders hinzuschicken, sucht er sich einfach eine andere Firma.

Der Organization Man, in den fünfziger Jahren der große Überflieger, ist inzwischen abgestürzt. Wird der Silicon-Valley-Entrepreneur das gleiche Schicksal erleiden? Einige Beobachter glauben das. Die Silicon-Valley-Entrepreneurs sind die klassischen Erfolgsmenschen. Sie zahlen aber einen hohen Preis. Arbeitssüchtige, die die sind, vernachlässigen sie die zwischenmenschlichen Beziehungen zum Ehepartner, zu Kindern, Eltern und Freunden, und oft fragen sie nicht einmal nach dem Sinn ihres Tuns.

Ob man ihn nun mag oder nicht, der Silicon-Valley-Entrepreneur ist Modell für die achtziger Jahre.

## *Geld und was man dafür kaufen kann*

Silicon Valley wettet immer auf Sieg. Die meisten Leute brauchen nicht zu sparen. Sie verdienen heute gut und morgen noch besser. Also gehen sie aus, kaufen sich teure Kleidung und Sportwagen, essen in Luxusrestaurants, geben Parties und genießen ihr Leben. Und mit dem Geldausgeben haben sie neben der Arbeit noch etwas zu tun.

*Stan Thomas, Vizepräsident für Finanzen,*
*Hunting Gate Management Company, 1982*

Al Shugart kündigte 1973 bei IBM und gründete Shugart Associates. 1974 stieg er bei Shugart Associates aus und gründete fünf Jahre später Seagate Technology. Als er Shugart Associates verlassen hatte, war er fast pleite. Er konnte seine Anteile nicht verkaufen, weil die Firma nicht an der Börse notiert war.

Shugart investierte einiges Geld in eine Bar, versuchte sich im kommerziellen Fischfang und betätigte sich als Berater, aber meistens tat er nichts. Zeitweise kassierte er Arbeitslosenunterstützung, hielt aber die bürgerliche Fassade aufrecht, indem er in einem gemieteten Porsche zum Arbeitsamt fuhr.

Das ging bis Anfang 1979 gut, als er seine Frau Rita heiratete. Shugart nennt Rita ein »Verschwendergenie«. »Ich *mußte* wieder arbeiten«, sagt er. »Sie hat einen exquisiten Geschmack. Ohne Geld ist da nichts zu machen. Sie brachte außerdem drei Kinder mit. Wenn wir einmal wegziehen, kommt es hier zu einer Wirtschaftskrise.«

Aber an dem Tag des Jahres 1981, als Seagate Technology an der Börse eingeführt wurde, bekam Shugart 1,2 Millionen Dollar für seine Aktien. Er gab das Geld noch am selben Tag aus. Shugart unterschrieb zwei Schecks: Mit dem einen bezahlte er seine Schulden und mit dem anderen kaufte er Rita einen knallroten Ferrari. Im Rückblick sagt Shugart augenzwinkernd, daß er lieber eine High-Tech-Firma leitet als Billard zu spielen: »Das macht doch viel mehr Spaß.«

John und Toni Manning leben seit zehn Jahren in Silicon Valley. John ist Ingenieur und arbeitet seit sechs Jahren bei Apple Computer. Sie haben zwei Kinder, und Toni arbeitet nicht mehr seit der Geburt des zweiten Kindes. In zehn Jahren sind die Mannings viermal umgezogen, und sie haben sich jedesmal verbessert. Sie hatten zuerst eine kleine Eigentumswohnung in Mountain View und jetzt residieren sie in einem weiträumigen Haus mit vier Schlafzimmern und geheiztem Schwimmbad in Los Altos.

Den Mannings geht es wirklich gut. Vor einigen Jahren nahm John Flugstunden und kaufte sich zusammen mit Freunden eine Sportmaschine. Als ihn dieses Hobby zu langweilen begann, verkaufte er das Flugzeug und kaufte sich - wieder mit Freunden - ein Segelboot. Toni interessiert sich für Innenarchitektur und hat das Haus dreimal von innen ummodeln lassen. Jeden Winter macht die Familie auf Hawaii oder in Mexico Urlaub; im Sommer fahren sie nach Lake Tahoe. Die Mannings besitzen zwei teure Autos, einen kompletten Satz Videospielgeräte und einen Heimcomputer.

John verdient nicht schlecht, aber trotzdem, wie halten sie diesen hohen Lebensstandard aufrecht? John sagt leichthin: »Die meisten von uns verdienen Geld wie Heu und geben es genau so schnell wieder aus. Wir setzen immer auf Sieg. Neben unserem Gehalt versuchen wir mit Belegschaftsaktien oder Immobiliengeschäften Kapital zu bilden. Für uns gibt es immer einen Job, deshalb brauchen wir nicht so zu knausern wie die anderen.«

Santa Clara County, der Bezirk von Silicon Valley, hatte 1982 mit 29.239 Dollar die höchste durchschnittliche Kaufkraft pro Haushalt von 305 Ballungszentren der USA. In der Kaufkraft pro Kopf stand Silicon Valley mit 11.376 Dollar an zweiter Stelle in der Nation. Achtzehn Prozent der Haushalte dieser Region hatten ein Jahreseinkommen von über 50.000 Dollar, und nur 3 Prozent der Haushalte verfügten über weniger als 8.000 Dollar.

Elf große Einkaufsgalerien von je 25.000 Quadratmetern oder mehr umringen neben zahllosen kleineren Einkaufszentren die Wohngebiete von Silicon Valley. Sie liefern all die Statussymbole wie Hifi- und Videoanlagen, Geländewagen, Wasserbetten, Wohnmobile, Juwelen und Heimcomputer.

Natürlich kann nicht jeder loslaufen und sich einen knallroten Ferrari spendieren, aber die Silicon-Valley-Leute gönnen sich eine Menge Luxus, insbesondere High-Tech-Luxus. Und teure Autos haben es ihnen angetan. Prestigekarossen zwischen 55.000 und 110.000 Dollar sind ausgesprochene Umsatzrenner. Der Lotus-Händler Jim Loose in Palo Alto verkauft doppelt so viele der 44.000 Dollar teuren englischen Sportwagen wie jeder andere der 35 Lotus-Händler in den USA. Und der Ferrari-Vertreter in Los Gatos wurde nur noch von dem in Beverly Hills übertroffen - aber der hat in der Rezession von 1982 pleite gemacht.

Luxusautos sind Statussymbole par excellence. Nick Larsen, Manager bei Exxon Enterprises, erzählt, wie er eines Morgens den Central Expressway mit seinem offenen Porsche herunterfuhr. Eben fühlte er sich noch wie ein König, da kam sein Nachbar Bradley, Manager bei Spectra Physics, mit seinem Targa herangeröhrt. Nick ließ ihm als den neuen »König des Expressway« die Vorfahrt, und Bradley saß gleich etwas aufrechter am Lenkrad. An der nächsten Ampel bremste Jerry Sanders, Präsident von American Micro Devices, mit wehenden weißen Haaren in seinem Rolls Royce sanft neben ihnen. Bradley und Nick sahen sich an und fluchten. Jerry hatte ihnen wieder mal die Schau gestohlen.

Doch die populärsten Statussymbole sind in Silicon Valley natürlich die elektronischen Geräte für den Hausgebrauch – persönliche Computer, Videorecorder, Funksprechanlagen und Videospiele.

Der »Electronic Strip« von Silicon Valley ist das Stück der Durchgangsstraße El Camino Real (»Der Königsweg«) zwischen Palo Alto und Santa Clara und beherbergt die älteste und größte Anhäufung von Computershops in den USA. In den »alten Tagen« um 1975 waren die ersten Computershops aus Bastelläden entstanden, die bei den damaligen Mieten noch ihr Auskommen hatten.

Doch inzwischen zieht der »Strip« neben den Bastlern vor allem die anspruchsvolleren Computerkäufer an, und glitzernde Kettenläden verdrängen die alten Tante-Emma-Computerläden. In fast jedem Häuserblock am »Strip« findet sich jetzt ein Computershop, und der Wettbewerb ist entsprechend hart.

Unter den Kunden, die am »Strip« einkaufen, sind viele Ingenieure, die in ihrem Beruf Hardware oder Software entwickeln, und die Verkäufer müssen deshalb mehr Fachkenntnisse besitzen, als die in anderen Gegenden der Vereinigten Staaten. »Digital Deli«(catessen), einer der ältesten Computershops, hat sogar hochqualifizierte Spezialverkäufer für Haus- und Grundstücksverwaltungs-Software und für Textverarbeitungsprogramme.

Keiner weiß genau, wie viele Haushalte in Silicon Valley mit Heimcomputern ausgerüstet sind. Die Schätzungen belaufen sich auf 20 bis 25 Prozent, gegenüber durchschnittlich 8 Prozent im ganzen Land. In den Leihbüchereien kann man sich außer Büchern auch Computerzeit geben lassen. Die Benutzung eines Apple mit Münzautomat kostet 1 Dollar für je 20 Minuten. Man kann darauf Haushaltspläne und Steuererklärungen anfertigen und sich mit Videospielen vergnügen. Die Leihbüchereien mieten die Computer von Micro Timesharing, einer Firma, die der 18jährige Kim Cohan mit einem 17jährigen Partner gegründet hat. Cohan hat seinen ersten Computer mit 13 Jahren gebaut. Seine Warteliste umfaßt nach eigenem Bekunden 170 Leihbüchereien, die seine Computer aufstellen möchten.

Wer den Weg zum Computer in der Leihbücherei scheut oder für wenig Geld sein Image mit einem Heimcomputer aufpolieren möchte, kann einen Rechner auf Monatsbasis mieten. Don Bartel, Inhaber der Firma Rent-A-Computer in Palo Alto, hält 100 Apples bereit, und sie sind immer ausgebucht. Manche Händler veranstalten »Computer-Partys«, Verkaufsvorführungen im Haus eines Interessenten mit Gästen.

Wo es soviele Heimcomputer gibt, liegt es nahe, sie miteinander zu verbinden und daraus ein Geschäft zu machen. Bereits 1983 wurden in Silicon Valley dreißig Heimcomputernetze gezählt. Über die meisten werden Nachrichten, Stellenanzeigen oder Suchmeldungen verbreitet. Aber es gibt auch Spezialdienste. So können die Abonnenten von »Winer's Living Bulletin Board« gemeinsam an einem Abenteuerroman mit dem jugendlichen Helden Dripkin herumdichten. »Micro-Smut« verbreitet schlüpfrige Witze, und zwei Dienste kümmern sich speziell um die Schwulen.

Viele der Abonnenten schließen Freundschaften über das Heimcomputernetz. So freut sich der Stanford-Student J.Q. Johnson über die »gute Zusammenarbeit« mit Don, einem Computer-Wissenschaftler in San Diego, den er noch nie persönlich kennengelernt hat. Steve Garber, ein Computer-Berater, hat auf diesem Wege ebenfalls viele Bekanntschaften gemacht, aber: »Eines merkt man schnell - das einzige, was diese Leute im Kopf haben, ist High-Tech«.

Nicht alle Computernetze bieten nur harmlose Unterhaltung. Das Netz 8BBS in Santa Clara bekam eines Tages Besuch von der Bundeskriminalpolizei FBI, weil es im Verdacht stand, seinen Abonnenten den Einbruch in fremde Computersysteme und Telefonferngespräche zum Ortstarif zu ermöglichen. Der Betreiber von 8BBS war von der Razzia nicht überrascht worden: »Ich wußte, daß FBI und die Detektive der Telefongesellschaften unser Computer-Nachrichtendienst-System überwachten. Ich erfuhr das über andere Netze und konnte mich darauf einstellen.«

Die in der High-Tech-Zivilisation gültigen Statussymbole werden vom übrigen Amerika gern belächelt. Dieser Gegensatz zwischen neu und alt charakterisiert auch die Verständigungsschwierigkeiten zwischen der altetablierten Industriegesellschaft und der aufkommenden Informationsgesellschaft.

In Washington sind die begehrtesten Statussymbole, nach einer Aufzählung der Kolumnistin Diana McLellan, ein Chauffeur auf Steuerzahlers Kosten, ein vom Geheimdienst angezapftes Telefon, Heimcomputer, Zugang zur Präsidentenloge im Kennedy Center (dem Kulturzentrum in New York) und eine Überprüfung als Geheimnisträger der höchsten Stufe.

In Silicon Valley gilt dagegen ein ganz anderer Wertemaßstab, wie der Kolumnist Leigh Weimers von der San José News berichtet: »Hier sind Heimcomputer und die Top-Secret-Überprüfung schlichtweg ordinär. Echte Silicon-Valley-Statussymbole sind eine private Satelliten-Fernsehempfangsstation, Flutlicht auf dem eigenen Tennis-Court, die Benutzung von Videospielprogrammen vor dem offiziellen Verkaufsbeginn, eine 10 Jahre alte Hypothek und die Möglichkeit, ohne Auto (egal, ob mit oder ohne Chauffeur) ins Büro zu gelangen.«

## *Wohnen zu Wucherpreisen*

Silicon Valley gilt als eine Region mit reichlich Arbeitsplätzen, mildem Klima, rasanten Sportwagen, gutaussehenden Bewohnern und Luxus aller Art. Dieser Traum vom schönen Leben bringt immer mehr Menschen nach Nordkalifornien. Die Bevölkerungszahl des Bezirks von Santa Clara vervierfachte sich in drei Jahrzehnten - sie stieg zwischen 1950 und 1980 von 291.000 auf 1.256.000.

Mit der Bevölkerungszahl wuchs der Bedarf an Wohnraum. Zunächst konnte die Nachfrage durch die hektarweise Opferung von Obstplantagen, Weinbergen und Äckern gestillt werden. Bis 1980 waren 466.000 Wohneinheiten gebaut worden, aber die Zahl der Arbeitsplätze wächst so rasant, daß der Wohnungsbau weit zurückbleibt. Inzwischen hat sich die Knappheit an Bauland und Sielleitungen als Haupthindernis auf dem Weg zu einem ausgeglichenen Wohnungsmarkt erwiesen. Um 1990 werden über 100.000 Menschen, die nicht in Silicon Valley wohnen können, dort arbeiten.

Kurz, die Verhältnnisse auf dem Wohnungsmarkt von Silicon

Valley sind empörend! Der Durchschnittspreis für ein Einfamilienhaus stieg zwischen 1974 und 1979 von 43.000 auf 101.000 Dollar. Das ist eine Steigerung um 300 Prozent. Die monatliche Belastung wuchs von 230 auf 880 Dollar an. Es gibt kein Haus unter 120.000 Dollar in dreißig Kilometer Umkreis von den Mikroelektronikwerken.

Die Ingenieure und Manager der höchsten Gehaltsstufen residieren im Hügelland von Los Altos Hills, Saratoga, Monte Sereno und Los Gatos. Das mittlere Familieneinkommen ist in diesen vier Gemeinden um 50 Prozent höher als im Bezirk von Santa Clara. Die Grundstücksgröße liegt hier bei 4.000 qm, in Los Gatos Hill sogar bei 8.000 qm. Es sind durchweg luxuriöse Einfamilienhäuser mit Attraktionen, wie sie ein Häusermakler anbietet: »Innovative Badezimmer, die größeren mit modellierten Wannen und Durchgang zu einem Sonnendeck, Tennis- und Rakettplätze, Garage mit mindestens drei Stellplätzen, großzügige Ausstattung zur problemlosen Bewirtung von Gästen.«

Um erstklassige Mitarbeiter nach Silicon Valley zu locken, müssen die Firmen Wohnungszuschüsse zahlen. Eine Untersuchung aus dem Jahr 1982 ergab, daß 22 Prozent der Mikroelektronikunternehmen ihren Vorstandsvorsitzenden mindestens 50.000 Dollar Umsiedlungszuschuß über die normalen Umzugskosten hinaus gewährten. Vier Prozent der Firmen zahlten sogar mehr als 100.000 Dollar. 73 Prozent der Firmen zahlten ihren mittleren Managern zwischen 10.000 und 50.000 Dollar. Sogar das technische Personal bekam von 53 Prozent der Firmen mindestens 10.000 Dollar Zuschuß.

### *Gold in der Kloake*

Elektronikfirmen leiten ihre Abwässer wie andere Unternehmen in das öffentliche Kanalisationssystem. Doch sind das keine ordinären Abwässer, wie einige Silicon-Valley-Gemeinden feststellen konnten. So schuf die Stadt Palo Alto 1979 eine Metallrückgewinnungsanlage, in der die Abwässer gefiltert werden. Der Schlamm wird verbrannt, und aus der Asche können die Metallrückstände leicht entfernt werden. Täglich werden so vier Unzen Gold und zehn Unzen Silber gewonnen (1 Unze = rd. 31 Gramm). Nach drei Jahren waren bereits 1,5 Millionen Dollar aus der Metallrückgewinnung in den Stadtsäckel von Palo Alto geflossen. Wo ist so etwas möglich - außer in Silicon Valley?

Diese Summen machen verständlich, daß auch die erfolgreichsten Konzerne nicht allzu viele Mitarbeiter nach Silicon Valley ziehen können. Und dies ist auch der Hauptgrund, warum die Silicon-Valley-Konzerne heute ihre Zweigwerke in anderen Regionen der USA ansiedeln.

## *Freizeit, soweit vorhanden*

Wehmütige Legenden ranken sich um die gesellige Frühzeit von Silicon Valley, in der alle, die irgendwie zusammenarbeiteten, zu einer spontanen Party in die Wohnung eines der Kollegen zogen. Howard Bogert, jetzt mit über vierzig ein Oldtimer, erinnert sich: »Es war wie im College, nur junge Leute, bis auf drei oder vier über dreißig. Junge, manchmal frisch geschiedene Sekretärinnen kamen, junge Ingenieure und Juristen, nur einige Manager in den reiferen Jahren. Es gab Bier und reichlich zu essen. Ehepartner und Angehörige hatten da nichts zu suchen. Das heißt doch, eine Frau kam jeden Freitag, weil sie ihrem Mann nicht traute. Jeden Freitag haben wir damals so ein Faß aufgemacht. Seitdem ist es ruhiger geworden - die Branche ist älter geworden, und die Leute mit ihr. Wilde Gelage gibt es nicht mehr.«

Private Partys sind immer noch am beliebtesten in Silicon Valley, aber die Firmen veranstalten auch Betriebsfeste, Weihnachtsfeiern und Picknicks im Sommer. Die großen Konzerne mieten einen Saal mit Rockbands und geben ein Abendessen mit anschließendem Unterhaltungsprogramm und Tanz.

Der Präsident und die Vizepräsidenten gehen dann zu allen Tischen und machen Shakehands. Im Sommer mietet der Konzern einen ganzen Park und veranstaltet ein großes Picknick im Grünen für die Familien, mit Hot Dogs, Soft Drinks und Spielen. Einige Firmen besitzen sogar einen eigenen Picknick-Park, wie zum Beispiel die 80 Hektar große Anlage von Hewlett-Packard in den Bergen von Santa Cruz.

Betriebsfeiern verraten einiges von dem Charakter der Teilnehmer. Wenn dreißig Ingenieure einen der Ihren verabschieden, ist das schon eine Riesenparty, aber die von Natur aus extravertierten Marketingleute fangen damit gar nicht erst an.

Mark Larsen aus der Verkaufsabteilung bei Intel beschreibt eine Geburtstagsparty für einen Manager zwei Ebenen über ihm:

»Die Feier war als Western Party aufgezogen und zunächst einmal gab es eine Country-Band. Siebzig Leute waren zu Anfang da, aber man trat sich in dem großen Haus nicht auf die Füße. Die Drinks bekam man an einer offenen Bar neben dem Riesenbuffet. Jeder war angezogen, wie es ihm paßte. Eingeladen waren alle Leute auf der Ebene des Managers und zwei Ebenen unter ihm. Bei dem ständigen Kommen und Gehen hatte ich keinen Überblick mehr, wer alles gekommen war.«

Man kann sich so an die ständige Hetze von Silicon Valley gewöhnen, daß eine langsamere Gangart zu Entzugserscheinungen führt. Judy Wheeler, Verkaufsrepräsentantin bei Signetics, sinniert: »An manchen Wochenenden bin ich frustriert, weil ich mir nicht genug vorgenommen habe - obwohl ich mir sage, daß so etwas lächerlich ist. Aber ich bin an den Druck von Silicon Valley gewöhnt, und ich fühle mich wohl damit. Wenn das Tempo nachläßt, drehe ich durch.«

Darüber freuen sich besonders die Reiseveranstalter. Die Silicon-Valley-Bewohner buchen mit Vorliebe Aktivferien. Tauchen, Tennis- und Ski-Arrangements sind gefragt, Golf ist zu inaktiv. Solche Urlaubsreisen sind kurz und anregend, eine, höchstens zwei Wochen. Miniurlaub von drei oder vier Tagen, kombiniert mit einer Geschäftsreise, sind der neue Schlager. Der beliebteste Miniurlaub ist eine Stippvisite auf Firmenkosten in Europa.

Die einäugige Fixierung der »Workaholics« auf ihre Arbeit ist sicher der Hauptgrund für die Abneigung, länger Urlaub zu machen. Mark Larsen von Intel hat noch mehr Gründe parat: »Diese Leute bleiben nicht lange weg, weil sie sich für unentbehrlich halten, und manchmal sind sie es wirklich. Einige haben niemanden, dem sie ihre Sachen übergeben könnten. Oft ist das auch eine Form der Arbeitsplatzsicherung. Wenn sie sich von dem Kollegen nicht in die Karten gucken lassen, kann er ihnen den Job nicht wegnehmen. Unsere Firma muß darauf achten, daß nicht zu viele Mitarbeiter sich unentbehrlich machen.«

Hobbys spielen bei den Silicon-Valley-Menschen nur eine geringe Rolle - eben, weil sie kaum Freizeit haben. Nach einem langen Arbeitstag schaffen einige Ingenieure gerade eine Gymnastikübung oder ein Handballspiel. Andere klappen einfach zusammen.

Jim, Dünnfilm-Ingenieur bei National Semicontuctor, sagt: »Viele Leute knien sich so hinein, daß sie abends völlig ausgepumpt sind. Mein Chef gibt sich am Wochenanfang immer so energiegeladen, aber am Mittwoch hängt er schon durch. Wenn *ich* nach Hause komme, bin ich down. Ich sehe fern, lauter schwachsinnige Sendungen. Aber ich bin so müde und abgespannt von dem stundenlangen Umgang mit den anderen, daß ich abends nur noch Kraft für ganz dämliche Sachen habe, bei denen ich nicht denken oder aufpassen muß.«

Die beliebteste Freizeitbeschäftigung ist natürlich die Elektronik. Der Ingenieur Karl Harrington entsetzt sich: »Ich habe Kollegen, die bauen im Beruf den ganzen Tag Computer, dann gehen sie nach Hause und bauen zum Spaß den ganzen Abend ebenfalls Computer. Mein Freund Jim ist ein ausgefuchster Software-Experte. Aber eines Abends lötete er sich selbst einen Computer mit all den feinen Drähten zusammen. Für ihn war es etwas Neues und Aufregendes. Ein Hardwareexperte findet das Löten von Drähten langweilig, und er ist wild darauf, zu programmieren. Einen Software-Mann ödet umgekehrt das Programmieren an, und er möchte wahnsinnig gern herumlöten. Nachbars Rasen ist halt immer grüner als der eigene.«

Les Hogan, selbst Ingenieur und Chef von Fairchild, hat Verständnis für seine bastelnden Kollegen: »Ingenieure sind eine spezialisierte Rasse. Sie wollen selbst mit ihren Händen arbeiten. Sie wollen nicht hinter den Maschinen und Geräten, die sie bauen und die etwas bewirken, zurückstehen. So ist es verständlich, daß ein Ingenieur, der es als Unternehmer zu etwas gebracht hat, sich zu Hause eine kleine, feine Werkstatt einrichtet. Dave Packard hat eine ganz märchenhafte Werkstatt in seinem Haus.«

Für viele Technokraten ist die Entwicklungsarbeit in ihrer privaten Werkstatt doch die beste Entspannung nach der beruflichen Entwicklungsarbeit im Werk. Silicon Valley besitzt wohl deshalb in Sunnyvale die einzige nach Sachgebieten geordnete Patentauslegestelle außerhalb des zentralen Patentamtes in Washington.

## *Trimmen und Traben*

Die Silicon-Valley-Menschen wollen immer eine gute Figur machen - nicht nur in ihrer Freizeit. Deshalb wird nicht nur in der Freizeit etwas dafür getan. Männer wie Frauen versuchen, bauchigen Wölbungen an ihrem Körper zuvorzukommen, indem sie ihre Diät überwachen. Der ansonsten typische zigarrenrauchende, übergewichtige Manager mit dem schütteren Haar, der sich beim Lunch einen dritten Martini genehmigt, ist in Silicon

Valley kaum anzutreffen. Es wird viel mehr Wein als Hochprozentiges getrunken. Fleisch, Kartoffeln und Soße werden verschmäht, Fisch dagegen, ostasiatische Küche, ein halbes Sandwich und Salat bevorzugt.

Neben der Arbeit ist körperliche Fitness das Wichtigste im Leben der Silicon-Valley-Bewohner, Männer wie Frauen. Carol Bogert erzählt, was sie auf einer Verkaufsleiterkonferenz erlebte: »Die allererste Veranstaltung war ein 10.000-Meter-Lauf morgens um halb sieben. Ich wollte mich nicht ausschließen. Fünfzig Männer und drei Frauen machten mit. Einige schaften nur 5.000 Meter und hörten auf, aber die meisten hielten bis zum Schluß durch. Es war großartig.«

Das milde Klima verführt ganze Bataillone von Joggern, zur Lunchzeit von den Industrieparks Besitz zu ergreifen. Viele Firmen haben spezielle Trimmpfade eingerichtet, aber es nehmen so viele am Trimmtrab teil, daß sie einem auf allen Wegen und Straßen begegnen. Fast jeden Sonntagmorgen findet in irgendeinem Industriepark ein 10.000-Meter-Wettlauf mit Preisverteilung statt.

Einige Firmen schließen die körperliche Ertüchtigung bereits in das Paket ihrer Sozialleistungen mit ein. Die Rolm Corporation hat 1,5 Millionen Dollar in eine Gymnastikhalle, zwei Rakettplätze, zwei Schwimmbäder und zwei Tennisplätze investiert. Unter den 3.000 Rolm-Angestellten wurden acht Jogginggruppen gebildet, aber das alles ist bei dem Andrang noch nicht genug, wie Sam Medford, Sportdirektor bei Rolm beklagt: »Wir haben keinen Platz für neue Projekte. Unsere Anlagen werden voll genutzt.«

## *Wohltätigkeit und Kultur*

In einem bitterbösen Leitartikel stellte die Zeitung San José News fest: »Dem äußeren Anschein nach gehören die Silicon-Valley-Konzerne dem 21. Jahrhundert an. Sie haben die elegantesten Büros, die intelligentesten Computer und die cleversten Manager. Aber wenn es um Beiträge für wohltätige oder kulturelle Zwecke geht, fühlt man sich eher in die Direktionsetage der ›Ebenezer Scrooge Enterprises Ltd.‹ versetzt.« (Ebenezer Scrooge ist der geizige Geschäftsmann aus Charles Dickens' Erzählung »Ein Weihnachtslied«.)

Die Silicon-Valley-Firmen verwenden nur dreiviertel Prozent ihrer Gewinne vor Steuern - verglichen mit einem nationalen Durchschnitt von 1,1 Prozent - für wohltätige Zwecke. Das Kapitel Santa Clara County der Hilfsorganisation »United Way« steht mit 9,31 gespendeten Dollar je Kopf der Bevölkerung erst an 49. Stelle der 60 größten Kapitel im Lande. Damit rangiert Silicon Valley hinter den rezessionsgeplagten Regionen von Pittsburgh (16,96 Dollar), Akron, Ohio (14,05 Dollar) und Newark, New Jersey (10,25 Dollar).

Tandem Computers in Cupertino verweigerte der Hilfsorganisation die Erlaubnis, sich der Belegschaft vorzustellen. Der Konzern zog es vor, die Belegschaft über »United Way« zu informieren, und so spendeten die 1.000 Tandem-Mitarbeiter in Santa Clara County 1981 nur 2.700 Dollar. Die Geschäftsleitung von Apple Computer spendete 20.000 Dollar, aber auch hier erklärten sich nur 87 der 1354 Mitarbeiter bereit, die Hilfsorganisation zu unterstützen.

Vielleicht liegt es an dem hier herrschenden »Erst-komm'-ich«-Geist. Die Menschen und die Unternehmen tragen als Neureiche ihren Wohlstand zur Schau, um vor allem ihren Mitmenschen zu imponieren. Wo alles nur auf Erfolg und Gewinn ausgerichtet ist, bleibt die Verantwortung gegenüber der größeren Gemeinschaft auf der Strecke.

Wahrscheinlich erfordern Hilfsbereitschaft und soziales Verantwortungsgefühl eine Reife, die sich auch bei Firmen erst nach Jahrzehnten einstellt. So ist Hewlett-Packard einer der großzügigsten Spender und gleichzeitig eine der ältesten Elektronikfirmen von Silicon Valley. Aber es gibt auch andere Konzerne, die schon in der Reifezeit sind und nichts für »United Way« übrig haben, wie zum Beispiel California Microwave und Siliconix.

Laut Thomas Vias, dem Geschäftsführer von »United Way«, sind viele Elektronikmanager und -wissenschaftler geradezu blind für die Nöte der Gemeinschaft: »Sie wohnen in den besseren Gegenden wie Saratoga und Los Gatos. Sie fahren auf vorbildlich gepflegten Straßen zu vorbildlich gepflegten Werkanlagen und übersehen einfach die Elendsgebiete oder ihre vom Unglück verfolgten Mitmenschen.«

Doch es gibt auch löbliche Ausnahmen von der in Silicon Valley verbreiteten Knauserigkeit. Der Spitzenreiter ist Hewlett-Packard mit einer Spende von 636.907 Dollar im Jahr 1981. 1982 spendete H-P landesweit 15 Millionen Dollar, davon 11 Millionen für Ausrüstungen. Die William- und Flora-Hewlett-Stiftung spendete noch einmal 13 Millionen Dollar. William Hewlett, einer der beiden H-P-Gründer sagt, er wisse eigentlich nicht genau, warum er sich so menschenfreundlich verhält: »Vielleicht tue ich es, weil es eine gute amerikanische Tradition ist. Wir *müssen* etwas tun. Das liegt im nationalen Interesse.« Weitere großzügige Spender sind unter anderen die Konzerne Amdahl, Atari, Measurex, IBM und Syntex.

Bei soviel Desinteresse an sozialen Aufgaben ist es kein Wunder, daß sich auch auf kulturellem Gebiet wenig in Silicon Valley tut. Das ist um so merkwürdiger, als hier ein Heer von gebildeten, wohlhabenden, vornehmlich geistig Schaffenden wohnt, die alle an der Förderung der Künste interessiert sein müßten. Mögliche Erklärungen sind die kulturelle Gleichgültigkeit der Konzernleitungen, Ingenieure und Technokraten, die Konkurrenz der nahegelegenen Kulturmetropole San Francisco und die größere Attraktion von Sport und Spiel in dem milden kalifornischen Klima.

Kulturelle Anliegen werden denn auch vornehmlich von den Silicon-Valley-Konzernen gefördert, die bereits für wohltätige Zwecke spenden. 1982 marschierte ein haariger Pac-Man in voller Lebensgröße auf Diane Feinstein, die Bürgermeisterin von San Francisco, zu und überreichte ihr einen Spendenscheck über eine Million Dollar. Auf diese Weise schaltete Atari, Hersteller des Bestseller-Videospiels Pac-Man, sich werbeträchtig in die Kampagne zur Rettung der »Cable Cars«, der alten seilgezogenen Straßenbahnen von San Francisco ein.

Auf weniger spektakuläre Weise stiftete IBM dem San José Museum of Art 250.000 Dollar, und das Triton Museum of Art in Santa Clara erhielt 90.000 Dollar von der David and Lucile Packard-Stiftung. Das sind die bemerkenswertesten Ausnahmen vom sonst üblichen Geiz.

Die Silicon-Valley-Bewohner sprechen auch offen über ihr völliges Desinteresse an der größeren Gemeinschaft: »Ich kenne keinen, der Mitglied einer politischen Partei ist«, sagt ein Ingenieur. »Wir reden nie über Politik.« Die Gattin eines Topmanagers gibt zu: »Von den Frauen in unserem Bekanntenkreis ist keine für eine Hilfsorganisation tätig, und die Frauen, die mitarbeiten müssen, haben sowieso keine Zeit dafür.« Das »Volunteer Bureau« von Santa Clara County bekommt kaum noch freiwillige Helfer: »Die Leute haben keine Zeit mehr. Alle arbeiten nur noch.«

Das geringste Interesse findet in Silicon Valley jedoch die Religion. Man geht kaum noch in die Kirche und ist nur selten Mitglied. Ein Ingenieur dazu: »Ich glaube schon, daß die meisten an Gott oder sowas Ähnliches glauben. Aber man spricht nicht darüber.«

## *Die Silicon-Valley-Kunstszene*

Die wenigen kulturellen Ereignisse von Silicon Valley haben mit der alten Tradition wenig im Sinn. Das »Teatro de la Gente« (Volkstheater) und der »San José Black Theatre Workshop« befaßten sich in ihrer gemeinsamen Produktion »Electrobucks« mit einem Thema der Gegenwart: Computer und Kultur. Die Komödie handelt von der Arbeit in einem Elektronikwerk. Ebenso auf die Jetztzeit fixiert ist das preisgekrönte Theaterstück »The Feeding« von Pat Pfeifer. Es schildert die Erlebnisse einer Familie in dem Rennen um beruflichen Erfolg auf Kosten der zwischenmenschlichen Beziehungen.

Seit Ende der 70er Jahre taucht immerhin die Pop Art in Veröffentlichungen der Silicon-Valley-Firmen auf. Geschäftsberichte und Werbebroschüren werden seitdem nicht mehr zur Information, sondern wegen ihrer anspruchsvollen graphischen Gestaltung gesammelt. Besonders AMD (American Micro Devices) tat sich mit einfallsreichem Werbematerial hervor.

Lawrence Bender zeichnete 1975 einen abstrakten Baum aus integrierten Schaltkreisen für die Titelseite des AMD-Jahresberichts. Der Entwurf war ästhetisch so ansprechend, daß der Konzern Bender veranlaßte, den Text auf dem Blatt zu entfernen und es als Poster und als limitierte, handsignierte Graphik herauszubringen. Die numerierten Exemplare wurden Geschäftsfreunden als hochkarätige Werbegeschenke überreicht.

Was die High-Tech-Firmen zu verkaufen haben, ist meistens abstrakt - etwas, was der Kunde nicht sehen kann. Nur deshalb geben sie dem Graphiker, wie Bender gern einräumt, soviel Freiheit in der Gestaltung ihrer Veröffentlichungen.

Die Verbatim Corporation in Sunnyvale, Hersteller von Computer-Programmdisketten, stiftete 1983 dem San Francisco Museum of Modern Art 100.000 Dollar für den Ankauf von Gemälden. Von den im Museum ausgestellten Werken läßt Verbatim jeweils 20.000 Poster drucken, mit denen die Beschäftigten ihre Büros schmücken können.

Das Gemeindezentrum von Sunnyvale erkannte frühzeitig die Möglichkeiten zur Auswertung der kulturellen Nebenprodukte der Mikroelektronikindustrie und veranstaltete die Ausstellung »Tribute to Silicon Valley«. Die Galerie ist gedacht als »eine Collage von Formen und Funktionen, Symmetrie und Software, Tanzdarbietungen und Diskettenprogrammen«.

David Kroos stellt hier seine Seidensiebdrucke nach Schaltkreisentwürfen von befreundeten Ingenieuren mit dem Kommentar aus: »Diese Kunst gibt es erst seit gut zehn Jahren, aber ich komme mir schon wie ein Klassiker vor.« Einen Saal weiter zeigt Bryan Ehlers von der Apple Computer Inc. seine neuesten Computergraphiken, macht sich jedoch keine Illusionen: »Die Computer-Graphikprogramme sind als technische Hilfen für Leute gedacht, die Unterstützung bei Freihandzeichnungen und räumlichen Darstellungen brauchen. Aber als Kunstform? Ich weiß nicht so recht - ich bin Ingenieur.«

Von privater Seite versuchte die Helen Euphrat Gallery sich mit der Sonderschau »Crossover: An Artech Exhibit« an einer Synthese zwischen Kunst und Technik. So ist in Silicon Valley sogar die Kunst - soweit vorhanden - nur ein Teil der High-Tech-Zivilisation.

## *Paradies mit - nicht so - kleinen Fehlern*

»Wenn man die Ingenieure als die Handwerksmeister der High-Tech-Gesellschaft betrachtet, dann sind die Mitarbeiter an der Fertigungsstraße ihre Tagelöhner.«
*Robert Howard: »Second Class in Silicon Valley«*

Einst waren die Silicon-Valley-Konzerne der Traum aller Industrieansiedler - umweltfreundlich, angenehm fürs Auge, Magnete für gutverdienende, steuerzahlende Ingenieure und Manager. Bis vor wenigen Jahren wollte sie jeder gern in seiner Nachbarschaft haben.

Doch in unserem Jahrzehnt erschienen die ersten Risse in diesem heiteren Bild. In Silicon Valley wurde die Lebensqualität fragwürdig. An manchen Tagen hinge eine orange-bräunliche Smogwolke über dem Süden des Santa-Clara-Bezirks, hervorgerufen von den Auspuffgasen der Autoschlange auf den Expressways.

Dann häuften sich die Diebstähle von Halbleiterchips. Es wurde deutlich, daß Silicon Valley eine Gegend der krassen sozialen Unterschiede ist. Im nördlichen Teil, »North County« genannt, domizilieren die High-Technology-Unternehmen. Da residieren auch die Ingenieure und Manager in großzügigen, luxuriösen Eigenheimen auf weiträumigen Grundstücken.

In »South County«, dem südlichen Teil der Region in und um San José, leben die Facharbeiter der Mikroelektronikwerke. Sie verrichten eine nervtötende und manchmal gefährliche Arbeit für wenig Geld. Viele sind Frauen aus der Dritten Welt. Aus ihrer Perspektive ist Silicon Valley beileibe keine Idylle.

### *Werkdiebstahl und Spionage*

Halbleiterchips sind so winzig, daß mehrere Dutzend Stück in einer Hosentasche oder einem Essenskanister verschwinden und ohne Mühe durch die Werktore hinausgeschmuggelt werden können. Der Gesamtwert der Beute wird auf netto 20 Millionen Dollar im Jahr geschätzt. Manchmal verschwinden die Chips auch waggonweise.

Der Straftatbestand des Werkdiebstahls ist dabei nur eine Sorge der US-Bundesbehörden. Viel schwerer wiegt die Tatsache, daß ein schwunghafter Exporthandel mit gestohlenen Siliziumchips besteht. Oft ist die Sowjetunion der Endpunkt einer langen Kette von kriminellen Zwischenhändlern, die in Santa Clara oder Sunnyvale ihren Anfang hat und Amerikas Verteidigungsbereitschaft auf dem Gebiet der Elektronik bedroht. Im Garten Eden von Silicon Valley lebt offenkundig auch ein gefährliches Natterngezücht.

»Die Halbleiterfirmen müssen einen gewaltigen Sicherheitsapparat unterhalten, weil sie dem Diebstahl fast wehrlos ausgesetzt sind«, sagt Don Hoefler, Herausgeber der »Microelectronic News« und kundiger Beobachter der Szene. »Es gibt enorm viel ›Schwund‹ in dieser Branche. Die Chips sind erst einmal weg und finden sich später auf dem grauen Markt wieder.«

Einige Halbleiterwerke sind wahre elektronische Festungen mit einem Heer bewaffneter Werkschutzmänner, Infrarotkameras, Aktenvernichtern und Fernsehkameras an allen Parkplätzen. Intel hat zum Beispiel 100 Werkschutzmänner und gibt jährlich 2 Millionen Dollar aus, um seine 5.000 Mitarbeiter allein in Silicon Valley zu überwachen. Amdahl hat ein Sicherheitsbudget von 1 Million Dollar und setzt 39 Werkschutzmänner auf 3.600 Mitarbeiter an.

Das Amt des Sheriffs des Santa-Clara-Bezirks hat eine Sondergruppe aus Kriminalbeamten für die Überwachung des grauen Chipmarktes eingesetzt. Der stellvertretende Bezirksstaatsanwalt Douglas Southard bestätigt, daß jedes Jahr Unterlagen und Chips im Wert von 20 Millionen Dollar gestohlen werden. Diese Zahl ist eher zu niedrig angesetzt, weil viele Firmen die Diebstähle gar nicht bemerken oder keinen Wert darauf legen, daß ihre Kunden und die Öffentlichkeit erfahren, wie durchlässig ihr Sicherheitssystem ist.

Der Bezirk hat jetzt in jeder Stadt von Silicon Valley einen Spezialisten der Polizei für High-Tech-Kriminalität postiert. Der kümmert sich nicht nur um gestohlene Schaltkreise, er ist auch darin ausgebildet, den Diebstahl von Informationen aus Computer-Datenbanken aufzudecken.

Die in Silicon Valley gestohlenen Chips landen auf einem »grauen Markt«, auf dem sich viele Zwischenhändler - legal und illegal - betätigen.

Die meisten kaufen die Chips bei den Halbleiterherstellern

## *Thanksgiving Day bei Monolithic Memories*

Die vier freien Tage vom Thanksgiving Day 1981 bis einschließlich Sonntag waren ein ruhiges verlängertes Wochenende für Irwin Federman, Präsident der Monolithic Memories Inc. Thanksgiving ist der amerikanische Erntedanktag am letzten Donnerstag im November.

Am Donnerstag verspeiste Federman mit dreizehn Gästen einen Puter in seinem Haus in Saratoga. Am Freitag zeigte er seinen Gästen San Francisco und Umgebung. Am Sonnabend arbeitete er in seinem Garten. Am Sonntag ruhte Federman sich aus und sah sich ein Baseballmatch im Fernsehen an. »Das war mal ein ruhiges Wochenende, dachte ich mir«, sagt Federman heute. »Montag morgen merkte ich, daß ich mich gründlich geirrt hatte.«

An diesem Thanksgiving-Wochenende wurden 529.000 Halbleiterchips im Wert von 3,2 Millionen Dollar aus dem Lager der Firma in Sunnyvale gestohlen. Obwohl die Chips so winzig sind, wiegt eine halbe Million davon immerhin 1,5 Tonnen. Aneinandergelegt würden sie eine Reihe von 16 Kilometer Länge ergeben. Diese Chips waren damals auf dem letzten Stand der Technik, und sofort gerieten die Russen in Verdacht, ihre Hand im Spiel zu haben.

Die Kriminalbeamten standen zunächst am Tatort, der Halle 3A von Monolithic, ratlos herum. Die verschwundenen Chips waren in stabile Kisten verpackt gewesen, von denen jede 15 Kilo wog. Die Kisten hatten in einem Käfig aus Maschendraht gestanden. Der Käfig war von elektronischen Kameras und Bewegungsmeldern überwacht und fest verschlossen. Rund um die Uhr saß ein Werkschutzmann in 15 Meter Entfernung und behielt zwei Fernsehmonitore im Auge, die alle zwei Sekunden ein neues Bild vom Käfig zeigten. Ein elektronisches Alarmsystem war so programmiert, daß eine Sirene aufheulte, wenn eine der Türen auch nur angefaßt wurde. Aber die 30 Polizisten und FBI-Männer konnten am Montag nach dem Diebstahl keine Spuren eines gewaltsamen Eindringens feststellen.

Der Thanksgiving-Raub bei Monolithic Memories war anscheinend das perfekte Verbrechen. Erst sechs Monate später konnten die Kriminalexperten das Rätsel lösen, nachdem sie die 529.000 Chips in einem Lagerhaus in South Lake Tahoe entdeckt hatten. Ein Monolithic-Werkschutzmann namens Ron Washington hatte als Komplize zweier bewaffneter Räuber die elektronische Alarmanlage lahmgelegt. Die Kästen mit den Chips wurden auf Karren geladen und zu einer Verladerampe gefahren, von wo sie ein Lieferwagen nach Lake Tahoe brachte.

Die drei Täter mußten ins Gefängnis, und die Firma Monolithic

bekam ihre Chips zurück. Ron Washington sagte aus, er sei in finanziellen Schwierigkeiten gewesen und habe der Versuchung, die Chips zu Geld zu machen, nicht widerstehen können. Er wurde durch einen Informanten an die Polizei verraten, die ihm eine raffinierte Falle stellte und ihn schnappte.
Ganz Silicon Valley hat aus dem Raub bei Monolithic gelernt, denn seit 1981 wurden überall schärfere Sicherheitsmaßnahmen ergriffen.

und liefern sie an kleinere Abnehmer, zum Beispiel Spezialcomputerfirmen. Großabnehmer wie Intel, National Semiconductor und Fairchild kaufen die Chips, die sie nicht selbst produzieren, direkt beim Hersteller.

Gestohlene Ware kann gut abgesetzt werden, wenn kleinere Abnehmer ganz schnell einige Dutzend Chips brauchen oder nicht viel dafür ausgeben wollen. Manche Chips passieren auf dem grauen Markt so viele, oft zwielichtige Zwischenhändler, daß keiner mehr weiß, aus welcher Quelle sie eigentlich stammen. Es wird viel Geld mit ihnen verdient - und verloren.

Manchmal handelt es sich bei der »grauen« Ware um falsch gekennzeichnete Ausschußchips, die als einwandfreie Stücke verkauft werden. Später legen diese defekten Stücke vielleicht einen Herzschrittmacher, ein Nierendialysegerät oder das Navigationssystem einer Rakete lahm.

Ganz raffinierte Geschäftemacher mischen gestohlene, gefälschte oder defekte Chips unter größere Partien einwandfreier Ware, so daß sie ganz schwer zu entdecken sind. Douglas Southard von der Staatsanwaltschaft in Santa Clara schätzt, daß 100 bis 200 »graue« Zwischenhändler in Silicon Valley tätig sind. Viele von ihnen sind durchaus ehrenwerte Leute, aber manchmal, so Southard, »sehen auch die honorigsten Kaufleute beiseite und lassen sich willig an der Nase herumführen«.

Nun, Staatsanwaltschaft und Polizei behalten den grauen Markt im Auge, und immer, wenn besonders preiswerte Chips den Besitzer wechseln, wird ermittelt. Laut Southard sind bisher 30 bis 40 solcher Fälle mit einer Verurteilung abgeschlossen worden.

## *Aufgestellte Lauscher an der Green Street*

Vor einigen Jahren holte ein Fischer vor der Küste von Nordkarolina eine sowjetische Sonarboje aus dem Wasser. Sie sollte die Bewegungen amerikanischer Atomunterseeboote überwachen. Als die Boje zerlegt war, konnten die amerikanischen Techniker feststellen, daß sie mit exakten Nachbildungen der neuesten hochentwickelten Chips aus Silicon Valley arbeitete. Diese Entdeckung jagte den amerikanischen Abwehrexperten einen kalten Schauer über den Rücken.

Seitdem hat die amerikanische Regierung alle Vorkehrungen gegen das Durchsickern von Spitzentechnik-Informationen zu den Russen verstärkt. Da die USA den Sowjets offenkundig in der Halbleiter-, Computer- und Nachrichtentechnik weit überlegen sind, gilt Silicon Valley als das wichtigste rüstungstechnische Zentrum der Welt. Mehr als 600 Firmen zwischen Palo Alto und San José arbeiten an Geheimaufträgen für die Streitkräfte, vornehmlich auf den Gebieten der Satelliten-, Computer-, Raketensteuerungs- und Radartechnik.

Fachleute schätzen, daß die Sowjets jedes Jahr Spitzentechnik im Wert von mindestens 1,5 Milliarden Dollar mit Hilfe von Scheinfirmen, Spionen und kleinen Dieben ergattern. Konteradmiral Edward A. Burkhalter, Abwehrchef der US-Marine, erklärte, daß Agenten mehr als zwei Drittel der sowjetischen Rüstungstechnologie bei US-Firmen, viele davon in Silicon Valley, geklaut haben.

Die amerikanische Mikroelektronik-Technologie gelangt auf verschiedenen Wegen von Santa Clara oder Sunnyvale in die Sowjetunion, und alle werden von der KGB-Zentrale am Dserschinski-Platz in Moskau kontrolliert. Das *K*omitet *G*ossudarstwennoi *B*esopasnosti (Komitee für Staatssicherheit) ist das kombinierte Gegenstück zu den amerikanischen Diensten CIA, FBI und Militärische Spionageabwehr.

Der Bereich 1 des KGB ist zuständig für Aktionen in den USA und Kanada, die »Abteilung T« für Spitzentechnik.

Der wichtigste Außenposten der Abteilung T ist das sowjetische Konsulat an der Green Street Nr. 2790 in San Francisco. Das Dach des Konsulatsgebäudes ziert ein Wald von Antennen aller Art. Über einige dieser Antennen läuft der Funkverkehr mit der sowjetischen Botschaft in Washington, andere verbinden das Konsulat direkt mit Moskau. Aber einige Spezialantennen horchen wie aufgestellte Lauscher südwärts nach Silicon Valley, wo die High-Tech-Konzerne ihre Anweisungen, meistens per Funksatellit, an die Repräsentanten und Zweigwerke in der ganzen Welt übermitteln.

Irgend jemand an der Green Street hört immer mit - in der Hoffnung, an wertvolle Informationen heranzukommen. Im Konsulat tut ein Stab von KGB-Beamten mit mindestens acht Spitzentechnik-Experten Dienst. Aber alles, was die an der Green Street machen, ist völlig legal.

Viele technische Informationen, die am Dserschinski-Platz in Moskau eintreffen, stammen aus Quellen, die in einer offenen Gesellschaft frei zugänglich sind, wie Fachzeitschriften, Computermessen und Büchereien. Einige vertrauliche oder gar geheime Informationen erhält das KGB auch von bezahlten, geldgierigen amerikanischen Kollaborateuren.

## *Sozial deklassiert: Silicon Valley Süd*

Silicon Valley hat eine Zweiklassen-Sozialstruktur praktisch ohne Übergangsmöglichkeiten von der einen in die andere Klasse. Die Oberklasse, die der hochbezahlten Ingenieure, residiert in der North County, im nördlichen Bezirk. Die andere Hälfte der Bevölkerung lebt in der South County, dem südlichen Bezirk mit dem Zentrum San José und seinen Vororten Milipitas und Gilroy. Sie besteht hauptsächlich aus den Fachkräften der Mikroelektronik-Industrie, dem Proletariat der Informationsgesellschaft.

Diese Arbeiter stellen fast die Hälfte der Beschäftigten von Silicon Valley. Im Jahr 1981 betrug das mittlere Familieneinkommen in San José nur 22.886 Dollar, in der Vorstadt Gilroy 19.139 Dollar. Im Vergleich dazu belief sich das mittlere Familieneinkommen in der North County auf 48.000 Dollar. 7 Prozent der Einwohner der South County leben unter der Armutsgrenze - meistens ist hier die alleinstehende Mutter der Haushaltsvorstand.

Silicon Valley hat seinen Ursprung im Stanford-Industriepark. Es breitet sich von dort südwärts bis San José aus. Die North-County-Gemeinden Palo Alto, Mountain View, Sunnyvale und Cupertino hatten die erste Wahl bei der Ansiedlung der Mikroelektronikwerke. Wie an einem kalten Buffet konnte jede Stadt sich aussuchen, was ihr gefiel. Gilroy und San Joeś standen am Ende der Schlange und konnten nur noch die Arbeiter ansiedeln.

Aus der Sicht eines Stadtkämmerers ist die Ansiedlung armer Leute ein Verlustgeschäft, denn die staatlichen Dienstleistungen wie Schulen, Wohlfahrtseinrichtungen, Polizei und Feuerwehr kosten viel im Vergleich zu den hier gezahlten Grundsteuern und sonstigen Abgaben. Kurz, die sozialen Gegensätze der Zweiklassenregion Silicon Valley bewirken, daß der nördliche Bezirk auf Kosten des südlichen Bezirks besser lebt.

Die ärmere Hälfte der Bevölkerung merkt nicht viel von dem in den Medien so ausdauernd geschilderten paradiesischen Leben in Silicon Valley. Robert Howard stellt in seinem Arbeitspapier »Second Class in Silicon Valley« fest: »Für die Arbeitskräfte in der Fertigung, die Hälfte der Beschäftigten, heißt Silicon Valley nur schlechtbezahlte Jobs ohne Aufstiegschancen, nervtötende und stupide Arbeit und einige der gesundheitschädlichsten Arbeitsplätze der USA.«

Rassendiskriminierung und Benachteiligung der Frau beeinflussen nachhaltig die Lebensbedingungen der Proletarier im südlichen Bezirk. Vereinfacht läßt sich das bereits an dem sozialen Gefälle in Silicon Valley ablesen. Weiße Männer besetzen die höchstbezahlten Ingenieurs- und Managerpositionen und üben damit die größte Macht aus. Die »nichtweißen« Männer wie Hispanier, Vietnamesen, Filipinos, die Schwarzen - und die weißen Frauen - stehen schon mindestens eine Stufe tiefer in der Hierarchie. Die Frauen aus der Dritten Welt nehmen die unterste Stufe der Jobstruktur ein, wie Lenny Siegel und Herb Borock 1982 in ihrem Hindergrundbericht über Silicon Valley an die Bürgerrechtskommission der Vereinigten Staaten feststellten.

Der Anfangsstundenlohn von 4,50 Dollar liegt knapp über dem gesetzlichen Minimum. Die hohe Fluktationsrate von rund 50 Prozent und geringe Anforderungen hinsichtlich der englischen Sprachkenntnisse sorgen für einen gleichbleibenden Nachschub an billigen Arbeitskräften aus dem südlichen Bezirk.

Für die meisten Elektronikmanager ist alles, was nach Gewerkschaft klingt, Teufelswerk. Viele Firmen verteilen gewerkschaftsfeindliche Broschüren in den Werken, und die Manager werden durch Spezialkurse in der Eindämmung des Gewerkschaftseinflusses unterwiesen. Die letzten Wahlen für eine Arbeitnehmervertretung in Silicon Valley wurden 1980 bei den Raytheon-Halbleiterwerken in Mountain View abgehalten. Die »International Brotherhood of Electrical Workers« kam dabei nicht auf die erforderliche Stimmenzahl.

Einmal wurde eine Arbeiterin fristlos entlassen, nachdem sie

Gewerkschaftsbroschüren verteilt hatte. Zur Begründung wurde ihr die Schuld in die Schuhe geschoben, als Vandalen die Reifen am Wagen ihres Vorgesetzten aufgeschlitzt hatten.

Bei einer Anhörung unzufriedener Fairchild-Mitarbeiter im Jahr 1982 durch die »Kommission für Menschenrechte« des Santa-Clara-Bezirks schilderte eine Filipina, warum sie gefeuert worden war: Sie hatte einer Landsmännin, die nur die Heimatsprache verstand, ein englisch abgefaßtes Gewerkschaftsflugblatt erklärt. Die Kollegin wurde ebenfalls entlassen.

Andererseits könnte die Furcht der Konzerne vor einer gewerkschaftlichen Unterwanderung ihrer Betriebe doch bessere Arbeitsbedingungen und eine gerechtere Behandlung der Beschäftigten bewirkt haben. Auf den Antigewerkschaftsseminaren der Arbeitgeberorganisation American Electronics Association wird immer wieder gepredigt, daß Vorbeugung das beste Mittel gegen den Gewerkschaftseinfluß sei.

Deshalb sind viele Silicon-Valley-Firmen großzügig in der Entlohnung ihrer Mitarbeiter; deshalb werden diese mit Respekt behandelt, und deshalb bekommen sie auch mehr Verantwortung in ihrem Bereich. Diese Politik soll aber nicht nur die Gewerkschaften zurückdrängen, sondern gleichzeitig die Intelligenzler, den wichtigsten Aktivposten von Silicon Valley, bei Laune halten.

Bob Noyce, einer der Intel-Gewaltigen, erklärt zu diesem Thema: »Die meisten Unternehmen unserer Branche können nur ohne Gewerkschaftseinfluß überleben. Wenn wir die Arbeitsbedingungen der gewerkschaftlich durchorganisierten Betriebe übernehmen, müssen wir alle dichtmachen. Das Management muß bei uns das Heft in der Hand behalten, damit wir in der Geschäftspolitik flexibel bleiben. Unsere Nation kann nur hoffen, daß uns das tiefe, manchmal alles lähmende Zerwürfnis zwischen Mitarbeitern und Management erspart bleibt.«

Wie dem auch sei, nach Meinung der Silicon-Valley-Moguln kommen die Gewerkschaften in der Rangfolge ihrer Feinde gleich nach der japanischen Mikroelektronik-Konkurrenz. Solange sich diese Einstellung nicht ändert, werden die Silicon-Valley-Firmen ihre Mitarbeiter weiterhin mit herablassender Fürsorge behandeln.

## *Schwarzarbeit in der Garage*

Die entsagungsvolle Arbeit in Garagen steht oft am Anfang großer Unternehmerkarrieren, wie die Beispiele von David Packard und William Hewlett oder von Steve Jobs und Steve Wozniak zeigen. Aber die Silicon-Valley-Garagen sind ebenso häufig illegale, ungesunde Arbeitsplätze, an denen vornehmlich Frauen aus der Dritten Welt ausgebeutet werden.

### *Ein Tag im Leben einer Arbeiterin der Halbleiterindustrie*

Maria steht um 6 Uhr auf, damit sie ihre drei Kinder vor der Arbeit noch anziehen und ihnen Frühstück machen kann. Von ihrer Wohnung im Osten von San José fährt sie auf dem Highway zur Tagesstätte ihrer Tante und liefert ihr 6 Monate altes Baby ab. Dann fädelt sie sich in den Stop-and-Go-Verkehr nach Mountain View ein. Knapp vor halb neun steuert sie ihren alten Buick, Baujahr 1968, auf den riesigen Parkplatz hinter dem Halbleiterwerk. Atemlos erreicht sie den Umkleideraum, zwängt sich in den weißen »Schneehasen-Anzug« und eilt in den Cleanroom.

Maria hat vor sich eine schier endlose Reihe von Siliziumwaffeln, die sie einzeln unter dem Mikroskop nach Fehlern absuchen muß. In der Kaffeepause um 10 Uhr tun ihr Hals und Schultern weh. Sie weiß, daß der Schmerz gegen Feierabend kaum noch auszuhalten ist. Aber wenn sie das dem Vorarbeiter erzählt, bringt es nichts, und außerdem hat die Werkleitung bereits von eventuellen Entlassungen gesprochen. Eine Cleanroom-Arbeiterin hat es nicht leicht, einen neuen Job zu finden.

Maria macht weiter, so gut sie kann. Sie beklagt sich lieber bei Isabella, ihrer Kollegin am nächsten Mikroskop. Während die Arbeitsstunden langsam verrinnen, sprechen sie gedämpft über die Fernsehsendungen vom Vorabend, ihre Kinder, die Kolleginnen. Die Firma stellt ihnen Volleyball-Court, Schwimmbad und Sauna zur Verfügung, aber in den 30 Minuten Mittagspause können sie das Angebot kaum wahrnehmen. Um halb fünf biegt Maria mit ihrem alten Buick wieder in die Autobahn ein, holt ihr Baby ab und fährt nach Hause.

Maria macht Abendbrot für ihre Kinder und unterhält sich mit einer Nachbarin - ebenfalls eine alleinstehende Mutter - während einer spanischsprachigen Fernsehsendung. Abends um 10 Uhr gähnt Maria nur noch. Während sie sich hinlegt, denkt sie nur: »Wenn die mich bloß nicht entlassen.«

Die einheimische Zeitung »San José Mercury« nahm kein Blatt vor den Mund, als sie diese soziale Schwäre beschrieb: »Unter Silicon Valley gibt es einen preiswerten Untergrundarbeitsmarkt, der dafür sorgt, daß Hausfrauen, Ausländer, Flüchtlinge und Wohlfahrtsempfänger und andere, die dringend Geld brauchen, für weniger als den gesetzlichen Mindestlohn arbeiten - ohne Sozialversicherung und andere Nebenleistungen.«

Die »Sweatshops« (Ausbeuterbetriebe) nutzen die Zwangslage Tausender von illegal eingewanderten Mexikanern und Vietnamesen aus, die keine offizielle Arbeitserlaubnis bekommen. Der Arbeitgeber spart die 10 Prozent vom Lohn, die an Abgaben fällig sind, desgleichen die 15 oder 20 Prozent, die der Schwarzarbeiter selbst an Einkommensteuer und Sozialversicherung entrichten müßte. So braucht ein Silicon-Valley-Konzern, der solchen Sweatshops Aufträge gibt, für Arbeiten, die ihn im eigenen Werk 9 Dollar je Stunde kosten, nur 6 oder 7 Dollar auszugeben.

Das »Platinenstopfen«, das Einsetzen der Chips in die Schaltungsplatinen, ist eine der Arbeiten, die gern im Lohn an Garagenbetriebe vergeben werden. Angenommen, ein Mikrocomputerhersteller möchte 50.000 Platinen mit Chips bestückt haben und nur 50 Cents je Platine ausgeben. Dann werden die Platinen und die Chips über einen Mittelsmann, der meistens 10 Prozent für sich abzweigt, in neutralen Lieferwagen angekarrt und abgeholt. Nichts wird schriftlich festgehalten, alles bar bezahlt. Die Garagen-Sweatshops sind kein zu vernachlässigender Wirtschaftsfaktor. Ein Silicon-Valley-Manager schätzt die Zahl solcher Klitschen, die allein von der Platinenbestückung leben, auf rund 200.

Auch bei der Vergabe von Heimarbeit ist Ausbeutung nicht selten. Ein mit der Untersuchung der Arbeitsbedingungen beauftragter Beamter des Staates Kalifornien stellt fest: »In der Heimarbeit ist die durchgängige Verletzung von Vorschriften, die Mindestlohn und Überstunden betreffen, inzwischen chronisch.« Manchmal müssen die illegal eingewanderten Vietnamesen 150 oder 200 Dollar »Eintrittsgeld« bezahlen, wenn sie Aufträge für die schwarze Heimarbeit als Platinenstopfer haben wollen.

Die mörderische Konkurrenz von Silicon Valley lädt allerdings zur Reduzierung der Lohnkosten mit allen Mitteln ein. Dieser Umstand und die prompte Erledigung von Eilaufträgen durch die Sweatshops sorgen dafür, daß sie nie aussterben werden.

Die Zeitung »San José Mercury« gibt diesen Einblick in die Heimarbeitsszene: » In einer heruntergekommenen Gegend von

San José bittet eine Vietnamesin zwei gutgekleidete Herren in ihre Wohnung. Auf dem Ofen brodelt ein Waschtopf, im Hinterzimmer lärmen Kinder. In Zeichensprache und gebrochenem Englisch wird ausgehandelt, daß diese Frau, ihre alte Mutter und eine Nachbarin Platinen für 50 Cents je Einheit bestücken. ›Arbeiten wir schneller, verdienen wir mehr, wenn langsamer, dann weniger‹, erklärt der windige Unternehmer.«

Warum gehen die Behörden nicht schärfer gegen die Sweatshop-Unternehmer in Silicon Valley vor? Zunächst einmal sind sie schwer zu identifizieren. Alle Beteiligten bemühen sich, sie zu decken. Die armen Einwanderer sind froh, daß sie überhaupt etwas verdienen - sie und ihre Freunde und Nachbarn werden sich hüten, neugierigen Beamten irgend etwas zu erzählen. Aber jeder weiß, daß es diese Unternehmer gibt und daß sie gut zurechtkommen.

Den Garagenbetrieben und den Heimarbeitern in Silicon Valley stehen die Montagewerke der Halbleiterkonzerne in der Dritten Welt würdig zur Seite. »Die Löhne bewegen sich zwischen 5 Prozent der USA-Norm in Indonesien und 25 Prozent in Hongkong«, schreibt Lenny Siegel in seiner Studie von 1979 mit dem Titel: »Die Mikroelektronik ist kaum von Nutzen für die Dritte Welt«. Inzwischen hat so gut wie jeder Halbleiterkonzern und manch einer der Computerhersteller »Offshore-Montagewerke« in Asien.

## *Silicon Valley als Gesundheitsrisiko*

Der Krankenstand in der Elektronikindustrie liegt im Mittel deutlich über dem der amerikanischen Industrie insgesamt. Das stellte jedenfalls die kalifornische Außenstelle des US-Amtes für Arbeitsstudien und Statistik fest. Von außen gesehen machen die Mikroelektronikwerke einen hervorragenden Eindruck, aber drinnen lauern beträchtliche Gefahren für die Gesundheit.

Das sichtbarste und natürlich am meisten diskutierte Gesundheitsrisiko von Silicon Valley ist die Luftverschmutzung. Das Gebiet ist eine riesige flache Wanne, in der schädliche Gase, vor allem Autoabgase, hängenbleiben. Damals, als Silicon Valley immer weiter expandierte, dachte keiner daran, daß fast alle Leute mit dem Auto zur Arbeit fahren würden, und heute müssen alle für diese Gedankenlosigkeit büßen.

Die Autobahnen, auf denen die Arbeiter aus dem südlichen Bezirk morgens nach Norden in die Fabriken und abends südwärts nach Hause fahren, sind jeden Tag verstopft, und im Schiebebetrieb sowie beim Wiederanfahren produziert ein Automotor besonders viele Abgase. Da keiner sich um den Ausbau der öffentlichen Verkehrsmittel wie Buslinien oder Vorortzüge gekümmert hat, benutzen 90 Prozent der Silicon-Valley-Bewohner ihr eigenes Auto, und der durchschnittliche Arbeitsweg wird sich in den nächsten Jahren von 25 auf 35 Kilometer verlängern.

Was ist zu tun gegen die Verkehrsprobleme von Silicon Valley? Mehr Autobahnen können nicht gebaut werden, weil dafür keine Grundstücke mehr frei sind. Bleibt der Ausbau der Buslinien, der Neubau von Straßenbahnlinien und die Bildung von Fahrgemeinschaften. Die Silicon-Valley-Firmen könnten einen »Verkehrspfennig« je Beschäftigten nach einem Vorschlag der Stadt Palo Alto zahlen. Flexible Arbeitszeiten sind bereits von vielen Unternehmern eingeführt worden. Aber das ist alles nur ein Tropfen auf den heißen Stein, weil sich unter den gegenwärtigen Bedingungen das Rad der Entwicklung nicht zurückdrehen läßt.

Große Luftverschmutzer sind neben den Autos auch die Mikroelektronikwerke. Obwohl sie als »sauber« gelten, weil sie keine qualmenden Schornsteine haben, speien die Fabriken jeden Tag 25 Tonnen Chemikalien aus, die sich unter dem Einfluß des Sonnenlichtes mit den Bestandteilen der Luft zu Smog zusammenballen. Eine kürzlich in Kraft getretene Verordnung zwingt deshalb die Konzerne, in den nächsten zehn Jahren 37 Millionen Dollar für die Filterung (das »Waschen«) ihrer Abgase auszugeben.

Gesundheitliche Gefahren drohen den Silicon-Valley-Einwohnern aber nicht nur aus der Luft, sondern auch aus dem Boden – besonders wenn ihr Nachbar ein Halbleiterhersteller ist.

Am 4. Dezember 1981 hoben Arbeiter im Werk San José Süd von Fairchild Semiconductor Boden aus, um einen Wassertank einzugraben. Dabei stießen sie auf rötlich verfärbtes Erdreich neben einem Chemikalientank, der seit 1977 in Betrieb war. Sie gruben tiefer und stellten fest, daß die Chemikalie aus dem glasfaserverstärkten Kunststofftank des Werks in den Boden sickerte. Der Flüssigkeitsstandanzeiger, der das Leck hätte melden müssen, hatte versagt. Die Verfärbung des Erdreichs breitete sich immer weiter aus, und Fairchild benachrichtigte vorsorglich das Wasserwerk der Great Oaks Water Company, das mehrere Brunnen in der Nähe besitzt.

Ein Brunnen war 500 Meter entfernt und wies eine Verunreinigung mit 1,1,1-Trichloräthan (TCA) auf, die 29mal höher lag als der von der staatlichen Gesundheitsbehörde tolerierte Wert. Seit Mai 1980 mußten demnach 150 000 Liter TCA aus dem defekten Tank im Boden versickert sein. Der Brunnen wurde am Tag darauf stillgelegt. Das Wasserwerk und auch Fairchild bewahrten gut sechs Wochen lang Stillschweigen über die unangenehme Entdeckung.

Aber am 20. Januar 1982 schlug die Hausfrau Lorraine Day ihre Zeitung auf und las von der Leckage. Sie konnte das Fairchild-Werk in 400 Meter Entfernung von ihrem Fenster aus sehen, und sie bekam ihr Trinkwasser von der Great Oaks Water Company. Ihr jüngstes Kind hatte von Geburt an einen lebensgefährlichen Herzfehler und sollte operiert werden. Mrs. Day erinnerte sich nun, daß ihre Nachbarinnen schon von dem merkwürdigen Geschmack ihres Trinkwassers erzählt hatten. In den letzten drei Jahren waren in ihrem Häuserblock drei Kinder mit Mißbildungen geboren worden. Es hatte außerdem drei Fehlgeburten und eine Totgeburt gegeben.

Lorraine Day schrieb an den Direktor der Wasserwerke und forderte eine Untersuchung all dieser Vorgänge. Die Medien brachten ihre Eingabe groß heraus und in wenigen Tagen wurde der Verband der Wasserwerke über 31 Fälle von tot oder krank geborenen Kindern unterrichtet. Auf diese alarmierende Nachricht hin wurden bei Untersuchungen im Gebiet der Bucht von San Francisco 36 gefährliche Chemikalienleckagen entdeckt. Allein im Santa-Clara-Bezirk fand man in sieben Fällen austretende Lösungsmittel bei Halbleiterwerken wie Intel, Hewlett-Packard, Signetics und AMD. Weitere undichte Tanks befanden sich in den Fairchild-Werken Los Altos, Mountain View und Santa Clara. Insgesamt waren in Silicon Valley elf solcher Chemikalientanks defekt.

Lorraine Day und 265 Nachbarn verklagten Fairchild, die Great-Oaks-Wasserwerke und die Aufsichtsbehörden wegen fahrlässiger Körperverletzung. Der Prozeß ist noch immer im Gange, und die Industrie hat unter dem Druck der Öffentlichkeit begonnen, mit ihren Chemikalien sorgfältiger umzugehen.

Der Fairchild-Konzern hat den defekten TCA-Tank beseitigt und auch seine übrigen Tanks freigelegt. Sie werden in Betongewölbe eingebaut, um etwa austretende Chemikalien zurückzuhalten. Fairchild hat insgesamt zwölf Millionen Dollar aufgewendet, um verunreinigtes Erdreich zu beseitigen und über 100 Brunnen in der Umgebung des Werks gebohrt, um das verseuchte Grundwasser abzupumpen.

Jedenfalls hat der TCA-Zwischenfall die Industriegewaltigen, die Behörden und auch die Öffentlichkeit aufgeschreckt und sie an die gemeinsame Verantwortung für die Umwelt erinnert. Fortan wird sich niemand mit der Behauptung, die Mikroelektronikwerke in Silicon Valley seien eine »absolut saubere Industrie«, in Sicherheit wiegen können.

## *Das »Gemeinweiden-Debakel«*

Silicon Valley sieht sich heute einer Vielzahl von Problemen gegenüber, die auf den ersten Blick nichts miteinander zu tun haben. In Wirklichkeit sind sie alle verknüpft durch die Art und Weise, wie hier eine Spitzentechnikindustrie entstand. Es gibt in Silicon Valley 16 Gemeindeverwaltungen, und jede hat in den letzten zwei, drei Jahrzehnten nur in ihrem eigenen Interesse gehandelt, zum Beispiel Fabriken zur Ansiedlung eingeladen, aber bereits in der Frage der Unterbringung der Arbeitskräfte eigene Ziele verfolgt.

Palo Alto, Mountain View, Sunnyvale und die anderen Städte des nördlichen Bezirks haben Wohnungsbauland zur Errichtung von Werkanlagen freigegeben. Das Ergebnis waren Wohnungsnot, lange Anfahrtswege für die Beschäftigten und die Aufspaltung der Bevölkerung in zwei durch soziale und wirtschaftliche Ungerechtigkeit polarisierte Gruppen mit deutlichem Nord-Süd-Gefälle.

Die Gemeinden gaben mit ihrem Egoismus ein Beispiel dafür, wie man sich um die Verantwortung für das Wohlergehen der Gesamtbevölkerung von Silicon Valley drücken konnte. Jede Stadt, jeder Konzern, jeder Einzelunternehmer dachte nur an sich. Die schrankenlose freie Marktwirtschaft von Silicon Valley begünstigte die ohnehin Starken und Mächtigen, aber auf Kosten der ärmeren und schwächeren Sektoren des Systems. Silicon Valley fehlt also eine kompetente, auf das Gemeinwohl bedachte Zentralverwaltung, die das Entstehen einer wirtschaftlich und sozial unausgewogenen Spitzentechnik-Gesellschaft verhindert hätte.

Heute stellen wir verspätet und mit Verwunderung fest, daß dieses »Paradies« Silicon Valley nicht weniger Fehler aufweist.

Die anderen »Silicon Valleys«, die jetzt überall aus dem Boden schießen, wollen diese Fehler vermeiden. Wie sollen sie das anfangen?

Vielleicht hilft ein Blick auf die Geschichte weiter. Silicon Valley ist nämlich ein klassischer Fall eines »Gemeinweiden-Debakels«.

Diesen Begriff hat der Ökologe Garret Hardin nach einem historischen Vorbild geprägt. Er beschreibt damit eine Situation, in der das, was ein einzelner zu tun beabsichtigt, in Konflikt mit den Interessen der Gemeinschaft gerät. Wird die Freiheit des einzelnen in dieser Situation auf die Spitze getrieben, dann wird das Wohl der Gemeinschaft und letztlich auch das ihrer Mitglieder geopfert.

Das Beispiel des »Gemeinweiden-Debakels« leitet sich her von dem System der Gemeinweidenwirtschaft im mittelalterlichen England. Das Problem entstand dadurch, daß jeder Bauer immer mehr Kühe auf die gemeinsame Weide seines Dorfes schickte, so daß am Ende alles Gras abgeweidet war und die Erosion zum Zusammenbruch der Gemeinweidenwirtschaft führte. Jeder Viehzüchter handelte durchaus vernünftig, wenn er seine Herde um ein Tier vermehrte, denn sein Ansatz war richtig, daß eine zusätzliche Kuh nur eine ganz kleine Mehrbelastung der Gemeinweide mit sich bringen würde. Ein soziales Debakel wurde daraus nur, weil keiner der Viehzüchter bedachte, daß jeder so handelte wie er und die Einzelauswirkungen addiert werden mußten.

»Jeder einzelne ist eingezwängt in ein System, daß ihn zwingt, seine Herde immer mehr zu vergrößern, aber er tut das in einer begrenzten Welt«, erklärt Hardin. »Der Ruin ist das Ziel, dem alle Menschen zueilen, weil sie ihr eigenes Interesse in einer Gesellschaft verfolgen, die auf die Freiheit der Gemeinweide eingeschworen ist.«

Wir sehen überall Beispiele für solche Gemeinweiden-Debakel: die Überbevölkerung, die Umweltverschmutzung, den Rüstungswettlauf der Weltmächte. Es rächt sich eben, wenn man keine Rücksicht auf das Gemeinwohl nimmt, und die sozialen Probleme von Silicon Valley zeigen, daß es nicht mehr so weitergehen kann.

Silicon Valley, dieses vielbewunderte Spitzentechnikzentrum, wird bereits nachgeahmt. Alle, die sich künftig mit der Einrichtung neuer Silicon Valleys befassen wollen, sind sich eine Erkenntnis schuldig: Wenn die Kräfte, die den Einzelunternehmer zum Erfolg führen, nicht sinnvoll eingesetzt und kanalisiert werden, müssen sie neue »Gemeinweiden-Debakel« heraufbeschwören, wie die Probleme der Silicon-Valley-Bewohner schon heute zeigen.

Teil III

# *Die Zukunft von Silicon Valley*

*Silicon Valley steht heute, dreißig Jahre nach seiner Entstehung, vor der schwersten Bewährungsprobe seiner Geschichte: es muß sich gegen die japanische Konkurrenz durchsetzen. Wenn die amerikanischen Halbleiter- und Computerkonzerne sich in diesem Technologiewettlauf nicht behaupten, kann Silicon Valley in zehn Jahren die Werktore schließen.*
*Dabei ist Silicon Valley gerade erst zu einem Modell, wenn nicht gar zu einer Weltanschauung geworden. Schon breitet sich die High-Tech-Zivilisation in einem Dutzend anderer Regionen der Vereinigten Staaten aus. In einigen Jahrzehnten ist High Technology vielleicht der »American way of life«.*
*Die Informationstechnologie ist jetzt dabei, voll auf die amerikanische Gesellschaft durchzuschlagen. Sie ist bereits allgegenwärtig in den automatisierten Arbeitsplätzen und Büros, in den Privathäusern mit Heimcomputern und Videospielen und den mit Microcomputern ausgestatteten Schulen. Wird die Gesellschaft zu einer Horde von ihrer Gemeinschaft entfremdeten Computerhackern verkommen? Wird High Tech nur noch mehr Arbeitslosigkeit schaffen? Oder wird die Spitzentechnik das einzige Mittel sein, um die wirtschaftlichen Probleme der Vereinigten Staaten in den Griff zu bekommen?*

# *Der Vormarsch der Japaner*

»Wir führen Krieg gegen Japan, nicht mit Kanonen und Granaten, sondern einen Wirtschaftskrieg mit Technologie, Wirtschaftlichkeit und Qualität.«
*Charles Sporck, Präsident der National Semiconductor Corporation, in einer Ansprache vor der Belegschaft, 1981*

»Wenn die amerikanische Regierung nichts gegen die Eroberung unserer Märkte durch die Japaner unternimmt, wird Silicon Valley bald Brachland sein.«
*Robert Noyce, Stellvertretender Aufsichtsratsvorsitzender, Intel Corporation, 1982*

Man könnte sagen, daß der Übergang von der Industriegesellschaft zur Informationsgesellschaft im Oktober 1973 mit dem Ausbruch des Yom-Kippur-Krieges zwischen Israel und den arabischen Staaten begann. Die OPEC, das Kartell der Ölförderländer, drehte der Welt den Ölhahn ab, und die Preise schossen steil in die Höhe. Damit war eine der Grundvoraussetzungen der Industriegesellschaft hinfällig geworden, nämlich die, daß auf ewig billige Energie in großen Mengen zur Verfügung stehe.

Nach 1973 begannen Japan, die USA und die anderen reichen Nationen der nördlichen Halbkugel einzusehen, daß die Information die Energie als den Stoff ablösen mußte, der die moderne Massengesellschaft in Gang hält.

Die Japaner begriffen als erste die neue Gleichung Information = Energie. Japan ist fast so groß wie Kalifornien, aber hat sechsmal soviel Menschen, und daher erschütterte der Ölschock 1973 diese Nation bis in ihre Grundfesten. Die japanische Regierung hatte jedoch das Ende des Industriezeitalters früher vorausgeahnt. Bereits 1971 entwickelte das mächtige Handels- und Industrieministerium (englisches Kürzel MITI: *M*inistry of *I*nternational *T*rade and *I*ndustry) eine Strategie, wie sich Japan einen größeren Anteil am Weltcomputermarkt, dem Herzstück der neuen Informationsgesellschaft, sichern könne.

Das hieß vor allem, sich mit dem Computergiganten IBM anzulegen. Das MITI hatte auch erkannt, daß Japan, wollte es eine führende Stellung auf dem Computermarkt erringen, zunächst eine beherrschende Position auf dem Halbleitersektor anstreben mußte. Silicon Valley war also den Japanern direkt im Weg.

Der Chef eines amerikanischen High-Technology-Konzerns nahm kein Blatt vor dem Mund, als er die Gefahr aus dem Fernen Osten beschwor: »Die Japaner schlagen uns auf jedem beliebigen Feld - Radios, Fernseher, Reißverschlüsse, Autos, was auch immer. Sie bieten bessere Qualität und niedrigere Preise. Jetzt sind sie dabei, uns auf dem Gebiet der Innovation zu schlagen. Gegen die ist kein Kraut gewachsen. Bald sind die Vereinigten Staaten nur noch ein Lebensmittel- und Rohstofflieferant der Japaner und ein Abnehmer ihrer Industrieprodukte. Japan wird die USA zu einer Nation der Dritten Welt machen.«

In den fast vier Jahrzehnten nach dem Zweiten Weltkrieg ist die japanische Wirtschaft um das 55fache gewachsen. Heute beherrscht Japan zehn Prozent des gesamten Welthandels, obwohl es nur knapp 0,3 Prozent der Fläche mit nur drei Prozent der Bevölkerung aller Länder der Erde umfaßt. Der wirtschaftliche Aufstieg Japans nach der Niederlage von 1945 ist in der Tat das Wunder, als das er so oft beschrieben wurde.

Wie haben die Japaner das gemacht? Ein wichtiger Faktor ist die - meistens aus den Vereinigten Staaten - importierte Technologie. 1953 zahlte Sony zum Beispiel 25.000 Dollar für eine Lizenz zur Herstellung von Transistoren. So ging es mit allen Produkten der Halbleiterindustrie - die Japaner kopierten eine amerikanische Erfindung und produzierten sie dann mit höherer Qualität zu niedrigerem Preis.

Die USA förderten diesen Technologietransfer kurz nach dem Krieg, weil sie Japan für zu schwach hielten, als daß es allein wieder auf die Füße kommen konnte. Erst in jüngster Zeit wurde der Abfluß technischer Innovation nach Fernost eingedämmt: »Wir wollen jetzt mehr Milch und weniger Kühe verkaufen«, erklärt ein amerikanischer Manager.

Die USA begünstigten das Wirtschaftswunder auch dadurch, daß sie die Verteidigungskraft Japans durch die Stationierung von 45.000 Soldaten sicherten. Das Land gibt jährlich nur ein Prozent seines Bruttosozialprodukts für die Verteidigung aus, die USA fünfmal soviel.

Die Amerikaner sind eifrige Abnehmer japanischer Konsumartikel: 15 Prozent der Motorräder, 60 Prozent der Fernseher und 20 Prozent der Autos in den USA stammen aus Japan. Jedes Jahr nimmt Japan 50 Milliarden Dollar in den USA ein, und obwohl Japan seinerseits der beste Kunde der Vereinigten Staaten ist, müssen die USA ein Handelsdefizit von jährich 18 Milliarden Dollar hinnehmen.

Bei aller Anerkennung für die amerikanische Starthilfe gebührt das Hauptverdienst an dem Wirtschaftswunder natürlich den Japanern selbst. Sie sind sehr arbeitsam, gut ausgebildet und von einem Geist der Zusammenarbeit innerhalb ihrer Gruppe durchdrungen, der sich direkt in wirtschaftlichen Erfolg ummünzen läßt. Dieses Verhalten rührt sicher aus der alten Tradition des Reisanbaus in Japan her, bei dem es sehr auf Teamgeist und Zusammenarbeit ankommt. Auf genau diese Eigenschaften ist auch die moderne Informationsgesellschaft angewiesen.

Japan hat seit Jahrzehnten stabile politische und wirtschaftliche Verhältnisse - die Liberaldemokratische Partei ist seit 28 Jahren am Ruder. Regierung und Privatindustrie arbeiten Hand in Hand, eine Wirtschaftsform, die von den Amerikanern neidvoll »Japan Inc.« genannt wird.

Die Bedrohung der Spitzentechnikindustrie von Silicon Valley durch die Japaner wird besonders deutlich am 64-Kilobyte-RAM, dem wichtigsten Chip der Mikroelektronik. Auf diesen Chip bezog sich Gene Bylinsky, als er in dem Wirtschaftsmagazin »Fortune« schrieb: »Die amerikanische Halbleiterindustrie, diese Bastion der Innovation und des Unternehmergeistes, windet sich in ihrer ersten großen Niederlage, die mit überraschender Wucht auf sie zukam.«

Der 64-Kilobyte-RAM (Random Access Memory = Direktzugriffsspeicher) wird noch auf Jahre hinaus das verbreitetste Produkt der Mikroelektronik bleiben. Er ist auf dem besten Wege, nach dem Gesamtumsatz der meistverkaufte Chip aller Zeiten zu werden (s. Graphik auf Seite 214). Dieser Chip ist eine wahre Speerspitze der Mikroelektronik-Technologie. Wer die 64-Kilobyte-RAM-Produktion unter Kontrolle hat, wird in naher Zukunft ungeheuer viel wirtschaftliche Macht in den Händen halten und eine beneidenswerte Ausgangsposition für den Run auf den bereits entwickelten 256-Kilobyte-RAM besitzen.

Der 64-Kilobyte-Dynamic-RAM enthält über 64 000 elektronische Speicherplätze - genau sind es 65 536. »Random Access« oder Direktzugriff heißt, daß jeder einzelne Speicherplatz auf diesem Chip sofort zugänglich ist und nicht erst, wie beim Magnetband, alle vorhergehenden Speicherplätze abgetastet werden müssen. In so einem dynamischen Speicher müssen die Daten

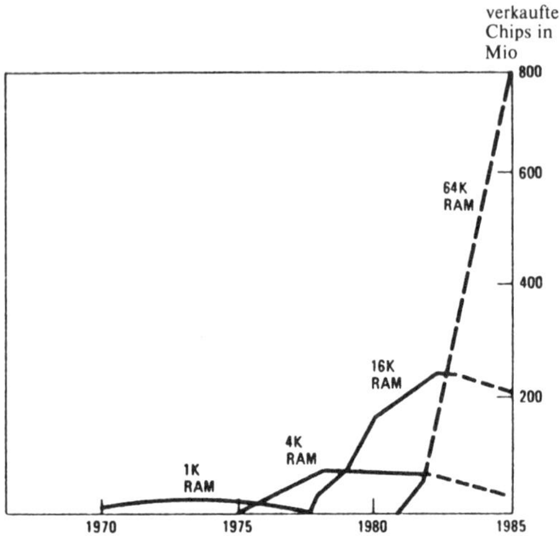


Jahresumsatz in RAM-(Direktzugriffsspeicher)-Chips. Die mit einem Chip zu speichernde Datenmenge wird in Bytes oder Kilobytes (jeweils 1000 Bytes) angegeben. 1 Kilobyte umfaßt genaugenommen 1024 Bytes, entsprechend der Reihe der Zweierpotenzen 2, 4, 16 …
Die jeweils nächste Generation der Speicherchips hat eine vierfach höhere Kapazität. Es fing an mit 1 KB und ging weiter mit 4 KB, 16 KB und 64 KB. Die jetzt folgende Generation, die der 256-KB-Chips, wird bereits produziert. Die folgende Generation ist stark von der vorausgehenden abhängig – eine Firma, die keine 64-KB-RAMs produziert hat, kann sich nicht ohne weiteres auf die Herstellung von 256-KB-RAMs werfen.
Quelle: Dataquest

mit Hilfe elektronischer Schaltelemente ständig in Bewegung gehalten werden. Wenn man sie nicht mehr braucht, kann man die Speicherzellen mit neuen Daten belegen. Das heißt, die Daten sind in diesem Speichertyp äußerst schnell verfügbar, und er kann immer wieder verwendet werden.

Das wichtigste Einsatzgebiet des 64-Kilobyte-RAM sind die Computer. Die Speicherchips halten die Daten zur Verarbeitung bereit, und in Verbindung mit den datenverarbeitenden logischen Chips wie Mikroprozessoren bilden sie das Gehirn eines Computers, einer Rakete oder eines Roboters. Die amerikanische »Niederlage« bei den 64-Kilobyte-RAMs besteht darin, daß die USA nur noch 44 Prozent des Weltumsatzes kontrollieren, während der Anteil der Japaner bei 56 Prozent liegt. 1981 hatten die Japaner bereits 70 Prozent dieses Marktes erobert, aber seitdem fällt ihr Anteil wieder.

Die Niederlage der Amerikaner wurde nur dadurch ermöglicht, daß die US-Halbleiterfirmen in der Rezession von 1973 bis 1975 ein Drittel ihrer Mitarbeiter entlassen und ihre Investitionen auf die Hälfte reduzieren mußten. Als die Wirtschaft wieder in Gang kam, waren die amerikanischen Konzerne nicht darauf vorbereitet, und 1978 hatten die Japaner bereits 40 Prozent des Weltumsatzes an 16-KB-RAMs erobert. Vorher konnten sie nur 1-KB- und 4-KB-RAMs liefern.

Die Amerikaner lagen seinerzeit mit dem 1-KB-RAM vorn, dann mit dem 4-KB- und dem 16-KB-RAM. Jedesmal brachten die US-Firmen die Innovation auf den Markt; die Japaner übernahmen und verbesserten sie. Doch die gegenwärtige japanische Vorherrschaft bei den 64-KB-RAMs und die Einführung der 256-KB-RAMs in die Massenfertigung lassen erkennen, daß das alte Muster sich ändert. Aus den technologischen Nachahmern von gestern sind die Marktführer von heute geworden. Die fünf Hersteller, die seit 1983 256-KB-RAMs anbieten, heißen Fujitsu, Mitsubishi, NEC, Toshiba und Motorola. Nur einer von diesen fünf, Motorola, ist ein amerikanischer Konzern.

Die 64-KB-RAM-Niederlage der Silicon-Valley-Mikroelektronik stachelte Bob Noyce, Jerry Sanders und andere Halbleiter-Moguln an, nach neuen Abwehrstrategien gegen die Japaner zu forschen. Im Oktober 1981 kamen Intel und American Micro Devices (AMD) überein, neue Halbleiterschaltungen gemeinsam zu entwickeln und jeweils einige Chips des anderen zu produzieren. Das Intel-AMD-Abkommen signalisiert für Silicon Valley vielleicht schon den Übergang von mörderischer Konkurrenz zu vertrauensvoller Zusammenarbeit.

Im Februar 1982 trafen sich die Manager von 50 amerikanischen Konzernen hinter verschlossenen Türen und erklärten: »Unsere Mikroelektronik- und Computerindustrie macht sich mit zu vielen Parallelentwicklungen das Leben schwer. Es ist eine unverantwortliche und schädliche Verschwendung, daß jede Firma neu entdecken muß, was andere schon längst erforscht haben.« Seitdem stellen die amerikanischen Halbleiter- und Computerfirmen Geld und Mitarbeiter für gemeinsame Forschungs- und Entwicklungsvorhaben zur Verfügung.

Die bereits geschilderte Lernkurve zeigt, daß der Fabrikant, der als erster mit einem neuen Halbleiterprodukt auf den Markt kommt, wirtschaftlich im Vorteil ist. Mit der Stückzahl sinkt der Einzelpreis. Der 64-KB-RAM-Chip folgte am Ende praktisch den Gesetzen des freien Falls. 1981 kostete ein Chip noch 50 Dollar, ein Jahr später nur noch fünf. Angesichts dieses Preisverfalls beantragte der Motorola-Konzern bei der US-Regierung eine Untersuchung der Preispolitik der Japaner mit der Begründung, sie verkauften den 64-KB-RAM unter den Gestehungskosten, um den Markt zu monopolisieren.

Nach Jahrzehnten des Mißtrauens gegenüber Washington, in denen die Silicon-Valley-Firmen die Politik aus ihren Geschäften heraushalten wollten, möchten sie jetzt, daß die Regierung Schutzzölle gegen die japanische Konkurrenz einführt und die Wettbewerbsregeln lockert, damit die US-Konzerne enger zusammenarbeiten können. So sorgte die Bedrohung durch Japan dafür, daß die Politik in Silicon Valley Einzug halten konnte.

## *Theorie Z oder der Japanische Managementstil*

Dr. William G. Ouchi ist Professor für Management an der wirtschaftswissenschaftlichen Fakultät der University of California, Los Angeles (UCLA). Er schrieb ein ungeheuer erfolgreiches Buch mit dem Titel »Theory Z: How American Business Can Meet the Japanese Challenge« [»Theorie Z: Wie die amerikanische Wirtschaft der japanischen Herausforderung begegnen kann«].

Dieses Buch stand 22 Wochen lang ununterbrochen auf der Bestsellerliste der »New York Times« - ein Rekord für ein professorales Werk. Einer der Gründe für den Erfolg von »Theorie Z« war zweifellos das Timing. Als das Buch herauskam, erlebte die Autometropole Detroit ihre große Talfahrt, und die Amerikaner wollten wissen, warum die Japaner mit ihren Autos, Videorekordern und anderen Exportartikeln so erfolgreich waren.

Ouchi beantwortete diese Frage in seinem Buch mit dem japanischen Managementstil. Er konnte darauf verweisen, daß einige US-Konzerne bereits eine amerikanische Version des japanischen Managementstils unter dem Namen »Theorie Z« bei sich eingeführt hatten. Die meisten Beispiele für US-Firmen, die nach Theorie Z verfahren, fand Ouchi unter den Spitzentechnikfirmen, davon die meisten wiederum in Silicon Valley. Das Buch basiert im wesentlichen auf Ouchis Untersuchungen in Elektronikfirmen wie Hewlett-Packard. Er war damals noch Wirtschaftsprofessor an der Stanford University.

Den japanischen Managementstil kennzeichnen im wesentlichen Anstellung auf Lebenszeit, hierarchischer Firmenaufbau und umfassende Sozialleistungen. Anstellung auf Lebenszeit bedeutet, daß intensive Fortbildung im Werk sich über viele Jahre amortisieren kann, aber auch, daß die Manager sehr gut mit den Auf- und Abwärtsbewegungen der Konjunktur fertig werden müssen, weil sie nicht zum Mittel der Entlassung und Wiedereinstellung greifen können.

Im Gegensatz zum Amerikaner fühlt sich der japanische Arbeitnehmer an seine Firma gebunden. Japaner, die in einer Abteilung arbeiten, fühlen sich immer als Teil einer Familie und halten auch außerhalb der Arbeitszeit Kontakt miteinander. Sehr oft gehen sie nach Feierabend gemeinsam in ein Restaurant.

Den Arbeitsstil in den japanischen Firmen kennzeichnen weitgehende Kommunikation auf der gleichen Ebene und dezentralisierte Entscheidungsgewalt. In vielen Unternehmen beginnt der Arbeitstag mit einer fünf Minuten dauernden Zusammenkunft, weil japanische Chefs ihre Entscheidungen gern nach Diskussion mit den ihnen unterstellten Beschäftigten fällen. Diese vertikale Kommunikation in beiden Richtungen macht den Vorgesetzten vor allem zu einem Vermittler und Überredungskünstler.

Die Botschaft des Buches von Professor Ouchi über die Theorie Z leuchtet ein: Behandle deine Beschäftigten als menschliche Wesen, laß sie in Firmenangelegenheiten ein Wörtchen mitreden, gib ihnen eine Zukunftsperspektive in deinem Unternehmen, und sie werden härter und besser arbeiten. Für das Unternehmen springen höhere Gewinne und Firmentreue der Mitarbeiter heraus - auch die Besten haben wenig Anreiz, zur Konkurrenz überzulaufen.

Die Theorie Z paßt wunderbar zu den Verhältnissen der Spitzentechnikindustrie von Silicon Valley. Eine Reihe von Mikroelektronikunternehmen wie Intel, Apple, IBM und Tandem befolgen sie bereits in abgewandelter Form, legen aber Wert auf die Feststellung, daß sie nicht erst von Ouchis Buch darauf gebracht wurden. So betont William Hewlett: »Professor Ouchi gab dem Kind einen Namen - er nannte einfach Theorie Z, was wir bereits seit Jahren praktizieren.« In der Tat folgte Hewlett-Packard seit 1950 einer eigenen Theorie-Z-Version, also bevor der

Konzern über sein Joint-Venture-Unternehmen Yokogawa-Hewlett-Packard direkten Kontakt mit japanischen Managementmethoden bekam und auch lange bevor Ouchis Buch erschien.

Es ist aber erstaunlich, daß nicht mehr Silicon-Valley-Spitzentechnikunternehmen Theorie-Z-verwandte Managementmethoden anwenden. So ist zum Beispiel National Semiconductor ein strikter Anti-Theorie-Z-Konzern. National Semiconductor reagiert auf jede Halbleiter-Absatzflaute mit Massenentlassungen, denen bei jedem Aufschwung wieder massenhaft Einstellungen folgen.

Viele Silicon-Valley-Protagonisten tun die Theorie Z einfach als projapanische Propaganda ab. »Theorie Z ist weiter nichts als eines der vielen Wunderdiätbücher, angewendet auf die Elektronikindustrie«, sagt verächtlich Jerry Sanders, Chef von American Micro Devices (AMD). »Das ist eine billige Propagandakampagne, die aus dem Aberglauben Kapital schlagen möchte, daß der japanische Führungsstil dem amerikanischen überlegen sei - schlichter Unsinn.«

Einige Silicon-Valley-Manager geben zu, daß die Theorie Z einiges für sich hat, jedoch nicht unverändert übernommen werden kann, weil manche Lebensauffassungen in Amerika und Japan zu unterschiedlich sind. »Seine Leute gut und respektvoll zu behandeln ist doch so amerikanisch wie Apfeltorte«, erklärt Fred Zieber, Vizepräsident der Computer-Marktforschungsfirma Dataquest Inc. »Aber für viele von uns heißt lebenslange Anstellung auch lebenslange Sklaverei.«

Immerhin, seit der Erringung der Vorherrschaft bei den 64-KB-RAMs durch die Japaner sind die Silicon-Valley-Firmen doch geneigter, sich einiges vom Managementstil ihrer fernöstlichen Konkurrenten abzugucken.

Die großen japanischen Elektronikunternehmen schließen sich mit anderen Firmen in einem »Keiretsu«, einem lockeren Interessenverband zusammen, in dem Aktienpakete und Aufsichtsratssitze ausgetauscht werden. Gewöhnlich hat jedes Keiretsu nur ein Mitglied aus derselben Branche. Zum Matsui-Keiretsu gehören beispielsweise Toshiba (Elektronik), Toyota (Automobile) und andere. Die Mitgliedschaft in so einem Firmenverband bringt viele Vorteile - die Kapitalbeschaffung wird erleichtert, einer ist Abnehmer für die Produkte des anderen. Durch die Verwendung eines gemeinsamen Namens wie Mitsui oder Mitsubishi verringern sich die Werbekosten und man hat einen besseren Zugang zu den Auslandsmärkten, weil zu jedem Keiretsu ein großes international tätiges Handelshaus und eine Großbank gehören.

Wie groß die Macht der Keiretsu ist, zeigt das Beispiel der Mitsubishi-Gruppe - sie kontrolliert allein zehn Prozent des japanischen Bruttosozialprodukts.

Alle japanischen Mikroelektronikunternehmen sind Mitglieder eines Keiretsu. Die fünf größten heißen Nippon Electronic Corporation (NEC), Hitachi, Toshiba, Matsushita. Diese fünf Halbleiterproduzenten sind gleichzeitig fünf der größten japanischen Elektronikgeräte-Hersteller. Als sechst- bis zehntgrößte japanische Halbleiterhersteller folgen Sanyo, Fujitsu, Sony, Sharp und Oki. Zusammen vereinigen diese zehn Firmen 80 Prozent der japanischen Halbleiterproduktion auf sich.

Im Gegensatz zu den Silicon-Valley-Halbleiterfirmen, die zwischen 1960 und 1980 als »Spin-offs«, als Dissidentengründungen ehemaliger Mitarbeiter größerer Konzerne entstanden, ergibt sich in Japan ein ganz anderes Bild. Die sechs oder sieben größten, mehr oder weniger selbständigen Halbleiterhersteller sind Tochtergesellschaften großer Elektronikkonzerne, und diese wiederum gehören einem Keiretsu an.

In den USA nutzen nur einige Konzerne wie IBM, Texas Instruments und Hewlett-Packard die Vorteile dieser vertikalen Integration mit ihren eigenen Halbleiterwerken. Die meisten Silicon-Valley-Halbleiterfirmen ziehen immer noch die Selbständigkeit vor.

## *Das MITI und die Japan Inc.*

Das Ministerium für Welthandel und Industrie residiert in einem häßlich-grauen, elfstöckigen Hochhaus im Zentrum von Tokio, einige Straßen vom Kaiserlichen Palast entfernt. Das kastenförmige MITI-Gebäude wimmelt von jungen Intellektuellen in dunklen Anzügen. Die meisten sind Elite-Absolventen der juristischen und technischen Fakultät der Universität Tokio. Sie sitzen neben Bergen von Akten in überfüllten kleinen Büros, die alles andere als elegant wirken.

Das MITI ist Japans größte Ansammlung von Intellekt und Macht. Seine Zuständigkeit reicht von der Aufsicht über die Fahrradrennwetten über die Festsetzung der Energiepreise bis zur Planung der nationalen Industrieentwicklung. Das MITI entstand nach dem Zweiten Weltkrieg aus dem Rüstungsministerium und ist heute federführend in dem »Krieg« der japanischen Halbleiter- und Computerindustrie gegen Silicon Valley. Das Ministerium hat zahlreiche offizielle und weniger formelle Verbindungen zu den Konzernen des Landes.

Vor Jahrzehnten feuerte das MITI die japanische Stahlindustrie mit dem Slogan »Der Stahl ist die Nation« an, und bald darauf lieferte Japan Qualitätsstahl zu den günstigsten Preisen der Welt. Vor einem Dutzend Jahren entschied das MITI, daß fortan der Computerindustrie - und der Halbleiterindustrie als ihrem Herzstück - die Zukunft gehörte. So wurden Computer und Halbleiter, wie vor ihnen der Stahl, zur Vorrangindustrie erklärt. Das MITI erklärt in seiner plastischen Ausdrucksweise die zu entwickelnden Halbleiterchips zum »Reis der Industrie«, dem Grundstoff der heraufziehenden Informationsgesellschaft.

Ende der 70er Jahre steuerte das MITI umgerechnet 130 Millionen Dollar zu dem gemeinsam vom Staat und der Privatwirtschaft finanzierten Entwicklungszentrum für Halbleitertechnik bei, das insgesamt 320 Millionen Dollar kostete. Es brachte über 1000 patentierte Innovationen hervor. Dieses Forschungszentrum ermöglichte es den japanischen Halbleiterproduzenten, den Anschluß an die Vorbilder in Silicon Valley herzustellen und sie in einigen Fällen sogar auszustechen.

Das MITI bestimmt selbstherrlich die japanische Wirtschaftspolitik und hat seine Macht durch die richtige Entscheidung, Wirtschaftswachstum durch die Förderung der Innovation in der Mikroelektronik anzustreben, noch vergrößert. Die so erfolgreiche MITI-Bürokratie kann von Parlament und Gerichten nur noch in ihe Schranken verwiesen werden, wenn sie einmal über die Stränge schlägt.

Das MITI nimmt Einfluß auf die Mikroelektronikindustrie, also die Halbleiter- und Computerhersteller, durch »Gyosei shido«, staatliche Richtlinien, indem es ihnen Vorrang in der Kapitalbeschaffung, Steuererleichterungen und Unterstützung bei der Forschung gewährt. Dadurch ist die japanische Mikroelektronik viel weiter integriert und koordiniert als ihr Vorbild in Silicon Valley. Im wesentlichen lassen sich die organisatorischen Unterschiede der amerikanischen und japanischen Halbleiterindustrie auf verschiedene soziale Traditionen zurückführen - in Amerika Unabhängigkeit und Wettbwerb, in Japan Kollektivismus und Koordination.

Die amerikanische Regierung und ihre Behörden halten

Abstand zu ihrer Mikroelektronikindustrie. In Japan sind Verwaltung und Industrie Verbündete in einer gemeinsamen Anstrengung, in den USA sehr oft Gegner.

Die japanische Mikroelektronikindustrie finanziert ihre gemeinsame Forschung zunächst einmal aus den Mitgliedsbeiträgen ihres Verbandes. Eine wertvolle Ergänzung ist jedoch der vom MITI bereitgestellte jährliche Zuschuß von umgerechnet zehn Millionen Dollar aus einer Sondersteuer auf die Fahrradrennwetten.

Allerdings, ganz allein bestimmt das MITI die Industriepolitik auch nicht. Sie ist vielmehr das Ergebnis gemeinsamer Entscheidungsfindung durch alle Beteiligten. Das MITI ist der wohlwollende, übergeordnete Koordinator aller Bemühungen, wie ein japanischer Elektronikmanager anerkennt: »Die Regierung soll auch der Industrie ruhig einen halben Schritt voraus sein, aber keinen ganzen Schritt.«

Die Silicon-Valley-Gewaltigen sind weit mehr auf ihre Unabhänbgigkeit bedacht: »Wir wollen nicht mit der staatlichen Bürokratie in einem Bett liegen«, sagt einer. »Wir bestehen auf unserem Recht, auch mal eine Pleite hinzulegen«, erklärt stolz ein anderer.

Vielleicht lassen sich die amerikanisch-japanischen Unterschiede in den Beziehungen zwischen Staat und Industrie auch so zusammenfassen, daß das MITI ein Spitzentechnikkonzept ausgearbeitet hat, während Amerika noch nichts dergleichen besitzt.

Andererseits: so wie die Silicon-Valley-Konzerne ihre japanischen Konkurrenten fürchten, haben diese wiederum einen höllischen Respekt vor dem amerikanischen Computergiganten IBM. Die japanischen Computerfirmen halten vielleicht 10 bis 15 Prozent des Weltmarktes in ihren Händen, während IBM allein 50 Prozent kontrolliert. Bis 1990 hofft Japan 30 Prozent zu erobern, wobei es sich zuerst auf die Entwicklungsländer, vor allem in Asien, konzentriert und dann die USA selbst angreift.

Vorläufig müssen die Japaner in ihrem Kampf gegen IBM noch mit erheblichen Schwierigkeiten fertig werden. Eine liegt darin, daß die für den Inlandsgebrauch bestimmten japanischen Computer und die für den Weltmarkt sich stark unterscheiden müssen. Die Japaner verwenden eine Schrift aus mehreren tausend Zeichen, was auch ihren Computern einen eigenwilligen Anstrich gibt. Die internationalen Computersprachen basieren jedoch auf lateinischen Buchstaben und englischen Kürzeln.

Das MITI hat die Führung in der Verfolgungshatz auf IBM mit

zwei Gemeinschaftsforschungsprogrammen übernommen, und zwar mit dem »Projekt Fünfte Computergeneration« und dem »Nationalen Projekt superschnelle Computer«, kurz »Supercomputerprojekt« genannt.

»Fünfte Computergeneration« ist ein 1982 gestartetes, mit 400 Millionen Dollar ausgestattetes Zehnjahresprogramm. Um dieses Projekt durchzuziehen, hat das MITI das »Institut für Computertechnologie der neuen Generation« (ICOT) gegründet. Zu seinen Mitgliedern gehören außer dem MITI Nippon Telegraph and Telephone (NTT) auch die acht führenden japanischen Computerhersteller. Das MITI hat von allen Konzernen Finanzierungsbeiträge und die besten Ingenieure unter 35 Jahren angefordert.

Die Computer der fünften Generation sollen weitgehend selbständig arbeiten und sich selbst nach ihrer Arbeitserfahrung programmieren. Sie verwenden die dem menschlichen Erkennungsvermögen nachgebildete künstliche Intelligenz und verarbeiten auch nichtnumerisches Material wie Bilder und Zeichnungen.

Die zweite von MITI geplante Waffe gegen die IBM-Vorherrschaft, das »Supercomputerprojekt«, erhält bis zum Ende des Jahrzehnts 140 Millionen Dollar. Es soll einen Rechner hervorbringen, der tausendmal schneller arbeitet als die heutigen Computer. Um diese hohe Geschwindigkeit zu erreichen, werden die Halbleiterchips auf Siliziumträgern durch solche auf Galliumarsenidbasis ersetzt.

Wie der Computer der fünften Generation des ICOT-Programms wird auch der Supercomputer von den brillantesten Wissenschaftlern und mit den Beiträgen der beteiligten Firmen entwickelt. Er soll in Bereichen arbeiten, in denen die gegenwärtigen Computer immer noch viel zu wünschen übrig lassen: Kernfusionssimulation, Wettervorhersage und Aerodynamik.

Den ersten Supercomputer der Welt hat das US-Verteidigungsministerium eingesetzt, um die Strömungsverhältnisse an einem Raketentriebwerk zu berechnen. Das dauerte 18 Stunden. Der geplante japanische Supercomputer soll dasselbe in zehn Sekunden schaffen.

Die an beiden Großprojekten beteiligten Firmen können durch ihre Zusammenarbeit kostspielige Parallelentwicklungen vermeiden. Alle werden über den jeweiligen Stand der Arbeiten unterrichtet, und alle stehen trotz ihrer Zusammenarbeit unter der MITI-Ägide im ständigen Wettbewerb gegeneinander.

Die amerikanischen Mikroelektronikkonzerne behaupten, die

»Japan Inc.« betreibe unlauteren Wettbewerb. Gewiß sind sie durch die Unterstützung des allmächtigen MITI im Vorteil, aber das ist beileibe nicht der einzige Grund, warum die Japaner in der technischen Innovation zu Silicon Valley aufschließen. Die strengen amerikanischen Antitrustgesetze lassen noch einigen Spielraum für die Zusammenarbeit, und seit 1980 gibt es auch einige gemeinsame amerikanische Elektronikforschungsprogramme. Was noch fehlt, ist eine langfristige nationale Förderungspolitik, die amerikanische Spitzentechnikfirmen zu noch mehr Zusammenarbeit einlädt.

Muß IBM die Angriffsvorbereitungen der »Japan Inc.« ernst nehmen? Kürzlich bemerkte ein Fachmann, der die von MITI initiierten Förderungsprogramme besichtigen konnte, daß IBM wenig Anlaß zur Sorge habe. Mag sein, aber ähnliches hörte man vor einigen Jahren auch bei General Motors in Detroit.

### *So boxten die Japaner ihre Autos in den Markt*

Wer in der Mikroelektronikindustrie an die japanische Konkurrenz denkt, wird sofort an Detroit erinnert.

Eine Untersuchung der US-Autoindustrie zeigt, daß ihre Herstellungskosten über und ihre Qualität unter dem Standard der fernöstlichen Konkurrenten liegt. Von amerikanischen Autofahrern, die befragt wurden, ob sie dasselbe Modell wieder kaufen würden, sagten 77 Prozent der Käufer amerikanischer Wagen ja. Aber von den Käufern importierter Autos wollten 92 Prozent ihrer Marke treu bleiben. Heute kommt jedes vierte in Amerika verkaufte Auto aus Japan.

Noch 1960 stellten die USA mit acht Millionen Wagen 48 Prozent der Weltproduktion, die Japaner nur drei Prozent. Aber 1980 kam die Wende: Japans Anteil stieg auf 28 Prozent, die USA fielen auf 20 Prozent zurück. Damals liefen die amerikanischen Fabriken mit halber Kapazität und fuhren Verluste von 4,2 Milliarden Dollar ein - die bis dahin höchste Verlustsumme aller Branchen.

Das Detroiter Desaster verschlimmerte sich noch in den Jahren 1980 bis '82. Abhilfe konnte nur der Übergang zu kleineren Modellen schaffen, dachte man. Aber als der Wechsel endlich vollzogen war, konnten die amerikanischen »Compacts« und »Subcompacts« sich auch nicht gegen die japanischen Kleinwagen behaupten.

Es kostete Detroit 2.203 Dollar mehr als die Japaner, einen Subkompaktwagen zu produzieren. Diese Summe setzt sich zusammen aus den folgenden Kostenvorteilen der Japaner:

1. Geringere Lohnkosten - die Japaner brauchen nur 60 Arbeitsstunden für ein Auto, die Amerikaner jedoch 120

Stunden, macht 550 Dollar.

2. Die Japaner kommen mit kleineren Teilelagern aus, macht 550 Dollar.
3. Bessere Arbeitsvorbereitung, macht 478 Dollar.
4. Bessere Qualitätskontrolle, macht 329 Dollar.
5. Alle übrigen Faktoren, wie bessere Technik, weniger Krankmeldungen usw., macht 296 Dollar.

Von dem 2.203 Dollar-Kostenvorsprung müssen die Japaner für die Verschiffung und andere Nebenkosten wieder 485 Dollar opfern. Das heißt, ein japanisches Auto kann in den USA immer noch um 1.718 Dollar billiger verkauft werden als eines aus Detroit - oder: Toyota oder Datsun können einen zusätzlichen Gewinn von 1.718 Dollar einstreichen.

Die Japaner haben auch in ihrer Automobiltechnik viel aus den USA übernommen. Der General-Motors-Chef Roger Smith erklärte einmal vor seinen 500 ranghöchsten Managern: »Wir dürfen nie wieder zulassen, daß die unsere Technologie übernehmen und uns mit unseren eigenen Waffen schlagen.«

Inzwischen sehen General Motors und die anderen US-Autokonzerne zu, was sie aus den japanischen Fabriken kopieren oder verändert übernehmen können und schließen Kooperationsabkommen mit den japanischen Autofirmen ab. General Motors hat den Import der »Minicompacts« von Suzuki und Isuzu übernommen, weil der Konzern sie nicht wirtschaftlich genug in seinen eigenen Werken produzieren könnte.

Toyota und General Motors haben sich außerdem darauf geeinigt, in dem GM-Werk Fremont in Kalifornien eine gemeinsame Kleinwagenproduktion aufzuziehen. Der Wagen ist eine Toyota-Konstruktion, Toyota liefert Motor und Getriebe und der Werksleiter ist Japaner. So kaufen die amerikanischen Autokonzerne die technischen Innovationen zurück, die sie einst verschenkt hatten, aber sie kaufen damit auch ein Stück japanischer Arbeitsmoral und Managementerfahrung.

Der japanische Sieg über Detroit war jedenfalls eine ernüchternde Lektion für die amerikanischen Autokonzerne.

## *Qualitätsunterschiede*

Der Komiker Bob Hope zieht in einem alten Sketch seine Pistole und drückt ab. Der Abzug klickt mehrmals, aber nichts passiert. Hope peilt in den Pistolenlauf und schnaubt verächtlich: »Made in Japan!« Jahrzehntelang war »Made in Japan« ein Synonym für wertlosen Kram. Aber das ist lange her. Japanische Firmen stellen heute bessere Halbleiterchips her als die US-Konzerne.

Eines der brennendsten Probleme der Halbleiterindustrie ist die hohe Zahl von Chips, die bei den automatischen Qualitätsprüfungen wegen ungenügender Zuverlässigkeit ausgesondert werden müssen. Eine Ausschußquote von 50 Prozent ist bei manchen Herstellern keine Seltenheit. Diese Quote erhöht sich noch durch den Ausschuß bei den Eingangstests - auch Qualitätssicherung genannt -, die von den Abnehmerfirmen, etwa Computerherstellern, vorgenommen werden.

Die Erkenntnis, daß japanische Chips die Qualitätsprüfungen besser bestehen, schlug am 25. März 1980 in den USA wie eine Bombe ein. An diesem Tag fand in Washington eine Konferenz des japanischen Elektronik-Industrieverbandes statt. Auf der Veranstaltung führte Richard W. Anderson, Manager des Datensysteme-Bereichs von Hewlett-Packard, ein Dia vor, das den Teilnehmern die Qualitätsunterschiede amerikanischer und japanischer Halbleiterchips vor Augen führte. Unter den von H-P im Jahr 1979 bei drei japanischen und drei amerikanischen Firmen gekauften 16-KB-RAM-Chips hatten die amerikanischen Produkte sechsmal so viele Ausfälle wie die japanischen.

Noch während das Dia von der Leinwand leuchtete, konnte man förmlich hören, wie die Unterkiefer herunterfielen. Hewlett-Packard war so fair, nicht die Namen der Lieferanten zu nennen. Aber einer, der es wissen mußte, plauderte aus, daß es sich bei den Japanern um Fujitsu, Hitachi und Nippon Electric Corporation (NEC), bei den US-Firmen um Intel, Mostek und Texas Instruments handelte.

Die Silicon-Valley-Firmen reagierten zunächst mit Empörung. Aber dann bemühten sie sich, ihren Qualitätsstandard zu heben - was Anderson wohl auch mit seinem Dia-Vortrag beabsichtigt hatte. Ein halbes Jahr später konnte Anderson berichten, daß die amerikanischen Lieferanten von Hewlett-Packard die Qualität ihrer 16-KB-RAM-Chips so sehr verbessert hatten, daß die Ausfallrate um rund die Hälfte gefallen war.

Aber die besten amerikanischen Chips lagen in der Qualität immer noch unter denen des schlechtesten japanischen Herstellers. Die japanische Überlegenheit fängt bereits bei der Luft im Cleanroom an, in dem die Chips hergestellt werden. Die Amerikaner achten auf einen Reinheitsgrad von 3,5 Staubteilchen von über 0,001 mm Größe je Liter Luft unter den Abzugshauben an den Arbeitsplätzen und von 35 Staubteilchen je Liter im übrigen Cleanroom. In den japanischen Halbleiterwerken enthält die Luft nur 3,5 Staubteilchen dieser Größe im ganzen Cleanroom, ist also zehnmal so sauber. Reinere Luft wirkt sich unmittelbar in niedrigeren Ausfallraten aus.

Fairchild-Chef Lester Hogan schildert, wie dringend die Silicon-Valley-Halbleiterhersteller damals den Druck der japanischen Konkurrenz benötigten, um ihr Qualitätsbewußtsein zu steigern: »Ich verlor manchmal Lieferaufträge über zehn Millionen Dollar wegen einem Cent Preisdifferenz pro Stück, und ich wußte, mein Chip war doppelt so gut wie das Konkurrenzprodukt. Aber dem Kunden war das egal. Den Kunden war es aber nicht mehr egal, als die Japaner mit Chips viel höherer Güte bei gleichem Preis herauskamen.«

In den amerikanischen Halbleiterwerken heißt Produktionsqualität vor allem, viele strenge Kontrollen in den Herstellungsprozeß einzubauen. Die Japaner fangen viel früher an - mit vorbeugenden Maßnahmen, die schon in Planung, Entwurf und Berechnung einer Halbleiterschaltung mögliche Fehlerquellen umgehen. Viel Aufmerksamkeit gilt auch den menschlichen Faktoren, die sich in der Produktqualität auswirken. So wird jeder Mitarbeiter motiviert, saubere, fachmännische Arbeit zu liefern, und wird damit zum Qualitätsexperten herangezüchtet.

Das japanische Beispiel zeigt, daß entscheidende Qualitätsverbesserungen auch von den Beschäftigten ausgehen können. In den Betrieben gibt es »Qualitätskontrollzirkel« aus einem Dutzend Mitarbeitern, die sich einmal wöchentlich eine Stunde lang besprechen. Der Leiter des Kreises gibt die sinnvollen Vorschläge weiter an seine Vorgesetzten, damit sie gegebenenfalls verwirklicht werden können.

Im zurückliegenden Jahrzehnt errang der japanische Gütestandard weltweit Bewunderung. Er hat vor allem bewirkt, daß japanische Produkte hoher Qualität zu günstigen Preisen verkauft werden können. Innerhalb weniger Jahrzehnte wurde »Made in Japan« von einem dürftigen Scherz zu einem überall in der Welt beneideten Gütezeichen.

## *Wie Japan sich amerikanische Technologie besorgt*

Bis vor kurzem haben japanische Firmen amerikanische Mikroelektroniktechnologie angekauft. So hat der japanische NEC-Konzern Lizenzabkommen mit Intel und Texas Instruments abgeschlossen. Hitachi hat eines mit Motorola, Fujitsu ein weiteres mit American Micro Devices (AMD) laufen. Dieser Technologietransfer wurde natürlich eingefädelt, bevor Silicon Valley die japanische Gefahr erkannt hatte.

Seit fünf oder sechs Jahren verlegen sich die Japaner auf eine neue Strategie, um sich das Know-how aus Silicon Valley zu besorgen. Sie kaufen amerikanische Firmen und bauen sie zu »Spy Shops«, Späh- und Horchposten aus. So erwarb der japanische NEC-Konzern 1977 die Firma Electronic Arrays, ein Halbleiterwerk in Mountain View. Mit der in »NEC Electronics USA Inc.« umbenannte Firma hat der fernöstliche Gigant jetzt 600 Mitarbeiter im Herzen von Silicon Valley. Sie sollen nicht nur Chips herstellen und verkaufen, sondern auch technische Informationen sammeln und nach Tokio weitergeben.

Auch andere japanische Mikroelektronikunternehmen unterhalten solche Horchposten in Silicon Valley. Toshiba kaufte 1979 die Firma Maruman Semiconductor, und Fujitsu erwarb 36 Prozent des Großrechnerherstellers Amdahl Computer. Eine weitere Möglichkeit, an Silicon-Valley-Technologie heranzukommen, ist ein Joint-Venture-Unternehmen wie das von Toshiba und LSI Logic Inc. gemeinsam betriebene Werk in Santa Clara.

Gerechterweise muß man aber zugeben, daß die Japaner ihrerseits das Intel-Entwicklungszentrum in Tokio oder das Joint-Venture-Unternehmen von Yokogawa und Hewlett-Packard als »Späh- und Horchposten« der Amerikaner bezeichnen könnten.

Die von Silicon Valley nach Tokio durchsickernden Informationen werden sorgfältig gesichtet und auch von MITI ausgewertet. Die Mitarbeiter dieses »industriellen CIA«, wie ein Silicon-Valley-Gewaltiger das Ministerium einmal nannte, klauben natürlich auch viele nützliche Informationen aus amerikanischen Zeitschriften und anderen leicht zugänglichen Quellen heraus.

Aber all das ist nicht illegal, im Gegensatz zu der Art und Weise, wie Hitachi und Mitsubishi 1982 an die IBM-Technologie heranzukommen versuchten (s.o., Kap. 5).

## *Hauseigenes Unternehmertum*

Ein japanisches Sprichwort lautet: »Ein Fasan, der zu fliegen wagt, wird abgeschossen«. Universitätsabsolventen, die in japanische Elektrokonzerne eintreten, werden ermahnt: »Den herausragenden Nagel schlägt der Hammer ein«. In einer Gesellschaft, die Zusammenarbeit mit den anderen belohnt und individualistisches Verhalten bestraft, kann man keinen hell lodernden Unternehmergeist wie in Silicon Valley erwarten.

Der Risikofinanzier ist in Japan praktisch unbekannt, und man braucht ihn auch nicht, weil Neugründungen und »Spin-offs«, Dissidentenfirmen, selten vorkommen. Ein brillanter junger Elektronikingenieur von der Universität Tokio bewirbt sich beim MITI oder bei den Elektronikkonzernen NEC, Toshiba oder Fujitsu. Er denkt nicht im Traum daran, eine eigene Firma zu gründen. Bedauerlicherweise, wie Fairchild- und Intel-Gründer Bob Noyce findet: »Die Japaner werden schon als vierjährige Kinder in ein starres Schema gepreßt, aus dem sie nie wieder herausfinden. Was uns in Silicon Valley dagegen auszeichnet, ist der Unternehmergeist des einzelnen. Er ist das Rückgrat der amerikanischen Mikroelektronik.«

Das japanische Gegenstück zu Silicon Valley ist Kyushu, die südliche Insel des japanischen Archipels, natürlich »Silicon Island«, Siliziuminsel genannt. Auf Kyushu haben die japanischen Elektronikriesen wie NEC und Toshiba ihre Siliziumwafelproduktion konzentriert, weil es dort im Überfluß reine Luft, sauberes Wasser und freie Arbeitskräfte gibt. Silicon Island läßt sich also durchaus mit den neuen »Silicon Valleys« auf amerikanischem Boden - mit Colorado Sprrings, Austin/Texas und Portland/Oregon - vergleichen, in denen die US-Halbleiterkonzerne ihre Zweigwerke errichten. Aber wie dort gibt es auch auf Kyushu keine Gründungen von Ablegerunternehmen.

Der Unternehmergeist der Japaner kann sich auf andere Weise bewähren - durch Initiative und Innovation *innerhalb* eines großen Konzerns. Begabte Individualisten werden als eine Art »hauseigene Unternehmer« gefördert. Japan hofft auf diese Weise eines Tages mit Silicon Valley in technischer Innovation zu konkurrieren. Man erlaubt etwa einem kreativen Ingenieur, einen Teil seiner Zeit ganz auf eine vielversprechende Idee zu verwenden, auch wenn kaum Aussicht besteht, sie später zu Geld zu machen.

Japanische Firmen gehen sogar immer mehr dazu über - zumindest im Forschungs- und Entwicklungsbereich -, den Individualismus zu fördern. So stellt zum Beispiel der NEC-Konzern Geldmittel - eine Art Risikokapital - zur Verfügung, damit innerhalb des Konzerns »Spin-off«-Unternehmungen entstehen können. So wurden bei NEC zwei neue Abteilungen, eine für Lasertechnik und eine für industrielle Mikroprozessoren, eingerichtet.

Eine ganze Firma wurde sogar mit NEC-Kapital gegründet, aber sie gehört ausschließlich dem Konzern.

Der Toshiba-Konzern erlaubt seinen Mitarbeitern ebenfalls die Verfolgung selbstgewählter Forschungsvorhaben, die nicht unbedingt lukrativ sein müssen. Diese eigenständigen Forscher können die Werkeinrichtungen benutzen, dürfen aber nicht die normale Forschung und Entwicklung des Werks behindern.

Einige japanische Firmen versuchen auf eigenwillige Art, kreative Individualisten an sich zu ziehen, die es verabscheuen, sich auf Lebenszeit an einen großen Konzern zu binden. So fordert die Namco Limited, die Videospiele herstellt, interessierte junge Leute, die eine Jugendstrafe verbüßt haben, und mittelmäßige, aber kreative Studenten auf, sich bei ihr zu bewerben.

Namco-Präsident Masaya Nakamura begründet diese Rekrutierungspraxis so: »Den Leuten, die Videospiele programmieren sollen, nützt die Schulbildung herzlich wenig. Ich brauche Menschen, die unkonventionell denken können, deren Neugier mit ihnen durchgeht, Aufmucker, die noch Spaß haben können.« Einer der mittelmäßigen Studenten, die sich auf die ungewöhnlichen Stellenangebote von Namco bewarben, war Toru Iwatani. Er entwickelte das Bestseller-Videospiel Pac-Man.

## *Silicon Valley und die Politik*

Bis vor einigen Jahren hielten die Industriemoguln von Silicon Valley die Regierung der Vereinigten Staaten für so nützlich wie die Hundeblumen auf ihrem gepflegten Rasen. Doch seitdem die japanische Konkurrenz die kalifornischen Entrepreneurs das Fürchten gelehrt hat, blicken sie immer öfter nach Washington in der Hoffnung, dort die Lösung ihrer Probleme zu finden. Seitdem ist Politik in Silicon Valley *die* Wachstumsindustrie.

Die meisten Silicon-Valley-Topmanager sind konservative Republikaner. Sie haben es als Unternehmeringenieure zu etwas gebracht und glauben, das kapitalistische System, dem sie ihren Erfolg auch verdanken, sei an sich richtig und gut. Allerdings dächten sie anders, würden sie ihren eigenen Erfolg in Frage stellen. Oft genug verhärtet sich der Glaube dieser Industriekapitäne an die wundersamen Kräfte des freien Marktes zu selbstzerstörerischer Prinzipientreue.

Jahrelang zögerten sie, die US-Regierung um Hilfe in ihrem

Abwehrkampf gegen die japanische Halbleiter- und Computerkonkurrenz anzugehen, und man ist sich in Silicon Valley noch lange nicht einig, ob es ratsam ist, die Regierung in diesen Kampf einzubeziehen. Denn das hieße, daß Regierungsbeamte sich in die Geschäftsführung der Firmen einmischen könnten, und schon die bloße Vorstellung einer solchen Möglichkeit ist eingefleischten Unternehmern ein Greuel.

Doch inzwischen sehen die Elektronikpotentaten widerwillig ein, daß kein Weg an der Regierungsbürokratie vorbeiführt, wenn sie die Japaner in ihre Schranken weisen wollen - zumal diese über eine hervorragende Lobby in Washington verfügen. 1977 waren beim Justizministerium 17 Lobbyisten für die Japaner eingetragen, heute sind es schon mehr als 140.

Die Japan-Lobby verteilt jährlich 30 Millionen Dollar in Form von Spenden und Honoraren über solche einflußreichen Amerikaner wie die Exsenatoren William Fulbright, Frank Church und John Tunney, Präsident Reagans ehemaligen Wahlkampfleiter John Sears und den demokratischen Parteivorsitzenden Charles Manatt. Die japanische Lobby ist in aller Stille zur mächtigsten und bestfinanzierten ausländischen Einflußgruppe in Washington geworden. »Die Japaner haben begriffen, wie man sich den Weg in das politische System der Vereinigten Staaten mit Geld pflastern kann«, schrieb Allan Dodds Frank im »Forbes«.

Inzwischen unterstützen auch die Silicon-Valley-Topmanager in den Wahlkämpfen diejenigen Kandidaten der Republikaner und auch der Demokraten, bei denen sie ein offenes Ohr für die Probleme der Spitzentechnikindustrien finden. Die Konzentration der Mikroelektronik auf den 12. Kongreß-Wahlbezirk, zu dem auch Silicon Valley gehört, schwächt ihren politischen Einfluß, aber die Entstehung neuer »Silicon Valleys« überall in den USA wird die politische Basis der Branche bald verbreitern.

Ein Zeichen für die veränderte Einstellung von Silicon Valley zur Politik ist die Wandlung des Chefs von National Semiconductor, Charles Sporck. Bis Anfang der 70er Jahre stemmte »Charlie« Sporck sich mit aller Macht gegen jegliche Einmischung der Halbleiterindustrie in die Politik und umgekehrt. Doch allmählich reifte in ihm die Erkenntnis, daß selbst so ein mächtiger Konzern wie National nicht allein mit seiner japanischen Konkurrenz fertig werden kann. So gründete Sporck eines der ersten »Political Action Committees« (PACs), um Wahlspenden für Politiker einzusammeln, die der Mikroelektronikindustrie wohlgesinnt waren.

Meistens bringt erst äußere Bedrohung die rivalisierenden Mitglieder einer Gruppe dazu, sich zu einigen. Die für Silicon Valley neuen Formen der Zusammenarbeit umfassen den Technologieaustausch unter den Halbleiterfirmen, die finanzielle und personelle Ausstattung gemeinsamer Forschungs- und Entwicklungsvorhaben und die Förderung der Technikerausbildung.

Um mit dem letzten Punkt zu beginnen: Nach einer Untersuchung werden der amerikanischen Mikroelektronik in den nächsten Jahren 100 000 Techniker fehlen. Deshalb hat ihr Verband, die American Electronics Association, 1982 eine Stiftung für die Förderung der technischen Fakultäten an den Hochschulen ins Leben gerufen. Jede der 1800 Mitgliedsfirmen soll zwei Prozent ihres Forschungs- und Entwicklungsbudgets beisteuern. Die Mittel sollen vor allem dazu verwandt werden, die Hochschullaboratorien zu modernisieren und die Professorengehälter zu erhöhen, damit mehr Absolventen einen Anreiz bekommen, diese Karriere einzuschlagen.

Was die technische Zusammenarbeit angeht, waren Intel und American Micro Devices (AMD) wohl die ersten, die damit Ernst machten. Ihr Kooperationsvertrag von 1981 sieht vor, daß die Techniker beider Firmen gemeinsam neue Schaltkreise entwerfen, um vor allem kostspielige Parallelentwicklungen zu vermeiden. AMD übernahm außerdem die beiden erfolgreichsten Intel-Mikroprozessoren, den 8086 und den 8088, in die eigene Produktion.

So vereinigte das Kooperationsabkommen den technisch innovativsten Konzern – Intel – mit der Firma, die über das beste Marketing verfügte – eben AMD, und deren Präsident Jerry Sanders erklärte: »Die japanischen Verwüstungen auf dem Datenspeichermarkt zielen vor allem auf den wirtschaftlichen Nerv unserer Halbleiterindustrie. Dieses Abkommen soll mehr marktreife Technik pro investierten Forschungs- und Entwicklungs-Dollar hervorbringen.«

Die amerikanische Industrie insgesamt steckt drei Prozent ihres Umsatzes in die Forschung und Entwicklung. Bei der Halbleiterindustrie sind es neun Prozent. Aber diese neun Prozent sind nicht so eindrucksvoll, wenn man bedenkt, daß fast jeder Mitarbeiter in Silicon Valley eine Art Forschungs- und Entwicklungsingenieur ist, der per se ein Auge auf die technische Innovation hat.

Ebenfalls eine Errungenschaft des Jahres 1981 ist das »Center for Integrated Systems« (CIS), das an der Stanford University eingerichtet wurde und sich mit »super large scale integration« (SLSI), der Unterbringung von rund 100 000 elementaren Schaltfunktionen auf einem Chip, befaßt. Das CIS wird von 18 Konzernen, darunter den »Riesen« IBM, Intel und Hewlett-Packard, gesponsort, die zusammen 40,5 Millionen Dollar aufbringen. Das US-Verteidigungsministerium hat sich ebenfalls mit Entwicklungsaufträgen in Höhe von acht Millionen Dollar beteiligt.

Die Leitung des CIS liegt bei Professor John Linvill, dem ehemaligen Dekan der Elektrotechnischen Fakultät von Stanford und Erfinder des elektronischen Blindenlesegerätes Optacon. Das CIS soll jährlich 100 SLSI-spezialisierte Diplomingenieure mit dem Mastergrad und 30 Doktoringenieure in die Praxis entlassen. Die 18 Sponsorfirmen haben die erste Wahl unter diesen Absolventen und unter den am CIS geleisteten Forschungsarbeiten. Jede der Firmen kann außerdem mehrere ihrer Entwicklungsingenieure ein Jahr lang zur Weiterbildung an das CIS schikken.

Die gemeinsamen Entwicklungszentren der amerikanischen Halbleiterfirmen sind gewiß ein Schritt auf dem richtigen Weg, aber sie werden dem japanischen Wirtschaftsministerium MITI keine schlaflosen Nächte bereiten. Die amerikanischen Bemühungen wirken eher harmlos im Vergleich mit dem japanischen Programm »Fünfte Computergeneration«. Was die nationale Zusammenarbeit angeht, kann sich das wettbewerbsorientierte Amerika eine dicke Scheibe von der entschiedenen Haltung der integrationsfreudigen japanischen Wirtschaft abschneiden.

Kann Silicon Valley vor dem japanischen Ansturm gerettet werden? Befassen wir uns, bevor wir darauf antworten, mit der Frage, ob die amerikanische Mikroelektronikindustrie überhaupt gerettet werden sollte.

Einige Experten urteilen so: Wenn die Japaner schon Mikroelektronik mit besserer Qualität bei niedrigerem Preis herstellen können, sollen sie! Alle Verbraucher, auch die in den USA, werden den Nutzen davon haben. Sollen NEC, Fujitsu, Toshiba und die anderen doch ruhig bei den Datenspeichern und künftig vielleicht bei den Computern dominieren. Laßt die amerikanischen Firmen machen, was *sie* am besten können – Computersoftware und vielleicht noch Mikroprozessoren. Wer auf die freie Marktwirtschaft schwört, kann dieses Szenario nur plausibel finden.

Die Patentlösung hat nur einen Haken: Leider würde solch

weise Zurückhaltung Amerika zu einer zweitklassigen Nation machen. Nehmen wir also lieber an, daß alle Amerikaner dafür sind, Silicon Valley vor den Japanern zu retten.

Der erste Schritt einer Rettungsaktion wäre, allen klarzumachen, wie sehr die Mikroelektronikbranche von den Japanern bedroht wird. Die Silicon-Valley-Manager kennen das Problem bereits seit fünf oder mehr Jahren, aber die amerikanische Öffentlichkeit ist noch ahnungslos.

Im Zusammenhang mit den Japanern denkt das Volk an Detroit und Autos, aber nicht an Sunnyvale und Halbleiter. Setzt sich die bisherige Entwicklung fort, dann stehen die amerikanischen Mikrochips und nach ihnen die Computer ganz oben auf der Abschußliste. Will man dagegen etwas tun, dann muß die Öffentlichkeit erst einmal erfahren, daß es überhaupt soweit kommen kann.

Der zweite Schritt zur Eindämmung der Japaner wäre, zu erkennen, was sie besser machen als wir. Amerikanische Firmen könnten Elemente des japanischen Managementstils - in modifizierter Form gemäß Theorie Z - übernehmen, wie bereits Hewlett-Packard und Tandem sie praktizieren.

Die japanische Elektronikindustrie zeigt auch, daß die Regierung sich durchaus nützlich machen kann, indem sie die Langzeitplanung koordiniert und der Industrie Ziele setzt. Vielleicht brauchen die USA auch ein MITI, um zu überleben.

Schließlich haben die Japaner der US-Halbleiterindustrie vorgeführt, wie wichtig der Qualitätsstandard ist. Die rasche Abwärtsbewegung auf der Lernkurve durch frühen Einstieg in den Markt ist für Mikroelektronikunternehmen nicht der einzige Weg zu angemessenen Gewinnen. Manchmal ist es vorteilhafter, einen neuen Chip oder Computer noch zurückzuhalten, besonders wenn Qualität der ausschlaggebende Gesichtspunkt ist.

Drittens sollten die Amerikaner sich bemühen, die Japaner so gut zu verstehen, wie die Japaner die Amerikaner verstehen. Es kommt immer wieder vor, daß ein Silicon-Valley-Chef für zwei Wochen nach Japan fliegt und sich einbildet, zehn Arbeitstage seien mehr als genug, um einen sehr wichtigen Vertrag unter Dach und Fach zu bringen. Der Mann ahnt nicht, wie wichtig es für Japaner ist, eine langfristige, vertrauensvolle Beziehung aufzubauen. Wenn er wieder in San Francisco landet, ist er enttäuscht - vielleicht nicht über die Vertragsbedingungen, sondern weil ihm die Mentalität seiner Vertragspartner so fremd geblieben ist.

Wenn Silicon Valley gerettet werden soll, muß es das weiterentwickeln, was ihm am meisten liegt – das unternehmerische Handeln. Der Unternehmergeist ist wahrscheinlich der wichtigste amerikanische Trumpf im Wettbewerb mit Japan. Er wird die Spitzentechnikindustrien auf ungeahnte Betätigungsfelder führen, von denen die japanischen Unternehmen nur träumen können.

Das ungebrochene Vertrauen in den Unternehmergeist ist die Grundlage amerikanischer Größe. Eine Regierungspolitik, die den unternehmerischen Impetus bremst, indem sie die Steuer auf Kapitalgewinne erhöht und die Risikofinanzierung erschwert, wäre langfristig gesehen ein fataler Fehler.

# *Die »neuen Silicon Valleys«*

»Solange wir fortfahren, das zu tun, was uns groß gemacht hat, werden wir auch eine Zukunft haben.«
*Professor Frederick Terman, einer der Gründerväter von Silicon Valley, 1974*

Die alte Frage, ob Silicon Valley eine einmalige Erscheinung ist, oder ob die hier gewonnenen Erfahrungen an anderer Stelle und zu gegebener Zeit von Nutzen sein können, hat eine Antwort gefunden. Sie schält sich aus den Erfahrungen heraus, die inzwischen mit den Nachahmungen in den USA und im Ausland gesammelt wurden:

1. Es gibt drei aus einer Planung heraus entstandene »neue Silicon Valleys« auf amerikanischem Boden: das »Forschungsdreieck« im Staat North Carolina, den »Forschungspark« der University of Utah in Salt Lake City und das »Silicon Valley Ost« im Gebiet von Troy-Albany-Schenectady, Bundesstaat New York.
2. Ein anderer Typ »neuer Silicon Valleys« entsteht bei Dallas in Austin (Texas), Phoenix (Arizona), Minneapolis-St. Paul (Minnesota), Colorado Springs, Portland (Oregon), Seattle (Bundesstaat Washington) und Orange County (Los Angeles).

Diese Elektronikzentren entstehen durchweg aus Zweigwerken von Mikroelektronikkonzernen mit Sitz in Silicon Valley. Es ist einfach nicht mehr genug Platz auf der Halbinsel von San Francisco, und so haben die Großen wie Hewlett-Packard, Intel, AMD und Apple eben ihre Filialen in Texas, Colorado, Arizona und Oregon errichtet.

Bürgermeister, Gouverneure und andere Politiker wallfahren zum Santa-Clara-Bezirk und belegen nach der Rückkehr in die Heimat ihre ehrgeizigen Spitzentechnikprojekte mit halb scherzhaft gemeinten Beinamen wie »Silicon Prärie«, »Silicon Mountain« oder »Silicon Valley Ost«. Diese Tatsache beweist schon, daß Silicon Valley immer noch das unerreichte Vorbild für solche Bemühungen ist. Die neuen »Silicon Valleys« haben sich nicht nur in den USA, sondern auch weltweit - nach Frankreich, Deutschland und Japan - ausgebreitet.

## *Die Erfolgsrezepte für neue Silicon Valleys*

### *Nähe zu einer Forschungsuniversität*

Den drei Elektronikzentren Silicon Valley, »Route 128« bei Boston und »Forschungsdreieck« von North Carolina ist eines gemeinsam – sie haben mindestens eine Forschungsuniversität in ihrer Nähe. Mit Forschungsuniversität ist eine Hochschule gemeint, die sowohl Grundlagenforschung betreibt, als auch ihre Ergebnisse zur technischen Aufwendung aufbereitet. So ist die Stanford University für Silicon Valley, das Massachusetts Institute of Technology (MIT) für »Route 128« und das Dreigestirn der Universitäten von North Carolina für das »Forschungsdreieck« Kristallisationspunkt und geistiges Zentrum.

Alle diese Hochschulen haben enge Beziehungen zur Industrie, und die Professoren der gut ausgebauten technischen Fakultäten machten den Anfang mit der Gründung von »Spin-off«-Spitzentechnikfirmen. Immer mehr Professoren der Informatik, der Biologie und Medizin betätigen sich seitdem als Unternehmer.

Es ist bemerkenswert, daß Berkeley und Harvard, die Nachbaruniversitäten von Stanford und MIT, sich kaum in Silicon Valley oder »Route 128« engagiert haben. Beide sind hervorragende wissenschaftliche Institutionen, aber ihnen fehlt die unternehmerische Einstellung, die eine Weitergabe von Forschungsergebnissen an Privatfirmen begünstigt. Wohl deshalb sind ihre technischen Fakultäten nicht besonders entwickelt, und sie bleiben lieber bei ihrer Grundlagenforschung und den Geisteswissenschaften.

Immerhin gibt es doch zwei größere Unternehmen an der Bostoner Route 128, die mit Hilfestellung der Harvard University entstanden sind. Es handelt sich um die Firma Wang Laboratories, die Dr. An Wang vom Harvard-Computerlaboratorium 1952 gründete, und um Polaroid, 1937 von Dr. Edwin Land ins Leben gerufen.

Seltsamerweise hat sich auch das California Institute of Technology (Cal Tech) in Pasadena (nahe Los Angeles) mit Neugründungen zurückgehalten. Cal Tech ist das kalifornische Gegenstück zum MIT und diesem durchaus ebenbürtig. Es hat zwar das Jet Propulsion Laboratory (JPL) hervorgebracht – JPL befaßt sich mit Spitzentechnikentwicklungen in der Luft- und Raumfahrt und in der Energiegewinnung durch Kernfusion –, aber ansonsten hat Cal Tech sich nicht unternehmerisch in Pasadena betätigt. Spötter merken dazu an, daß irgendwelche unternehmerischen Funken, die Cal Tech doch hervorgebracht haben könnte, im Smog von Groß-Los-Angeles erstickt sein müssen.

Das Zentrum einer Informationsgesellschaft ist die Universität, vorzugsweise eine Forschungsuniversität, welche die spezifische Grundlagenforschung betreibt und die benötigten Wissenschaftler und Techniker produziert. Die Forschungsuniversität tritt damit an die Stelle der Fabrik, das Zentrum der absterbenden Industriegesellschaft.

Daher ist es kein Zufall, daß die meisten Spitzentechnikzentren in den Vereinigten Staaten sich um eine renommierte Forschungsuniversität herum entwickelt haben.

Seit der Entstehung des Stanford-Industrieparks im Jahr 1951 wurden nach diesem Muster 18 weitere mit einer Universität verbundene Forschungsparks in der Hoffnung geschaffen, Industriebetriebe anzulocken. Einige dieser Zentren, wie das am Rensselaer Polytechnic Institute (RPI) im Staat New York, das »Forschungsdreieck« von North Carolina und der Forschungspark der University of Utah, haben einen durchaus vielversprechenden Start gehabt.

Andere Universitäts-Forschungsparks erwiesen sich als kompletter Reinfall. Der von Miami/Florida konnte überhaupt keine Betriebe zur Ansiedlung bewegen. Aber der vor einigen Jahren mit viel Werbeaufwand eingeweihte Forschungspark im Staat Georgia fand immerhin einen Mieter - die Tagesstätte für die Kinder der Professoren und Dozenten.

### *Infrastruktur*

Eine neugeborene Firma ist naturgemäß sehr abhängig von einer örtlichen Infrastruktur aus Lieferanten, Kreditgebern, Märkten, Arbeitskräften und anderen Gegebenheiten. Neugründungen siedeln sich bevorzugt dort an, wo eine günstige Infrastruktur existiert, und deshalb ballen sich dort auch immer viele Firmen derselben Branche zusammen.

Einen wichtigen Bestandteil der Mikroelektronik-Infrastruktur bildet das Risikokapital, weil es für Neugründungen so gut wie unentbehrlich ist. Ein Drittel des Risikokapitals der Vereinigten Staaten konzentriert sich auf Silicon Valley - der Rest ist fast ausschließlich in Boston oder New York zu finden. An den Standorten der übrigen neuen Silicon Valleys in den USA residieren so gut wie keine Risikokapitalfirmen.

Robert Noyce von Intel, ein Pionier der Mikroelektronik, beobachtet aufmerksam die Silicon-Valley-Imitationen:

»Unsere Risikofinanziers würden nur zu gern nach Boulder, Colorado, nach Minneapolis oder nach Cedar Rapids, Iowa, fliegen, um unternehmerisches Neuland zu gewinnen. Aber die Leute sind da nicht aufgeschlossen genug, um eine junge Firma zum Erfolg zu führen. Die begegnen dem Risikofinanzier, der aus einer Metropole nach Boulder kommt, sofort mit Mißtrauen. Der Einzelunternehmer hat da oben niemand, der ihm in Verhandlungen mit einem Risikofinanzier zur Seite stehen könnte, und so bekomme ich immer mehr Anrufe aus Orten wie Podunk oder so. Ich soll den Leuten helfen, einen Unternehmensplan auszuarbeiten.«

*Klima und Lebensqualität*

Die meisten neuen Silicon Valleys haben sich im Sonnengürtel der Vereinigten Staaten angesiedelt. Ein angenehmes Klima lockt Techniker und andere Mitarbeiter an und sorgt dafür, daß »Spinoffs«, also Ablegerfirmen, in der Gegend bleiben. Manchmal veranlaßt eine sonnige Gegend sogar ein schon gegründetes Unternehmen zum Umzug - so geschehen im Fall der VisiCorp, einer führenden Mikrocomputer-Softwarefirma. Ein Harvard-Student der Wirtschaftswissenschaften hatte VisiCorp am Uni-Standort im Bostoner Vorort Cambridge gegründet. Aber bei der ersten Gelegenheit flüchtete der Jungunternehmer mit seinem Betrieb vor dem Bostoner Winter nach San José im heiteren Kalifornien.

Aber nicht nur der Abscheu vor festem Schuhwerk und Wintermantel ist ausschlaggebend für die Beliebtheit einer Region bei hochqualifizierten Arbeitskräften. Mindestens ebenso wichtig ist die Lebensqualität, die sich ausdrückt in leicht erreichbaren Badestränden, Skigebieten, Theatern, Konzertsälen und Museen.

In Amerika ist daher die Nähe zu einer Metropole die beste Garantie für Lebensqualität. So kann das Bostoner Elektronikzentrum zwar nicht den Sonnenschein von Silicon Valley bieten, aber die Leute, die hier wohnen, sind zu Recht stolz auf das Bostoner Symphonieorchester, ihre Wälder und den Strand von Cape Cod am Atlantik. Sogar Minneapolis-St. Paul hat begeisterte Anhänger, vor allem wegen seiner malerischen Seen - wenngleich es dort im Winter lausig kalt ist.

Lassen wir noch einmal den Silicon-Valley-Veteran Robert

Noyce von Intel zu Wort kommen: »Zwischen 1960 und 1970 konnte man jeden Amerikaner veranlassen, in Silicon Valley zu arbeiten. Auf ein Wort hin zogen die Leute um zur Bucht von San Francisco. Heute ist das anders. Heute gibt es viele Regionen, in denen man gern leben und arbeiten möchte und in denen Spitzentechnikindustrien entstehen werden. Wir werden noch viele kleine Silicon Valleys überall im Land erleben.«

*Unternehmer und Arbeitsplätze*

Die treibende Kraft bei der Entstehung eines neuen Silicon Valley ist zweifellos das Unternehmerfieber. Man kann es wohl nicht in einem institutionalisierten Lehrbetrieb weitergeben, obwohl mehrere Universitäten mittlerweile das Fach »Unternehmensführung« in ihre Lehrpläne aufgenommen haben. Was der »Entrepreneur« wissen und können muß, lernt er am besten von den Vorbildern.

Wer die Leitfiguren wie Steve Jobs, Robert Noyce, William Hewlett, David Packard oder Nolan Bushnell studiert, sagt sich, wenn er das Zeug dazu in sich spürt: »Was die können, kann ich auch.« Sobald sich der Unternehmergeist an einem Ort wie Silicon Valley manifestiert, kommen immer neue Leute, um sich dort zu bewähren und selbst Unternehmer zu werden. Das Unternehmerfieber wird also im geeigneten Milieu durch Nachahmung und selektive Zuwanderung übertragen.

Doch James Mahar und Dean Coddington mußten in ihrer Studie »The Scientific Complex« in der »Harvard Business Review« feststellen: »Meistens wollen die Städte und Staaten bei der Schaffung ihrer Forschungskomplexe Wachstum von außen heranholen. Sie verkennen offenbar, wie wichtig das innere Wachstum durch die Gründung neuer Firmen ist.« Anstatt also die Firmen aus anderen Städten anzulocken, sollten die Beamten, die Forschungsparks einrichten wollen, lieber die Bildung von Ablegern einheimischer Provenienz fördern.

Statt dessen trifft ein ständiger Strom von Vertretern der Städte, Einzelstaaten und der Bundesregierung in Silicon Valley ein, die versuchen, kalifornische Firmen mit Steuervorteilen, preiswerten Grundstücken und anderen Vergünstigungen in ihre Heimatgemeinden zu ziehen. Meistens vergeblich.

Ein Spitzentechnikzentrum kann sich also nur gesund entwikkeln, wenn in einer Region aus den vorhandenen Firmen immer neue hervorgehen. Zuletzt entsteht eine Kettenreaktion von

Ablegern aus den Ablegern. Man muß nur dafür sorgen, daß der erste Funke überspringen kann.

Die Tausende von Technikern und Managern sind für sich schon ein beträchtliches Heer von Beschäftigten. Aber Manager und Techniker stellen nur 20 Prozent der Belegschaft eines Spitzentechnikunternehmens, der Rest sind Arbeiter und Büroangestellte. Zusätzlich schafft jeder Techniker- oder Managerposten einer Spitzentechnikfirma zwölf Arbeitsplätze in den Zulieferbetrieben. Dieser Multiplikationsfaktor von 1 : 16 ist es, der die Spitzentechnikunternehmen so interessant für die Regionalentwicklung macht.

Für den Entrepreneur, den Einzelunternehmer, gilt jedoch ein weit höherer Multiplikator. Ein Unternehmer schafft 500 oder gar 1000 Arbeitsplätze. Jede neue Firma also, die aus den Reihen der vorhandenen Unternehmen hervorgeht, bedeutet Hunderte von Arbeitsplätzen. Und einige Angestellte dieser Firma werden wieder neue Firmen gründen - auf diese Weise wirkt der Unternehmergeist als »Hefe« der Spitzentechnik.

## *Route 128*

Das Spitzenindustriegebiet »Route 128« bei Boston ist das zweitgrößte Mikroelektronikzentrum der Welt - nur Silicon Valley ist noch größer. Route 128 ist eine in den 50er Jahren halbkreisförmig in 15 Kilometer Abstand um Boston herumgebaute achtspurige Umgehungsautobahn. Sie sollte eigentlich den Fernverkehr aus Boston heraushalten - statt dessen brachte sie dem Gebiet eine wirtschaftliche Renaissance.

Das High-Tech-Industriegebiet an der Route 128 besteht aus zwei Zonen. In der äußeren, von Boston am weitesten entfernten stehen die neueren Werke an der »Interstate 495«, einer weiteren Umgehungsautobahn in noch einmal 15 Kilometer Abstand von der Route 128. Hier residieren seit 1970 die durch ihre Textverarbeitungsanlagen und Minicomputer bekanntgewordenen Unternehmen: Wang Laboratories in Lowell, Digital Equipment Corporation (DEC) in Maynard und Data General (DG) in Westboro.

In der inneren Zone, also näher an Boston, finden sich die seit Anfang der fünfziger Jahre gebauten Rüstungselektronikwerke Mitre, Raytheon und Itek. Noch vor dem Aufbau der äußeren zweiten Zone brach Anfang der 70er Jahre die Rezession herein, und Tausende von Technikern der Werke an der Route 128 wurden an die Luft gesetzt.

Man kann die Technische Hochschule MIT, die Keimzelle der Route-128-Industrie, durchaus als den Retter der Wirtschaft des Staates Massachusetts ansehen. Die Geschichte von Route 128 geht noch ein bißchen weiter zurück als die von Silicon Valley. Einige der Firmen wurden bereits vor dem Zweiten Weltkrieg von Leuten aus den Laboratorien dieser Technischen Hochschule gegründet - zum Beispiel Ionics, High Voltage oder EG & Co. Carl Taylor Compton, der damalige Präsident von MIT, ermutigte, ebenso wie in Kalifornien der Stanford-Professor Fred Terman, seine akademischen Kollegen und Mitarbeiter, sich in Privatfirmen zu engagieren.

In den Jahren vor dem Zweiten Weltkrieg war die vom MIT praktizierte enge Verflechtung von Hochschule und Privatindustrie einmalig, ja fast ein Sakrileg, aber der Wirtschaft im Bostoner Raum ist sie gut bekommen. Heute stellt die Spitzentechnikindustrie an Route 128 und Interstate 495 gut ein Drittel der Arbeitsplätze des Staates Massachusetts, und alle ihre Firmen haben eine direkte oder indirekte Verbindung zum MIT. Ohne das MIT gäbe es dieses Industriegebiet überhaupt nicht.

Route 128 steht auch für eine neue Industriearchitektur in Neuengland, wie die kleinen Bundesstaaten im Nordwesten der Vereinigten Staaten genannt werden. Da man viel Platz an der »Road« hatte, entstanden höchstens zweigeschossige, weiträumige Werkanlagen mit viel Grün und großem Baumbestand, in dem sich Eichhörnchen tummeln. Aus dem Flugzeug und auch vom Auto aus bekommt man den Eindruck einer friedlichen Waldlandschaft. Aber drinnen herrscht ameisenhafte Geschäftigkeit.

MIT-Präsident Compton begnügte sich nicht damit, seinen Professoren die Zusammenarbeit mit der Privatindustrie ans Herz zu legen. Er dachte auch daran, daß Spitzentechnikfirmen zu ihrer Gründung auf Risikokapital angewiesen sind. So veranlaßte er die Gründung der American Research and Development Corporation (ARDC), die Kapitalien bei den in Boston ansässigen Versicherungskonzernen sammelte. Im ersten Aufsichtsrat dieser von Georges Doriot geleiteten Risikokapitalfirma saßen allein vier MIT-Department-Chefs.

Das berühmteste MIT-Patenkind war die später, nach dem Zweiten Weltkrieg, gegründete Digital Equipment Corporation (DEC).

Aber so richtig kam Route 128 erst Anfang der 40er Jahre durch die Forschungsaufträge für die Rüstung in Schwung. Die Gelder flossen vom Verteidigungsministerium an die MIT-Labors in Cambridge am Charles River, und die dort tätigen unternehmerisch veranlagten Techniker gingen mit ihrer »marktheißen« Idee in die westlichen Bostoner Vororte an der Route 128, um eigene Unternehmen zu gründen. Die »Entrepreneurs« taten auf diese Weise etwas für die technische Innovation und machten gleichzeitig Geld. Ein Teil ihrer Gewinne floß an das MIT zurück, die Spitzenindustrie half der darniederliegenden Wirtschaft des Staates Massachusetts wieder auf die Beine, und die zuständigen Politiker sahen auch noch gut dabei aus.

Zwischen 1955 und 1971 erlebte Route 128 eine Blütezeit; die Zahl der angesiedelten Unternehmen stieg von 39 auf 1200 – eine Folge der reichlich dotierten Rüstungs- und Raumfahrtaufträge. Aber nach diesem Boom kam eine Wirtschaftsflaute, und der Staat kürzte sein Auftragsvolumen. Plötzlich standen 12000 Techniker auf der Straße.

Die darauf folgende zweite Welle des High-Tech-Aufschwungs an der Route 128 illustriert wieder die Vorteile einer Zusammenballung von Firmen derselben Branche: Eine Region mit einem Vorsprung in der Industrieentwicklung wird immer ein größeres Wachstum aufweisen als andere Regionen. Aus dem Rüstungselektronikboom der 60er Jahre gab es noch einen Grundstock hochqualifizierter Techniker im Bostoner Raum, und einige wiederauferstandene Kapitalisten schöpften Ende der 70er Jahre neuen Mut. Es war an der Zeit, dem Minicomputer zum Durchbruch zu verhelfen.

Wieder stand das MIT an vorderster Front und zeigte, daß der Forschungshochschule in der Informationsgesellschaft eine Schlüsselrolle zufällt. Die Digital Equipment Corporation (DEC), 1957 von Ken Olsen als Patenkind des Lincoln-Laboratoriums am MIT gegründet, stand ihrerseits Pate für mindestens 20 weitere Firmen. Die bekannteste von ihnen ist Data General (DG), der schärfste Konkurrent von DEC.

Olsen hatte am MIT im Regierungsauftrag den TX-O-Computer entwickelt und ihn später als den ersten Minicomputer seiner Firma DEC auf den Markt gebracht. 1982 hatten DEC 42 Prozent und Data General zwölf Prozent des Minicomputer-Umsatzes für sich. Deshalb kann man Route 128 als die Wiege des Minicomputers ansehen.

Vier MIT-Laboratorien, das Lincoln-Labor sowie die Labors

für Elektroniksysteme, Meßtechnik und Elektronik-Forschungslabors haben bis 1970 insgesamt 105 Firmen mit aus der Taufe gehoben. Vier MIT-Departments haben bei weiteren 51 Neugründungen Pate gestanden. Eine der privaten Elektronikfirmen - es soll sich um Sylvania handeln - hat zu der Zeit 39 weitere »Satelliten« hervorgebracht.

So hat sich eine Art Wechselspiel in Sachen Technologie entwickelt - in den 40er Jahren von MIT zur Stanford University und Ende der 70er Jahre von Silicon Valley zur Route 128. Der lungenkranke Fred Terman kehrte 1946 aus dem kalten MIT-Standort Cambridge ins sonnige Kalifornien zurück. Im Gepäck hatte er die Vision eines Westküsten-Spitzentechnik- und Elektronikareals mit der Stanford University als Kristallisationspunkt. Terman hatte sein Konzept einer Idealgemeinschaft zwischen Universität und Privatindustrie während seiner Tätigkeit am MIT in den Jahren des Zweiten Weltkriegs entwickelt.

35 Jahre später sollte das High-Tech-Industriegebiet Route 128 seinerseits vom geistigen Kraftfluß MIT–Stanford–Silicon Valley profitieren. Eine wichtige Rolle spielte dabei Ray Stata, Präsident von Analog Devices in Norwood, Massachusetts, auch als »Mister High-Tech« an der Route 128 bekannt. 1977 besichtigte Ray Stata Silicon Valley, und er war beeindruckt, wie gut die kalifornischen Elektronikkonzerne bei der Lösung gemeinsamer Probleme zusammenarbeiten.

Die Firmen an der Route 128 lagen weit auseinander - ganz im Gegensatz zu Silicon Valley -, und während alle Firmenchefs sich über die örtliche Bürokratie und Korruption und die dadurch immer höher steigenden Steuern beklagten, unternahmen sie nichts, um dem abzuhelfen. So gründeten Ray Stata und andere Topmanager den »Rat für Spitzentechnik des Staates Massachusetts«.

Mit seinen 124 Mitgliedsfirmen, die 115 000 Menschen beschäftigen, hat sich dieser Verband zur mächtigen Lobby von Route 128 entwickelt. Der Rat erreichte mittels einer groß angelegten Werbekampagne, daß die Wähler von Massachusetts 1980 für eine Herabsetzung der den Gemeinden zufallenden Grundsteuer auf zweieinhalb Prozent stimmten. Route 128 wollte damit vor allem hochqualifizierte Techniker von außerhalb anlocken.

Langfristig allerdings, so befürchten viele Beobachter, schnitt Route 128 sich mit diesem politischen Erfolg ins eigene Fleisch. Die erste Folge war nämlich, daß der Schuletat um 14 Prozent gekürzt werden mußte. Das nahm die Lehrerschaft so gegen die

Elektroniklobby ein, daß 60 Prozent der Mathematik-, Physik- und Chemielehrer an sieben Schulen im Bezirk von Route 128 die Gegend verlassen wollten, um Gehaltskürzungen oder gar Entlassungen zuvorzukommen.

Die Industrie hatte erwartet, daß die Kürzungen an den Schulen nur »überflüssige« Kurse wie etwa »Der Kriminalroman«, nicht aber Mathematik und naturwissenschaftliche Fächer betreffen würden. Nun aber lehnten sich die Lehrer auch noch gegen die angeblichen Bemühungen des Rates für Spitzentechnik auf, die Schulen zu Berufsbildungsinstituten zu degradieren. Ein Lehrer faßte die Stimmung so zusammen: »Hier bei uns ist High-Tech ein unanständiges Wort.«

Bleibt nur zu hoffen, daß die Techniker und ihre Lobby aus der Anfang der 80er Jahre eingetretenen Verschlechterung des Schulsystems von Massachusetts lernen. Alles läuft nämlich darauf hinaus, daß innerhalb der nächsten 20 bis 30 Jahre Techniker und Wissenschaftler in den Washingtoner Ministerien die hohen Posten besetzen, die heute Wirtschaftswissenschaftler innehaben, und viele Beobachter monieren die sozialpolitische Unbedarftheit mancher Techniker. Die sind aber auch dafür bekannt, daß sie schnell lernen.

## *Renaissance in North Carolina*

Im Gegensatz zu Silicon Valley ist das Forschungsdreieck von North Carolina von staatlicher Seite geplant und aufgebaut worden. Der führende Kopf war dabei Luther H. Hodges, ein ehemaliger Textilmanager, der in den 50er Jahren Gouverneur des Staates und später amerikanischer Handelsminister unter Präsident Kennedy wurde.

Hodges nahm sich Silicon Valley zum Vorbild und richtete einen Universitäts-Forschungspark als Kern eines Spitzentechnik-Industriegebietes ein. Er wählte dafür eine ziemlich unbekannte Gegend zwischen den drei Universitäten Durham, Raleigh und Chapel Hill im Süden seines Staates aus. Das Forschungsdreieck kam nur langsam in Gang, aber seit kurzem entwickelt es einige Dynamik.

Der 2400 Hektar große Forschungspark wurde 1960 eingeweiht. Heute domizilieren hier 40 private und staatliche Forschungs- und Entwicklungsinstitute der Branchen Elektronik,

Pharmazie und Lufthygiene. 1965 bekam die Entwicklung des Dreiecks einen bedeutenden Schub durch die Entscheidung von IBM, eine seiner Forschungs- und Entwicklungsabteilungen hierher zu verlegen. Heute arbeiten in diesem IBM-Werk 8000 Leute, mehr als ein Drittel aller Beschäftigten im Forschungsdreieck.

Neben der Überredungskunst des ehemaligen Gouverneurs Hodges hat vor allem die intellektuelle Kapazität der drei Hochschulen Duke University, North Carolina State University und University of North Carolina forschungsorientierte Unternehmen in das Forschungsdreieck gelockt. Bis vor kurzem stand der Staat North Carolina fast ganz unten auf der Liste der Prokopfeinkommen und der Gehaltsstatistik. Das hat sich dank der Eröffnung des Forschungsdreiecks geändert.

Außer geistiger Unterstützung durch die drei Universitäten bietet das Dreieck niedrige Steuern, geringen Gewerkschaftseinfluß und ein angenehmes Klima. Insgesamt arbeiten jetzt 20 000 Menschen im Forschungsdreieck, und sie verdienen jährlich rund 500 Millionen Dollar. Das ist verglichen mit Silicon Valley nicht viel, aber eine Aufwärtstendenz läßt sich nicht leugnen. Die Bevölkerung der aus den drei Bezirken gebildeten »Metropolitan Area« stieg zwischen 1970 und 1980 um 26 Prozent - gegenüber 10,5 Prozent im nationalen Durchschnitt. Die Privateinkommen stiegen in dieser Dekade um 143 Prozent, die Zahl der Arbeitsplätze in der Industrie von 29 000 auf 43 000. Die Arbeitslosenquote betrug hier 1982 nur 4,7 Prozent, das ist die fünftniedrigste in allen »Metropolitan Areas« der USA.

In den letzten Jahren hat das Forschungsdreieck die Mikroelektronik forciert, das Parlament des Staates North Carolina hat 24 Millionen Dollar für das »Microelectronis Center of North Carolina«, ein Forschungs- und Ausbildungszentrum im Forschungspark, bereitgestellt. Das sind ermutigende Anfänge, aber bis jetzt gibt es im Forschungsdreieck weder Risikokapital noch Firmengründungen durch Einzelunternehmer.

### *»Bionic Valley«: unternehmungslustige Mormonen*

Mit Unterstützung der University of Utah ist ein vielversprechendes Spitzentechnikzentrum im Gebiet von Salt Lake City, der Hauptstadt des Staates entstanden. Drei Viertel der 1,5 Millionen Einwohner Utahs leben hier am Großen Salzsee, im Stammland der »Kirche Jesu Christi der Heiligen der Letzten Tage«, auch Mormonen genannt. Die Anhänger dieser Kirche lieben große Familien, das Studieren und das Geldverdienen. Sie gehen mit missionarischem Eifer an den Aufbau ihres Spitzentechnikzentrums heran, weil es jungen Mormonen Gelegenheit gibt, unter Glaubensgenossen in Salt Lake City zu arbeiten und gut zu verdienen. Im allgemeinen zweigen sie von ihrem Einkommen zehn Prozent für ihre Kirche ab.

»Bionic Valley« hat sich zu einem Zentrum der bio- und medizintechnischen Forschung entwickelt. Die University of Utah, hier »The U« genannt, ist eine führende medizinische Forschungsuniversität und speziell auf dem Gebiet der künstlichen Organe tätig. Professor Dr. William Kolff, der hier die künstliche Niere entwickelte, hat mit seinen Forschungen dazu beigetragen, daß mehrere private Firmen in »Bionic Valley« künstliche Herzen und andere Körperteile entwickeln können.

Der Motor des Forschungsparks von Salt Lake City ist James Fletcher. Er wurde 1964 zum Universitätspräsidenten gewählt und begann sofort mit seiner Kampagne, Staatsgelder aus Washington zu erhalten. Nach dem Vorbild Fred Termans und der Stanford University stellte er die ersten Arbeitsräume in alten Holzschuppen auf dem Campus zur Verfügung. Im Jahr 1970 konnte er den Utah-Forschungspark auf einem 130 Hektar großen Areal neben der Universität einweihen. Heute arbeiten dort 1700 Leute in 35 Firmen auf den Gebieten der Elektronik, der geologischen Forschung und biomedizinischen Technik.

Die erste große Firma im Utah-Forschungspark war die Evans and Sutherland Computer Corporation, ein Computergrafik-Unternehmen, das für die Rüstung arbeitet. Der Gründer ist Professor Dr. David Evans, ein 44 Jahre alter Mormone, den Unipräsident Fletcher 1966 in Berkeley abgeworben hatte. Evans wurde zum Chef des Informatik-Departements der University of Utah gewählt und holte den erst 30jährigen Ivan E. Sutherland heran. Sutherland hatte die Computergrafik erfunden, ein System, mit dem man außer Buchstaben und Ziffern auch Zeichnungen und Bilder auf dem Computerbildschirm sichtbar machen kann.

Die Firma Evans and Sutherland Computer Corporation hatte im Jahr 1968 in einem alten Gebäude der »U« angefangen und wuchs bald auf 700 Mitarbeiter an. Evans genehmigte sich selbst ein Jahresgehalt von 600.000 Dollar und wurde schon damit zum Unternehmervorbild der jungen Mormonen an der »U«.

»Bionic Valley« ist zwar erst ein Anfang, aber es hat auch viel zu bieten – eine reizvolle Umgebung, eine Forschungsuniversität, billige Arbeitskräfte, preiswertes Wohnen und den Unternehmergeist der Mormonen.

## *»Silicon Valley Ost«*

Mitten im Bundesstaat New York entsteht im Gebiet der drei Städte Troy, Albany und Schenectady das Spitzentechnikzentrum »Silicon Valley Ost«. Der Zündfunke dafür stammt von Dr. George M. Low, dem Präsidenten des Rensselaer Polytechnic Institute (RPI) in Troy.

Low ist RPI-Absolvent. Er hat 25 Jahre bei der NASA gearbeitet, bevor er zu seiner Alma mater zurückkehrte. Die Erfahrungen der akademischen Unternehmer von Stanford und MIT haben ihn in der Auffassung bestärkt, daß er seiner Hochschule mit einer Spitzentechnik-Dependance mehr Glanz verleihen kann.

Troy war eines der ersten amerikanischen Industriezentren. Hier wurden Mitte des vorigen Jahrhunderts entscheidende Fortschritte in der Eisengewinnung, der Textilherstellung und der Eisenbahntechnik erzielt. Aber die in Troy gewalzten Schienen führten auch zum wirtschaftlichen Niedergang der Stadt. Auf ihnen verfrachtete die expandierende Industrie ihre Anlagen in den Westen und Süden des Landes. Troy hatte vor achtzig Jahren 76 000 Einwohner, heute sind es nur 56 000. Mit seinem neuen Elektronikzentrum möchte Dr. Low diesen Abwärtstrend umkehren: »Das Gebiet hier ist reif für die Spitzentechnik, und wir wollen sie mit unserem Projekt fördern.«

Zunächst stellte Low den embryonalen Firmen zwei »Brutkästen« in Form zweier unbenutzter Collegegebäude zur Verfügung. Jedes der hier angesiedelten Unternehmen erhält gratis 50 Rechnerstunden im Computerzentrum der Hochschule und fachliche Unterstützung durch die Professoren. Mit dem Verzicht auf Mieten fungiert RPI als eine Art Risikofinanzier bei diesen Neugründungen.

Dr. Low weihte 1981 den 500 Hektar großen Rensselaer-Forschungspark im nahegelegenen North Greenbush ein. Er wartet noch auf den ersten bauwilligen Pächter. Dabei würde ein frischgebackener Unternehmer hier – abgesehen von den kalten Wintern – viele positive Faktoren finden: RPI in Troy, das General

Electric-Forschungs- und Entwicklungszentrum in Schenectady und die New York State University in Albany, eine Forschungsuniversität mit 50 000 Studenten.

»Silicon Valley East« ist ein Testfall für die Frage, ob ein ins Hintertreffen geratenes Industriegebiet sich mit Hilfe eines vorgeplanten »neuen Silicon Valley« wieder erholen wird. Man kann noch nicht sagen, ob George Low und RPI Erfolg haben werden.

## *»Silicon Prärie«*

Die Gegend um Dallas, vor allem im Norden in Richtung Flughafen, ist auch als »Silicon Prärie« bekannt. Hier haben sich viele von ehemaligen Mitarbeitern der Firma Texas Instruments (TI) gegründete Unternehmen angesiedelt. Texas Instruments wurde einst als eine Fabrik für Ölsuchgeräte gegründet und entwickelte sich erst im Zweiten Weltkrieg zu einem Elektronikkonzern.

»Silicon Prärie« steht im Schatten des Giganten TI, der die Hälfte aller Elektronikarbeitnehmer im Großraum Dallas beschäftigt. Dallas ist eigentlich nur bekannt durch Öl, Rinderzucht und Nabobs in teuren Anzügen und mit Cowboyhüten wie »J.R.«. Daneben gibt es hier aber auch viele hemdsärmelige Techniker in einer ständig wachsenden Zahl von Elektronikfirmen aller Art.

Neben Texas Instruments residieren im Raum Dallas-Fort Worth der aus TI hervorgegangene Halbleiterkonzern Mostek und die Tandy Corporation, Muttergesellschaft der »Radio Shack« (»Funkbude«), einer Einzelhandelskette, die Mikrocomputer und Elektronikteile verkauft.

Seit einigen Jahren versucht die texanische Hauptstadt Austin Dallas den Rang als größtes Elektronikzentrum des Staates abzulaufen. In Austin stehen jetzt Produktionsanlagen von AMD, Intel, Tandem Computers, Rolm Lockheed Missiles and Space, Motorola und TI. Zwischen 1965 und 1980 stieg die Zahl der Industriearbeitsplätze in und um Austin von 5000 auf 30 000, und die Arbeitslosenquote ist hier nur halb so hoch wie im Durchschnitt der USA.

Das Wohnen ist in Austin nur halb so teuer wie in Silicon Valley – unter anderem deshalb haben so viele kalifornische Elektronikkonzerne hier Zweigwerke gebaut. Doch anders als in Silicon Valley gibt es hier nicht viele Neugründungen. Zusätzlichen wirtschaftlichen Auftrieb bekam der Raum Austin auch durch die Entscheidung von zwölf amerikanischen Spitzentechnikkonzernen, hier ihre Joint-Venture-Firma »Microelectronics and Computer Technology Corporation« anzusiedeln.

»Silicon Prärie« ist vor allem ein High-Tech-*Fabrikations*zentrum, in dem das Unternehmerfieber und die technische Innovation sich noch nicht voll entwickeln konnten.

## *»Silicon Mountain«*

Bis vor zehn Jahren konnten die Einwohner von Colorado Springs praktisch nur als Angestellte der Luftwaffenakademie und der Armee- und Luftwaffenstützpunkte Arbeit finden. Die Stadtväter hatten damals mit der Industrie nichts im Sinn.

Das änderte sich langsam. Mitte der 60er Jahre bauten Hewlett-Packard und Ampex, zwei Silicon-Valley-Konzerne, hier Zweigwerke. Ihnen folgten Rolm, Micro Mask, Ford Aerospace, DEC, Texas Instruments, Honeywell, Inmos, Mostek und andere. Diese Firmen beschäftigen heute 8500 Mitarbeiter, das sind dreimal soviel wie 1975.

Es gibt in Colorado Springs auch Zulieferbetriebe, aber kaum Ablegerfirmen. Vielleicht liegt das an der isolierten Lage. Von Colorado Springs erreicht man erst in 90 Minuten auf dem Highway Interstate 25 den nächsten Flughafen Denver. »Silicon Mountain«, wie das Industriegebiet genannt wird, muß auf die Symbiose mit einer Forschungsuniversität verzichten, und so befassen die Konzerne sich hier selbst mit Forschung. Hewlett-Packard betreibt in Colorado Springs dezentralisierte Forschung für Oszilloskope, Grafikterminals und Logikbausteine. DEC entwickelt und produziert Diskettenlaufwerke, und die Chip-Hersteller Inmos und Mostek betreiben Halbleiterforschung.

## *»Silicon Valley Nord«*

Anfang der 70er Jahre verkündete der Gouverneur des Staates Oregon: »Kommen Sie und besuchen Sie uns in Oregon. Aber bleiben Sie nicht für immer.« Die Einwohner betrachteten ihren Staat als ein ökologisches Paradies, in dem Wirtschaftswachstum nur störte. Der heutige Gouverneur erklärt jedoch: »Oregon hat ein Herz für die Industrie.« Damit war besonders die Elektronikindustrie gemeint, denn die Wirtschaftsplaner hatten besonders diese Branche im Auge, als sie sich nach einer Ergänzung der stark konjunkturabhängigen Holz- und Forstwirtschaft des Staates umsahen.

Die größten Neuansiedler im Willamette-Tal südlich und westlich von Portland sind Hewlett-Packard und Intel, denen es in Silicon Valley zu eng geworden ist. Sie bilden mit den einheimischem Elektronikunternehmen wie Floating Point Systems (Computer) und Tektronix (Elektronik-Meßgeräte) ein »Silicon Valley Nord«. Tektronix ist mit 20 000 Beschäftigten größter Arbeitgeber des Staates Oregon. Im ganzen gibt es 20 Firmen mit Werkanlagen in Oregon, und sie stellen 20 Prozent der industriellen Arbeitsplätze, etwa viermal soviel wie vor 20 Jahren. In Portland ist das Wohnen nur halb so teuer wie in Silicon Valley, und wenn einem Regen nichts ausmacht, wird man sich hier sehr wohl fühlen.

Aber die Mikroelektronik hat in »Silicon Valley Nord« die Grenzen ihres Wachstums erreicht. In Portland gibt es keine Forschungsuniversität. Risikokapital ist kaum vorhanden, und viele Facharbeiter müssen erst von außerhalb herangeholt werden.

Die nachfolgende Tabelle vergleicht die zwölf »Silicon Valleys« auf amerikanischem Boden. Jedes dieser Industriegebiete wird nach den Kriterien beurteilt, die hauptsächlich für den Aufstieg von Original-Silicon-Valley maßgebend gewesen sind. Außer den sieben bereits in diesem Kapitel beschriebenen »neuen Silicon Valleys« umfaßt die Tabelle noch die folgenden Elektronikzentren:

1. In Phoenix (Arizona), manchmal scherzhaft »Silicon-Wüste« genannt, dominiert Motorola, einer der größten Elektronik- und Halbleiterkonzerne. Honeywell, IBM, DEC, Intel und National Semiconductor besitzen hier Fertigungsanlagen, aber das Unternehmerfieber hält sich noch in Grenzen – es gibt entsprechend wenige Ablegerfirmen.
2. Der Raum Minneapolis-St. Paul (Minnesota) ist seit Jahren ein Großcomputerzentrum mit den Firmen Sperry, Control Data und Honeywell, um nur einige zu nennen. 40 Prozent der Beschäftigten des Staates Minnesota arbeiten in der Spitzentechnik. Doch die Großserienprodukte

Mini- und Mikrocomputer werden anderswo gebaut. Die Gründung von Ablegerfirmen ist in der Großrechnerbranche nicht so leicht, und auch die kalten Winter von Minnesota wirken sich ungünstig aus. Im Gebiet von Minneapolis-St. Paul gibt es allerdings eine Forschungsuniversität. Risikokapital und andere Voraussetzungen für eine expandierende Spitzentechnikindustrie werden sich vielleicht noch einstellen.

3. Seattle (Bundesstaat Washington) ist die Heimatstadt der Boeing Aircraft Company und damit auf Flugzeugbau und Raumfahrt fixiert. Aber immer wenn Boeing Massenentlassungen vornimmt, wie zum Beispiel in der Wirtschaftsflaute von 1982, werden neue Elektronikfirmen gegründet - bereits zehn seit 1980.
4. Orange County, ein Bezirk mit hohem Wirtschaftswachstum südlich von Los Angeles, unterscheidet sich darin von den übrigen »neuen Silicon Valleys«, daß es hier keine Zweigwerke auswärtiger Elektronikkonzerne gibt. Statt dessen findet man viele kleine Elektronikfirmen, die ihre Chips aus Silicon Valley beziehen. In Orange County trifft man also viel unternehmerische Initiative an, obwohl sich hier kaum Risikokapital findet und die örtliche Hochschule, die University of California in Irvine, keine Forschungsuniversität ist. Die Nähe zu Los Angeles bietet Vorteile, wie eine Reservearmee qualifizierter Techniker, aber auch Nachteile wie den gefürchteten Smog.

## *Die Zukunft von Silicon Valley*

Nehmen wir einmal an, Silicon Valley ist im Lauf der Entwicklung überall in den Vereinigten Staaten zu finden, wie viele es sich wünschen. Hat dann das Original-Silicon-Valley im Santa-Clara-Bezirk noch eine Zukunft? Stößt Silicon Valley irgendwann an seine Grenzen? Viele Beobachter sagen: ja.

Die Mikroelektronikindustrie marschiert in Richtung weiterer Miniaturisierung der Halbleiterchips, um immer mehr Rechenleistung für immer weniger Geld zu liefern. Aber irgendwann lassen die Schaltungen auf den Chips sich nicht weiter miniaturisieren. Edward Hoff, der Erfinder des Mikroprozessors, glaubt, daß diese unüberwindliche Barriere spätestens in zwanzig Jahren erreicht sein wird.

Die »Silicon Valleys« auf amerikanischem Boden – ein Vergleich

| | Standort | Geplant oder spontan entstanden? | Forschungs-universität |
|---|---|---|---|
| 1. | Silicon Valley (das Original) | teilweise geplant | Stanford |
| 2. | Route 128 | teilweise geplant | MIT |
| 3. | Forschungs-dreieck | geplant | Univ. of North Carolina, N.C. State Univ., Duke Univ. |
| 4. | »Bionic Valley«, Salt Lake City | geplant | University of Utah |
| 5. | »Silicon Valley Ost« | geplant | RPI, State Univ. of New York |
| 6. | »Silicon Prärie« Dallas / Austin | spontan | Univ. of Texas, Austin |
| 7. | »Silicon Mountain«, Colorado Springs | spontan | nicht vorhanden |
| 8. | »Silicon Valley Nord«, Portland | spontan | nicht vorhanden |
| 9. | »Silicon-Wüste«, Phoenix/Arizona | spontan | Arizona State Univ. |
| 10. | Minneapolis / St. Paul | spontan | University of Minnesota |
| 11. | Seattle | spontan | University of Washington |
| 12. | Orange County (Los Angeles) | spontan | University of Calif. in Irvine |

| Risikokapital am Standort verfügbar? | Unternehmergeist in Ablegerfirmen (»Spin-offs«) manifest? | Klima und Lebensqualität | Zukunftsaussichten |
|---|---|---|---|
| ja | ja | Sonnig, hohe Lebensqualität | wird das führende Spitzentechnikzentrum bleiben |
| ja | ja | gute Lebensqualität | in der Bedeutung nur von Silicon Valley übertroffen |
| nein | nein | gut | gewinnt langsam an Bedeutung |
| wenig | wenig | gut | gute Aussichten |
| nein | nein | kalt | in der Anlaufphase |
| wenig | wenig | gut | erfolgversprechend |
| wenig | wenig | gut | erfolgversprechend |
| nein | nein | gut | erfolgversprechend |
| wenig | wenig | heißes Klima | erfolgversprechend |
| wenig | nein | kalt | einigermaßen erfolgversprechend |
| nein | wenig | gut | einigermaßen erfolgversprechend |
| wenig | ja | Smog | sehr erfolgversprechend |

Laut Hoff wird die Mikroelektronikindustrie in Silicon Valley dann in ein stagnierendes Reifestadium übergehen und die Forschung nicht mehr im Mittelpunkt stehen. Vermutlich werden die Betriebe gewerkschaftlich durchorganisiert sein und die Unternehmer ihre unbekümmerte Flexibilität und Unabhängigkeit verlieren. In Silicon Valley wird es dann aussehen wie heute schon in Pittsburgh, Cleveland und Detroit. Das Spitzentechnikzentrum der Welt wird sich von Silicon Valley weg in andere Teile der USA oder nach Japan verlagern.

Im Gegensatz dazu glauben die Optimisten, daß die in Silicon Valley angehäufte unternehmerische Potenz die Grenzen, die sich aus der technischen Unmöglichkeit einer unendlichen Chipminiaturisierung ergeben, überwinden wird. Vielleicht werden die kalifornischen Techniker-Unternehmer eine Alternative zu den Halbleiterchips als dem Rohstoff der Informationsgesellschaft finden. Vielleicht wird sich eine Kreuzung aus Mikroelektronik und Biotechnik als überlebensfähig erweisen. Die Optimisten bauen jedenfalls auf die technologische Innovationskraft der Silicon-Valley-Entrepreneurs, um dem Zusammenbruch der High-Tech-Industrie zuvorzukommen.

Andererseits ist klar, daß die etablierten Silicon-Valley-Firmen mit jedem Tag reifer werden, d.h. schlicht altern. Schließlich werden ihre Ingenieure und maßgeblichen Manager auch immer älter. Silicon-Valley-Pionier Robert Noyce gibt wehmütig zu: »Der Unternehmergeist wird wohl doch ein bißchen abschlaffen. Als wir Fairchild aus der Taufe hoben, war unser Durchschnittsalter 30. Als wir Intel in Gang brachten, waren wir schon 35. Heute höre ich von Firmengründern, die noch älter sind.«

Die Werkanlagen werden immer größer. Das ist ein guter Maßstab für den wirtschaftlichen Erfolg, aber es gibt im »Tal« selbst keinen Platz mehr für weitere Expansion. So geht es mit allen in Silicon Valley wirksamen Kräften – sie steuern das Spitzentechnikzentrum der Welt geradewegs in das Reifestadium.

Doch damit wird der Verfall nicht unausweichlich. Der Unternehmergeist ist fest verwurzelt und wird sich auch in Zukunft nicht verdrängen lassen. Neue Unternehmer werden ihre Marktnische finden und nutzen. Die Funktion als Produktionszentrum, zum Beispiel in der Siliziumwaffelherstellung, wird sich weiter nach auswärts verlagern und überall in den USA neue »Silicon Valleys« hervorbringen. Silicon Valley wird zum Kristallisationspunkt der heraufziehenden Informationsgesellschaft und zur Forschungszentrale Amerikas und der Welt werden. In diesem Sinne ist Silicon Valley unbegrenzt lebensfähig.

## *Silicon Valley und die Folgen*

»Elektronik heute: Ein Bericht aus Silicon Valley, dem Welthauptquartier des 21. Jahrhunderts«
*Ansage einer Radiostation in San José, 1982*

Die heutige Informatikrevolution unterscheidet sich in vielerlei Hinsicht von der hinter uns liegenden industriellen Revolution, hauptsächlich aber darin, daß die gegenwärtige Umwälzung viel schneller vor sich geht. Während die industrielle Revolution sich über mehrere Menschenalter hinzog, spielt die Informatikrevolution sich innerhalb einer einzigen Generation ab.

Ein weiterer Unterschied ist, daß wir die Informatikrevolution bewußt miterleben. Im vorigen Jahrhundert war nur wenigen Einwohnern in Manchester oder anderen englischen Industriestädten bewußt, was in ihrer Gesellschaft vor sich ging - zum Teil eben deshalb, weil es so lange dauerte.

Ein Maßstab für die Geschwindigkeit, mit der die Informatikrevolution abläuft, ist die Zahl der in Gebrauch befindlichen Computer. Ende 1984 waren Computer bereits allgegenwärtig, weil Silicon Valley sie immer kleiner im Verhältnis zur Leistung und immer erschwinglicher gemacht hat.

In den Jahrzehnten seit 1946, als der erste elektronische Großcomputer ENIAC funktionierte, stieg die Zahl der Rechner von 1 auf 600 im Jahr 1956, auf 30 000 im Jahr 1966, auf 400 000 im Jahr 1976. 1984 gab es bereits sechs Millionen Computer. Bis 1990 werden 50 Prozent der amerikanischen Haushalte einen Mikrocomputer besitzen, und dann wird die Informatikrevolution die amerikanische Gesellschaft völlig umgekrempelt haben. Computer und Halbleiterschaltungen sind so universell einsetzbar, daß sie vor nichts haltmachen - nicht einmal vor der ehrwürdigen, jahrtausendealten Landwirtschaft. In einem modernen Kuhstall zum Beispiel tragen die Kühe einen magnetischen Code an einer Kette um den Hals. Er bestimmt mit Hilfe des Farmcomputers jeden Tag neu, welches Futter und wieviel davon die Kuh bekommt. Während sie die Melkstation passiert, wird die kostengünstigste Futterration zusammengestellt und dieser einen Kuh verabreicht. Sinkt ihre Milchproduktion, meldet der Computer das dem Farmer und teilt der Kuh statt der teureren Proteinanteile mehr Ballaststoffe zu.

Bisher faßten wir jede der Informationstechniken als ein selbständiges Medium auf – Zeitungen, Telefon, Rundfunk, Fernsehen. Heute beginnen die Grenzen sich schon zu verwischen. Der Computer verknüpft alle diese Einzelmedien zu einem Kommunikationsnetzwerk.

In so einem integrierten, interaktiven Kommunikationssystem wird beispielsweise eine bestimmte Fernsehsendung ins Wohnzimmer übertragen, und die Teilnehmer geben dem Zentralcomputer per Knopfdruck bekannt, wie ihnen die Sendung gefällt. Die Auswertung erscheint auf allen Bildschirmen.

Ähnlich integriert arbeitet das »papierfreie Büro«. Jeder »Schreibtisch« besteht aus einem Computerterminal mit Textverarbeitungseinrichtung, die das jeweilige Büro zum Austausch von Mitteilungen mit allen anderen verbindet. Alle Mitteilungen werden in einem Datenspeicher festgehalten und machen zeitraubende Registraturarbeiten überflüssig.

Die Kommunikationstechnik erweitert unser Blickfeld, unser Wissen und unser Bewußtsein, so wie die Maschinentechnik unsere körperlichen Kräfte vervielfältigt hat. Der Computer ist das Herzstück der Kommunikationstechnik, weil nur er sie interaktiv macht. Interaktive Kommunikationssysteme wirken in beiden Richtungen, nicht nur in einer, wie die herkömmlichen Massenmedien Zeitung, Rundfunk und Fernsehen. Künftig entscheiden nicht mehr Zeitungszaren, Intendanten oder Fernsehräte allein, was man zur Kenntnis nehmen oder ignorieren sollte – der Teilnehmer bekommt ein gewichtiges Mitspracherecht. Dadurch, daß Computer die Kommunikation interaktiv machen, ermöglichen sie die Individualisierung der Informationssysteme.

## *Das automatisierte Büro*

Das »Büro der Zukunft« ist heute schon Wirklichkeit. Kern der Büroautomatisierung ist die Textverarbeitungsanlage, im wesentlichen die mit einem Computer zusammengeschaltete elektronische Schreibmaschine. Obwohl eine einzige Textverarbeitungsanlage noch 12.000 Dollar kostet, macht sie sich schnell durch die Arbeitsersparnis bezahlt.

Mit so einer Anlage kann die beste Sekretärin ihre Leistung noch um rund 20 Prozent steigern. So können Korrekturen eingefügt werden, ohne daß die einwandfreien Passagen neu getippt werden müssen. Alle Zeilen werden auf die richtige Länge ausgezogen, so daß rechts ein glatter Rand entsteht und die Seite »wie gedruckt« wirkt. Der Bürocomputer kann aber weit mehr: Korrespondenz »ablegen«, Lagerlisten führen und graphische Darstellungen ohne menschliches Zutun anfertigen.

Da nun der Bürocomputer so viele Vorteile bietet, ist es erstaunlich, daß er sich so langsam durchsetzt. Das liegt nur zum Teil an den hohen Anschaffungskosten: Fehlschläge durch falsche Dimensionierung waren der Sache der Büroautomatisierung nicht eben förderlich, und es wurde andererseits auch nicht genug gegen das Mißtrauen gegenüber dem elektronischen »Kollegen« getan.

Als die ersten Bürocomputer installiert wurden, gab es sogar eine Serie von Sabotageakten. So goß jemand Honig in die Terminals des Postamts von Minneapolis, und ein Rechner der Metropolitan Life Insurance Company wurde mit einem Schraubenzieher attackiert. In Denver zwängten aufgebrachte Angestellte Autoschlüssel in ein Magnetplattenlaufwerk und in Bell, Kalifornien schoß ein Polizist mit seiner Dienstpistole auf das Computerterminal der Revierwache.

Ein gewichtiger Grund für die Ablehnung des Bürocomputers ist natürlich seine Auswirkung auf den Arbeitsmarkt. Wenn er die Arbeitsleistung einer Sekretärin um 20 bis 25 Prozent steigert, heißt das nichts anderes, als daß eine große Firma oder Behörde 20 bis 25 Prozent ihrer Sekretärinnen entlassen kann.

Eine andere Auswirkung des Einsatzes von Bürocomputern auf das Berufsleben ist das »Deskilling«, die Herabsetzung der Anforderungen an die Beschäftigten. So kann zum Beispiel die Sekretariatsarbeit, die bei der Korrespondenz aus Stenogrammaufnahme, Reinschrift und Briefgestaltung besteht, mit Hilfe der Textverarbeitung so vereinfacht werden, daß nur noch reines Tippen in die Anlage übrigbleibt und der Computer den Rest erledigt.

Ein weitgehend automatisiertes Büro ändert natürlich auch das Betriebsklima. Es wird nicht gerade humaner, wenn statt eines weichherzigen Büroleiters, der mal ein Auge zudrückt, ein unbestechlicher Computer die Anwesenheit und die Arbeitsleistung der Mitarbeiter kontrolliert.

### *Ein Tag im Büro der Zukunft*

(Aus »The Office of the Future: Prison or Paradise?« [»Das Büro der Zukunft, Gefängnis oder Paradies«] von Dan Mankin und anderen in »The Futurist«, Juni 1982)

Szene: Auftragsbearbeitung eines großen Konzerns. Es ist 8.05 Uhr. Frank kommt etwas zu spät und rennt eine Reihe von flimmernden Computerterminals entlang. Die Finger seiner Kollegen tanzen schon auf den Tastenfeldern. Frank läßt sich in seinen Bürosessel fallen und schiebt sich an sein Terminal heran.
FRANK, SIE SIND HEUTE SECHS MINUTEN ZU SPÄT GEKOMMEN. DAS IST IHRE DRITTE VERSPÄTUNG IN DIESEM MONAT, IHRE VIERUNDZWANZIGSTE IN DIESEM JAHR. MELDEN SIE SICH IN DER FRÜHSTÜCKSPAUSE BEI IHREM VORGESETZTEN.
»Verdammt«, murmelt Frank, »jetzt bekomme ich Ärger.« Mit einem Seufzer schiebt er den ersten Auftragsbogen von einem Stapel in den Schlitz des Terminals.
Zwei Stunden vergehen.
SIE HABEN BIS JETZT NUR 215 KUNDENAUFTRÄGE BEARBEITET. DAS LIEGT ERHEBLICH UNTER IHREM DURCHSCHNITT VON 231 AUFTRÄGEN IN DER GLEICHEN ZEITSPANNE. WAS IST LOS, FRANK? MELDEN SIE SICH IN DER KAFFEEPAUSE BEI IHREM VORGESETZTEN.
Franks Kopfschmerzen werden schlimmer, als er an der Reihe der Terminals vorbei zum Glaskasten seines Chefs geht. Wieder spielt er mit dem Gedanken, das Computersystem lahmzulegen.

## *Roboter*

Bei dem Wort »Roboter« denkt man unwillkürlich an ein menschenähnliches Stahlungetüm, das auf zwei Beinen wandelt, sprechen kann und meistens finstere Absichten hegt. In Wahrheit arbeiten die meisten heutigen Roboter in Fabriken, vorwiegend in Japan. Industrieroboter sehen überhaupt nicht wie Menschen aus, eher schon wie exotische Insekten, ähnlich den Erdölpumpen in Texas.

Einige Industrieroboter erinnern an einen menschlichen Arm mit einem Ellbogen und einer zangenförmigen Hand, Greifer genannt. Ein Roboter verfügt über Intelligenz in der Gestalt eines

Computers. Meistens ist es ein Mikroprozessor, der so programmiert ist, daß der Roboter eine Serie verschiedener Bewegungen beliebig oft wiederholen kann. Die Autoindustrie ist der größte »Arbeitgeber« der Roboter. Sie stehen dort am Fließband und führen Schraub-, Schweiß-, Bohr-, Schleif- und Schneidearbeiten aus. Sie arbeiten in 24-Stunden-Schichten und übernehmen besonders eintönige und gefährliche Aufgaben. Einige japanische Fabriken sind komplett mit Robotern automatisiert.

### *Tele-Arbeit am Computer*

(Aus »A Day in the Office of the Future« [»Ein Tag im Büro der Zukunft«] von N. Dean Meyer in »Telecommunications Policy«, Dezember 1979)

Computer können den Büroangestellten wie der Große Bruder aus Orwells »1984« lückenlos überwachen. Sie können ihm aber auch viel von dem Kleinkram des Arbeitsalltags abnehmen. Eine vieldiskutierte Einsatzmöglichkeit des Bürocomputers ist, den Angestellten zu Hause arbeiten zu lassen – am Terminal, der ihn mit seiner Firma verbindet.

Sehen wir Jim einmal über die Schulter. Seine Abteilung umfaßt zwölf Sachbearbeiter und eine Sekretärin. Jim beginnt morgens seinen Arbeitstag, indem er sich in seinem Haus mit einer Tasse Kaffee an das Computerterminal setzt. Er fordert seinen Terminkalender an, indem er »Terminkalender zeigen« eintippt. Seine Sekretärin hat eine Telefonkonferenz mit einem Kollegen eingetragen, und er findet in dem Terminkalender auch den Hinweis, daß morgen sein Hochzeitstag ist.

Auf den Befehl »Post zeigen« erscheinen neun Mitteilungen, die sich in den letzten Stunden angesammelt haben. Jim ordnet sie der Dringlichkeit nach in zwei Gruppen und nimmt sich zunächst diejenigen vor, die sofortiges Handeln erfordern. Während er noch eine der elektronisch übermittelten Mitteilungen durchliest, meldet der Computer, daß einer seiner Mitarbeiter ihn sprechen möchte. Jim unterbricht seine Lektüre und spricht mit dem Mitarbeiter über das Telefon am Terminal. Dann nimmt er sich wieder seine elektronische Post vor.

Später, nach dem Frühstück auf der Terrasse, nimmt Jim sein Terminal mit an den Swimming-pool. Er geht die Tagesberichte seiner Leute durch und teilt seinem Chef mit, was er alles erledigt hat – Kopien an seine Mitarbeiter. Um 10.00 Uhr wählt Jim seinen Kollegen Bob im Büro in Boston an. Mit ihm soll er gemeinsam den Vorschlag für eine Langzeitplanung des Konzerns ausarbeiten. Nach den üblichen Scherzen – »Wirkt Silicon Valley im Smog immer noch so romantisch?« »Versackt ihr in Boston schon im Schnee?« – stellen beide ihre Entwürfe nebeneinander auf den Bildschirm und fangen an, eine gemeinsame Fassung daraus zu stricken. Zu den Punkten, über die sie sich noch nicht einigen können, fordern sie in einer dreiseitigen Teleschaltung die Meinung eines unabhängigen Experten an. Dann lassen sie ihren Zentralcomputer die Umsatzerwartungen berechnen und eine Reihe von Schaubildern zeichnen.

Innerhalb einer Stunde haben Jim und Bob sich über die Hauptpunkte ihrer Ausarbeitung geeinigt und brechen den Videodialog ab, um ihre Texte zu schreiben. Später setzen sie ihre Telekonferenz fort, um die Endfassung zu polieren, bevor sie an die Konzernleitung geht.

Am Abend besucht Jim mit seiner Frau ein Restaurant. Den Tisch hat er von seinem Computerterminal aus reserviert. Er überreicht ihr zum Hochzeitstag eine Halskette, die er ebenfalls über seinen Computer bestellt hat. Als sie nach Hause kommen, schaltet Jim sein Terminal kurz auf »Eingangskorb«, um zu sehen, ob dringende Nachrichten für ihn da sind.

So läuft also ein Arbeitstag im Heimbüro der Zukunft ab. Als Hauptvorteil springt für Jim dabei heraus, daß er jeden Tag ein bis zwei Stunden Arbeitsweg einspart. Natürlich muß Jim immer noch ein- bis zweimal die Woche in der Firma aufkreuzen, um mit seinen Mitarbeitern persönlichen Kontakt zu halten.

Gegenwärtig sind nur ein oder zwei Prozent der Beschäftigten in den USA solche Tele-Angestellten. Jims Frau beklagt sich jedenfalls, daß er sich auch jetzt, wo er die meiste Zeit zu Hause ist, kaum um sie kümmern kann. In Wirklichkeit, so glaubt sie zuweilen, ist Jim wohl mit seinem Computer verheiratet.

Computergesteuerte Roboter ersetzen kostenintensive menschliche Arbeitskraft durch kapitalintensive Informationstechnik. Sie nehmen dem Menschen langweilige und gefährliche Arbeit, oft aber auch den Job ab. Natürlich müssen Roboter von Menschen konstruiert, fabriziert und gewartet werden. Das ist fast ausschließlich geistige Arbeit. Die körperliche Arbeit in den Fabriken wird verdrängt, so wie die Büroautomatisierung die Arbeit der Sekretärinnen und Schreibkräfte ersetzt. Die Computer bewirken also, daß die Berufe mit wenig Ausbildung aussterben und weniger, aber hochqualifizierte Mitarbeiter beschäftigt werden.

*Künstliche Intelligenz* ist das Schlagwort für die Fähigkeit der höchstentwickelten Computer, wie ein menschliches Gehirn zu denken. Auf diesem Gebiet arbeiten die ehrgeizigsten Forscher in den Universitäts- und Industrielabors, aber sie sind noch nicht weit über das Experimentierstadium hinausgelangt. Immerhin können hochentwickelte Computer bereits erstaunlich gut Schach spielen, medizinische Diagnosen stellen, chemische Laborergebnisse auswerten und militärische Taktiken ausarbeiten. In den kommenden Jahren erst sind entscheidende Fortschritte auf dem Gebiet der künstlichen Intelligenz zu erwarten, aber die werden unsere Gesellschaft so verändern, daß unsere gegenwärtigen Sorgen mit den arbeitsplatzvernichtenden Robotern dagegen geringfügig erscheinen müssen.

## *Kinder und Computer*

Rund 25 Millionen Amerikaner sind funktionelle Analphabeten. Sie können weder Stellenanzeigen noch die Aufschrift einer Medikamentenpackung noch einen Busfahrplan lesen. Weitere 34 Millionen können nur einfachste und kürzeste Texte lesen. Beide Gruppen zusammen machen rund ein Viertel der amerikanischen Bevölkerung aus. Sie sind ein gewaltiger Klotz am Bein einer Nation, die sich anschickt, zu einer Informationsgesellschaft zu werden. In einem Leben, das sich zunehmend am Computerterminal abspielt, wird die Fähigkeit zu lesen und zu schreiben noch wichtiger als in der Vor-Computer-Zeit. Denn mit einem Computer kann man sich nur über das Tastenfeld verständigen - jedenfalls so lange, bis die elektronischen Spracherkennungsgeräte wesentlich besser arbeiten und weit preiswerter zu haben sind.

Man muß also verhindern, daß das gegenwärtig so unzureichende Schulsystem der Vereinigten Staaten immer neue Millionen von funktionellen Analphabeten hervorbringt. Speziell programmierte Computer und besonders Mikrocomputer sind dafür das geeignete Mittel. Sie können dem verkalkten Schulsystem neues Leben einhauchen. Die natürliche Aufgeschlossenheit der Kinder für den Umgang mit der Elektronik hilft ihnen in idealer Weise, am Computer die Fähigkeiten für das Leben in einer Informationsgesellschaft zu erwerben. In den amerikanischen Schulen und Haushalten wird gerade damit begonnen, das pädagogische Potential des Mikrocomputers auszuschöpfen. Aber es wird noch lange dauern, bis sich merkliche Erfolge einstellen.

Den amerikanischen Schulen stehen 250 000 Computer für

Unterrichtszwecke zur Verfügung. Sie werden hauptsächlich in den Fächern Mathematik und Programmieren benutzt. Aber es gibt bei weitem nicht genügend Geräte. Jede Schule sollte 15 davon besitzen, so daß auf jede Klasse von 30 Schülern ein Computer kommt.

Kinder lernen viel leichter als Erwachsene mit dem Computer umzugehen, und die Jungen haben dabei einen besseren Start als die Mädchen. In den USA zeigen Mädchen und Jungen bis zum Alter von 12 Jahren die gleichen Leistungen in Mathematik und naturwissenschaftlichen Fächern.

Danach entwickeln viele Mädchen eine Abneigung gegen diese Fächer, die sich auch in den Oberschuljahren fortsetzt und naturgemäß ihre Berufsaussichten schmälert. Vielleicht schaffen es die Heimcomputer, die Mädchen mehr an den Fächern Rechnen, Mathematik und Naturwissenschaften zu interessieren. Gegenwärtig lernen dreimal so viele Jungen wie Mädchen, Computer zu bedienen.

Wie nicht anders zu erwarten, haben Kinder aus sozial und wirtschaftlich bessergestellten Familien leichter Zugang zu einem Heimcomputer als die ärmeren Kinder. Dadurch wird die Kluft zwischen den »informationsreichen« und den »informationsarmen« Bevölkerungskreisen noch vertieft. Eine Umfrage unter Volksschülern in Kalifornien ergab, daß 41 Prozent der Kinder aus »besseren« Familien, aber weniger als ein Prozent der Kinder einer Schule mit Kindern aus armen, vorwiegend spanischsprachigen Familien einen Heimcomputer benutzen können.

Die Kinder unserer Generation werden so mit Computern aufwachsen, wie die Kinder der 50er Jahre mit dem Fernsehen als neuem Medium aufwuchsen. Aber Computer sind, zusammen mit den übrigen Informationstechniken, ein interaktives Medium, das aus der bloßen Passivität des Fernsehkonsums herausführt. Es bleibt abzuwarten, ob das Schulsystem das pädagogische Potential des Computers voll ausschöpft, oder ob dieses neueste Medium nicht mehr Bedeutung erlangt als bisher Schulfernsehen, programmiertes Lernen und Sprachlabors.

Wir müssen jedoch zweifelsfrei feststellen, ob Kinder, die sich täglich mit dem Computer beschäftigen, wirklich – wie die Befürworter der Computerrevolution im Klassenzimmer behaupten – logischer und zusammenhängender denken lernen.

Seymour Papert sagt in seinem Buch über Kinder, Computer und Ideen: »Mit Hilfe der Computer können wir das pädagogische Umfeld außerhalb des Klassenzimmers radikal umgestalten. Alles, was den Kindern jetzt noch mit viel Aufwand und so begrenztem Erfolg beigebracht wird, lernen sie dann mühelos, nachhaltig und ohne Indoktrination. Das kann nur bedeuten, daß Schulen, wie wir sie heute kennen, keine Zukunft haben.«

## *Nolan Bushnell, der »elektronische Rattenfänger«*

In den 60er Jahren war Nolan Bushnell Ingenieurstudent an der University of Utah in Salt Lake City. In den Sommerferien arbeitete er als Ausrufer in einem Vergnügungspark. Seine Nächte brachte er am Universitätscomputer zu, und oft spielte er auf ihm »Spacewar« (Raumkrieg), ein Videospiel, das am MIT entwickelt worden war.

Bushnell fiel auf, wie schwer man sich von dem Spiel wieder losreißen konnte und kombinierte, daß einer ganz schnell Millionär werden konnte, wenn er den Computer nur mit einem Münzeinwurf versah. Aber das ging natürlich nicht bei einem vier Millionen Dollar teuren Großrechner.

Bushnell nahm die Idee für Computerspiele mit Münzeinwurf nach Kalifornien mit und besorgte sich einen Job als Techniker bei der Silicon-Valley-Firma Ampex, die sich mit Magnetbandgeräten einen Namen gemacht hatte. Als Bushnell Anfang der 70er Jahre von der Mikrocomputertechnik hörte, wußte er, daß es Zeit für ihn war, Unternehmer zu werden.

Tagsüber arbeitete Bushnell bei Ampex, und nach Feierabend fuhr er sofort zu seinem kleinen Reihenhaus in Santa Clara, um die Nächte hindurch Videospiele zu entwickeln. Den Arbeitsraum dafür beschaffte er sich, indem er seine jüngere Tochter überredete, in das Zimmer ihrer Schwester zu ziehen. Eines Morgens um vier Uhr früh im Jahr 1971 hatte Bushnell sein erstes Videospiel fertig. Er nannte es »Computer Space« (Computer-Weltraum).

Aber das Videospiel war ein Flop. Es konnte nur 2000mal verkauft werden. Bushnells Kollegen waren von dem Spiel begeistert, aber den Kneipengästen war es zu intellektuell. Bushnell setzte sich wieder auf den Hosenboden und versuchte ein einfacheres Spiel zu entwerfen. Was dabei herauskam, war »Pong«, eine Art elektronisches Pingpongspiel.

Bushnell stellte sein Gerät in »Andy Capp's Tavern« in Sunnyvale auf und wartete gespannt ab, ob sich jemand dafür interessierte. Zwei Tage später bekam er einen Anruf - das Gerät sei kaputtgegangen. Das stimmte nicht - der benzinkanistergroße Geldbehälter war nur verstopft. »Pong« war buchstäblich im Geld ertrunken. Der Erfinder mußte jetzt genau wie »Pong« schwimmen lernen.

Bushnell kündigte bei Ampex und brachte 500 Dollar für die Gründung seiner eigenen Firma auf. Er nannte sie Atari, nach dem japanischen Ausdruck für »Ich greife dich an« in dem alten Go-Brettspiel. »Pong« wurde ein Super-Hit. Das erste in Serie gefertigte Gerät lieferte Bushnell im November 1972 aus. Im Jahr darauf wurden 10000 »Pongs« zum Stückpreis von 1.200 Dollar verkauft. Atari machte 1973 3,5 Millionen und 1974 15 Millionen Dollar Umsatz.

Nolan Bushnell wurde als Mormone erzogen, hat den Glauben aber aufgegeben. Dieser 1,93 Meter große Anfangvierziger hat, gleichsam ein elektronischer Rattenfänger, mit der Hypnotisierung Jugendlicher 70 Millionen Dollar verdient. Er ließ das konventionelle Denken beiseite und konzentrierte sich darauf, noch vor den Amerikanern selbst herauszubekommen, womit sie künftig unterhalten werden wollten.

Als Bushnell noch Chef von Atari war, gab er den lockeren Ton an, war eher hemdsärmlig und begrüßte jeden Neuling mit Handschlag und breitem Grinsen. Fast alle liefen bei Atari in Jeans und T-Shirt herum.

Die Manager und Techniker zogen sich zuweilen zwei oder drei Tage lang in den Badeort Pajaro Dunes am Pazifischen Ozean zurück. Einige der Teilnehmer erinnern diese Kreativ-Urlaube heute an Studentenheimfeste mit Marihuana und Strömen von Bier. Jede aussichtsreiche Idee für ein neues Videospiel bekam einen Kodenamen, gewöhnlich den einer Atari-Mitarbeiterin. »Mir gefiel Arlette am besten«, sagte Bushnell. »Mann, sie war ein Super-Pong. Sie hatte alles, was dazu gehört und außerdem noch eine Wespentaille.«

In der Leitung der zum Konzern aufgestiegenen Firma Atari hatte Bushnell eine wenig glückliche Hand. Don Valentine, ein Risikofinanzier, der einiges Kapital in Atari investiert hatte, sagte dazu: »Mitte der 70er Jahre herrschte bei Atari absolutes Chaos.«

Bushnell gab in einer Festansprache seine Schwächen selbst zu: »Ich bin kein großer Manager im Tagesgeschäft, wo man sich um jeden Kleinkram in der Firma kümmern muß. Atari war ein recht netter Laden, der Anfang der 70er Jahre in Wachstum, High-

Tech und Dynamik an der Spitze stand. Aber bei hohem Wachstumstempo verliert man leicht die Kontrolle. Trotzdem, wir waren ein zauberhafter Verein hoch talentierter Techniker, die einander respektierten und anerkannten, die zusammen Bier tranken und Unsinn machten, die aber auch härter als zuvor in ihrem Leben arbeiteten. Langsam wurden wir dann zu einem marktorientierten Unternehmen, das schließlich mehr an Procter & Gamble (»Dash«) als an Silicon Valley erinnerte.«

Einige von Bushnells Entscheidungen waren schlicht falsch – so zum Beispiel die, den japanischen Markt zu erobern. Bei dem Versuch verlor Atari ganz schnell eine halbe Million Dollar. Aber es kam trotzdem immer mehr Geld herein. 1975 brachte Atari ein Pong-Videospielgerät, das man an den Heimfernseher anschließen konnte, heraus. Es war schon ausverkauft, bevor es an die Geschäfte ausgeliefert werden konnte. Der Handelsriese Sears übernahm alle 100 000 Pong-Heimvideospielkassetten, die Atari in diesem Jahr herstellte.

Aber dann drängte die Konkurrenz mit Macht auf diesen Markt, und Atari benötigte viel Kapital, um den Vorsprung zu halten. Schließlich war das Medienkonglomerat Warner Communications 1976 bereit, die Firma Atari für 28 Millionen Dollar aufzukaufen. Die Übernahme wurde mehrere Monate ausgesetzt, als eine kalifornische Zeitung ein Foto des Atari-Gründers mit seiner Freundin in der Badewanne zeigte.

Bushnells Exfrau strengte einen Prozeß an, in dem sie sein alleiniges Verfügungsrecht über seine Atari-Anteile bestritt. Aber dann schloß sie einen Vergleich, und Warner zahlte 15 Millionen Dollar für Bushnells Hälfte der Anteile. Er blieb auch nach dem Verkauf noch einige Zeit bei der Firma, stieg dann aber aus, und Warner übertrug einem gelernten Manager die Leitung von Atari. 1982 stieg der Umsatz weiter auf zwei Milliarden Dollar, aber jetzt waren die Pionierjahre und der Spaß endgültig vorbei. Die Atari-Mitarbeiter mußten Jeans und T-Shirt zu Hause lassen und sich in Anzügen mit Weste zeigen.

Von Anfang an machte die Konkurrenz der Firma Atari ein unwiderlegliches Kompliment: sie kopierte ihre Produkte im großen Stil. 1973 gab es rund 100 000 Videospiele vom Typ Pong auf dem Markt, aber Atari hatte nur 10 000 davon selbst hergestellt.

Die kurze Lebensdauer der meisten Videospiele bedeutet einen mächtigen Kreativitätsschub zur Entwicklung immer neuer Spiele. Die Spieleentwickler werden so umschwärmt wie Rockstars, aber das Gros ihrer Fans sind 13- bis 14jährige Jungen.

Die Spieleentwickler der Firma Activision bekommen jede Woche 7000 Briefe von ihren Anhängern.

Die meisten der 30 bis 40 Spieleentwickler, die zählen, sind - wie ihre Arbeitgeber - in Silicon Valley zu Hause. Als Bushnell Atari verließ, gingen auch viele der kreativsten Spiele-Programmierer, um ihre eigenen Firmen zu gründen.

Nolan Bushnell begründete mit Atari nicht nur eine Firma, sondern gleich eine ganz neue Branche. So wurden im Jahr 1982 25 neue Videospielfirmen gegründet, aber Atari blieb Marktführer. Videospielgeräte bringen im Durchschnitt 109 Dollar je Woche ein. Die Videospielsalons kassierten 1982 in den USA acht Milliarden Dollar in eingeworfenen 25-Cent-Stücken. Dagegen kamen die Popschallplatten und -bänder nur auf vier Milliarden, die Hollywoodfilme gar nur auf drei Milliarden Dollar Umsatz.

Die 32 Milliarden Münzen verteilen sich auf 143 Spiele für jeden Amerikaner, gleich, ob Mann, Frau oder Kind. Atari hat in einer Marktuntersuchung festgestellt, daß 86 Prozent aller Amerikaner zwischen 13 und 20 Jahre sich schon am Videospielgerät betätigt haben und daß acht Millionen US-Haushalte ein mit dem Fernseher zusammengeschaltetes Videospielgerät besitzen. 1982 wurden in Videospielen für den Hausgebrauch 3,8 Milliarden Dollar Umsatz gemacht, halb soviel wie in den Spielsalons. 1983 stieg der Videospiele-Umsatz auf fünf Milliarden Dollar, hatte nun aber eine abgeflachte Tendenz.

Einer der größten Erfolge von Atari war das Videospiel Pac-Man. Der 26jährige Toru Iwatami hatte es 1980 bei der Namco Ltd. in Tokio entwickelt. Atari besorgte sich 1982 eine Lizenz dieser Firma und brachte Pac-Man als Kassette in den USA heraus. Die Kassette kostete 35 Dollar und konnte auf dem Atari-Heimvideocomputer abgespielt werden.

Das Spiel erhielt seinen Namen von dem japanischen Wort »paku« - das heißt »fressen«. Pac-Man erscheint auf dem Bildschirm als ein Kreis mit einem großen Maul, das Punkte in einem Labyrinth verschlingt, während vier andere Mäuler nach Pac-Man schnappen und ihn verschlingen wollen.

In erster Linie aber verschlingt Pac-Man Münzen. Ein Spiel dauert je nach Geschicklichkeit des Spielers etwa drei Minuten. Es ist ein reines Geschicklichkeitsspiel, und kaum einer der Jugendlichen, die zu 80 Prozent die Videosalons bevölkern, kann sich ihm entziehen. 90 Prozent der jugendlichen Spielsüchtigen sind Jungen, aber Pac-Man fesselte auch viele Mädchen, weil es nicht so sehr auf Gewaltanwendung aufgebaut ist wie »Asteroids« oder »Raster Blaster«.

Die Mädchen fuhren jedoch voll auf das Spiel ab, als eine spezielle Version mit dem Namen »Mrs. Pac-Man« (Frau Pac-Man) herauskam. Später gab es für Mädchen nur noch das Atari-Spiel »Centipede« (Tausendfüßler) von Donna Taylor, einem der wenigen weiblichen Spieleentwickler im Silicon Valley.

Pac-Man und andere Spiele wurden bei den Jugendlichen so beliebt, daß die Eltern sich in einer landesweiten Antivideospiel-Initiative zusammenschlossen. Ihnen mißfiel vor allem, daß die Kinder das Geld, mit dem sie ihr Schulessen bezahlen sollten, in den Spielautomaten verdattelten. Die Folge war, daß mehrere Städte in den USA - und im Ausland, wie in Singapur - ein Verbot für Spielsalons erließen.

Aber trotz der Aufregung über die von den münzenfressenden Spielgeräten ausgehenden Suchtgefahren erkannte man auch an, daß sie Auge und Hand trainieren und das Mißtrauen gegenüber Computern abbauen.

Nolan Bushnell gründete nach einer kurzen Ruhepause ein neues Unternehmen, die Videospiel-Restaurantkette »Pizza Time Theatre«. Er hatte die geschäftliche Chancen eines Unterhaltungszentrums für die ganze Familie gewittert: Wenn Mami und Papi mit den lieben Kleinen eines der Hunderte von Bushnells Etablissements aufsuchen, bestellen sie sich zunächst einmal eine Pizza. In den zwanzig Minuten, in denen diese im Ofen bäckt, gehen die Kinder mit den Gratisspielmarken an die Videoautomaten, während die Eltern sich in einen anderen Raum zurückziehen. Dort unterhält sie, wenn sie mögen, ein klavierspielender Nilpferdroboter, der auch noch Schlager singen kann, bis die Pizza serviert wird.

Nolan Bushnell übt vornehmes Understatement, wenn er verschmitzt zugibt: »Kein Erwachsener, der noch ganz bei Trost ist, geht am Samstagnachmittag in ein Pizza Time Theatre, es sei denn, er wird von seinem achtjährigen Sohn dazu gezwungen.« Bevor die Familie wieder weggeht, klingen um die 20 Dollar in der Kasse, und Nolan Bushnell erwartet ungeduldig seinen nächsten Kontoauszug.

Bushnell besitzt außer der Hälfte der Pizza Time Theatre-Anteile ein Computerferienzentrum für Kinder und ein Charterflugreiseunternehmen. Weiter gehören ihm eine Fabrik für Mikrowellen-Bauelemente, ein Restaurant und die Firma Catalyst Technologies - das ist sein »Brutkasten« für High-Tech-Neugründungen. Eine der von diesem Unternehmen ausgebrüteten Firmen, die Androbot Inc., vertreibt Haushaltsroboter.

Bushnell schätzt, daß er jetzt 70 Millionen Dollar (plus minus eine Million) wert ist. Er ist so produktiv, daß er einen »Neinsager« - statt der üblichen »Jasager« - als Assistenten anheuern mußte. Der soll die »kalte Dusche« andrehen, wenn Bushnell wieder einmal zu viele »heiße Ideen« auf Lager hat.

Innerhalb eines Jahrzehnts stieg Nolan Bushnell mit elektronischer Unterhaltung zum Multimillionär und Multiunternehmer auf. Aber nicht nur das: er hat unser Leben - und vor allem das unserer Kinder - gründlich umgekrempelt.

## *Die Hacker*

Eine Schlüsselfigur der neuen Computerkultur ist der »Hacker«, der Computersüchtige. Tagsüber schläft er und die ganze Nacht hackt er wie in Trance auf seine Computertastatur ein. Er nährt sich von Computermacht-Träumen, Hamburgern und Pommes frites.

Hacker sind Einzelgänger, die eine Partnerschaft lieber mit Maschinen als mit anderen Menschen eingehen, und man findet sie oft in den Computerzentren der Universitäten. An jeder Universität gibt es ein paar hundert Hacker unter Tausenden von Studenten. Sie verdienen Aufmerksamkeit nicht durch ihre Zahl, sondern weil sie die Exponenten einer neuen Subkultur sind, die sich immer mehr ausbreitet und immer mehr Einfluß gewinnt.

Neue Hackergenerationen werden unter den Millionen Kindern herangezüchtet, die zu Hause, in den Schulen und in den Videosalons spielend den Umgang mit Mikrocomputern und Videospielgeräten erlernen. Sie bilden laut Jim Levy »eine Priesterschaft unter ihren Altersgenossen«.

In wenigen Jahren werden die computerkundigen Jugendlichen die Universitäten beziehen, und die intelligenteren, aber sozial anpassungsunfähigen unter ihnen werden zu Hackern.

Joseph Weizenbaum, ein berühmter Wissenschaftler von der Prestigehochschule MIT, charakterisiert die Hacker als »brillante junge Leute von ungepflegtem Äußeren, oft mit tiefliegenden glühenden Augen«. Neben ihrem Computerterminal finden sich Berge von ausgedruckten Bogen, Plastik-Cola-Container, Styropor-Kaffeebecher und halb abgegessene Pappteller.

Ein Hacker, Student der Stanford University, beschreibt sein Leben so: »Als erstes geht alles am Studium über Bord, was nichts mit Computern zu tun hat. Als nächstes der geregelte Lebenslauf. Die Eß- und Schlafgewohnheiten werden der Sucht angepaßt. Man findet überhaupt nichts dabei, nur einmal am Tag etwas aus dem Schnellrestaurant zu essen und täglich von vier Uhr früh bis mittags zu schlafen. Dann vernachlässigt man den Umgang mit Menschen.«

Die heutigen Hacker werden viele ihrer Gewohnheiten beibehalten, wenn sie später in ihrem Beruf Programme, neue Computersprachen und Informationssysteme entwickeln. Eine Zivilisation, die auf dem Weg in die totale Informationsghesellschaft ist, wird sich damit abfinden müssen, daß – zumindest – der einzelgängerische Lebensstil der Hacker langsam auf alle abfärbt.

Eines der bekanntesten Zentren der Hacker-Subkultur ist das Low-Overhead-Time-Sharing(LOTS)-Computersystem an der Stanford University. Es ermöglicht die kostengünstige (Low Overhead) gleichzeitige (Time Sharing) Benutzung ein und desselben Computers durch mehrere Teilnehmer. Der teure Rechner wird dadurch besser genutzt, daß man seine schnell ablaufenden Logikoperationen während der relativ lange dauernden Eingabe- und Ausgabephasen an einem Terminal anderen Teilnehmern überläßt.

Die Stanford-Hacker tummeln sich zwischen zwei Uhr nachts und zehn Uhr vormittags im LOTS, weil dann der Computer gratis benutzt werden kann. 4000 der 13 000 Stanford-Studenten sind LOTS-Benutzer, sei es im Rahmen eines Informatikseminars, zur Anfertigung einer Klassenarbeit oder auch nur, um Videospiele zu spielen. Einige von ihnen werden für immer computersüchtig.

Ein wohl typischer Hacker ist Mark Crispin, inzwischen Angestellter des Stanford-Computerzentrums. Wie wurde er süchtig? »Ich war einer der aufgeweckten Schüler, die trotzdem mit dem Schulsystem nicht zurechtkamen und es haßten. Ich war aufsässig gegen die Lehrer und vertrug mich auch nicht mit den Klassenkameraden, so daß ich andauernd herumkommandiert und beschimpft wurde.« Aber dann trat der erste Computer in Mark Crispins Leben: »Der Computer war anständig und freundlich zu mir und beschimpfte mich nicht. Alle Menschen haben doch das Bedürfnis nach Anerkennung, und wenn die Gesellschaft sie ihnen verweigert, holt man sie sich eben anderswo. Jedenfalls ist der Computer harmloser als Drogen.«

In den Datenbanken des Stanford-LOTS-Systems hat sich die Hacker-Subkultur bereits elektronisch verewigt. Wählt man einen bestimmten Datenspeicher an, so liefert er zweideutige oder gar pornographische Prosa und Graphik – beispielsweise eine Darstellung des Liebesaktes aus einem beweglichen Pfeil und dem Buchstaben »o« mit phantasievoller Lautuntermalung.

Das Programm HELP (Hilfe) gibt an, wie man zu den Ruheräumen im LOTS-Gebäude kommt und druckt außerdem eine Liste der Pizzalokale in Palo Alto aus. SPY (Spion) heißt ein Programm, mit dem man Hackerkollegen unter ihrem Computerpseudonym erreicht und einen Blick auf die von ihnen benutzten Programme werfen kann.

Eine unerschöpfliche Fundgrube der Zeugnisse der Hacker-Subkultur sind die unter dem Titel »The Hacker Papers« in einem LOTS-Datenspeicher gesammelten Hackerbekenntnisse. Die ersten verfaßte 1980 Ernest W. Adams (Computername E. ERNEST), ein damals 17jähriger, ziemlich unglücklicher Studienanfänger aus Kentucky.

»Ich war voll auf LOTS fixiert, weil es mir half, alle meine Sorgen zu vergessen«, sagt Adams heute. Und dann erst das Programmieren: »Man kommt sich dabei ein bißchen wie der liebe Gott vor.« Aber nach einigen Stanford-Semestern machte Adams sich doch Gedanken über sein Hackerdasein. In den Informatikseminaren schnitt er immer mit »ausgezeichnet« ab, aber in der Differential- und Integralrechnung versagte er, weil er sich nur am LOTS betätigt hatte. Er fragte sich damals, wie weit er noch Mensch und wie weit er selbst zum Computer geworden war.

Den Grundstein zu den »Hacker Papers« legte Adams mit dieser Definition des Hackers: »Ein Computersüchtiger, ein Mensch, der den Umgang mit Computern so sehr liebt, daß er alles aufgibt, was andere Menschen für wichtig halten.«

Hier sind zwei Auszüge aus den »Hacker Papers«, beide mit dem Computernamen ihres jeweiligen Verfassers gezeichnet:

»Ich galt schon immer als Sonderling. Ich habe immer lange Haare gehabt, weil sie mir so am besten gefallen, und ich ziehe mich am liebsten ein bißchen nachlässig an. Die Arbeit am Computer ist das einzig Sinnvolle, was ich seit langem mache. Das Problem hier bei LOTS ist, daß die Leute anerkannt sind, die gut hakken, aber nicht so gut mit anderen Menschen umgehen können.«

20. September 1979, M. MCLURE

»Ich finde es gut, was jemand im Frauenbad hier im LOTS-Gebäude über das Hacken an die Wand gekritzelt hat: ›Die Computer sind an sich überhaupt nichts wert. Sie sind ein Baukasten, aus dem man sich eine eigene Welt bauen kann. Das macht sie so mächtig, so schön, so gefährlich und die Menschen zu Spinnern, zu Wesen, die ihr eigenes Abbild auf dem Bildschirm fasziniert.‹«

19. November 1981, Y. YDU

Die Computerfirmen in Silicon Valley stellen gern Hacker ein, weil sie keine großen Ansprüche stellen: flexible Arbeitszeit, Kleidung nach Belieben, keine Routinearbeiten. Professor Ralph Gorin, Direktor des LOTS, findet auch, daß man nur Geduld mit ihnen haben muß: »Heute sind sie noch Hacker am LOTS«, sagt er, »aber morgen gehen sie zu Apple, Xerox und Hewlett-Packard. Und sie werden ein Schweinegeld verdienen.« Und vielleicht werden sie auch wieder ganz normale Menschen.

Bleiben noch diejenigen Hacker, die kriminell werden, indem sie fremde Großcomputer mit Störprogrammen lahmlegen. Sie spazieren in fremden Datenbanken herum, vernichten unersetzliche Wissensbestände und machen ganze Computernetze unbrauchbar - nur um ihresgleichen zu imponieren.

## *Versäumnisse*

Viele Kritiker meinen, daß die Technik, mit der Silicon Valley uns beglückt, die natürliche Funktionsfähigkeit der Gesellschaft beeinträchtigt: Es wird versucht, soziale Probleme mit Spitzentechnik zu lösen. Ein Beispiel dafür sind die computergesteuerten Tomographen in einigen Krankenhäusern, die pro Stück rund eine Million Dollar kosten. Sie sind zwar dem einzelnen Patienten durchaus nützlich, treiben aber die Kosten im Gesundheitswesen explosionsartig in die Höhe. Es verschlingt gegenwärtig acht Prozent des Bruttosozialprodukts.

Sinnvollere und dabei kostengünstigere Lösungen für die Gesundheitsprobleme werden dagegen grob vernachlässigt. Vernünftigere Ernährung, der Verzicht auf das Rauchen und körperliche Betätigung würden sich direkt in besserer Gesundheit der Bevölkerung niederschlagen. Statt dessen stürzen Ärzte und Kliniken sich auf die neuesten und teuersten medizinisch-elektronischen Geräte. Dabei sind das vornehmlich Statussymbole, die den Herstellerfirmen in Silicon Valley fette Gewinne bringen. Die ungezügelte Jagd der Spitzentechnikindustrie nach dem wirtschaftlichen Erfolg kann also die Gesellschaft insgesamt durchaus schädigen.

Eine Parallele dazu findet sich im Erziehungswesen. Einige Schulen waren in den letzten Jahren versessen auf Mikrocomputer, weil viele Eltern meinen, ihre Kinder seien benachteiligt, wenn in der Schule nicht mindestens ein Mikrocomputer steht. Aber bis heute hat niemand das pädagogische Potential des Computers richtig eingesetzt. Die meisten Schulcomputer werden nur als eine Art elektronischer Vorbeter benutzt, wenn es etwas auswendig zu lernen gibt. Was die Schulen brauchen, sind Programme, die das Lernen mit dem Computer so fesselnd wie die Videospiele machen. Bis heute sind Mikrocomputer in der Schule noch der klassische Fall einer technischen Lösung, die ihr Problem finden muß - oder gar, wie Dorothy Nelkin feststellt, eine »technische Droge«.

Der unerwünschte Einfluß der Spitzentechnik auf die Gesellschaft ist in diesem Zusammenhang nur eine Sorge. Eine andere ist ihre enge Verbindung zur Rüstungswirtschaft. Rüstungsgüter gehören zu den größten Umsatzposten von Silicon Valley. Von den Aufträgen des Verteidigungsministeriums für 1982 über insgesamt 104 Milliarden Dollar landeten 3,88 Milliarden Dollar - das sind 3,7 Prozent - in Silicon Valley.

Aber nicht alle Rüstungsdollars fließen in die Kassen der großen Konzerne. Nach den Unterlagen des US-Verteidigungsministeriums erhielt die Stanford University 1982 militärische Forschungsaufträge über insgesamt 23 Millionen Dollar. Damit war diese Hochschule der vierzehntgrößte Rüstungsbetrieb der Nation.

Auch in Silicon Valley wird niemand bestreiten, daß es der Menschheit bedeutend besser erginge, wenn Geldmittel in der Größenordnung der Rüstungsmilliarden statt dessen für die friedliche Lösung der politischen Konflikte aufgewandt würden.

## *High-Tech-Unternehmertechniker als Politiker*

Techniker sind Macher. Die resignierende Feststellung »nichts zu machen« hat in ihrer Formelsammlung keinen Platz. Sie leben in dem Bewußtsein, daß man den Zustand der Welt verbessern kann - nicht nur durch ihre Technik, sondern auch mit ihrer Denkweise. Techniker haben ein gesundes Vertrauen zu ihrer Fähigkeit, praktische Probleme mit naturwissenschaftlichen Denkansätzen zu lösen.

Dieses Bewußtsein, etwas bewirken zu können, ist auch einer der wichtigsten Aktivposten des High-Tech-Unternehmers. Ist der Unternehmer selbst Techniker, wird er sich bei zunehmendem Wachstum seiner Firma immer weniger mit der Technik und immer mehr mit dem Management beschäftigen. Obwohl er keine wirtschaftswissenschaftliche Spezialausbildung besitzt, gehören Organigramme, Finanzpläne und Bilanzen bald zum täglichen Handwerkszeug des Manager-Technikers.

Diese Techniker, Manager und Unternehmer in einer Person, die auf den Feldern der Technik und der Wirtschaft so erfolgreich waren, finden in ihren mittleren Jahren auch die Anerkennung der Öffentlichkeit. So ist es nicht verwunderlich, daß einige von ihnen sich auch in der Politik bewähren möchten. Die Voraussetzungen dafür sind vorhanden: Geld, Verbindungen und Motivation. Es gibt bereits mehrere Senatoren und Abgeordnete im US-Kongreß, die auch als High-Tech-Unternehmer erfolgreich waren. Der amerikanischen Tradition folgend, haben diese Silicon-Valley-Bosse sich zuerst die finanzielle Grundlage geschaffen, auf der sie sich am Rennen um die politische Macht beteiligen konnten.

Ein typischer Vertreter dieser neuen Generation von High-Tech-Unternehmerpolitikern ist Ed Zschau, 43, Kongreßabgeordneter des 12. Wahlbezirks von Kalifornien, zu dem Silicon Valley gehört. Als Zschau noch Chef von System Industries, einer Fabrik für Magnetplattenspeicher, war, ärgerte er sich über den Mangel an Risikokapital für kleinere Unternehmen. Also übernahm er die Leitung einer Kampagne des Elektronikindustrieverbandes, die 1978 bewirkte, daß die Steuer auf Kapitalerträge von 50 auf 28 Prozent gesenkt wird.

Diese Steuersenkung trug entscheidend dazu bei, daß der in den USA fast versiegte Wagniskapitalstrom wieder zu fließen begann und natürlich auch, daß Zschau 1982 als Abgeordneter der Republikaner ins Repräsentantenhaus gewählt wurde. Zschau konnte bei seinen Anhängern in Silicon Valley 600 000 Dollar an Wahlkampfspenden einsammeln. Für den Gegenkandidaten fielen nur 15 000 Dollar ab.

Zschau weist den Vorwurf, er habe seine Wahl »erkauft«, entschieden zurück: »Wenn ein Kandidat kein Geld locker machen kann, heißt das doch nur, daß es nicht genug Leute gibt, die ihn im Amt sehen möchten.«

Am Morgen nach seinem Wahlsieg, am 3. November 1982, erklärte Zschau vor Hunderten von Silicon-Valley-Managern auf der »Innovation 2«-Konferenz in Palo Alto: »Die Regierung muß die Innovation in der Weise fördern, daß die Freiheit, Erfolg zu haben oder zu scheitern, erhalten bleibt. Washington muß dazu den Anreiz geben, zum Beispiel durch eine bessere Steuergesetzgebung.«

Sehen wir uns einmal an, was für eine Art von Bundespolitiker so ein High-Tech-Mann wohl abgeben wird. Aller Wahrscheinlichkeit nach ist er ein konservativer Republikaner, der entschieden für die Marktwirtschaft eintritt und eine Regierung unterstützt, die möglichst wenig regiert. Die meisten Silicon-Valley-Bosse läßt die Frage der sozialen Gerechtigkeit kalt. Für den Einzelunternehmer sind die Armen und Schwachen nur arm und schwach, weil mit ihnen nichts los ist. Es liegt an ihnen selbst, daß sie benachteiligt sind, nicht an der ungerechten Struktur der Gesellschaft. Der Unternehmertechniker glaubt, daß jeder eine Chance zum sozialen Aufstieg hat, daß der freie Wettbewerb gerecht ist und daß man soziale Probleme mit Hilfe der Technik lösen kann. Er besitzt relativ wenig Allgemeinbildung, er hält nichts von liberalen Auffassungen und hat sich der Ideologie des harten Kerns der konservativen Republikaner mit Haut und Haaren verschrieben.

Amerika ist auf dem Weg in die totale Informationsgesellschaft, und da verwundert es nicht, daß der uneingeschränkte Wettbewerb, die Technikgläubigkeit und der Konservativismus auch in der Werteskala der Öffentlichkeit nach oben rücken. Das von dem High-Tech-Unternehmer geprägte Silicon-Valley-Milieu wird sich also überallhin ausbreiten, und überall werden seine Wertvorstellungen anerkannt werden. Die Trends, die sich bereits in Silicon Valley herauskristallisiert haben, werden bald auch in den anderen »Silicon Valleys« auf amerikanischem Boden sichtbar werden. Dieser Vorgang wird zehn, fünfzehn oder zwanzig Jahre dauern und den High-Tech-Industriegebieten und vor allem den hier maßgeblichen »Entrepreneurs« wachsende wirtschaftliche und politische Macht bescheren.

Auch auf seiten der oppositionellen Demokratischen Partei haben sich Silicon-Valley-freundliche Politiker und Intellektuelle zusammengefunden, die von der Bedeutung der Spitzentechnik, des Unternehmergeistes und der Innovation für die Gesundung der amerikanischen Wirtschaft überzeugt sind. Diese sogenannten »Atari-Demokraten« sind aber noch ein kleines Häuflein innerhalb ihrer Partei, die traditionell für die Arbeitnehmer, die Minderheiten und die arme Großstadtbevölkerung eintritt. Sie wollen mit der Spitzentechnik nicht nur die Wirtschaft ankurbeln, sondern auch die Arbeitslosigkeit eindämmen, die japanische Konkurrenz zurückdrängen und die Sowjets in Schach halten.

Der harte Kern dieser High-Tech-Befürworter in der Demokratischen Partei sind rund drei Dutzend junge, hochgebildete und pragmatisch eingestellte Parlamentarier in Washington. Zu ihnen gehören die Senatoren Gary Hart, Bill Bradley und Paul Tsongas sowie der Kongreßabgeordnete Tim Wirth.

Weitere führende Köpfe der »Atari-Demokraten« sind Lester Thurow, ein 44jähriger MIT-Professor, Autor des Buches »The Zero-Sum Sociery« [»Die Nullsummengesellschaft«], Charles Peters, der Herausgeber des Monatsblattes »The Washington Monthly« und sein erst 30jähriger Protegé Michael Kinsky, Chefredakteur von »Harper's Magazine«. Der Finanzier Felix Rohatyn, der 1976 half, die Millionenstadt New York vor dem Bankrott zu bewahren, fungiert als Schatzmeister »Atari-Demokraten«.

Diese Neoliberalen bekennen sich zu einem »Jugendarbeitsdienst«, der negativen Einkommenssteuer und einer zentralgelenkten Wirtschaft, aber ganz oben auf der Liste steht die High-Tech-Reindustrialisierung. Nach ihrer Meinung muß jede Regierung berücksichtigen, daß die klassischen Industrien ihre beste Zeit hinter sich haben und langsam aussterben und daß die Zukunftsindustrien, wie eben die Mikroelektronik, vom Staat gefördert werden müssen.

Die Atari-Demokraten fordern mehr staatliche Gelder für Forschung und Entwicklung, Steuervorteile für forschende Privatfirmen, Förderung der Grundlagenforschung und mehr Umschulungsmaßnahmen für Arbeitslose. Sie wollen einen »Rat für wirtschaftliche Zusammenarbeit« nach dem Muster des japanischen MITI in Washington einsetzen und den mathematisch-naturwissenschaftlichen Unterricht an den Schulen fördern.

Auch wenn die Atari-Demokraten eines Tages die Macht übernehmen sollten, könnten sie die Wirtschaft nicht sofort auf Hochtouren bringen, denn das ist eine Riesenarbeit. Immerhin gibt es neun Millionen Arbeitslose in den USA, das sind acht Prozent aller Arbeitnehmer. In der amerikanischen Spitzentechnikindustrie betrug die Arbeitslosenquote zwar nur fünf Prozent, aber ganz Silicon Valley verfügt nur über eine halbe Million High-Tech-Jobs, und sogar hier waren die Auswirkungen der Flaute von 1982 zu spüren.

Die Spitzentechnikförderung ist zweifellos ein Schritt auf dem richtigen Weg, aber kaum zur raschen und vollständigen Lösung der grundsätzlichen Wirtschaftsprobleme Amerikas geeignet.

Immerhin haben die Atari-Demokraten den Wechsel Amerikas von der Industrie- zur Informationsgesellschaft erfaßt, und vielleicht spült diese Welle sie eines Tages an die Macht. Aber vorläufig sind sie nur eine Partei in der Partei, sie deckt sich zuwenig mit der bisher verfolgten Parteilinie der Demokraten. Mag sein, daß die High-Tech-Bewegung, wenn sie in den eigenen Reihen nicht stärker Gehör findet, sich eines Tages von der Demokratischen Partei abspaltet und mit den »Atari-Republikanern« um Ed Zschau eine dritte US-Partei, die High-Tech-Partei, bildet.

Sogar Präsident Ronald Reagan ließ bereits Zeichen einer »Atarisierung« erkennen. Seine Botschaft zur Lage der Nation für das Jahr 1983 erkannte die Bedeutung der Spitzentechnik für Amerikas Zukunft an. Eine Woche darauf, im Januar 1983, besuchte Reagan das Industriegebiet »Route 128« bei Boston und versprach den Managern, er wolle sich als »Apostel ihrer Erfolgsstory« zur Verfügung stellen. Vor dem Spitzentechnik-Rat von Massachusetts räumte der Präsident ein, daß die US-Bundesregierung mehr für die Gesundung der Wirtschaft tun müsse. Erstaunlich: Sogar der Präsident der Vereinigten Staaten betätigt sich jetzt als Lobbyist der »Silicon Valleys«.

Silicon Valley steht für einen Superkapitalismus eigener Prägung. Die Säulen, auf denen dieses System ruht, sind ständige technische Innovation, Unternehmerfieber und harter wirtschaftlicher Wettbewerb. An dem großen Silicon-Valley-Spiel beteiligen sich Tausende von Technik-Kapitalisten mit ihren Strategien und Taktiken der Übernahme, Neugründung und Firmenabspaltung, mit ihren Erfolgen und Mißerfolgen. Regierung und Verwaltung nehmen fast keinen Einfluß darauf. Die ungebremsten Kräfte der freien Marktwirtschaft entscheiden in letzter Instanz über das Schicksal der Unternehmen und der handelnden Personen. Silicon Valley ist entfesselter High-Tech-Kapitalismus – es gibt nichts dergleichen in der ganzen übrigen Welt.

Verständlich, daß die Silicon-Valley-Häuptlinge auf das von ihnen geschaffene System stolz sind. Es war gut zu ihnen – schließlich hat es sie steinreich gemacht. Die Mikroelektronikindustrie war auch gut zu den Leuten in der Gegend und hat getan, was sie wollten – sie hat neue Arbeitsplätze geschaffen. Als Eckpfeiler der heraufziehenden Informationsgesellschaft war die Mikroelektronik auch gut zur Nation – sie lieferte den Silberstreif an dem ansonsten düsteren Horizont einer untergehenden, umweltschädlichen Industrie mit einem Proletariat aus unterqualifizierten Arbeitern.

Doch was bringt die Zukunft? Geht die Erfolgsstory immer weiter? Die Zahl der Arbeitsplätze und Werkanlagen kann kaum noch wachsen, weil die räumlichen und materiellen Grenzen in Silicon Valley erreicht sind. Aber noch gibt es keine Anzeichen dafür, daß das Innovationsfieber nachläßt. Hier im Santa-Clara-Bezirk sind immer noch mehr technischer Sachverstand und mehr Unternehmergeist anzutreffen als an jedem anderen Ort der Welt.

Einige Beobachter finden, daß die Halbleiterindustrie von Silicon Valley gerade eine »zweite Jugend« erlebt. In der Tat: Seit den wilden Jahren vor 1970, in denen die Elektronikgiganten wie Intel und National Semiconductor entstanden, hat es nicht so ein Gründungsfieber gegeben wie heute. Die Zeichen für High-Tech stehen auf Boom. Zwar wird die Zahl der in der Halbleiterproduktion Beschäftigten bis Mitte unseres Jahrzehnts nur leicht zunehmen und dann absacken. Der Anwendungsbereich für Halbleiter in neuen Geräten wird jedoch immer größer. Die Risikofinanziers stellen den Neugründungen wieder so viel Kapital zur Verfügung, daß Jane Morris von der Fachzeitschrift »Venture Capital« sich nur wundern kann: »Phantastisch, wieviel Geld da unten unterwegs ist.«

Doch neben dem privaten Reichtum, den Gemeindesteuern und den guten Lebensbedingungen bringt die Mikroelektronik auch künftig die alten Probleme: Umweltverschmutzung, Wohnraummangel, Verkehrsengpässe und Kriminalität. Nicht zuletzt deshalb expandiert die Halbleiterindustrie außerhalb des Santa-Clara-Bezirks.

Aber die Mikroelektronik verabschiedet sich *nicht* aus Silicon Valley. Selbst mit der Errichtung neuer Werke außerhalb des »Tals« schafft sie hier neue Arbeitsplätze. Silicon Valley ist immer noch das Zentrum, in dem High-Tech-Unternehmer und High-Tech-Ingenieure unter ihresgleichen sein können. Wer in diese Branche einsteigen will, braucht Tuchfühlung mit denen, die den Stein ins Rollen bringen können: Das zwischenmenschliche Informationsnetzwerk der Branche befindet sich hier.

Silicon Valley verkörpert mehr denn je die neue Informationsgesellschaft, und dies zeigt sich besonders an den heutigen Neugründungen. Vor 20 Jahren entstand Silicon Valley mit den Firmen, die – wenn auch noch so kleine – Gegenstände, die winzigen Halbleiterchips, herstellten. Heute produzieren die meisten neuen Firmen Information, vornehmlich Computer-Software. Gewiß wird sie auf einem materiellen Substrat – etwa einer Diskette - geliefert, aber meistens ist der Informationsgehalt weitaus wichtiger - und teurer - als der Träger.

In diesem Buch haben wir der Apple-Erfolgsstory breiten Raum gegeben, und deshalb soll Apple auch als ein Beispiel für den gegenwäritgen Wandel der Arbeitswelt dienen. Als die Apple Computer Inc. 1983 ihren Computer »Lisa« herausbrachte, wurde dieses Gerät als ein »Werkzeug für das Informationszeitalter« vorgestellt. Steve Jobs argumentierte so: Während früher die Fabrikarbeiter mit Hämmern, Zangen, Schraubenschlüsseln und Drehbänken Güter produzierten, arbeitet der heutige »Informationsarbeiter« mit den elektronischen Werkzeugen Terminal und Vervielfältigungsgerät.

Die Apple Computer Inc. stellt eigentlich gar keine Güter mehr her. Apple fabriziert keine Halbleiterchips, Computerplatinen oder Diskettenlaufwerke. Apple kauft Einzelteile bei anderen Herstellern und baut sie zusammen. Apple besitzt jedoch einen gewaltigen Aktivposten: Informationen darüber, wie man einen Computer baut. Apple, dieser Prototyp eines Konzerns der Informationsgesellschaft, verfügt exklusiv über die Informationen, die alle diese Einzelteile funktionsfähig machen.

Die Hersteller der Videospielgeräte sind weitere Beispiele für Konzerne des Informationszeitalters. Imagic, Activision und Atari sind kreativ, indem sie neue Spielgeräte entwickeln. Aber mit materiellen Gegenständen haben sie nur zu tun, indem sie die von anderen Firmen gelieferten Halbleiterchips programmieren.

Im Mittelalter suchten unsere Vorfahren verbissen nach dem Stein der Weisen, mit dem man unedle Metalle angeblich in Gold verwandeln konnte. Da dieser Traum nicht zu verwirklichen war, geriet er allmählich in Vergessenheit.

Doch heute, gegen Ende des 20. Jahrhunderts, gibt es doch so etwas wie den Stein der Weisen. In Silicon Valley gelingt es immer wieder, Werte aus dem Nichts zu erschaffen. Information und Innovation verbinden sich zu Wirtschaftskraft. In Silicon Valley werden heute mehr Reichtümer geschaffen als in den wildesten Goldgräberzeiten Kaliforniens. Die Information ist das Gold von Silicon Valley.

Das High-Tech-System bockt manchmal wie ein alter Gaul, aber es funktioniert. Wenn wir es pfleglich behandeln, wird es sich weiterentwickeln und uns alle reicher machen. Ein System, das mit Informationen betrieben wird, kann sich nie erschöpfen.

# *Bemerkungen*

Eines Sonntagmorgens, es war vor zwei Jahren, startete ein halbbesetztes Flugzeug von San Francisco nach Pittsburgh. Wir, die Autoren, hatten uns schon früher kennengelernt und saßen nun zufällig beide in dieser Maschine. Natürlich kreiste unsere Unterhaltung sofort um das Thema unserer Tage – Silicon Valley. Wir sprachen vor allem über unsere Eindrücke von dem High-Tech-Leben, das sich um uns herum in Kalifornien ausbreitete. Als unsere Maschine zur Landung ansetzte, hatten wir den Entwurf zu diesem Buch fertig. Es ist also das Ergebnis von Überlegungen, Gesprächen und Nachforschungen, an deren Anfang ein gewöhnlicher Linienflug stand.

Zeitungen können reiches Quellenmaterial für Sozialwissenschaftler liefern. Besonders wertvoll in dieser Hinsicht war für uns die »San José Mercury News«, außerdem die »Peninsula Times-Tribune«, der »San Francisco Chronicle« und das »Palo Alto Weekly«. Viele Artikel in diesen und anderen Zeitungen machten uns auf neue Entwicklungen in der sich rasch wandelnden Silicon-Valley-Szene aufmerksam. Diese und andere Anregungen veranlaßten uns – meistens mit dem Tonbandgerät –, die beteiligten Hauptpersonen selbst zu befragen, darunter den inzwischen verstorbenen Frederick E. Terman sowie William Hewlett, Robert N. Noyce, Jerry Sanders, Lester Hogan, Marcian E. Hoff jr. und rund hundert andere.

Die Unternehmer von Silicon Valley verfügen über ein gesundes Selbstbewußtsein, und das hat sie vielleicht veranlaßt, so offen mit uns über ihre Erfahrungen zu sprechen. Wir fanden sie außergewöhnlich entgegenkommend und hilfsbereit.

Unser besonderer Dank gilt dem Ingenieur, Unternehmer und scharfsichtigen Beobachter von Silicon Valley, Nick Larsen, der unzählige Berichte über weniger bekannte Ereignisse lieferte. Howard Bogert, ein Veteran der Halbleiterindustrie von Silicon Valley, war uns ein wertvoller Freund. Wir danken auch aufrichtig Jeff Davis, einem Ingenieurstudenten an der Stanford University, der uns half, viel Wissen über den typischen Einzelunternehmer zusammenzutragen, und Robert Byers, dem Direktor für Nachrichten und Veröffentlichungen der Stanford University, der uns seine Unterlagen und sein Wissen über Silicon Valley zur Verfügung stellte. Die Mitarbeiter des Universitätsarchivs in der Stanford-Universitätsbibliothek verdienen ebenfalls lobende

Erwähnung für ihre Hilfsbereitschaft. Martin Kessler, unser Verleger, ließ es an Ermutigungen nicht fehlen, und schließlich war Julia Bennett uns dabei behilflich, unsere Ideen in Worte zu fassen.

Die vielleicht tiefste Dankbarkeit empfinden wir für die vielen hundert Beschäftigten in Silicon Valley, mit denen wir sprechen konnten und die uns ihre Erfahrungen und Beobachtungen mitteilten. Sie opferten dafür einen beträchtlichen Teil ihrer Freizeit und trugen viel zu unserem Verständnis des Lebens in Silicon Valley bei.

So wie einige Leute in Silicon Valley als Jogging-Langweiler oder Computer-Langweiler bekannt sind, haben wir uns in den letzten paar Jahren als Silicon-Valley-Langweiler gegenüber unseren Angehörigen und Freunden aufgeführt. Wir bitten um Entschuldigung für dieses völlige Aufgehen in unserem Thema. Doch können wir nicht versprechen, daß unser Interesse an der High-Tech-Zivilisation jemals nachläßt. Denn sie ist die Zukunft.

*Everett M. Rogers*
Stanford, Kalifornien

*Judith K. Larsen*
Los Altos, Kalifornien

# *Quellennachweis* (Auswahl)

*Bücher:*

Beida, Kenneth: »The Zaibatsu and the Keiretsu« in: Readings on Modern Japan: Culture, Politics and Economics, eds. D. Okimoto und Thomas P. Rohlen, New York 1979
Berman, Paul J. und Oettinger, Anthony G.: The Medium and the Telephone: The Politics of Information Resources, Cambridge 1975
Bernstein, Alan, u.a.: Silicon Valley: Paradise or Paradox?, Mountain View 1977
Bloom, Steve: Video Invaders, New York 1982
Botkin, James W.: Global Stakes: The Future of High Technology in America, Cambridge, Mass. 1982
Braun, Ernest und MacDonald, Stuart: Revolution in Miniature: The History and Impact of Semiconductor Electronics, New York 1978
Bylinsky, Gene: »Here Comes the Second Computer Revolution« in: The Mikroelectronics Revolution, ed. Tom Forester, Cambridge 1981
Davis-Fishman, Katherine: The Computer Establishment, New York 1981
Dorfman, Nancy S.: Massachusetts High Technology Boom in Perspective ..., Cambridge 1982
Dowling, Colette: The Techno/Peasant Survival Manual, New York 1980
Goldman Leventman, Paula: Professionals out of Work, New York 1981
Hanson, Dirk: The New Alchemists: Silicon Valley and the Microelectronics Revolution, Boston 1982
Hardin, Garrett und Baden, John: Managing the Commons, San Francisco 1977
Hodges, Luther H.: Businessman in the Statehouse, Chapel Hill 1982
Johnson, Chalmers: MITI and the Japanese Miracle, Palo Alto 1982
Nelkin, Dorothy: Methadone Maintenance: A Technological Fix, New York 1973
Nelson, Theodor H.: Computer Lib, Chicago 1974
Ohmae, Kanichi: The Mind of the Strategist: The Art of Japanese Business, New York 1982
Oldham, William G.: »The Fabrication of Electronic Circuits« in: The Microelectronic Revolution, ed. Tom Forester, Cambridge 1981
Osborne, Adam: Running Wild: The Next Industrial Revolution, Berkeley 1979; dt. u.d. Titel: Treibjagd. Im Strudel der Mikroelektronik, 1980
Ouchi, William: Theory Z: How American Business Can Meet the Japanese Challenge, Reading, Mass. 1981
Papert, Seymour: Mindstorms: Children, Computers, and Powerful Ideas, New York 1980; dt. u.d. Titel: Mindstorms. Kinder, Computer und neues Lernen, 1982

Rand, Christopher: Cambridge, U.S.A.: Hub of a New World, New York 1964
Rozenzweig, Robert M.: The Research Universities and Their Patrons, Berkeley 1982
Saxanian, Annalee: Silicon Chips and Spatial Structure: The Industrial Basis of Urbanization in Santa Clara County, California, Berkeley 1981
Toffler, Alvin: The Third Wave, New York 1980; dt. u.d. Titel: Die Zukunftschance [auch: Die dritte Welle], München 1980
Useem, Elizabeth: Education and High Technology Industry: The Case of Silicon Valley, Boston 1981
Useem, Elizabeth: Education in a High-Technology World: The Case of Route 128, Boston 1982
Weizenbaum, Joseph: Computer Power and Human Reason: From Judgement to Calculation, San Francisco 1976; dt. u.d. Titel: Die Macht der Computer und die Ohnmacht der Vernunft, Frankfurt 1979
Whyte jr., William H.: The Organization Man, New York 1956

*Zeitschriften, Zeitungen, Skripte:*

Bungei Shunju
Business Week
Byte
California
California Business
California Today
Christian Science Monitor
Computerworld
Creative Computing
Dun's Review
Electronic News
Esquire
Fletcher Forum
Forbes
Fortune
Geo
Global Electronic Information Newsletter
Harvard Business Review
Inc.
InfoWorld
Journal of Engineering Education
Life
Newsweek
New West
New York Times
New York Times Magazine
Pacific Research
Palo Alto Weekly
Peninsula Times Tribune
Personal Computing
Popular Electronics
Psychology Today
Research Management
Rosen Electronics Letter
San Francisco Chronicle
San Francisco Examiner
San Francisco Examiner-Chronicle
San Jose Mercury News
San Jose News
Science
South Atlantic Quarterly
Sunnyvale Journal
Schille, Peter: Tal der Talente, Geo, Hamburg 1981
Technovation
Telecommunications Policy
The Futurist
The Times (London)
Time Magazine
USA Today
Venture
Venture Capital Journal

# Register

# *Kritik der Wissenschaft im Diogenes Verlag*

● **Das Günther Anders Lesebuch**
Herausgegeben von Bernhard Lassahn
detebe 21232

● **Friedrich Dürrenmatt**
*Die Physiker*
Komödie. detebe 20837

*Philosophie und Naturwissenschaft*
Essays und Reden. detebe 20858

● **Albert Einstein & Sigmund Freud**
*Warum Krieg?*
Ein Briefwechsel. detebe 20028

● **Konrad Farner**
*Theologie des Kommunismus?*
detebe 21275

● **Gustave Flaubert**
*Bouvard und Pécuchet*
Roman. Aus dem Französischen von Erich Marx. detebe 20725

● **E.W. Heine**
*New York liegt im Neandertal*
Bauten als Schicksal. Leinen

● **Ludwig Marcuse**
*Das Märchen von der Sicherheit*
Herausgegeben und eingeleitet von Harold von Hofe. detebe 20303

● **Ian McEwan**
*Oder müssen wir sterben?*
Ein Oratorium. Aus dem Englischen von Christian Enzensberger. detebe 21212

● **Hanspeter Padrutt**
*Der epochale Winter*
Zeitgemäße Betrachtungen. Leinen

● **Walter E. Richartz**
*Reiters Westliche Wissenschaft*
Roman. detebe 20574

*Vorwärts ins Paradies*
Aufsätze. detebe 20696

● **Everett M. Rogers & Judith K. Larsen**
*Silicon Valley Fieber*
An der Schwelle zur High-Tech-Zivilisation
Aus dem Amerikanischen von H. Boysen
detebe 21463

● **Arthur Schopenhauer**
*Über den Willen in der Natur*
Kleinere Schriften I. detebe 20425

● **Alexander Sinowjew**
*Kommunismus als Realität*
Aus dem Russischen von Katharina Häußler
detebe 20963

● **Tomi Ungerer**
*Fornicon*
kunst-detebe 26017

● **Jules Verne**
*Die Erfindung des Verderbens*
Roman. Aus dem Französischen von Karl Wittlinger. detebe 20406

● **Walter Vogt**
*Der Wiesbadener Kongreß*
Roman. detebe 20306

● **Reiner Zimnik**
*Die Maschine*
Eine monströse Erfindung
Diogenes Kunstbuch

# *Theorie · Philosophie · Historie · Theologie Politik · Polemik im Diogenes Verlag*

● **Also sprach der Erhabene**
Eine Auswahl aus den Reden Gotamo Buddhos. Übertragen von Karl Eugen Neumann
detebe 21443

● **Das Günther Anders Lesebuch**
Herausgegeben von Bernhard Lassahn
detebe 21232

● **Alfred Andersch**
*Öffentlicher Brief an einen sowjetischen Schriftsteller, das Überholte betreffend*
Reportagen und Aufsätze. detebe 20398

*Einige Zeichnungen*
Graphische Thesen am Beispiel einer Künstlerin. Mit Zeichnungen von Gisela Andersch.
detebe 20399

*Die Blindheit des Kunstwerks*
Literarische Essays und Aufsätze
detebe 20593

*Ein neuer Scheiterhaufen für alte Ketzer*
Kritiken und Rezensionen. detebe 20594

● **Angelus Silesius**
*Der cherubinische Wandersmann*
Ausgewählt und eingeleitet von Erich Brock.
detebe 20644

● **Heinrich Böll**
*Denken mit Heinrich Böll*
Gedanken über Lebenslust, Sittenwächter und Lufthändler, ausgewählt und zusammengestellt von Daniel Keel. Mit einem Nachwort von Alfred Andersch. Diogenes Evergreens

● **Willy Brandt**
*»...wir sind nicht zu Helden geboren«*
Ein Gespräch über Deutschland mit Birgit Kraatz. Broschur

● **Anton Čechov**
*Die Insel Sachalin*
Ein politischer Reisebericht. Aus dem Russischen von Gerhard Dick. detebe 20270

*Denken mit Čechov*
Ein Almanach auf alle Tage, zusammengestellt von Peter Urban. Diogenes Evergreens

● **Ida Cermak**
*Ich klage nicht*
Begegnung mit der Krankheit in Selbstzeugnissen schöpferischer Menschen
detebe 21093

● **Raymond Chandler**
*Die simple Kunst des Mordes*
Briefe, Essays, Fragmente. Aus dem Amerikanischen von Hans Wollschläger
detebe 20209

● **Manfred von Conta**
*Reportagen aus Lateinamerika*
Broschur

● **Luciano De Crescenzo**
*Geschichte der griechischen Philosophie*
Die Vorsokratiker. Deutsch von Linde Birk
Leinen

● **Friedrich Dürrenmatt**
*Theater*
Essays, Gedichte und Reden. detebe 20855

*Kritik*
Kritiken und Zeichnungen. detebe 20856

*Literatur und Kunst*
Essays, Gedichte und Reden. detebe 20857

*Philosophie und Naturwissenschaft*
Essays, Gedichte und Reden. detebe 20858

*Politik*
Essays, Gedichte und Reden. detebe 20859

*Zusammenhänge/Nachgedanken*
Essay über Israel. detebe 20860

*Der Winterkrieg in Tibet*
Stoffe I. detebe 21155

*Mondfinsternis/Der Rebell*
Stoffe II/III. detebe 21156

*Die Welt als Labyrinth*
Ein Gespräch mit Franz Kreuzer. Broschur

*Denken mit Dürrenmatt*
Kernsätze für Zeitgenossen, aus seinem Werk gezogen von Daniel Keel
Diogenes Evergreens

● **Meister Eckehart**
*Deutsche Predigten und Traktate*
in der Edition von Josef Quint. detebe 20642

● **Albert Einstein**
*Briefe*
Ausgewählt und herausgegeben von Helen Dukas und Banesh Hoffmann. detebe 20303

● **Albert Einstein & Sigmund Freud**
*Warum Krieg?*
Ein Briefwechsel. Mit einem Essay von Isaac Asimov. detebe 20028

● **Henry F. Ellenberger**
*Die Entdeckung des Unbewußten*
Ins Deutsche übertrage von Gudrun Theusner-Stampa. Mit zahlreichen Abbildungen
detebe 21343

● **Ralph Waldo Emerson**
*Natur*
Essay. Neu aus dem Amerikanischen übersetzt von Harald Kiczka
Diogenes Evergreens

*Essays*
Herausgegeben und übersetzt von Harald Kiczka. Mit zahlreichen Anmerkungen und einem ausführlichen Index. detebe 21071

● **Konrad Farner**
*Theologie des Kommunismus?*
detebe 21275

● **Federico Fellini**
*Aufsätze und Notizen*
Herausgegeben von Christian Strich und Anna Keel. detebe 20125

*Denken mit Fellini*
Federico Fellini im Gespräch mit Journalisten
Diogenes Evergreens

● **Franz von Assisi**
*Sonnengesang · Testament · Ordensregeln · Briefe · Fioretti*
in der Edition von Wolfram von den Steinen, deutsch von Wolfram von den Steinen und Max Kirschstein. detebe 20641

● **Egon Friedell**
*Abschaffung des Genies*
Gesammelte Essays 1905–1918. detebe 21344

*Ist die Erde bewohnt?*
Gesammelte Essays 1919–1931. detebe 21345

● **Nicolas Gfeller**
*»Du sollst...«*
Eine kleine Geschichte der Ethik von Buddha bis Ernst Bloch. Diogenes Evergreens

● **E.W. Heine**
*Der neue Nomade*
Ketzerische Prognosen. Leinen

*New York liegt im Neandertal*
Die abenteuerliche Geschichte des Menschen von der Höhle bis zum Hochhaus
detebe 21453

● **Ernst Herhaus**
*Notizen während der Abschaffung des Denkens*
detebe 21214

● **Lao Tse**
*Tao-Te-King*
Deutsch von Hans Knospe und Odette Brändli. Diogenes Evergreens

● **D. H. Lawrence**
*Liebe, Sex und Emanzipation*
Essays. Aus dem Englischen von Elisabeth Schnack. detebe 20955

● **Reinhart G. E. Lempp**
*Kinder unerwünscht*
Anmerkungen eines Kinderpsychiaters
detebe 21072

● **Ludwig Marcuse**
*Philosophie des Glücks*
von Hiob bis Freud. detebe 20021

*Philosophie des Un-Glücks*
Pessimismus – Ein Stadium der Reife
detebe 20219

*Meine Geschichte der Philosophie*
Aus den Papieren eines bejahrten Philosophiestudenten. detebe 20301

*Das Märchen von der Sicherheit*
Testament eines illusionslosen Optimisten. detebe 20302

*Der Philosoph und der Diktator*
Plato und Dionys. detebe 21159

*Obszön*
Geschichte einer Entrüstung. detebe 21158

*Denken mit Ludwig Marcuse*
Ein Wörterbuch für Zeitgenossen
Diogenes Evergreens

Herausgegeben von Ludwig Marcuse:
*Ein Panorama europäischen Geistes*
Texte aus drei Jahrtausenden, ausgewählt und vorgestellt von Ludwig Marcuse. Mit einem Vorwort von Gerhard Szczesny
I. Von Diogenes bis Plotin
II. Von Augustinus bis Hegel
III. Von Karl Marx bis Thomas Mann
detebe 21168

## ● Thomas Merton

*Im Einklang mit sich und der Welt*
Contemplation in a World of Action. Aus dem Amerikanischen von Georg Tepe. Leinen

## ● Thomas Morus

*Utopia*
Aus dem Lateinischen von Alfred Hartmann
detebe 20420

## ● Mystische Texte aus dem Mittelalter

Von Bernhard von Clairvaux bis Niklaus von der Flüe. Herausgegeben und eingeleitet von Walter Muschg. detebe 21444

## ● Das Neue Testament

in 4 Sprachen: Lateinisch, Griechisch, Deutsch und Englisch. detebe 20925

## ● Friedrich Nietzsche

*Vom Nutzen und Nachteil der Historie für das Leben*
Herausgegeben und mit einem Nachwort von Michael Landmann. detebe 21196

## ● Walter Nigg

*Große Heilige*
Mit ausführlichem Quellennachweis
detebe 21459

*Das Buch der Ketzer*
Mit ausführlichem Quellennachweis
detebe 21460

## ● Liam O'Flaherty

*Ich ging nach Rußland*
Ein politischer Reisebericht. Aus dem Englischen von Heinrich Hauser. detebe 20016

## ● George Orwell

*Im Innern des Wals*
Ausgewählte Essays I. Aus dem Englischen von Felix Gasbarra und Peter Naujack
detebe 20213

*Rache ist sauer*
Ausgewählte Essays II. Deutsch von Felix Gasbarra, Peter Naujack und Claudia Schmölders. detebe 20250

*Mein Katalonien*
Bericht über den Spanischen Bürgerkrieg. Deutsch von Wolfgang Rieger. detebe 20214

*Erledigt in Paris und London*
Sozialreportage aus dem Jahre 1933. Deutsch von Helga und Alexander Schmitz.
detebe 20533

*Auftauchen, um Luft zu holen*
Roman. Deutsch von Helmut M. Braem
detebe 20804

*Das George Orwell Lesebuch*
Essays, Reportagen, Betrachtungen. Herausgegeben und mit einem Nachwort von Fritz Senn. Deutsch von Tina Richter.
detebe 20788

*Denken mit Orwell*
Sätze für Zeitgenossen, aus seinem Werk gezogen von Fritz Senn. Diogenes Evergreens

*Über George Orwell*
Herausgegeben von Manfred Papst. Deutsch von Matthias Fienbork. detebe 21225

## ● Hanspeter Padrutt

*Der epochale Winter*
Zeitgemäße Betrachtungen. Leinen

● **Denken mit Picasso**
Kernsätze für Zeitgenossen, aus seinem Werk gezogen von Daniel Keel
Diogenes Evergreens

● **Ernest Renan**
*Das Leben Jesu*
Vom Verfasser autorisierte Übersetzung aus dem Französischen. detebe 20419

● **Walter E. Richartz**
*Vorwärts ins Paradies*
Aufsätze zu Literatur und Wissenschaft
detebe 20696

● **Arthur Schopenhauer**
*Zürcher Ausgabe*
Studienausgabe der Werke in zehn Bänden nach der historisch-kritischen Edition von Arthur Hübscher. detebe 20421–20430

Dazu ein Band
*Über Arthur Schopenhauer*
Essays und Zeugnisse von Jean Paul bis Hans Wollschläger. detebe 20431

● **Alexander Sinowjew**
*Ohne Illusionen*
Interviews, Vorträge, Aufsätze. Aus dem Russischen von Alexander Rothstein. Leinen

*Kommunismus als Realität*
Deutsch von Katharina Häußler
detebe 20963

*Wir und der Westen*
Interviews, Vorträge, Aufsätze. Deutsch von Wera Rathfelder. detebe 20997

● **Hans Jürgen Syberberg**
*Der Wald steht schwarz und schweiget*
Neue Notizen aus Deutschland. Broschur

● **Teresa von Avila**
*Die innere Burg*
in der Neuedition und -übersetzung von Fritz Vogelgsang. detebe 20643

● **Thomas a Kempis**
*Die Nachfolge Christi*
Ein kernhafter Auszug aus ›De imitatione Christi‹. Nach dem lateinischen Urtext bearbeitet und mit Anmerkungen herausgegeben von E.A. Kernwart. detebe 21487

● **Henry David Thoreau**
*Walden oder das Leben in den Wäldern*
Aus dem Amerikanischen von Emma Emmerich und Tatjana Fischer. Vorwort von Walter E. Richartz. detebe 20019

*Über die Pflicht zum Ungehorsam gegen den Staat*
Ausgewählte Essays. Herausgegeben, übersetzt und mit einem Nachwort von Walter E. Richartz. detebe 20063

● **B. Traven**
*Land des Frühlings*
Reisebericht. Mit zahlreichen Fotos des Autors. detebe 21230

● **Hans Weigel**
*Das Land der Deutschen mit der Seele suchend*
detebe 21092

● **Urs Widmer**
*Das Normale und die Sehnsucht*
Essays und Geschichten. detebe 20057

*Vom Fenster meines Hauses aus*
Prosa. detebe 20793

● **Oscar Wilde**
*Der Sozialismus und die Seele des Menschen*
Ein Essay. Aus dem Englischen von Gustav Landauer und Hedwig Lachmann
detebe 20003

● **Hans Wollschläger**
*Die bewaffneten Wallfahrten gen Jerusalem*
Geschichte der Kreuzzüge. detebe 20082

*Karl May*
Grundriß eines gebrochenen Lebens
detebe 20253

*Die Gegenwart einer Illusion*
Reden gegen ein Monstrum. detebe 20576

# *Phantastische und Science-Fiction-Literatur im Diogenes Verlag*

● **John Bellairs**

*Das Haus, das tickte*
Roman. Aus dem Amerikanischen von Alexander Schmitz. Mit Zeichnungen von Edward Gorey. detebe 20368

● **Ambrose Bierce**

*Die Spottdrossel*
Ausgewählte Erzählungen und Fabeln. Auswahl und Vorwort von Mary Hottinger. Aus dem Amerikanischen von Joachim Uhlmann, Günter Eichel und Maria von Schweinitz
Mit Zeichnungen von Tomi Ungerer
detebe 20234

● **Ray Bradbury**

*Die Mars-Chroniken*
Roman in Erzählungen. Aus dem Amerikanischen von Thomas Schlück. detebe 20863

*Der illustrierte Mann*
Erzählungen. Deutsch von Peter Naujack
detebe 20365

*Fahrenheit 451*
Roman. Deutsch von Fritz Güttinger
detebe 20862

*Die goldenen Äpfel der Sonne*
Erzählungen. Deutsch von Margarete Bormann. detebe 20864

*Medizin für Melancholie*
Erzählungen. Deutsch von Margarete Bormann. detebe 20865

*Das Böse kommt auf leisen Sohlen*
Roman. Deutsch von Norbert Wölfl
detebe 20866

*Das Kind von morgen*
Erzählungen. Deutsch von Hans-Joachim Hartenstein. detebe 21205

*Die Mechanismen der Freude*
Erzählungen. Deutsch von Peter Naujack
detebe 21242

*Familientreffen*
Erzählungen. Deutsch von Jürgen Bauer
detebe 21415

● **Fredric Brown**

*Flitterwochen in der Hölle*
SF- & Schauergeschichten. Aus dem Amerikanischen von B. A. Egger. Mit Illustrationen von Peter Neugebauer. detebe 20600

● **Karel Čapek**

*Der Krieg mit den Molchen*
Roman. Aus dem Tschechischen von Eliška Glaserová. detebe 20805

● **Wilkie Collins**

*Ein schauerliches fremdes Bett*
Gruselgeschichten. Aus dem Englischen von Elizabeth Gilbert und Peter Naujack. Zeichnungen von Bob van den Born. detebe 20589

● **Guy Cullingford**

*Post mortem*
Roman. Aus dem Englischen von Helmut Degner und Peter Naujack. detebe 20369

● **Walter de la Mare**

Phantastische Erzählungen. Herausgegeben und aus dem Englischen von Elizabeth Gilbert
Mit Zeichnungen von Edward Gorey

*Sankt Valentinstag*
detebe 21197

*Die Orgie – eine Idylle*
detebe 21236

● **Alexandre Dumas Père**

*Horror in Fontenay*
Roman. Aus dem Nachlaß herausgegeben von Alan Hull Walton. Deutsch von Alexander Schmitz. detebe 20367

● **Lord Dunsany**

*Smetters erzählt Mordgeschichten*
Fünf Kriminalgeschichten. Aus dem Englischen von Elisabeth Schnack. Zeichnungen von Paul Flora. detebe 20597

*Jorkens borgt sich einen Whisky*
Zehn Clubgeschichten. Deutsch von Elisabeth Schnack. Zeichnungen von Paul Flora. detebe 20598

● **Egon Friedell**
*Die Rückkehr der Zeitmaschine*
Phantastische Novelle. detebe 20177

● **Gespenster**
Englische Gespenstergeschichten von Daniel Defoe bis Elizabeth Bowen. Herausgegeben von Mary Hottinger. Mit 13 Zeichnungen von Paul Flora. detebe 20497

● **Mehr Gespenster**
Die besten Gespenstergeschichten aus England, Schottland und Irland. Herausgegeben von Mary Hottinger. detebe 21027

● **Noch mehr Gespenster**
Die besten Gespenstergeschichten aus aller Welt, von Balzac bis Čechov. Herausgegeben von Dolly Dolittle. detebe 21310

● **Rider Haggard**
*Sie*
Roman. Aus dem Englischen von Helmut Degner. detebe 20236

*König Salomons Schatzkammern*
Roman. Deutsch von V. H. Schmied
detebe 20920

● **W. F. Harvey**
*Die Bestie mit den fünf Fingern*
Gruselgeschichten. Aus dem Englischen von Günter Eichel und Peter Naujack. Mit Zeichnungen von Peter Neugebauer. detebe 20599

● **Patricia Highsmith**
*Der Schneckenforscher*
Gesammelte Geschichten. Vorwort von Graham Greene. Aus dem Amerikanischen von Anne Uhde. detebe 20347

*Leise, leise im Wind*
Erzählungen. Deutsch von Anne Uhde
detebe 21012

*Keiner von uns*
Erzählungen. Deutsch von Anne Uhde
detebe 21179

● **Joris-Karl Huysmans**
*Gegen den Strich*
Roman. Aus dem Französischen von Hans Jacob. Einführung von Robert Baldick Essay von Paul Valéry. detebe 20921

● **Gerald Kersh**
*Mann ohne Gesicht*
Phantastische Geschichten. Aus dem Englischen von Peter Naujack. detebe 20366

● **Sheridan Le Fanu**
*Carmilla, der weibliche Vampir*
Vampirgeschichte. Aus dem Englischen von Helmut Degner. detebe 20596

*Der ehrenwerte Herr Richter Harbottle*
Unheimliche Geschichten. Deutsch von Helmut Degner und Elisabeth Schnack
detebe 20619

● **W. Somerset Maugham**
*Der Magier*
Ein parapsychologischer Roman. Aus dem Englischen von Melanie Steinmetz und Ute Haffmans. detebe 20165

● **Hans Neff**
*XAP oder Müssen Sie arbeiten? fragte der Computer*
Ein fabelhafter Tatsachenroman
detebe 21052

● **Edgar Allan Poe**
*Die schwarze Katze*
und andere Verbrechergeschichten
detebe 21183

*Die Maske des roten Todes*
und andere phantastische Fahrten
detebe 21184

*Der Teufel im Glockenstuhl*
und andere Scherz- und Spottgeschichten
detebe 21185

*Der Untergang des Hauses Usher*
und andere Geschichten von Schönheit, Liebe und Wiederkunft. detebe 21182
Alle Bände herausgegeben von Theodor Etzel. Aus dem Amerikanischen von Gisela Etzel, Wolf Durian u.a.

*Die denkwürdigen Erlebnisse des Arthur Gordon Pym*
Roman. Deutsch von Gisela Etzel. Mit einem Nachwort von Jörg Drews. detebe 21267

● **Herbert Rosendorfer**
*Der Ruinenbaumeister*
Roman. detebe 20251

● **Saki**
*Die offene Tür*
Ausgewählte Erzählungen. Aus dem Englischen von Günter Eichel. Mit einem Nachwort von Thomas Bodmer und Zeichnungen von Edward Gorey. detebe 20115

● **Hermann Harry Schmitz**
*Buch der Katastrophen*
Tragikomische Geschichten. Vorwort von Otto Jägersberg. Holzstichmontagen von Horst Hussel. detebe 20548

● **Science-Fiction-Geschichten des Golden Age**
Von Ray Bradbury bis Isaac Asimov. Herausgegeben von Peter Naujack. detebe 21048

● **Klassische Science-Fiction-Geschichten**
Von Voltaire bis Conan Doyle. Herausgegeben von William Matheson. detebe 21049

● **Bram Stoker**
*Draculas Gast*
Sechs Gruselgeschichten. Aus dem Englischen von Erich Fivian und H. Haas. Mit Zeichnungen von Peter Neugebauer
detebe 20135

● **Roland Topor**
*Der Mieter*
Roman. Aus dem Französischen von Wolfram Schäfer. detebe 20358

● **Jules Verne**
*Werke*
in 24 Bänden. Diverse Übersetzer. detebe

● **H. G. Wells**
*Der Krieg der Welten*
Roman. Aus dem Englischen von G. A. Crüwell und Claudia Schmölders. detebe 20171

*Die Zeitmaschine*
Eine Erfindung. Deutsch von Peter Naujack
detebe 20172

● **Cesare Zavattini**
*Liebenswerte Geister*
Erzählung. Aus dem Italienischen von Lisa Rüdiger. Mit einem Vorwort von Vittorio de Sica und Illustrationen von Corina Steinrisser
detebe 21058